2022年度国家社会科学基金项目：
宏观调控法视角下促进共同富裕的经济法保障研究（22BX104）阶段性成果

2021年度山西省研究生教育教学改革课题：
中国宏观调控法基础（2021YJJG012）成果

2023年度山西大学研究生教材建设项目

中国宏观调控法基础

董玉明／著

山西出版传媒集团
SHANXI PUBLISHING MEDIA GROUP
山西经济出版社

图书在版编目（CIP）数据

中国宏观调控法基础 / 董玉明著. —— 太原：山西经济出版社，2024.1

ISBN 978-7-5577-1215-0

Ⅰ. ①中… Ⅱ. ①董… Ⅲ. ①宏观经济调控—经济法—研究—中国 Ⅳ. ①D922.290.4

中国国家版本馆CIP数据核字（2023）第223538号

中国宏观调控法基础
ZHONGGUO HONGGUAN TIAOKONG FA JICHU

著　者：	董玉明
出 版 人：	张宝东
责任编辑：	解荣慧
复　审：	李春梅
终　审：	李慧平
助理编辑：	王　琦
装帧设计：	华胜文化
出 版 者：	山西出版传媒集团·山西经济出版社
地　址：	太原市建设南路21号
邮　编：	030012
电　话：	0351—4922133（市场部）
	0351—4922085（总编室）
E-mail：	scb@sxjjcb.com（市场部）
	zbs@sxjjcb.com（总编室）
经 销 者：	山西出版传媒集团·山西经济出版社
承 印 者：	山西出版传媒集团·山西人民印刷有限责任公司
开　本：	787mm×1092mm　1/16
印　张：	30
字　数：	358千字
版　次：	2024年1月　第1版
印　次：	2024年1月　第1次印刷
书　号：	ISBN 978-7-5577-1215-0
定　价：	98.00元

前　言

在中国特色社会主义法律体系中，宏观调控法属于部门经济法的基本范畴。对宏观调控法的教学与研究是经济法学专业师生的主要任务。然而，目前的宏观调控法教学与研究，受西方经济学影响，在基本范畴和理论上与中国宏观调控法实践相脱离。目前尚无较为全面反映在中国共产党领导下宏观调控及其法治伟大实践的专著或教材。为此，笔者申请了山西省研究生教学改革项目，写了这本主要面对法学专业研究生教学和研究的《中国宏观调控法基础》教材。这也是一项截至目前反映中国宏观调控法基本原理与实践的最新研究成果。

中国宏观调控及其法治，是中国改革开放以来，特别是推行社会主义市场经济体制以来的产物。它的理论与实践是在借鉴世界各国宏观调控实践经验与教训基础上，紧密结合中国改革开放的具体国情，以马克思主义原理为指导，逐步形成了具有中国特色社会主义的理论、制度与体系，并且随着社会主义市场经济的逐步深入，予以不断完善。总体上说，中国宏观调控及其法治是中国特色社会主义初级阶段推行社会主义市场经济条件下，国家管理、调节经济与社会的组成部分，具有鲜明的中国社会主义市场经济特色，需要根据改革实践予以学术总结，阐述其中的基本范畴、运行规律、制度与知识框架。

若从中国特色社会主义法律体系的构建来看，中国宏观调控及其法治法律资源，首先源自宪法及其相关法的规定；其次来自大量的法律法规规定，体现于党和国家的政策、党内法规、行政经济法与部门经济法领域。为此，宏观调控法虽然目前主要定位于部门经济法，但是，实际是一个综合性的宏观调控法域范畴。其学科定位也可以称之为宏观调控法学。为此，只有突破部门经济法理念的禁锢，全面整合有关宏观调控法的知识体系、理论范畴及制度构建，才能与中国共产党领导下的中国宏观调控及其法治相适应。基于此，本书的内容包括八章内容。第一章宏观调控释义，集中阐述有关宏观调控方面的基本理论与实践问题。第二章宏观调控工具原理与实践，集中归纳总结中国宏观调控及其法治实践中应用的政策工具及其调控手段。第三章宏观调控法释义，根据法的基本原理，结合中国宏观调控法治实践，阐述宏观调控法涉及的概念、调整对象、法律渊源等基本问题。第四章中国宏观调控法的地位及相关理论，集中阐述宏观调控法与相关法的关系、积极作用与消极作用、功能和价值以及基本原则问题等。第五章宏观调控法的体系，结合改革法治实践，集中阐述宏观调控党内法规体系、法律体系、法学体系及法典化问题。第六章宏观调控监督法，集中阐述与宏观调控有关的监督政策与法律。第七章宏观调控法的奖励与激励，第八章宏观调控法的处罚，这两章按照经济法及其宏观调控法治奖惩结合的原则，集中就中国现行的奖励、激励与处分处罚方面的规定予以了全面的总结。最后，作为本书的附录，笔者提出了《中华人民共和国宏观调控法纲要（学者建议稿）》。

总的来说，作为基础性研究成果及研究生教材，笔者的目的是给研究生教学、科研提供一个基础性的指引，为研究生对某一个问题的研究打下理论和实践问题研究的基础。与此同时，也可为国内外理论和实务部门深入研究中国宏观调控及其法治问题提供参考。

本书在笔者多年研究中国宏观调控法基础上形成，同时，博采众长，参考了诸多学者的研究成果。尽管做了最大努力，但不足之处在所难免，欢迎使用本教材的学生、教师及国内外理论与实务研究工作者提出宝贵意见，以便进一步完善。

董玉明

目录

第一章

宏观调控释义

DI-YI
ZHANG

在现代社会，宏观调控是宏观经济及其相关社会关系调控的简称。它是商品经济及其市场经济特有的范畴。截至目前，美国等西方市场经济国家并没有"宏观调控"一词，但有与之类似的"国家干预"。中国自改革开放以来，在推行社会主义市场经济中，一方面，充分发挥市场基础性，甚至决定性作用；另一方面，强调发挥好政府的作用，完善经济立法和国家的宏观调控。在此历史背景下，"宏观调控"一词，不仅体现于党和国家的政策文件，也已经成为大众媒体播报中的常见词，并进入学术界视野。然而，要准确把握宏观调控的含义，需要对宏观调控涉及的一些基本问题进行分析。

第一节　宏观调控概念辨析

从哲学角度讲，宏观、中观、微观是人类认识事物的一种方法，具有哲学上的认识论意义。其中，宏观认识论，即是指从整体角度认识事物，分析由众多事物组成的总体事物发展的规律，其奉行的是"整体主义"或"集体主义"的思维模式；微观认识论，即是指从个体角度认识事物，分析个别的或单一的事物发展规律，其奉行的是"个体主义"或"个人主义"的思维模式；而中观认识论，则介于宏观和微观之间，既要考虑宏观的"整体主义"，也要兼顾微观的"个体主义"，以便于实现宏观与微观之间的互动和协调。

从管理学角度分析，整体的管理为宏观管理，个体的管理为微观管理，介于宏观和微观之间的管理为中观管理，并且，其相互之间具有相对性。

现代经济学，主要指西方经济学。其借用哲学、管理学认识论之启发，将经济现象分别描述为宏观经济、微观经济和中观经济。与此同时，给予宏观经济、微观经济和中观经济以特定的指向和含义。其中，宏观经济特指一国的整体经济，即国民经济；微观经济特指企业、居民个体及家庭经济；中观经济是指介于宏观经济和微观经济之间的区域经济、地区经济、行业经济、企业集团经济、城市经济等。中观经济在一国国民经济运行中起着承上启下的功能和作用。

在以上宏观经济理论和实践中，宏观经济调控属于宏观经济管理的下位概念。这是因为，一国之宏观经济管理可以用多种方式。其可以是直接的，典型的方式如主要运用政治或行政手段对经济的直接干预，要求企业或其他经济主体应当怎样做或禁止怎样做。也可以为达到宏观经济发展目标，通过经济政策及其特定工具的间接指导，引导企业或其他经济组织及实体的经济与社会行为。其典型的表现，就是国家应用"一价三率"，即价格、税率、利率、汇率之经济杠杆手段或促进型法律①对国民经济的调节。为此，在现代经济学理论上，通常将后者的间接性经济调节称之为宏观调控。因此，宏观调控成为宏观管理的一种重要方式。

　　然而，在中国的具体实践中，国家对于经济及其相关社会关系的调节与控制往往相机抉择地交叉进行，宏观调控也不仅仅停留在间接调节方面，直接手段的应用也屡见不鲜。由此，在中国理论界，对于宏观调控形成三种不同的观点和认识。②第一种观点为"狭义说"。该观点固守市场教旨主义，严格地将宏观调控限定于国家对经济的"间接调控"范畴，即只有国家采用财税、金融、价格等手段对经济的间接调控，才被视为宏观调控。第二种观点为"广义说"。该观点突破市场教旨主义。一是把国家为实现宏观调控目标所采取的间接调控和特定条件下的直接调控均纳入宏观调控的范畴；二是在宏观调控的领域方面，不仅包括经济领域，也包括与经济相关的社会发展领域；三是其不仅把中央的调控行为视为"宏观调控"，也把地方、行业等中观主体的调控也视为"宏观调控"。第三种观点为"特色说"。该观点认为，宏观调控是中国社会主义市场经济特有的现象，是中国改革开放的产物。在社会主义市场经济条件下，中国的宏观调控，既借鉴国外宏观经济的经验教训，将国民经济管理逐步由直接管理向间接管理过渡，又具有自己的特色。

---

　　① 现代经济法突破传统法律调整既有经济和社会关系的法学理念，为促进新型经济和社会关系的形成，采取了促进法的形式，促进经济和社会的发展。典型的如《中华人民共和国中小企业促进法》《中华人民共和国就业促进法》《中华人民共和国循环经济促进法》等。

　　② 张勇：《广义论、狭义论与特色论：中国宏观调控认知分歧的方法论反思》，《新视野》2016年第4期。

这种特色表现为在坚持国民经济和社会发展规划（计划）基本经济制度基础上，为实现宏观调控目标，充分发挥宏观调控政策和财税调控、金融调控、价格等的作用，发挥政府相机抉择的作用，主要应用经济手段、法律手段和必要的行政手段调节国民经济和社会发展，以保持国民经济和社会有序、健康和持续发展。[①]

对于上述三种基本观点，笔者认为，第一种观点按照市场原理假设，虽然抓住了宏观调控与传统宏观管理最本质的区别，即宏观调控的"间接管理"属性，却忽略了宏观经济运行的阶段性问题，即需要在特定时期和特定情况下应用宏观调控手段对经济和社会予以政治的或行政的"直接"调控的必要性。第二种观点的主要问题在于不应当将地方调控也视为宏观调控，从而混淆了宏观调控和中观调控（地方调控）的界限。[②]第三种观点，虽然反映了中国宏观调控的特色，但是仅仅将宏观调控限定于政府行为，也不符合中国的国情。例如，国家发展改革委专项课题研究认为，"宏观调控是指国家为使国民经济符合预期的发展目标，运用各种调控手段调节经济总量和结构，直接或间接地影响市场以至微观经济活动，以控制决定经济运行方向和节奏的政府行为。宏观调控的主要任务是保持经济总量的基本平衡，促进经济结构的优化，引导国民经济持续、健康发展，推动社会全面进步。"[③]这里的国家行为，是指一切代表国家行使权力的党政机关行为，而不仅仅是指政府行为。

笔者认为，对于中国宏观调控的认识，不应仅仅从现代经济学的理论假设出发，而应当从改革的实践入手，从实践到理论，才能对中国的宏观调控予以比较准确的定位。基于此，笔者通过对中国宏观调控改革

[①] 董玉明：《中国宏观调控法基本问题研究——以改革开放40年政策法律分析为视角》，法律出版社，2019，第21—23页。

[②] 在此方面，有学者认为，地方政府也有宏观调控权。参见史际春：《地方法治与地方宏观调控》，《广东社会科学》2016年第5期。

[③] 《国家发改委专题报告一：宏观调控的目标体系研究》，《经济研究参考》2014年第7期。

的多年观察与思考及对法治现状的考量，结合上述各观点，提出中国宏观调控的定义：为实现国家宏观经济及社会调控目标，国家宏观调控机关或机构，应用宏观调控政策及其专门工具，对国民经济和社会发展运行进行调节和控制活动的总称。以下，对其基本要义逐一分析。

第二节　国家宏观调控主体

在现代社会，国家作为一个经济和社会管理主体处于抽象的地位。因此，国家有关管理协调权力的行使，总是通过具体的机关、机构代表或代理国家行使相关的权力，以便于宪法和法律确定的国家权力得以实现。对此，行政管理如此，经济管理和社会管理亦然。然而，在具体实践中，由于各国政治体制、法律体制、经济体制以及历史文化传统的不同，代表国家行使经济管理权力的机关或机构有所不同。在中国社会主义市场经济条件下，代表国家行使经济管理及宏观调控权力的机关或机构体现出中国社会主义特色。

一、执政党机关

与西方国家采取多党轮流执政不同，中国的执政党机关就是指中国共产党的各级机关，且是唯一的执政党机关。特别是中国共产党中央委员会（以下简称"中共中央"），在国家宏观调控中居于最高的地位。这是因为，按照宪法和《中国共产党章程》（以下简称《党章》）之阐述，中国共产党是中国特色社会主义事业的领导核心，全国各项事业的发展均是在中国共产党的领导下进行的。在现阶段，中国共产党的领导地位经过百年来中国革命斗争实践和社会主义建设事业发展不断巩固。中国共产党得到了广大中国人民的拥护，有广泛的群众基础。自中华人民共和国成立以来，代表国家，领导中国人民进行社会主义建设，组织管理国民经济与社会发展运行，就成为中国共产党的一项基本的职责。同时，发展社会主义市场经济，没有中国共产党的领导，是不会启动、健康运行并取得成功的。

与此同时，需要指出的是，按照《党章》的规定，中国共产党的组织体系包括从中央到地方的各级组织，但不是所有组织均拥有宏观调控权，唯有中国共产党的最高机关，即中共中央才具有宏观调控的决策权、协调权、政策与党内法规的制定权以及对经济与社会发展的监督权。其他各级党组织则必须服从中共中央的统一领导，贯彻和执行中共中央有关宏观调控的决策、政策和党内法规规定，处于国家宏观调控中的被调控地位。只有在中共中央特别授权的情况下，才拥有部分宏观调控权。

还需要指出的是，在中国政党制度的构建中，中国的民主党派处于参政党的地位。中国共产党与中国的八个民主党派[①]"长期共存、互相监督、肝胆相照、荣辱与共"。在拥护中国共产党的统一领导地位的基础上，各民主党派通过政治协商、参政议政、民主监督途径对中国共产党的经济社会领导工作开展建言献策的监督工作，促使党和国家作出正确的宏观调控决策。而中共中央在作出重大宏观调控决策之前，按照长期工作惯例，也要事先征求各民主党派中央的意见。这与西方国家倡行的执政党与反对党的"对抗性"制度有着本质的区别，体现了中国特色社会主义制度下，民主协商政治制度的优越性，保证了国家宏观调控政策实施的有效性。正如有研究成果指出，"中国参政党促进政府宏观调控，是时代背景下参政党履行职能的重要内容，承担着参政党的政治责

[①] 中国民主同盟、中国国民党革命委员会、中国民主建国会、中国民主促进会、中国农工民主党、中国致公党、九三学社和台湾民主自治同盟。

任和历史使命，也体现着中国政治协商制度的优越性，要使参政党完成好时代赋予的光荣使命，就必须紧密围绕党委、政府的中心工作，运用先进的思想、科学的理论，努力提升参政党自身能力，积极改善和拓宽外部环境，在促进政府宏观调控中更加全面有效地发挥作用。"①

二、国家权力机关与参政机关

在现代社会，人民民主权利的行使，在国家层面通过代议制实现。这在国外，通常表现为以众议院、参议院等机构依法履职形式实现。而在中国特色社会主义制度下，则以各级人民代表大会及其常委会代表人民依法开展立法等相关活动的形式实现。按照宪法和相关组织法规定，人民代表大会制度是中国的基本政治制度。在国家宏观调控方面，全国人大及其常委会行使的宏观调控权主要体现为：一是宏观调控的立法权，即按照中共中央、国务院及相关部门的建议，制定立法规划，根据宏观调控的法律需求，适时地制定、修改、废除、解释、编辑、编纂、评估、清理有关宏观调控法，并对有关宏观调控法的执行情况进行监督；二是审议批准国务院年度政府工作报告；三是审议批准中共中央或国务院提出的国家五年国民经济和社会发展及远景规划纲要、国民经济和社会发展年度计划；四是审议批准由财政部代表国家提出的年度财政预算决算报告；五是依法听取有关职能部门的审计、金融、国有资产运营等情况的汇报，提出完善宏观调控的政策建议；六是根据宪法和相关组织法规定，全国人大及其常委会可以就国家宏观调控中涉及的专门问题，展开调查，进行监督。

在全国人大开会的同时，中国人民政治协商会议（以下简称"人

---

① 范永娟：《参政党促进政府宏观调控研究》，云南大学硕士研究生学位论文，2011。

民政协"）同时召开。人民政协作为国家的参政机关，由社会各界别组成。在政协全体会议及闭会期间，可以参与对国务院政府工作报告、国民经济和社会发展规划以及预决算报告的讨论，也可以就其他国家宏观调控决策提出意见和建议。为此，人民政协是具有中国社会主义特色的参政机关。其中，各民主党派分别为一个界别，在政治协商会议期间，可以以各党派名义提出意见建议。在政协全体会议闭会期间，既可以通过政协会议向有关机关提出意见建议，也可以单独向党中央提出意见建议。这种参政方式，同样适用于地方各级政协组织。

还需要注意，地方各级人大及其常委会在国家宏观调控活动中，通常为被调控主体。但在改革实践中，根据国家授权，可以"先行先试"，行使部分宏观调控权。典型的如根据中共中央、国务院的部署安排，在地方设立国家级综合改革试验区及自由贸易区，有关地方立法机关根据中央授权可以出台相关的地方性法规和政府规章，其具有宏观调控法治的属性。

三、国务院

依照宪法和相关组织法规定，中华人民共和国国务院是全国行政、经济与社会管理的主管机关。为此，国务院作为中央人民政府行使宏观调控权。但是，国务院行使宏观调控权具有双重属性。一方面，国务院需要坚决贯彻中共中央有关宏观调控的决策及政策，执行全国人大及其常委会宏观调控方面的法律，执行全国人大及其常委会审议批准的发展规划、年度计划和财政预决算并接受中共中央和全国人大及其常委会的监督。另一方面，依照宪法和法律的规定，国务院享有一些独立的宏观调控权：一是行使行政法规立法权；二是出台有关宏观调控政策；三是制定与国民经济和社会发展规划纲要相配套的专项规划、区域发展规划和国家规划执行方案；四是审议批准国务院各部门提交的部门规章、规范性文件及规划、计划和实施方案等；五是领导监督全国的行政、经济和社会工作，相机抉择地作出决定。但重大决定事项需经过中共中央审议批准后发布。

值得说明的是，在中国宏观调控实践中，常常出现中共中央和国务院代表中央共同出台有关政策性指导文件的情况。这是自中华人民共和国成立以来留下的惯例。该文件的效力等同于中共中央单独颁发文件的效力。只不过，由中共中央和国务院共同发文，其所涉及的工作范围主要围绕国务院主管的工作展开。而由中共中央单独发文，其涉及的范围或仅限于党内，或更为广泛。其中，仅限于党内有效的文件，通常是指仅对中共党组织和党员具有效力的文件；而具有广泛意义的文件，是指对于全国某一项或某些工作具有指导意义的文件。

四、国务院所属的部委局

国务院所属的各部、各委、各局系依据《中华人民共和国宪法》和《中华人民共和国国务院组织法》成立的职能机关或机构，它们各自分管着一些工作，大体上分为两类。一类是综合管理部门。典型的如国家发展和改革委、财政部、中国人民银行、国家统计局、国家税务局等，这些综合管理部门是代表国家进行宏观调控的机关，其宏观调控政策和部门规章及规范性文件的出台，往往会影响到各行各业；另一类是对某一行业进行管理的部门。例如，负责农业行业管理的农业农村部、负责工业管理的工业和信息化部、负责国内外商业贸易管理的商务部等。这些部门的宏观调控权主要体现在五个方面：一是贯彻中共中央、国务院的工作部署安排，履行好本职能部门的职责；二是依照宪法、相关组织法和《中华人民共和国立法法》规定，在不与宪法、法律、行政法规抵触情况下，出台有关的部门规章和规范性文件，以规范指导本部门、本行业的宏观调控工作；三是根据全国人大通过的国民经济和社会发展规划纲要与年度计划，出台适用于本部门、本行业的专项规划、计划、实施方案等，组织本部门、本行业的国民经济和相关社会发展活动；四是对本部门、本行业的国民经济活动和相关社会活动实施监督，并相机抉择地制定和调整宏观调控政策；五是涉及跨部门、跨行业问题时，由一部门牵头，其他部门联合参加，形成联动机制，共同出台相关政策文件，予以统筹协调管理。

五、宏观调控专门机构

在国外，有一些专门的宏观调控专门机构。例如，美国的美联储①虽然不属于国家机关，但由于美元在世界货币体系中的特殊地位，使拥有美元调控权的美联储成为世界公认的宏观调控机构。其宏观调控政策与工具的应用，不仅影响美国经济和社会发展，也影响全球经济和社会发展。在中国，也有一些类似的机构，例如，负责海关关税调节的关税税则委员会、负责货币政策决策的中国人民银行货币政策委员会等。与其他国家机关不同的是，一般宏观调控机关的宏观调控信息须依法公开，以利于社会监督。而对于关税税则委员会和货币政策委员会的决策信息则属于国家机密，并依法只公开结果，而在决策阶段则高度保密。

六、其他相关社会机构

在中国，有一些全国性的社会组织或机构，其决策对于特殊群体或

① 美联储，全称美国联邦储备系统（Federal Reserve System，简称Fed）负责履行美国中央银行的职责，该系统是根据《联邦储备法》（Federal Reserve Act）于1913年成立的。该系统主要由联邦储备委员会，联邦储备银行及联邦公开市场委员会等组成。

企业的行动具有很大的影响力，其依法出台的有关政策和规范性文件，可以起到宏观调控的功能和作用。例如，在党中央领导下，中华全国总工会、中华全国妇女联合会、中国共产主义青年团中央委员会三大人民团体出台的有关政策对于宏观调控有较大的影响力，还有全国性的各个行业协会组织，其行业自律性的规定，对于公司、企业和其他经济组织的发展也有着重大影响。

综上，国家宏观调控主体中拥有宏观调控职权职责的机关、机构集中表现为处于中央层面的党政机关、机构及社会团体。而在地方层面，只有依照宪法、法律、行政法规规定，或在中央授权情况下，才拥有部分的宏观调控权。与此同时，由于政府的宏观调控机关处于宏观调控的一线，其宏观调控职权的正确行使，对于市场经济的发展具有重大意义，因而，在以往的经济学与法学及经济法的研究中，以及在许多政策文件中，通常仅仅把政府（主要指中央政府及其部门）作为宏观调控的主体。在对宏观经济和微观经济关系的处理上，其通常的提法，也被概括为"正确处理政府与市场的关系"。但通过以上分析可看出，中国宏观调控的实践表明，政府无疑是宏观调控的主要调控主体，但不是唯一的调控主体。中国政府宏观调控权的行使，必须在党中央的统一领导、协调和监督下进行，并需要全国人大及其常委会的立法规范和支持，也需要其他机构发挥作用。由此，对于宏观调控中"正确处理政府与市场的关系"的认识，应当扩大为"正确处理一切公权力机关（机构）与市场的关系"。

第三节　宏观经济及社会发展调控目标

市场经济的理论和实践表明，在一国的国民经济运行中，宏观经济的运行既以微观经济和中观经济发展为基础，又具有相对的独立性。在市场经济运行中，虽然强调主要以市场调节为基础或市场决定，但对于一国范围内宏观经济及其社会的运行，则需要处于国家层面的宏观调控部门把控，以便使一国之经济做到总体上的商品生产供给与商品需求大致平衡，使一国之经济社会能够有序健康地发展。与此同时，国家宏观调控机关、机构，为保持国民经济总供给和总需求的平衡以及国家在特定历史阶段的战略目标的实现，所采取的各项经济与社会政策法治措施，反过来会直接或间接地影响着市场调节和社会发展。

为了达到以上之总目标，根据各国之实践，形成一些世界公认的且在各国之间可以比较的宏观调控目标。中国实行社会主义市场经济，需要与国际接轨。为此，2002年11月，党的十六大报告明确提出："要把促进经济增长、增加就业、稳定物价、保持国际收支平衡作为宏观调控的主要目标"，这意味着中国宏观调控目标体系的定位向着与现代市场经济统一目标的规范阶段转变。

一、经济增长目标

经济增长是各国宏观调控的首要目标。这是因为，只有经济增长才能满足本国人民日益增长的物质和文化需求。而人民的需求可以概括为基本的刚性需求和进一步的发展需求两个方面。就国家的发展需求来看，也存在维持国家现状之"存量需求"和进一步发展建设之"增量需求"两个方面。概而言之，就是"一要吃饭，二要建设"。为此，从宏观调控角度分析，当代世界各国的经济增长水平，主要通过国内生产总值（GDP）的增长率予以体现。

自中华人民共和国成立以来，为尽快摆脱贫穷落后的面貌，国家实施赶超战略，以平均每年经济增长10%左右的速度，走过了西方国家

200多年的发展历程，使中国的经济规模一跃成为仅次于美国的第二大国。然而，长期的高增长率也大量地消耗了资源并给生态环境保护带来了压力，因而不具有可持续性。为此，中国自2015年起，进入"经济新常态"。"经济新常态"与以往的"高投资、高进出口、低消费"（两高一低）不同，力图通过"降速度、调结构和创新驱动"三大政策与战略的实施，在稳增长的基础上，实现由重视经济发展数量向重视经济发展质量的方向发展。截至2015年，中国的GDP总规模已经达到688858万亿元，从2016年开始，中国的GDP逐步降低在6%—7%增长率的合理区间。2020年发生全球性新型冠状病毒肺炎公共疫情，在全球各国经济普遍负增长的情况下，中国的GDP保持了2.2%的增长率，GDP总值达到1013567亿元；2021年GDP增长8.4%，GDP总值达到1149236亿元；2022年GDP增长3%，GDP总值达到1210207亿元[①]，取得了较好的业绩，满足了国民经济和社会发展的需求。

与此同时，按照世界各国对经济增长的统计分析，一国经济增长的基础，主要依靠"三驾马车"实现，即消费、投资和出口。对此，中国改革开放以来，实行对外开放政策，在经济增长分析上，实现了与国际接轨。首先，由于中国人口众多，具有巨大的消费需求，巩固和扩大内需一直是中国宏观调控促进经济增长的基本方向。其次，就投资促进经济增长而言，基于超常规战略的实施，中国的投资增长一直处于高水平，但投资过度容易引发通货膨胀，且具有不可持续性。因此，改革开放以来的几次宏观调控均与压缩投资有关，直至2015年进入经济新常态，国家采取供给侧结构性改革措施，强力压缩过剩产能，使投资增长受到一定限制。但不排除在一定时期内，基于内需不足，仍然需要投资拉动经济增长。最后，就对外进出口而言，中国改革开放以来，特别是

---

① 参见各年度《中国统计年鉴》。

2001年中国加入世界贸易组织（WTO）以来，中国的进出口贸易突飞猛进，一跃成为世界第二大贸易国，使对外进出口成为中国经济增长的重要因素。[①]但随着2018年中美贸易战的爆发及西方对中国经济的围堵，党中央及时调整战略部署，提出经济增长以国内循环为主、国外循环为辅的双循环应对政策。

二、充分就业目标

在宏观调控目标中，保障本国依法达到法定劳动年龄，且具有劳动能力的人充分就业是重要的宏观调控目标。但是，基于各国劳动力人口数量的差异，其宏观调控的压力不尽相同。其中，在劳动力人口相对较少的国家，保障本国居民中有劳动能力的人能够就业比较容易。甚至，在一些国家由于本国劳动力的不足，需要以国外移民的方式来补充本国劳动力。但是，像中国这样的人口大国，平均每年需要解决近千万人的就业问题。因此，对于中国而言，按照国际通行标准，实现宏观调控充分就业目标，把失业率控制在5%以内，是一件很不容易的事，也是对世界发展的重大贡献。正因为这样，有观点认为，中国应当把充分就业确认为宏观调控的首要目标。[②]

与此同时，以失业率5%作为衡量充分就业的标准，意味着只要有95%的劳动者有工作，就可视为"充分就业"。然而，实际上并非这么简单。一是，市场经济条件下提倡保持5%以内的失业者自然有它的道理，对于在岗的劳动者必然会产生激励机制。二是，对于处于失业状态的劳动者，国家必须建立起相应的社会保障机制和制度，才能使得社会

---

① 董玉明：《经济新常态下中国经济法的回应性研究（2015—2020）》，知识产权出版社，2022，第71—97页。

② 宋晓梧：《促进就业应作为宏观调控的首要目标》，《中国就业》2018年第12期。

安定。三是，有工作做是否就意味着"充分"就业，也是一个值得探讨的问题。在当代社会，随着社会的快速发展，特别是互联网的普及，劳动就业不一定要依托于某一个单位，越来越多的劳动者基于自身的能力选择"个体自主就业"或"灵活就业"的方式实现劳动目的，给宏观调控提出了新的课题。

三、物价总水平目标

物价总水平，或称之为价格总水平，是指在一定时期内全社会所有商品和服务价格的加权平均水平。在市场经济条件下，物价总水平基本呈上涨的趋势，进而导致货币价值的虚升或贬值。经济学上将价格总水平上涨，等同于"通货膨胀"。因而，必须把物价总水平控制在合理的区间。按照国际上通行的标准，就是要把物价总水平的指数（CPI）涨幅控制在5%以内。如果超过5%，就意味着"通货膨胀"的到来，并造成社会的不安定。

市场上商品的价格通常按照市场规律予以调节。总体上讲，市场个别商品的价格，根据其稀缺程度依照商品价值规律自动调节，越是稀缺，价格越贵，反之亦然。而CPI的波动，国家宏观调控部门可以通过市场监测发现其异常，并可以依照《中华人民共和国价格法》（以下简称《价格法》）规定，依法采取宏观调控措施予以控制。

另外，对于农产品价格的调控是世界各国高度关注的问题。这是因为，迄今为止，农业的生产受到自然因素的影响较大。农业丰收时，按照市场规律，农产品价格下降，就会挫伤农业生产者的积极性；农业歉收时，又会造成粮食、蔬菜等价格的上涨，进而导致市场的动荡。为此，世界各国通过宏观调控或国家干预稳定农产品市场价格，以财政补贴、国家储备收购等措施加强农产品价格调控是普遍的做法。在中国则推行了"省长米袋子工程""市长菜篮子工程",以确保农产品市场的稳定,产生了明显的宏观调控功效。

四、国际收支平衡目标

在世界各国之间,基于自然禀赋差异、贸易价格比较优势等因素,客观上存在本国与其他国家之间的贸易关系。与此同时,各国人民之间基于经济、社会和文化等原因,也存在一个相互交往的主观需求。涉外交流和交易存在一个不同货币之间兑换的问题。由此,就产生了在涉外经济中的国际收支平衡问题。国际收支平衡问题主要反映的是国家与国家之间贸易关系的比对。当出口大于进口时,表明获取的外汇收入大于支出,反之亦然。而且,这种收入大于支出的情况,在国际贸易中被称为"顺差",反之,则为"逆差"。并且,无论是长期"顺差",还是长期"逆差",均不利于国家之间经贸关系的持续发展。因此,市场经济条件下强调把国际收支平衡作为宏观调控的重要目标。此外,要很好地控制本国经济对外贸的依存度。这是因为,如果本国经济过度地依赖于国外供给,就会在经济、社会,甚至政治方面受制于国外,进而丧失本国主权的独立性。对于中国而言,地大物博,依靠自力更生,基本上可以满足本国之需求。但要从农业大国向现代化国家迈进,必须走对外开放的道路,一方面,自己得以发展;另一方面,也是对世界的贡献。为此,改革开放以来,中国一直坚定地奉行对外开放的政策,特别是2001年中国加入WTO以来,经济领域与世界接轨,大力发展对外贸易,一跃成为世界第二大贸易国,在全球经济贸易和相关事务中具有举足轻重的地位。但总体来说,除个别年份外,中国对外贸易对于国民经济增长的贡献率基本控制在10%左右,进出口贸易未影响中国经济和社会发展的大局。与此同时,中国推行"走出去战略",积极倡导"一带一路"，极大地促进了中国与"一带一路"沿线各国的经济交往，促进了对外进出口的发展。另外，就目前的状况而言，在实现宏观调控国际收支平衡目标时，中国需要解决货物贸易长期顺差和技术与服务贸易长期逆差的问题。

五、国家经济和社会安全目标

以上四大目标是世界上公认的宏观调控目标。中国自1992年确定发展社会主义市场经济以来，也一直按照上述四大目标进行宏观调控，将经济增长率控制在6%—7%，将失业率控制在5%左右，将价格总水平上涨控制在5%以内，并努力实现国际收支平衡。但是，随着市场经济的深入发展，以及国际经济形势的变化，有关国家经济社会安全问题越来越重要，并被学界和实务部门提升到了国家宏观调控目标的高度。既有国内原因，也有国际原因。从国内发展来看，中国经济的迅速崛起，使中国步入了小康社会，城乡建设以及生产生活的现代化水平也有了大幅度的提高。这是好的一面。辩证地看，中国也为此付出了资源消耗和生态环境的沉重代价，进而引发了国家在自然资源、能源和生态环境方面的经济和社会安全问题。从国际经济形势来看，自2018年以来，以美国为首的西方势力，背弃经济全球化的宗旨，实施"逆全球化"措施，对中国经济进行打压，也给中国带来了经济社会安全问题。还有，全世界目前已经进入以计算机网络化为基础的数字经济时代，使"计算机+N"渗透到政治、经济和社会各个领域。虽然便利了经济和社会发展，但也给世界各国带来了经济社会安全隐患。此外，中国还存在一些特殊的经济社会安全问题，典型的如粮食安全问题，中国这样的人口大国尤其突出。截至目前，理论界和实务部门的共识是，中国的粮食绝不能完全或大部分依赖进口，必须把14亿多人口的饭碗牢牢地端在自己手中，做到

"手中有粮，心中不慌"。此外，还有各国普遍存在的金融、能源安全问题。所有这些，都是目前世界各国把国家经济社会安全列为宏观调控目标的重要理由，对此，中国亦然。

六、社会发展目标

就宏观调控的目标而言，社会发展目标是一个扩展性目标。主要原因在于国民经济发展的最终落脚点是社会的发展和一国人民的安居乐业。因此，那种单纯追求GDP增长的发展思路是不可取的。从各国情况来看，社会发展主要体现在城乡建设、科教文卫体事业发展以及社会保障领域。有学者也把生态环境保护视为社会发展因素之一。

中国自1982年制定"六五"发展计划时起，将国民经济计划更改为"国民经济和社会发展计划"，出台了《中华人民共和国国民经济和社会发展第六个五年计划》（1981—1985年），由此开始对于社会发展的计划调节予以单列。该计划中，除第四编专设科学研究和教育发展计划外，有关社会发展计划体现在第五编之中，从第二十九章到第三十六章，用8章内容，对人口，劳动，居民收入和消费，城乡建设和社会福利事业，文化事业，卫生，体育事业，环境保护以及社会秩序进行了计划安排。此后的五年规划及年度计划，都有关于社会发展规划及计划的单独安排。其具体计划内容，根据不同时期的需求，在表述上有所不同。尤其是，1999年国家把"依法治国"确定为国家发展战略以来，加强法制建设，一直被视为社会发展的重要内容纳入社会发展规划的范畴。

在中国，按照宪法和相关组织法规定，由于《国民经济和社会发展五年规划纲要》反映了一定时期国家发展的方向性目标及一些主要指标，而财政资源和金融资源的调控基本上是以国民经济和社会发展规划为依据的，由此突出了中国宏观调控"以发展规划及计划为牵头或引导，以财政调控和金融调控为两翼，以其他调控为基础和配合"的基本调控模式。由此，也使中国的宏观调控关系，不仅包括国民经济关系，也包括相关的社会发展关系。与西方经济学理论主要强调国民经济关系有着很大的不同。

七、宏观调控目标创新与研究启示

刘伟（1994）认为，宏观经济调控的目标可以在原则上划分为短期目标、中期目标和长期目标三大类。每一类包含一系列子目标，各子目标有着各自不同的内容。短期目标主要指为保证短期经济增长所需要的总量均衡的目标。短期以总需求为调控中心的宏观调控目标，主要包括对以下总量指标的控制：经济增长率、就业增长率、通货膨胀率控制、国际收支平衡等。这些目标都直接关系到短期总需求的变化，进而直接影响短期均衡。中期宏观调控目标，主要是经济结构目标，包括产业结构目标、就业结构目标、技术结构目标、区域结构目标等。中期宏观调控的目的，便是根据国民经济发展的历史逻辑，推动结构高度化进程，使国民经济在质态上，而不仅仅是在总量扩张上取得进展，使经济保持持续增长的能力。就长期宏观调控目标而言，其核心是维持经济社会长期协调发展。要实现这一目标，需要采取多方面宏观调节来消除妨碍协调发展的种种因素，使经济增长与社会发展协调起来，最终目的在于使国民生活质量得以提高。在社会主义经济条件下，这一目标也就是使社会主义生产目的切实有效实现。因此，长期宏观调控不仅要解决长期经济发展问题，而且要解决广泛的社会发展问题，使经济增长切实推动并有利于社会发展。同时，使社会成长切实为经济发展提供良好的环境。所以，长期宏观调控所面对的基本命题包括平等与效率协调目标、经济增长与生态平衡协调目标、微观行为与宏观长远利益协调目标、个人行为与社会规范协调目标、物质文明进展与精神文明成长协调目标、物的再生产与人本身的再生产协调目标、资源使用与资源保护和再造协调目标，等等。[①]

胡双发、高武（2010）认为，中国现行宏观调控目标体系存在明显的弊端和缺陷，需要适当调整。从中国的社会制度、经济体制、基本国情和生产目的出发，根据科学发展观、和谐社会观以及构建资源节约型和环境友好型社会的要求，可以将中国宏观调控的总目标概括为：在发挥市场对资源配置的基础性作用的前提下，通过政府对国民经济总体进行调控，保证整个国民经济持续快速健康发展，不断提高宏观效益，增加就业，实现公平分配，稳定物价，平衡国际收支，以达到不断提高人民生活水平和生活质量的目的。根据中国国情并结合国际经验，中国宏观调控目标体系的内容可以分为经济效率目标、经济公平目标和经济稳定目标三个方面。其建议：将中国宏观调控目标体系的具体内容由现行的"四大目标"调整为"六大目标"，即促进经济发展、提高宏观效益、实现充分就业、收入公平分配、保持物价稳定和平衡国际收支。[②]

刘瑞（2011）认为，中国宏观调控的目标比较于西方发达国家，具有几个不同的特点：既有总量目标，也有结构目标；确立了经济和社会两类调控目标；在数量上绝不止四个，且优先顺序相机选定；目标选择灵活，并不拘泥于调控时间以及所谓政治周期。《"十二五"规划》充实了许多宏观调控指标，也带来了值得进一步探讨的问题。应当继续坚持以GDP指标为核心的经济增长目标，科学保持价格总水平的基本稳定；万元产值能源综合消耗目标应当采用更加先进的计量标准。当前国际收支平衡目标无法实现，已经成为中国经济增长的隐忧。[③]

---

① 刘伟：《宏观调控的目标》，《宏观经济管理》1994年第9期。
② 胡双发、高武：《当今中国宏观调控目标设定的不足》，《湖南城市学院学报》2010年第5期。
③ 刘瑞：《中国宏观调控目标再认识》，《企业经济》2011年12期。

国家发展改革委（2014）专题研究报告认为，作为发展中和转轨中国家，中国不仅存在诸如发达国家宏观经济政策所面临的总量矛盾，而且存在结构和体制矛盾，且结构因素和体制因素对总量目标的实现影响比较大。要实现总量目标，经常需要得到结构因素和体制因素的支持，理论上有必要将结构因素和体制因素作为实现总量目标的中间目标，建立总量与结构并重的复合目标体系，总量目标是宏观调控的最终目标，结构目标是为了实现最终目标而采纳的中间目标，是实现总量目标的支撑条件。同时，转型期的发展中国家，不仅面临总量、结构、体制、模式交替矛盾问题，而且在加入世界贸易组织、对外全面开放的条件下，还面临比较突出内外失衡压力，在进行国内调控目标的设定时，应着重考虑国内外收支目标的设定。针对中国所处的历史阶段和当前的宏观经济形势，应首先针对国内外收支的调控目标进行设定，其次针对经济结构转型的要求设定国内目标，以经济增长为引领，相应设定就业、价格水平等目标，用于调控经济总量与结构。

在宏观调控目标值的确定方面，应当满足内部与对外均衡目标并重、经济目标与社会目标兼顾的原则，认清目前的国家发展阶段性特征，体现经济的实际情况。具体体现为三个要求：一是符合全面发展的要求，在以经济建设为中心的同时，要全面推进经济、政治、文化、卫生等各个领域的建设，实现经济和社会的全面进步；二是符合协调发展的要求，发展过程中的主体利益关系、发展手段、发展目标等诸多方面要保持协调；三是符合可持续发展的要求。[1]

陈涛（2018）认为，结合党的十九大报告精神，在多目标约束下，宏观调控部门可从以下四个方面增强政策的协调性。一是增强宏观调控

---

[1] 国家发展改革委经济研究课题组《宏观调控的目标体系研究》，《经济研究参考》2014年第7期。

政策的透明度与前瞻性引导。《"十三五"规划》明确要求宏观调控应"稳定政策基调，改善与市场的沟通，增强可预期性和透明度"。增强宏观政策透明度的作用在于：第一，有利于不同部门和政策之间的协调，减少政策摩擦；第二，使公众提前了解和消化政策的一些负面影响，在政策正式出台时不会出现大的负面冲击；第三，减少宏观调控部门和公众之间的信息不对称，增强公众对宏观调控部门的信任度，引导公众形成合理稳定的预期，提高前瞻性措施的效果。加强宏观政策的透明度建设包括：制订和完善有关政策信息披露方面的相关规章制度；完善信息披露渠道，加强信息传播途径的建设，畅通政策信息向公众传递的渠道，减少公众的信息搜集成本；宏观调控部门还应重视对于重要政策术语及相关信息的解释，加强与公众的沟通，使公众更容易理解调控政策的内容。二是发挥积极财政政策在稳定增长、改善结构、调节分配方面的作用。三是保持货币政策稳健中性，将房地产价格作为货币政策重点监测指标。四是调整和优化产业政策，防控寻租行为。[1]

此外，许多研究成果还涉及对某一行业、领域宏观调控目标的探讨。

上述研究表明，有关宏观调控目标的确定，不能简单地理解，除考虑具有国际比较性的四大目标外，应当根据国内外经济和社会发展形势的变化，予以微调。重点解决阶段性突出的经济和社会发展问题。在2020年中国进入小康社会以后，就是要按照党的二十大精神，为实现中国式现代化目标，紧密围绕中国式现代化的五大特征，即人口规模巨大的现代化、全体人民共同富裕的现代化、物质文明和精神文明相协调的现代化、人与自然和谐共生的现代化、走和平发展道路的现代化展开宏观调控。

---

[1] 陈涛：《多目标约束下中国宏观调控政策的协调性研究》，《改革与开放》2018年第23期。

第四节　宏观调控政策

通过宏观调控理论研究和实践，形成一些在宏观调控中以经济调节原理为基础的政策。这些政策可以供宏观调控决策时，根据阶段性的或国内外经济形势的变化予以相机抉择。这些政策，不同于通常讲的党和国家的方针政策，具有宏观调控专业技术的性质。但是，其一旦由党中央、国务院经过论证作出选择，则成为党和国家的政策，必须全国统一贯彻执行。

一、产业政策

产业政策是与市场经济体制相适应的国民经济分类指导和调控政策。截至目前，尽管理论上存在一些质疑，但为全世界各国所推行，也是联合国相关机构考察、评价世界各国宏观经济状况的重要的分析工具。按照产业政策划分一国经济，主要将一国经济划分为第一产业，即农业；第二产业，即工业加工业；第三产业，即服务业。并在此基础上，通过制定和实施相应的产业政策，促使第一产业、第二产业现代化的实现，使第一产业、第二产业因现代化退出的劳动力，更多地从事第三产业的服务工作，以便缩小城乡差距，丰富城乡生活的内涵，大力提高人民的生活水平。另一方面，通过产业政策的制定，对于市场行为分别实施禁业、限业和鼓励的产业措施，使市场活动或行为处于健康运行的状态。这种产业调节、调控，其直接后果，就是在产业政策、行业发展、企业发展之间形成一个政策链条。产业政策是行业、企业发展的逻辑起点。处于微观主体或民事主体的企业及其他市场主体，以及处于中观经济主体的区域、行业及其组织，必须使自己的经济行为符合国家的产业政策规定与指导，才能有效地开展经济活动。因此，在现代社会，产业政策指导下的市场秩序，才是实际运行的市场秩序，所谓"市场决定"受国家产业政策的制约。

在中国，从1949年到20世纪80年代末期，一直奉行有关社会主义的部门经济结构理论，按照农业、工业、商业、建筑业等部门划分组织国民经济建设，并强调"有计划、按比例地发展国民经济"，强调合理布局各部门之间的比例关系，合理布局部门内部的关系。典型的，如农业内部涉及农、林、牧、副、渔业比例关系的处理，工业内部涉及轻工业和重工业的比例关系的处理等。总之，在计划经济时期，有一整套国民经济的部门发展理论和体系，但它与市场经济体制不符，无法与其他市场经济国家相比较。

改革开放以来，"对内搞活，对外开放"，推行社会主义商品经济及其市场经济。为了与世界经济接轨，中国自20世纪80年代末开始陆续地以产业政策的形式划分国民经济的行业与产业，规范和指导市场经济的发展。截至目前，产业政策已经成为宏观调控政策的重要表现。结合联合国标准出台了中国自己的产业、行业划分标准。并且，按照一二三产业发展规律及中国的基本国情确定了中国长期稳定的政策，即巩固第一产业，不断调整第二产业，大力发展第三产业。与此同时，根据每一个规划计划期面临的形势和任务，主要通过《产业结构调整指导目录》及市场负面清单，对各个产业的发展予以适时的调控。

二、财政政策

财政是国家为实现其职能，应用政治权力参与国民收入分配和再分配活动的总称。财政的直接目的是通过财政收支活动，满足国家实现各项管理职能的经济需求。但是，财政参与国民收入分配和再分配活动，必然对市场经济活动产生调节的效果。例如，财政收入增加，意味着国民收入的减少，反之亦然。而财政支出的增加或减少，也会影响市场供需的变化。为此，财政政策的调节成为宏观调控政策之一。

按照宏观调控理论和实践，财政政策可分为扩张性财政政策、紧缩性财政政策和中性（稳定）财政政策，以供国家出台宏观调控政策时予以相机选择。其中，扩张性财政政策主要是指在市场需求不足或生产不足时，通过减少财政收入或增加财政支出，来支持扩大生产，或支持消费需求，以达到国民经济供需平衡之目的。紧缩性财政政策主要是指在市场需求过旺，或生产出现剩余时，通过增加财政收入或减少财政支出，来拟制市场需求，减少生产剩余，以达到国民经济供需平衡之目的。中性或稳定的财政政策则是在市场相对稳定情况下采取的，保持原有财政状态的政策。总之，财政政策的制定和实施，不是为了财政，而是在满足公共部门财政需求基础上，保持国民经济发展的平衡，这是财政政策的本质特征。就中国财政政策的选择而言，较多地体现在每年中央经济工作会议公报、国民经济和社会发展规划及年度报告和年度预算决算报告之中。

值得强调的是，财政发挥宏观调控的职能，不能影响一个国家相对稳定的政权运行的基本财政需求。在满足政权运行基本财政需求和公共财政需求基础上，财政主要通过政府投资、政府采购、各种政府基金运作以及发行国债等方式实现财政目标。与此同时，在中国社会主义条件下，国有资本的保值增值以及纳入预算管理，具有特殊的功能和作用。

三、金融货币政策

在市场经济条件下，货币是特殊的商品。在现代社会，市场上可供给的货币主要表现为各国以纸币形式体现的法定货币。在中国，法定货币为人民币。人民币由中央银行，即中国人民银行统一组织印制并投入市场。人民币投放市场的数量按照市场及公共需求予以投放。作为商品交换的一般等价物，人民币投放数量的多少以货币周转的速度为基础，其周转速度越快，投放的数量越少，反之亦然。由此，货币具有了宏观调控的职能。按照宏观调控理论和实践，金融货币政策的类别，与财政政策一样，也可分为扩张性、紧缩性和稳定性政策三种。但其前提是必须保持货币币值的稳定。为此，在保持货币币值稳定的基础上，当市场需求不足或供给不足时，国家可以采取扩张性货币金融政策，通过增加货币的投放量，以刺激经济的增长；当市场需求过旺或供给过剩时，国家可以采取紧缩性货币金融政策（紧缩银根），抑制经济的增长。

与此同时，与财政政策的应用具有直接效果不同，货币金融政策的实施，通常具有滞后性特点。这是因为，货币金融政策的直接调控对象是各商业银行等金融机构，其基本的调控路径是通过各商业银行等金融机构执行中央银行确定的法定基准利率、存款准备金率等措施，来影响企业、居民个人等市场主体的货币存贷行为，进而最终影响企业的生产和居民的消费。然而，市场主体是否积极响应，有一个过程。由此，宏观调控的理论和实践表明，一国宏观调控措施应用时，必须把财政政策和货币金融政策有效地组合搭配起来，才会收到预期的效果。

四、收入分配政策

在市场经济条件下，最大的困境是基于收入的差距和不公引发贫富差距，形成"二八定律"①。对此，依靠单个市场主体无法解决，且贫富差距本身就是由市场机制形成的。因此，需要通过国家制定合理的收入分配政策予以调节。按照宏观调控的理论和实践，收入分配政策的举措：一是通过确定最低工资收入标准，保障企业劳动者的最低工资收入；二是通过对商品流转税（成本税）的调节，调节工业生产环节的收入；三是通过征收和调节企业和个人所得税，平衡收入差距；四是在工资收入达到一定水平情况下，放开非劳动收入的渠道，确认居民资本、股权分红及其他财产性收益的合法性，使居民的收入尽快增长；五是采取共享经济措施，通过大力建设公共设施及扩大面对全社会居民的公共福利等措施的实施，居民能够获得直接的财政补贴收入，或者增加减少生活开支的隐性收入，使居民的收入水平得以提高。此外，通过对最低收入的测算及标准的公布，政府针对收入较低人群出台专门的收入保障政策，也是收入政策调控的应有内容。对此，联合国出台最低收入标准，以便指导世界各国的宏观调控实践。②

---

① 1897年，意大利经济学者帕累托偶然注意到19世纪英国人的财富和收益模式。在调查取样中，发现大部分的财富流向了少数人手里。同时，他还从早期的资料中发现，在其他的国家，都发现这种微妙关系一再出现，而且在数学上呈现出一种稳定的关系。于是，帕累托从大量具体的事实中发现：社会上20%的人占有80%的社会财富，即：财富在人口中的分配是不平衡的。同时，人们还发现生活中存在许多不平衡的现象。因此，二八定律成了这种不平衡关系的简称，不管结果是不是恰好为80%和20%（从统计学上来说，精确的80%和20%出现的概率很小）。习惯上，二八定律讨论的是顶端的20%，而非底部的80%。人们所采用的二八定律，是一种量化的实证法，用以计量投入和产出之间可能存在的关系。

② 根据联合国网站信息，截至2015年，贫困线的标准为：每天的生活费为1.90美元（约合人民币12元）或以下，全年生活费为693.5美元，约合人民币4161元或以下。到2030年的发展目标为，每天生活费仅为1.90美元的人口比例不超过3%。

就中国的改革实践来看，在计划经济时期，为了满足国家经济和国防等建设的需要，国家实施了较长期的居民低收入分配政策。而且，这种低收入分配政策，与当时较低的市场价格相适应，也满足了人民生活的基本需要。但是，改革开放以来，市场价格一放开，劳动者的工资收入水平就要相应地增长，其增长的基本规律是工资增长的水平应当略高于价格增长的水平，否则，就会使居民基本生活水平得不到保障。与此同时，市场经济发展带来的"二八定律"会逐渐显现。为此，上述各项收入分配政策及其措施的实施十分必要。

还要看到，在解决收入不平衡问题上，随着工业化进程的加快，城乡收入差距是世界各国面临的普遍问题，为此，市场经济发达国家的经验是通过实现城镇化来解决城乡收入的差距问题。其发展的结果是使城镇化率达到70%左右，中国亦然。中国经过改革开放40多年的努力，到2020年"十三五"规划末期，使城镇化率总体达到了60.5%。"十四五"规划目标是65%。然而，一些农村特困地区及集中连片特困地区农村人口的收入问题的解决，依靠常规的宏观调控手段无法解决。为此，党中央于2015年发起脱贫攻坚战，发挥社会主义制度的优越性，集中力量解决涉及5500多万人口的绝对贫困问题。在"中央统筹、省负总责、市县落实"以及"党政同责"体制下，通过若干脱贫工程的实施，对贫困农村人口建档立卡，实施"精准调控"，经过5年的努力，打赢了脱贫攻坚战。按照"两不愁，三保障"①及每人年均收入达到2300—3000元人民币的标准要求，彻底解决了农村人口的绝对贫困问题，使全社会步入小康社会。由此说明，在中国社会主义市场经济条件下，对于基于市场经济发展带来的收入差距与不公问题，只要党中央重视是可以解决的。并且，这种

①"两不愁"就是稳定实现农村贫困人口不愁吃、不愁穿；"三保障"就是保障其义务教育、基本医疗和住房安全，是农村贫困人口脱贫的基本要求和核心指标。

举措，与社会主义发展的最终目标是全社会走共同富裕的道路的理论定位是一致的，是社会主义市场经济与资本主义市场经济的本质区别。

五、社会保险政策

按照宏观调控的理论和实践，市场经济条件下，除推行企业用工的劳动合同制、形成市场竞争氛围外，为了保障劳动者的权益，使其"老有所养"、"病有所医"、工作中遭遇工伤可以得到及时治疗、失业后有失业保险保障基本生活，就要在推行市场经济的同时，出台相应的社会保险政策，建立起社会保障机制和制度。对养老金、职工医疗保险金、工伤保险金以及失业保险金进行调控，并通过社会保险政策法律的执行，为市场经济的健康发展筑起一道屏障。

改革开放前的计划经济时期，国家推行职工工资低收入政策，相应地，通过推行职工退休金政策、工伤与医疗保险政策及其制度，保障职工老有所养、病有所依。并且，在计划经济时期，中国不存在失业情况，每个人被固定于农村集体或城市的某一个单位，总有工作做。在此时期，社会保险金全部由国家政策安排，不存在个人缴纳负担问题。改革开放以来，随着商品经济及市场经济的推行，建立了与市场经济体制相适应的社会保险政策及制度配置机制。由国家单一配置，或由国家与国有企业配置，改为"三三制"，增加了企业和个人缴纳社会保险的制度，实行"五险一金"①，使社会保险政策成为宏观调控的一项基本的政策。这项政策的推行，与原有制度的最大不同点在于强调了企业和个人缴纳社会保险金与享受国家社会保险予以挂钩的权利义务关系，即只有企业或个人依法缴纳了社会保险金，个人才能享受相应

---

① "五险一金"包括养老保险、医疗保险、工伤保险、生育保险、失业保险、住房公积金。

的社会保险待遇。其最新的改革举措是，在"灵活就业"情况下，即在个人没有固定单位情况下，只要个人按照要求缴纳社会保险费，就可以享受社会保险待遇。由此，社会保险成为中国发展市场经济必要的宏观调控政策。

六、社会发展调控政策

按照宏观调控的理论和实践，在市场经济条件下，社会发展调控政策的主要方向是对各项社会事业发展进行产业化、法治化、国际化改革，使市场经济条件下的社会事业发展适应市场经济发展，成为国民经济新的增长点。为此，社会发展调控政策的制定主要涉及科教文卫体等事业的产业化、法治化、国际化改革。这种调控政策是产业政策在社会发展领域的具体化，但又不同于经济领域的产业化。其突出的特点是，各项事业发展的产业化、法治化、国际化改革，必须在坚持其公益属性的基础上，对各领域可以和市场衔接的部分进行产业化、法治化、国际化改革，而不能把所有的事业发展均交由"市场决定"，否则，会引起社会的混乱。对此，中国在推行社会发展调控政策时，所遭遇的问题就是对社会事业发展的过度产业化、市场化会导致社会事业发展丧失其根本。典型的，如科技事业过度产业化、市场化使科技事业形成"功利主义"，导致"创新不足"，科技水平不高；教育事业过度产业化、市场化使教育丧失了其"教书育人"的本质；文化事业过度产业化、市场化使文化陷入低俗及精神堕落的境地，使封建文化、非法宗教文化盛行；医疗事业过度产业化、市场化使医疗丧失了"救死扶伤"的天职；体育事业的过度产业化、市场化使体育发展丧失了"发展体育运动，增强人民体质"的本质要求。为此，社会事业发展调控政策的立足点，就在于推行有限的产业化、市场化政策。与此同时，对于诸如教育、医疗等社会发展事业施以非市场化措施，实际上会形成对居民的公共福利，其中，这种福利的"度"的把握体现出明显的宏观调控特征。

第五节　宏观调控手段

按照宏观调控的理论和实践，宏观调控的手段与工具是指宏观调控机关或机构运用什么样的方式方法来调节、控制国民经济和社会发展。从宏观调控角度分析，有其专业性与技术性的一面。由于宏观调控可供选择的工具较多，本节主要阐述宏观调控的手段。涉及宏观调控工具的原理及内容在下一章集中阐述。

就中国宏观调控的实践而言，中国在计划经济时期管理经济的手段主要是政治手段和行政手段，取得了相当的成效，但也存在经济管理上的"僵化"问题。因此，改革开放以来，适应社会主义商品经济及市场经济的发展，除继续发挥社会主义政治优势外，有关宏观调控手段的政策表达通常为，主要应用经济手段和法律手段以及必要的行政手段。以下逐一分析。

一、经济手段

就经济手段而言，宏观调控经济手段的应用主要体现在：在既有经济法律秩序基础上，通过对经济变量的调节引导市场经济或微观经济的发展。具体来说，经济手段由经济计划手段、经济杠杆手段、经济政策手段组成。

首先，经济计划手段的作用在于正确规划国民经济和社会发展的比例、速度以及经济发展的总体目标。在制定国民经济和社会发展规划时，有关国民经济和社会发展预期量化指标和约束性指标的确定，反映了国家对一定时期的经济和社会发展预期，一经全国人民代表大会批准通过，就成为影响该时期内宏观调控的经济手段。典型的如，2016年3月16日第十二届全国人民代表大会第四次会议批准的《中华人民共和国国民经济和社会发展第十三个五年规划纲要》，主要阐明国家战略意图，明确政府工作重点，引导市场主体行为，是2016—2020年中国经济社会发展的宏伟蓝图，是各族人民共同的行动纲领，是政府履行"经济调节、市场监管、社会管理和公共服务"职责的重要依据。该纲要对2016—2020年五年间经济和社会发展提出25项预期性和约束性指标。其中，预期性指标包括：①国内生产总值（GDP）年均增速大于6.5%，2020年大于92.7万亿元；②全员劳动生产率年均增速大于6.6%，2020年大于人均12万元；③在城镇化率方面，一是常住人口城镇化率累计为3.9%，2020年达到60%。二是户籍人口城镇化率累计为5.1%，2020年达到45%；④服务业增加值比重累计为5.5%，2020年达到56%；⑤研究与试验发展经费投入强度累计为0.4%，2020年达到2.5%；⑥每万人口发明专利拥有量累计为5.7件，2020年为12件；⑦科技进步贡献率累计为4.7%，2020年达到60%；⑧在互联网普及率方面，一是固定宽带家庭普及率累计为30%，2020年普及率70%。二是移动宽带用户普及率累计为28%，2020年普及率85%；⑨居民人均可支配收入年均增速大于6.5%；⑩城镇新增就业人数累计大于5000万人；⑪基本养老保险参保率累计为8%，2020年参保率为90%；⑫人均预期寿命累计为增加1岁。这些预期性的经济和社会发展指标，对市场和社会主体的经济和社会行为虽然没有强制性，但具有很大的引导性，国家主要用间接经济手段调控。约束性指标具体包括：①劳动年龄人口平均受教育年限累计为0.57年，2020年达到10.8年；②农村贫困人口脱贫5年累计为5575万人；③城镇棚户区住房改造5年累计2000万套；④耕地保有量为18.65亿亩；⑤新增建设用地规模5年累计小于3256万亩；⑥万元GDP用水量5年累计下降23%；⑦单位GDP能源消耗降低5年累计为15%；⑧非化石能源占一次能源消费比重累计为3%，2020年达到15%；⑨单位GDP二氧化碳排放降低率5年累计降低18%；⑩在森林发展方面，一是在森林覆盖率方面，5年累计为1.38%，2020年达到23.04%。二是森林蓄积量累计为14亿立方米，2020年达到165亿立方米；⑪在空气质量方面，一是地级及以上城市空气质量优良天数比率2020年大于80%。二是细颗粒物（$PM_{2.5}$）未达标地级及以上城市浓度下降率5年累计下降18%；⑫在地表水质量方面，一是达到或好于Ⅲ类水体比例，到2020年大于70%。二是劣Ⅴ类水体比例，到2020年小于5%；⑬在主要污染物排放总量减少率方面，5年累计：化学需氧量下降10%，氨氮下降10%，二氧化硫下降15%，氮氧化物下降15%。这些约束性指标具有强制性，在宏观调控手段应用上，通常采取经济手段，但在完成任务出现阻力时，需要启动必要的行政手段，甚至需要通过政治动员集中力量开展攻坚战。"十三五"时期，党中央围绕上述约束性指标的实现，先后发起脱贫攻坚战和防治污染攻坚战，最终圆满完成了《"十三五"规划》确定的任务和指标，体现了宏观调控对国民经济和社会发展的过程性管理。

其次，经济杠杆手段作用在于通过经济手段的利导和限制作用，以间接方式促进经济目标的实现和经济运行的合理化。其典型的表现，就是根据经济形势的变化对"一价三率"的调节。其中，"一价"是指市场上的商品、技术和服务价格；"三率"是指对市场行为产生影响的税率、利率和汇率。市场经济发展中，"一价三率"的变动，对市场行为会产生积极和或消极的影响。因此，在商品经济及市场经济条件下，"一价三率"成为国家调控经济常用的经济手段。

最后，经济政策手段的作用在于通过经济政策的贯彻和实施，以求得最大、最好的政策效应，促进宏观经济目标的实现。对此，前述的宏观调控政策代表了常规性的典型政策。而在宏观调控的具体实践中，按相机抉择原则，根据国内外经济形势的变化，为解决实际问题，国家可以进行既有政策的调整或出台相应的新经济政策，引导市场主体的行为。

二、法律手段

就法律手段而言，法律作为宏观调控的手段，是立法、执法、司法、守法以及法律监督等手段的综合应用。其比较突出地表现为立法和司法手段的应用。[①]这是因为，虽然通过立法确立经济秩序与制度，是法律手段应用的基础，但是，如果对于已立的法，无人执行，或不能有效地执行，立法就只是一纸空文。因此，法律手段的应用，没有立法的需要立法；已经立法的重在法治治理。与此同时，法律的内容可以包括实体法和程序法，其中，实体法的构建主要表现为事物定性、法律主体定位、权利义务（责任）以及制度构建或完善；而程序法则是对决策程序的规范，具有秩序意义。为此，在宏观调控中，单独强调法律手段的应用，主要是实体法的确定，而涉及程序法时，无论是法律手段，还是经济手段或行政手段，均离不开程序法的秩序性制约。为此，经济手段和行政手段的应用，也必须依法进行。对此，有观点认为，"法律手段本身，既是独立的宏观调控手段，同时又渗透、贯穿到其他调控手段中去。宏观调控法律手段的含义有：一是政府对市场经济规律予以强制保障；二是规制经济手段和行政手段的合法性，并用国家强制力予以

---

① 李玉婵：《论中国宏观调控法律手段综合协调制度的完善》，山东大学硕士学位论文，2011。

保障；三是通过经济法律的规范功能、限制功能、促进功能的作用，保障市场经济有序运行，促进经济持续健康发展，简而言之，就是要把宏观调控纳入法制轨道，为实行宏观调控提供法律保障，可以说，没有法律手段的保障，经济手段的利导性，行政手段的权威性将成为一句空话。"①

需要特别指出的是，在中国宏观调控法律手段的应用中，有一类促进型立法比较特殊。在冠以"促进"的整体立法或一部法律中部分章节的情况下，相关法律条款体现出法律对市场主体的政策性引导，而不是传统法律中的禁止或限制，这种立法是宏观调控政策法律化的表现。②

三、必要的行政手段

行政手段，是指国家行政机关在经济管理活动中，运用行政强制手段对经济活动的干预和控制。虽然在行政法理论上有"行政指导"一说，但在实践中，政府机关动用行政力量管理经济多数具有"管制"与"管控"之含义。

就市场经济而言，这种行政手段的应用，一是预先给市场行为予以禁止或限制的规定，明确告知市场主体，哪些行为允许，哪些行为不允许；二是在市场经济运行中对市场行为的监管；三是当市场主体违反《中华人民共和国反不正当竞争法》《中华人民共和国反垄断法》《中华人民共和国产品质量法》《中华人民共和国消费者权益保护法》《中华人民共和国广告法》及相关规定时予以行政处罚。由此，形成了行政制约市场的一个法律框架，即市场规制。而市场民事主体的意思自治只

① 刘大洪、夏航：《宏观调控法的经济学透视》，《经济法论丛》2003年第2期。
② 张守文：《论促进型经济法》，《重庆大学学报（社会科学版）》2008年第5期。

能在这个法律框架内运行。这种行政制约下的经济，可被称之为"鸟笼经济"。其中，法律与行政所编织的框架，被视为"鸟笼"，而市场民事主体作为"鸟"，可在"鸟笼"内自由地飞翔。也由此，形成了"政府调节（调控）市场，市场引导企业和消费"的市场发展模式。对此，世界各国的市场经济的真实状况均如此，只不过对市场的制约程度宽严不同而已。但是，涉及黄赌毒及走私交易的市场行为是世界多数国家所禁止的。这类法治统称"市场规制法"，是宏观调控下市场经济发展的重要体现。

就中国而言，计划经济时期，除保留农村集市贸易的自由交易外，居民购买"商品"基本凭票定量供应，不存在商品经济。改革开放以来，推行商品经济及市场经济，就要大力进行行政管理经济的改革。除必要的行政管理外，要最大限度地发挥市场的作用，以达到改善人民生活、繁荣经济之目的。在此情况下，国家提出"必要的行政管理"，是与计划经济时期"过度的行政管理"相对应的举措。首先，取消一切企业主管部门，让企业成为"独立生产经营和服务、自负盈亏"的市场主体。其次，在生产什么、怎样生产的问题上，由企业主要按照国家产业政策的指引以及市场需求组织生产。政府的角色则由重在管理演变为重在服务。最后，在民商法市场秩序基础上，通过市场规制法的规范，保障市场经济的健康发展。

在以上理论指导下，中国宏观调控应用行政手段的必要性主要体现在三个方面：一是通过制定市场政策明确市场行为前置性的禁止、限制及行政许可；二是市场运行中必要的检测与监管；三是针对市场行为违反法律政策后果的必要的处罚。其中蕴含着面对市场行为的尽可能少的禁止、限制、行政许可、监管及处罚的各项改革举措。概而言之，就是涉及政府行政管理、管制的"放管服"改革。但是，这种改革绝不是完全放弃政府对市场行为的禁止、限制、行政许可、监管及处罚。为了维护国家利益、社会公共利益，政府该管的必须管好。还应当注意，鉴于市场经济的不确定性，国家在对市场运行宏观监测基础上，发现市场运行出现异常现象时，可以动用行政手段予以临时性行政干预，一旦市场恢复正常，则行政干预措施予以及时撤销。例如，对于市场价格的不正常波动，价格主管部门可以按照《中华人民共和国价格法》规定，启动价格干预机制。

关于行政手段的必要性，有研究成果指出，在1988年至1990年的宏观调控中，中国尝试改变原来单一的行政调控，引入经济和法律手段，初步进行现代意义上的以财政和政策为主的间接调控，但因对经济手段的运用不够熟练，导致调控过度。2004年以来的宏观调控，逐步强化了经济和法律手段对经济的调节作用，特别是更多地运用利率、汇率以及其他财政货币政策工具来间接影响经济主体行为，保证了宏观调控的客观性和科学性，积累了更为丰富的经验。在目前地方竞争体制更多带有行政色彩的背景下，中央政府在实行宏观调控时完全不用行政手段，也可能会影响宏观调控的效果。[①]

与此同时，与市场规制法框架下行政手段的普遍应用不同，宏观调控行政手段的应用应当体现出特殊情况下的行政干预，即在经济出现大幅度波动，进而导致市场危机并无法通过市场机制解决问题时，才有必要用行政手段解决问题。对此，持否定宏观调控行政手段的观点认为，即使出现市场危机或经济危机，也可以通过市场机制得以恢复。然而，严酷的现实是，一旦爆发市场危机或经济危机，其所引发的问题，已经不仅仅是经济问题，而是严重的基于大量企业倒闭和职工失业引发的社会问题。其容不得依靠市场机制缓慢地恢复，国家必须采取果断行政措施予以解决。对此，国外如此，中国亦然。

---

① 江登英、康灿华：《多目标决策视角下的宏观调控》，《企业经济》2008年第2期。

四、三种手段的叠加及政治手段的应用

在对以上基本理论认识的基础上，还要注意宏观调控实践中，经济手段、法律手段以及行政手段的应用往往存在叠加现象。虽然经济手段具有明显的"过程性管理"属性，行政手段具有明显的"秩序性管理"属性，但是，在提倡"依法治国""依法行政"的当今社会，经济手段和行政手段的应用不能处于"脱法"状态，三种手段叠加的着力点在于以法律手段为基础的法治治理目标的实现。换言之，即使是经济手段或行政手段，也必须在法律规定的框架内予以实行。这种法律框架，一是集中体现于对可应用经济手段和行政手段进行宏观调控的调控主体法律地位的确认及对其的授权与限权；二是对宏观调控决策的程序法制约。

还需注意的是，在中国社会主义条件下，党中央的统一协调领导是第一位的。因此，国民经济的发展蕴含着党领导的政治逻辑。党中央所确定的"以经济建设为中心"、坚持"对内搞活，对外开放"的一系列路线、方针、政策和国家发展战略是宏观调控的行动指南，具有鲜明的中国特色。充分发挥"市场决定"作用，凡是市场调节能解决的交由市场解决，凡是社会能自治的交由社会自治。同时发挥好政府的作用。不忘初心，坚持为人民服务的宗旨，是国家宏观调控的总方针、总路线。在遭遇重大难题或"短板"时，提高政治站位，发挥社会主义政治优势，用政治手段动员全国力量，以举国体制，集中力量攻坚克难，有雄厚的群众政治基础，是中国社会主义市场经济发展的一大特色。

第六节　国民经济和社会发展活动

国民经济和社会发展活动是宏观调控的调控对象。国民经济和社会发展活动涉及国民经济活动、社会发展活动以及国民经济活动与社会发展活动的关联性三个方面的基本理论和实践。

一、对国民经济活动的基本认识

根据宏观调控的理论和实践，国民经济是指一个国家社会经济活动的总称，是由互相联系、互相影响的经济环节、经济层次、经济部门和经济地区构成的。国民经济这一概念突出强调经济的整体性和联系性。这个观点突破了将国民经济局限于国家各经济部门的构成总称的限制，在内涵上大大扩展了社会经济活动的领域，包括了经济环节，即生产、交换、分配、消费各环节；经济层次，即宏观经济、中观经济、微观经济各层次；经济部门，即工业、农业、建筑业、商业、通信等生产部门和科研、教育、文化、医疗卫生、体育等非生产部门；经济地区，即国内不同经济区域以及国与国之间的经济区域和国际性区域，较为全面地阐述了国民经济涵盖的内容。在此基本理论下，凡是与国民经济相关的活动，可以统称为国民经济活动。

从微观角度分析，每一个个体的企业、居民的生产消费活动，构成了国民经济活动的基础，且其每天均在持续地进行着。除涉及基本的吃、穿、住、用、行消费外，其他增长性消费源于国家政策的指引以及市场的诱导，前者如有关购房、购车等大宗消费；后者如服装类商品的不断推陈出新。特别是在当前进入互联网和大数据时代，有关计算机技术的广泛应用，已经深入地影响着居民的消费，其典型的表现，就是手机的普遍应用，网上购物的畅行，快递的便捷以及未来数字货币出现对消费的影响等。这些来自消费领域的变革，反过来又影响着生产和服务领域的革命。但一些新的消费则是由生产领域的革新引导而导致的。由此，在国家消费政策的促进下，以及在市场力的推动下，人类的消费力大幅增长，但应受到资源节约与生态环境保护因素的限制。由此，从宏观的整个国民经济角度讲，除保障基本消费外，属于增长性消费的部分，具有可选择性。对于非必须消费的部分，应当坚持节俭原则，而不应鼓励。尤其对于奢侈性消费，应当予以必要的限制。然而，在市场经济条件下，当个人财富逐步积累，个人的欲望无法自律时，如何使个人财富得以合理地支配？国家和社会的引导和干预必不可少。与此同时，对于企业的生产而言，也可能会因盲目投资而导致生产失败，形成生产过剩。单个企业之生产过剩，仅导致单个企业的破产结局。但是，如果众多企业出现生产过剩，就会引发全社会的经济危机。

从宏观调控角度分析，上述微观经济存在的弊端或"市场失灵"，致使国家不得不从宏观调控角度担负起组织管理国民经济的责任。

在当代社会，国家对于经济之功能，首先是组织能力的发挥。这是因为，迄今为止，在一国之内，国家是全社会组织的最高形态，唯有国家才能组织起全社会的劳动力、资本、生产资料、技术等生产要素，合理地保障居民的基本消费需求，并有效地组织与增长性消费相适应的生产和服务。其还涉及工业、农业、商业等行业以及一二三产业的有计划按比例地合理布局等问题。由此，便出现了社会主义的理想，即以公有制替代私有制实现从物质资源最合理的分配，到社会生产最合理的组合。然而，社会主义从空想到科学，有一个漫长的实践过程。市场经济在社会主义初级阶段，仍然是经济发展的基本形态。为此，在遵循商品市场规律基础上，国家的宏观调控以适度的方式介入市场经济，组织协调市场力量合理地配置经济资源。实现共同富裕的社会主义目标，是社会主义市场经济条件下，国家宏观调控组织力的体现。这种组织力，在资本主义条件下，基于私有制的本质特征及"自由主义"盛行，往往显得比较薄弱。但在中国特色社会主义条件下，在中国共产党的统一协调领导下，强有力的组织效能则比较突出。特别是，在遭遇自然灾害或其他重大事件，致使国民经济运行出现不畅时，通过党中央的统一指挥协调，动员全国力量，全国一盘棋，没有克服不了的困难。

其次，就对国民经济的管理而言，虽然自从国家产生以来存在对经济的管理。但发展到当代的市场经济，则以"国家干预经济"体现之。国家对经济的干预起源于西方资本主义的市场经济理论，并以凯恩斯的"国家干预说"最为著名。凯恩斯的"国家干预说"是建立在资本主义市场条件下不断出现的"经济危机"基础上的。凯恩斯的"国家干预说"摆脱了传统经济学中以亚当·斯密为代表的"国家夜警说"。即在市场经济发生危机时，国家应当采取对国民经济干预的财政、金融、产业整顿等措施，尽快使市场经济秩序得以恢复。因此，总体上讲，凯恩斯的"国家干预说"，是一种国家被动干预经济的理论。而且，从资本主义国家干预的实践情况来看，国家对经济的干预，主要以"间接干预"为主，"直接干预"为辅。由此看出，凯恩斯的"国家干预说"有其局限性：不能彻底摆脱资本主义条件下市场经济危机的困扰。但凯恩斯的"国家干预说"的实践，产生了宏观经济学。以宏观经济学原理观之，宏观经济运行与微观经济运行可以处于相对独立的状态。以国家（政府）经济政策主张为基础的经济，不仅可以独自运行，而且会通过财政政策和货币政策等的实施影响微观经济的运行。但在当代资本主义国家，宏观经济目标的确定和运行，往往受到西方国家政党轮替的干扰，致使国家（政府）宏观经济及其公共政策的决策往往处于左右摇摆的状态，应对性政策实施不利于长久性规划目标的稳定推进。

中国自改革开放以来，发展社会主义商品经济及市场经济，与世界经济接轨，也在国民经济管理领域，引进了"国家干预经济"的理论，强调了在市场经济条件下，国家对经济的管理，逐步由"直接管理"向"间接管理"转型。但中国自改革开放以来的市场经济发展始终是在国家统一组织下进行的，不能容忍市场经济自发弊端的蔓延。在当前，党中央为维护国家利益和社会公共利益，打击野蛮资本势力的无序扩张，就是很好的例证。因此，西方倡导的"国家干预"理论并不完全适合中国社会主义市场经济的实践。在党中央的统一领导协调下，社会主义市场经济的发展，在保障人民基本需求的基础上，关乎进一步的增长性发展时，必须有所为，有所不为。在国家宏观调控战略目标的总体规划下有计划地稳步推进与资本主义市场条件下的被动性的"国家干预"有着本质的不同。在此政治经济社会体制下，建立在民主集中制和政治民主协商基础上的党和国家的最高决策，与广大人民群众的根本利益保持一致。"中央统筹、省负总责、市县落实"以及"党政同责"体制机制的运行，能够使宏观经济目标得以有效地实现，具有鲜明的中国社会主义特色。

还要看到，基于国内外经济形势的变化以及宏观经济运行的不确定性，有关宏观调控的决策难免会出现失误，但关键是否有纠错机制。为此，当经济预期与实际运行发生不一致情况时，授予政府宏观调控决策机关或机构自由裁量权，相机抉择地调整宏观调控目标与措施是必要的政策法治选择。对此，世界各国如此，中国亦然。

从中观经济角度分析，国民经济运行中的中观经济，特指地区经济、区域经济、行业经济、企业集团经济以及城市经济等。宏观调控理论和实践表明，中观经济是国民经济在中观领域的缩影。尤其在以行政区划为基础的地区经济或以经济要素联系为基础的区域经济领域，宏观经济的原理同样适用于中观领域的经济调节。但中观经济领域的经济调节，一方面，以微观为基础；另一方面，则必须服务或服从于宏观经济。为此，国民经济中观领域的运行，具有承上启下的功能。承上，即指将宏观调控领域的政策在本地贯彻实施；启下，即指对本地经济负有组织管理的职能。①但值得强调的是，在社会主义统一市场的形成过程中，除保障本地居民基本需求外，涉及地区或区域增长性发展的部分，基于各地自然禀赋的优势，应当防止雷同化的和重复性的建设与发展，有所为，有所不为。另外，中央为平衡各地、各区域发展，也可以将一些与自然禀赋无关的产业布局于某地，以促进各地国民经济保持平衡发展，实现共同富裕的目标。

二、对社会发展活动的基本认识

基于人类活动的社会属性，广义地讲，一切与人类社会群体性活动有关的活动，均可以纳入社会发展活动的范畴。但在现代社会，狭义的社会活动，仅指那些涉及人类普遍素质提高以及有利于人类公共事业发展和社会福利提升的公益性事业社会活动。而狭义的社会发展活动，才是宏观调控理论和实践中所指的社会活动。由此，与国民经济发展活动相比，人类的社会发展活动的基本特征：一是涉及人类的群体性活动；二是涉及人类群体活动的公益性；三是涉及人类群体福利水平的提高；四是属于人类的非经济需求的范畴。

按照中国宏观调控的理论和实践，宏观调控领域指的社会发展活动，主要指科技、教育、文化、医疗卫生健康、体育等事业的发展。对此，可以简称为"科教文卫体"事业的发展。其中，科技事业的发展旨

---

① 董玉明：《试论中观经济法治化的几个基本问题》，《山西大学学报》1998年第3期。

在科技普及与科技创新活动的开展，可以促进既有科学技术的普及应用和科技的不断进步；教育事业的发展旨在公民个人素质的普遍提高和高素质专门人才的培养；文化事业的发展旨在弘扬主流文化传统，提升人民的精神文化素养，满足人民不同群体的多层次文化的需求；医疗卫生健康事业的发展旨在普及养生健康知识预防疾病以及对疾病予以积极治疗，使人民能够病有所医；体育事业的发展旨在增强人民大众体质基础上，通过竞技体育活动的开展丰富人民的生活，等等。总之，"科教文卫体"公益事业的发展，作为当代社会人类社会活动的集中体现，具有相对的独立性，而且，这些事业的蓬勃发展是一个国家社会进步文明的重要标志，也是一个国家步入发达国家行列的重要标志。如果置入政治因素，科技进步则有利于国家富强；教育发达有利于培养爱国向上的人才；文化繁荣有利于坚定公民的民族观和爱国主义精神；医疗卫生健康事业和体育事业的发展，有利于提升公民的身体素质，保障公民积极投身于国家建设等。由此，每个国家对于社会发展事业的重视是不言而喻的。国外如此，中国亦然。并且，中国是社会主义国家，满足人民群众日益增长的物质和文化需要，是社会主义生产的基本目标，为此，在社会主义条件下，不仅要重视人民的物质需求，还要重视人民的文化需求。不仅要重视物质文明建设，也要重视精神文明建设，并大力弘扬社会主义核心价值观。在中国进入小康社会的新时代，党中央明确指出新时代社会的主要矛盾是人民日益增长的美好生活需要和不平衡不充分的发展之间的矛盾。而人民日益增长的美好生活需要不仅仅是物质的，更多地体现为人民对改革成果的共享及其积极向上的精神追求。由此，新时代的宏观调控政策法治目标将更多地倾斜于民生的逐步改善。

除以上社会发展活动外，根据宏观调控理论和实践，弱者保护、对特定人群予以社会救济、社会保险以及城乡建设等也属于社会活动的范畴。如果从更广泛的意义上讲，凡是不创造生产力的部门事业发展活动，均属于社会发展活动的范畴。

三、国民经济活动与社会发展活动的关联性分析

由上分析可知，国民经济活动的基本点是创造生产力，以满足社会的需求。这种需求，属于物质需求的方面，表现为经济需求，以消费需求体现，仍然属于国民经济的范畴。如果社会需求，突破了经济需求的范畴，就属于社会发展的需求。这种社会需求，既是国民经济活动的逻辑起点之一，也是国民经济活动的最终落脚点。因此，国民经济活动中的"经济"，不应当是为"经济"而"经济"，国民经济活动与社会发展活动有着密切的关联性。

首先，社会发展活动，需要经济活动财力的有力支持。如果说国民经济活动属于经济基础的范畴，那么，社会发展活动就属于上层建筑的范畴。按照马克思主义的基本观点，经济基础决定上层建筑。由此，处于上层建筑领域的社会发展需要国民经济发展领域财力、物力的支持，才能得以发展。国民经济发展领域财力、物力的支持力度，与社会发展的繁荣程度呈正相关关系。而这种国民经济发展领域财力、物力的来源，除国家政策支持外，民间的慈善捐赠等必不可少。

其次，社会发展活动，存在与国民经济活动的交叉。其主要体现在，在社会发展活动领域可分为普遍的公共需求和个别群体的需求。按照市场经济的公共物品（产品）理论，普遍的公共需求不存在个人的独占性，其公共资源不能用市场机制予以配置。而对于可以由个人独占或一些人独占的部分，可以以市场机制实施产业化经营，由此，出现了社会事业产业化、市场化的趋势，并被理论界视为国民经济新的增长点。这种社会事业的产业化，突出的表现就是科教文卫体领域的产业化。其一方面可以促进市场的繁荣；但另一方面，可能导致科教文卫体事业的

发展失去了其应有的根本及方向。因此，对于社会事业发展的产业化必须保持其适度性，有所为，有所不为。否则，会引起社会的混乱。

最后，在认识国民经济活动和社会发展活动的关系时，还要正确认识福利国家的问题。在当代社会，为减少市场经济贫富差距的社会矛盾，以福利经济学为基础，一些资本主义发达国家奉行福利政策，意图通过加大国家对社会发展福利的投入，掩盖社会矛盾。但是，国家福利政策的实施，必须建立在雄厚的物质基础之上。因此，在福利经济下，国民经济活动的收益大部分用于公民的福利。但过度福利，也会导致公民对于"劳动致富"理念的颠覆。与社会主义"不劳动者不得食"的原则相违背。为此，中国作为一个人口大国，逐步提升人民的公共福利是改革的方向，但必须保持其适度性。自力更生、艰苦奋斗、勤俭节约、勤劳致富，始终应当是国民经济和社会发展活动的基本准则。

第七节　宏观调控的调节与控制

调节与控制是宏观调控释义的落脚点，也是宏观调控的基本方式。其中，调节蕴含着"协调"。调节或协调意味着对宏观调控涉及的国民经济和社会发展事项或对象以非强制的方式方法，解决宏观调控所面临的问题，且能够体现出现代经济的民主特征和宏观调控的"间接"属性，因而为理论界所推崇。与此同时，对于市场经济的发展，一些国家禁止或限制的措施，被延续至今。因此，世界上从来就没有所谓的"自由市场经济"，宏观调控中"控制"因素必然存在。

一、宏观调控的调节分析

在中国，宏观调控之调节或协调，包括自上而下的调节或协调，也包括自下而上的调节或协调。

首先，在自上而下的调节或协调中，由党中央、全国人大常委会、国务院及其相关宏观调控部门提出问题及其政策法律应对初步意见，然后征求各方意见。所征求意见的范围，既包括行使宏观调控权力的相关国家机关或机构，也包括作为被调控主体的企业和公民，还要重视宏观调控各领域专家的意见，最后，在各方意见的基础上，形成国家最高层的决策性意见，并以政策法律文件的形式颁发施行。

其次，在自下而上的调节或协调中，作为被调控主体的企业与公民个人等相关利益主体发现宏观调控政策法律实施中存在的问题后，可以积极地向有关机关反映。尤其是在现代社会网络发达的情况下，网络舆情成为党和国家了解民众意见的重要渠道。在此基础上，由相关宏观调控机关或机构进行调查研究，逐级上报，以便国家最高层对既有的宏观调控政策法律作出修改调整，或出台新的宏观调控政策法律措施。

最后，当代社会宪法和法律规定宏观调控信息的公开化，以及信息网络的发达，为宏观调控的调节或协调提供了实践的基础。

总之，在宏观调控决策过程中，按照党的二十大精神，应当体现出全过程的民主和集中。只有这样，才能使宏观调控的各项政策措施有效地执行。

二、宏观调控的控制分析

从人类历史来看，早在古代就有国家对于市场交易行为的控制之举。发展到资本主义社会，虽然经过和封建社会的斗争，使市场经济发展的自由度大大提升，但凡涉及走私及黄赌毒贸易，为各国法律所禁止或限制。世界各国如此，中国亦然。此为历史的延续。

发展至今，一国宏观调控对市场经济发展的控制，作为一般性控制主要体现为，通过产业政策的制定，对于市场准入的立法或负面清单作出相应的禁止或限制。大多数禁止或限制的目的出于对国家经济安全运行之考虑，有些则与社会制度有关。例如，在中国社会主义条件下，宪法和法律明确规定，自然资源之所有权除个别林权可属于个人所有外，土地、矿藏、水、森林等自然资源均控制于国家所有或集体所有，这是由公有制为主的政治经济体制所决定的。而在资本主义市场经济条件下，涉及国家利益或社会公共利益的资源的生产经营，也不宜由个人或家族企业所掌控。

从控制的程度来讲，禁止即意味着严格禁止市场行为及活动；限制则意味着只有符合政策法律规定的条件，市场主体才可以介入生产经营事宜。

从产业控制的具体方式来看，主要包括对市场资质条件的限制、产业发展目录的指引及市场负面清单的规定。

与此同时，在市场发生特定情况时，宏观调控可以采取临时性强制措施予以控制。例如，按照《价格法》规定，当市场价格处于剧烈波动时，国家可以采取价格冻结等控制措施，直至市场恢复正常为止。

三、宏观调控模式的基本分析

根据宏观调控理论和实践，宏观调控可有四种基本方式：一是单纯的调节或协调模式，主要适用于对市场竞争领域的宏观调控；二是单纯的控制模式，主要适用于公共物品（产品）领域及涉及国家安全和公共安全的宏观调控；三是以调为主，以控为辅的模式，主要适用于准公共物品（产品）供给的宏观调控领域；四是以控为主，以调为辅的模式。其主要适用于过度市场机制可能影响国家安全和公共安全领域的宏观调控。总之，这四种模式的具体应用，可根据宏观调控面临的具体问题，予以不同的选择。

与此同时，基于各国国情之不同，各国之宏观调控模式不尽相同。例如，基于美元的特殊地位，美国的宏观调控体现出以货币金融调控为主的特征。日韩等国的宏观调控体现出产业调控为主的特征。在其他国家则普遍地采用以财税调控模式为主。而在中国，基于宪法和相关组织法的基本规定，中国的宏观调控模式可以概括为，以发展规划及计划调控为牵头或引导，以财税调控和金融调控为两翼，其他调控为基础与配合的综合性调控模式。

四、中国宏观调控模式的创新

就宏观调控的模式而言，一种提法是指一个国家总体上的宏观调控模式。世界各国由于国情不同而不尽相同。前文已对此做分析。另一种提法是指一个国家在实施宏观调控时基本的应对模式，该模式被西方经济学概括为"相机抉择模式"，其基本的理论依据为基于宏观经济的不确定性以及经济运行的周期性。按照此原理，通常的做法是法律授权政府可以根据经济社会的变化，相机抉择主要的应用财政政策、货币金融政策、产业政策以及必要的行政措施等对经济社会予以干预，以便使经济总量平衡及经济社会的可持续性发展。中国改革开放以来，对此予以借鉴，并针对不同时期的经济过热或过冷进行了宏观调控。与此同时，鉴于中国的实际，从2000年开始，十分重视"区域调控"问题，在重点发展沿海经济基础上，先后实行"西部大开发""振兴东北等老工业基地""中部崛起"等战略。党的十八大以来，有关京津冀协同发展、长三角协调发展、粤港澳协调发展，以及海南岛特区等区域调控政策的出台和实施，均体现了"区域调控"的思想和理念。

在此基础上，党的十八大以来，以习近平同志为核心的党中央，勇于探索，在宏观调控领域实施了一些创新举措，收到了较好的效果。对此，有研究成果指出，党的十八大以来，中国的宏观调控出现了从自发的实践探索上升为自觉的理论形成与制度体系构建的重大转折，其根本原因在于习近平新时代中国特色社会主义经济思想的科学指导。有学者将习近平新时代中国特色社会主义经济思想中蕴含的宏观调控理念系统地概括为"八论"，即有机结合论、协调机制论、健全体系论、相机抉择论、主线方向论、统筹兼顾论、基本方法论和根本保障论。[1]与此同时，从具体制度创新的实践来看，集中体现于以下三个方面：

首先是精准调控。其主要体现于在脱贫攻坚战中，为实现彻底解决农村人口的绝对贫困问题，在提出具体标准的基础上，推行对农村贫困人口的建档立卡措施予以"精准调控"，以保障每一个建档立卡的贫困者都能脱贫。这一调控经验，可以推广于其他类似攻坚战之中。

其次是区间调控与定点调控。2013年，中央提出了"区间调控"的概念，要求把握好宏观调控的方向、力度、节奏，使经济运行处于合理区间，守住稳增长、保就业的"下限"，把握好防通胀的"上限"，在这样一个合理区间内，要着力调结构、促改革，推动经济转型升级。2014年，进一步提出要在坚持区间调控的基础上，注重实施"定向调控"，也就是在调控上不搞"大水漫灌"，不采取短期强刺激措施，而是抓住重点领域和关键环节，更多依靠改革的办法，更多运用市场的力

---

[1] 庞明川：《习近平宏观调控重要论述的科学体系及原创性贡献》，《财经问题研究》2020年第8期。

量，有针对性地实施"喷灌""滴灌"。先后实行向小微企业等定向减税和普遍性降费、扩大"营改增"试点、积极盘活存量资金等政策，同时积极采取定向降准、定向再贷款、非对称降息等措施，不断加大对经济社会发展薄弱环节的支持力度，有效发挥了激活力、补短板、强实体的重要作用。①

最后是有关参与国际调控的问题。按照国际法规则，国际经济秩序的形成由多国通过国际双边、多边条约、协定实现，联合国有关组织也可以制定一些规则指引各国之发展。中国改革开放初期，中国在保证国家安全的基础上，积极参与有关国际条约、协定的签署，也积极响应联合国出台的各项规则，促进了中国对外经济贸易的迅速发展。经过40多年的发展，中国的国际经济贸易地位大幅提升，一跃成为全球第二大经济体。在此背景下，中国在国际经济贸易规则制定方面，有了更大的话语权。中国通过"一带一路"经济贸易政策的实施，建立上海合作组织，以及积极参与东盟等组织，使中国参与国际经济贸易调控的空间逐步扩大。

值得强调的是，中国不仅提出和实施了以上宏观调控措施，而且针对国家安全和解决经济短板问题，发起了三大攻坚战②。

在2020年发生新冠肺炎疫情情况下，中共中央专门成立应对疫情领导小组，发起了阻止疫情蔓延的阻击战，并取得了初步胜利。这在其他国家是无法实现的，体现了鲜明的中国特色社会主义。由此，用"攻坚战""阻击战"的模式解决宏观调控的突出问题成为中国宏观调控

---

① 徐绍史：《创新和完善宏观调控方式》，《中国经贸导刊》2015年第34期。

② "三大攻坚战"是指防范化解重大风险、精准脱贫、污染防治，是在党的十九大报告中首次提出的新表述。2017年10月18日，党的十九大报告中提出："要坚决打好防范化解重大风险、精准脱贫、污染防治的攻坚战，使全面建成小康社会得到人民认可、经得起历史检验。"2018年国务院政府工作报告提出："抓好决胜全面建成小康社会三大攻坚战。要分别提出工作思路和具体举措，排出时间表、路线图、优先序，确保风险隐患得到有效控制，确保脱贫攻坚任务全面完成，确保生态环境质量总体改善。"

的一大亮点和经验。但是，本研究认为，应用政治力主导下的"攻坚战""阻击战"方式进行宏观调控不应当是宏观调控的常规性做法。只有在国民经济和社会发展出现突出问题，又需要限时解决时，才适宜适用。

第二章

宏观调控工具原理与实践

DI-ER
ZHANG

根据宏观调控理论和实践，宏观调控工具是宏观调控领域特有的范畴。它是宏观调控政策法律和其他手段的具体化，主要解决宏观调控政策法律和其他手段下，可以用什么样的方式方法实现宏观调控目标的问题。且宏观调控工具具有类型化、可选择性、可搭配性以及可进行国际对比的特点。所谓类型化是指宏观调控的工具可以分出若干组不同类型的工具；所谓可选择性是指对于工具的应用，可以根据不同情况予以选择搭配，一种工具应用效果不佳，可以另外选择一种工具应用或存在不同工具的组合叠加应用情况；可搭配性是指一种手段应用时，另一种手段予以跟进，典型的如财政政策和货币金融政策"双扩张"或"双紧缩"政策的搭配应用的宏观调控工具。所谓国际对比是指为世界各国常用的归纳总结宏观调控工具，可以在国家之间进行对比分析，因而，具有技术性或中性属性。以下，就中国政策与法律规定的常用宏观调控工具逐一分析。

第一节　计划、产业指导与投资工具

一、计划调控工具

在人类发展史上，计划是指人类对未来发展的预期。广义的计划，涵盖各类发展规划、实施方案等。计划是人的主观意志对客观世界发展的反映，体现了人类适应世界、改造世界，谋求自身生存发展主动性的一面。计划现象古已有之。"预则立，不预则废"，乃为古训。发展至今，计划成为国家调节国民经济和社会发展的重要工具。计划经济体制下以计划调节为主、市场调节为辅；市场经济体制下，以市场调节为主，但涉及公共资源配置时，仍然需要计划调节。正因为这样，社会主义条件下可以存在市场；资本主义条件下，也需要计划。计划调节和市场调节都是国家为实现战略目标的调节经济的基本手段和工具。

在中国，按照宪法和有关组织法规定，国民经济和社会发展规划纲要及其年度计划，可以统称为"计划"，它是国家的一项基本经济和社会制度，在国民经济和社会发展中具有"牵头"作用。新中国成立以来，先后实施了十三个五年计划，目前正在执行第十四个五年计划。根据改革开放以来宏观调控的实践，计划改革的内容，主要体现以政策指引为主替代计划经济时期大量指标任务的布置安排。但即使改革，也不可能完全取消一些基本的指标要求，否则，计划便失去了明确的目标指向。为此，计划指标的确定就成为计划调控的基本应用和分析工具。以目前正在执行的第十四个五年规划为例，共确定了20个计划指标。具体情况如表2–1所示：

表2-1 "十四五"时期经济社会发展主要指标

类别	指标	2020年	2025年	年均/累计	属性
经济发展	1.国内生产总值（GDP）增长/%	2.3	—	保持在合理区间，各年度视情况提出	预期性
	2.全员劳动生产率增长/%	2.5	—	高于GDP增长	预期性
	3.常住人口城镇化率/%	60.6*	65	—	预期性
创新驱动	4.全社会研发经费投入增长/%	—	—	>7，力争投入强度高于"十三五"时期实际	预期性
	5.每万人口高价值发明专利拥有量/件	6.3	12	—	预期性
	6.数字经济核心产业增加值占GDP比重/%	7.8	10	—	预期性
民生福祉	7.居民人均可支配收入增长/%	2.1	—	与GDP增长基本同步	预期性
	8.城镇调查失业率/%	5.2	—	<5.5	预期性
	9.劳动年龄人口平均受教育年限/年	10.8	11.3	—	约束性
	10.每千人口拥有执业（助理）医师数/人	2.9	3.2	—	预期性
	11.基本养老保险参保率/%	91	95	—	预期性
	12.每千人口拥有3岁以下婴幼儿托位数/个	1.8	4.5	—	预期性
	13.人均预期寿命/岁	77.3*	—	〔1〕	预期性

类别	指标	2020年	2025年	年均/累计	属性
绿色生态	14.单位GDP能源消耗降低/%	—	—	〔13.5〕	约束性
	15.单位GDP二氧化碳排放降低/%	—	—	〔18〕	约束性
	16.地级及以上城市空气质量优良天数比率/%	87	87.5	—	约束性
	17.地表水达到或好于Ⅲ类水体比例/%	83.4	85	—	约束性
	18.森林覆盖率/%	23.2*	24.1	—	约束性
安全保障	19.粮食综合生产能力/亿吨	—	>6.5	—	约束性
	20.能源综合生产能力/亿吨标准煤	—	>46	—	约束性

注：① 〔 〕内为5年累计数。② 带*的为2019年数据。③ 能源综合生产能力指煤炭、石油、天然气、非化石能源生产能力之和。④ 2020年地级及以上城市空气质量优良天数比率和地表水达到或好于Ⅲ类水体比例指标值受新冠肺炎疫情等因素影响，明显高于正常年份。⑤ 2020年全员劳动生产率增长2.5%为预计数。

上述经济和社会发展主要指标涵盖了国民经济和社会发展的五个方面，共计20个指标。类型化的工具包括约束性指标和预期性指标两大类。其中，约束性指标相当于过去的指令性计划指标，属于必须要完成的；预期性指标则相当于过去的指导性计划，属于力争努力完成的。该两大类计划指标的确定，为"十四五"时期国家的宏观调控指明了方向。其他规划、计划及实施方案亦然。

需要指出的是，通过制定发展规划纲要与年度计划及其配套的区域发展规划、专项规划，虽然为中国特定的政治经济社会制度所决定，国外许多市场经济国家并没有。但是中国国民经济和社会发展计划所确定的发展指标参考了国际通行的标准，与其他国家具有对比性，从中可分析出中国发展的成就及与国外的差距或不同点。与此同时，根据法律规定，各项规划和计划的中期评估与调整是一个必要的法定程序。通过对计划的中期评估与调整，可以保证计划的实施更科学、更合理、更具有可操作性，以便为下一期计划的科学制定奠定基础。

此外，根据现行宪法、有关组织法和行政法规规定，中国的发展规划主要包括"三级三类"规划。所谓"三级规划"是指国家级、省（区、市）级和市县级规划。所谓"三类规划"是指总体规划、专项规划和区域规划。①其中，总体规划的执行需要配套年度计划。而市级规划和县级规划统称为"市县级规划"的基本理由是中国采取了"市管县"的体制。另外，按照《中华人民共和国地方各级人民代表大会和地方各级人民委员会组织法》规定，在乡镇一级的发展中，也应当有自己的计划安排。

需要指出的是，与国外针对实际情况的应对性计划不同，中国的计划编制与实施是宪法确定的一项基本的经济和社会制度。它反映了在中国共产党领导下国家发展意志的主动性，计划的预期和政策法治指向，使社会各界对计划期内国家发展的方向有一个既定的预期，是党和国家团结全国人民齐心合力建设社会主义事业的重要工具。这项基本制度从第一部宪法（五四宪法）确立一直延续至今，即使在推行社会主义市场经济的今天，也是一项国家基本的经济和社会制度。其不同点在于各个历史时期所出台实施的计划或规划所阐述的内容不同而已。因此，那种将计划与市场相对立，并以发展市场经济为理由否定国家计划的观点是不可取的。此外，总体规划的制定和实施，还反映了中国以五年为一个周期的经济和社会调控特点。

----

① 参见《国务院关于加强国民经济和社会发展规划编制工作的若干意见》（国发〔2005〕33号）。

二、产业指导工具

应用产业指导工具划分国民经济和社会发展，规范和指导一二三产业的发展，是中国改革开放以来，借鉴国外经验，与世界经济接轨的重要成果，进而使产业指导成为宏观调控的重要工具。

首先，要根据联合国出台的产业、行业标准，结合中国的国情，出台产业、行业标准。对此，根据《国民经济行业分类》（GB/T 4754—2002），国家统计局印发了《国家统计局关于印发〈三次产业划分规定〉的通知》（国统字〔2003〕14号）。该规定在国民经济核算、各项统计调查及国家宏观管理中得到广泛应用。至2012年，根据国家质量监督检验检疫总局和国家标准化管理委员会发布的《国民经济行业分类》（GB/T 4754—2011），国家统计局对《三次产业划分规定（2003）》进行了修订，使中国对于一二三产业有了明确的界定。2018年3月23日，国家统计局又根据国家质检总局和国家标准委新发布的《国民经济行业分类》（GB/T 4754—2017）对《三次产业划分规定（2012）》进行了修订。其具体内容如表2-2所示：

表2-2　三次产业划分标准

三次产业分类	门类	大类	名称
第一产业	A		农、林、牧、渔业
		01	农业
		02	林业
		03	畜牧业
		04	渔业

续表一

三次产业分类	门类	大类	名称
第二产业	B		采矿业
		06	煤炭开采和洗选业
		07	石油和天然气开采业
		08	黑色金属矿采选业
		09	有色金属矿采选业
		10	非金属矿采选业
		12	其他采矿业
	C		制造业
		13	农副食品加工业
		14	食品制造业
		15	酒、饮料和精制茶制造业
		16	烟草制品业
		17	纺织业
		18	纺织服装、服饰业
		19	皮革、毛皮、羽毛及其制品和制鞋业
		20	木材加工和木、竹、藤、棕、草制品业
		21	家具制造业
		22	造纸和纸制品业
		23	印刷和记录媒介复制业
		24	文教、工美、体育和娱乐用品制造业
		25	石油、煤炭及其他燃料加工业
		26	化学原料和化学制品制造业

三次产业分类	门类	大类	名称
第二产业	C	27	医药制造业
		28	化学纤维制造业
		29	橡胶和塑料制品业
		30	非金属矿物制品业
		31	黑色金属冶炼和压延加工业
		32	有色金属冶炼和压延加工业
		33	金属制品业
		34	通用设备制造业
		35	专用设备制造业
		36	汽车制造业
		37	铁路、船舶、航空航天和其他运输设备制造业
		38	电气机械和器材制造业
		39	计算机、通信和其他电子设备制造业
		40	仪器仪表制造业
		41	其他制造业
		42	废弃资源综合利用业
	D		电力、热力、燃气及水生产和供应业
		44	电力、热力生产和供应业
		45	燃气生产和供应业
		46	水的生产和供应业
	E		建筑业
		47	房屋建筑业
		48	土木工程建筑业
		49	建筑安装业
		50	建筑装饰、装修和其他建筑业

续表三

三次产业分类	门类	大类	名称
第三产业（服务业）	A	05	农、林、牧、渔专业及辅助性活动
	B	11	开采专业及辅助性活动
	C	43	金属制品、机械和设备修理业
	F		批发和零售业
		51	批发业
		52	零售业
	G		交通运输、仓储和邮政业
		53	铁路运输业
		54	道路运输业
		55	水上运输业
		56	航空运输业
		57	管道运输业
		58	多式联运和运输代理业
		59	装卸搬运和仓储业
		60	邮政业
	H		住宿和餐饮业
		61	住宿业
		62	餐饮业
	I		信息传输、软件和信息技术服务业
		63	电信、广播电视和卫星传输服务
		64	互联网和相关服务
		65	软件和信息技术服务业
	J		金融业
		66	货币金融服务
		67	资本市场服务
		68	保险业

三次产业分类	门类	大类	名称
第三产业 （服务业）	J	69	其他金融业
	K		房地产业
		70	房地产业
	L		租赁和商务服务业
		71	租赁业
		72	商务服务业
	M		科学研究和技术服务业
		73	研究和试验发展
		74	专业技术服务业
		75	科技推广和应用服务业
	N		水利、环境和公共设施管理业
		76	水利管理业
		77	生态保护和环境治理业
		78	公共设施管理业
		79	土地管理业
	O		居民服务、修理和其他服务业
		80	居民服务业
		81	机动车、电子产品和日用产品修理业
		82	其他服务业
	P		教育
		83	教育
	Q		卫生和社会工作
		84	卫生
		85	社会工作
	R		文化、体育和娱乐业
		86	新闻和出版业

续表五

三次产业分类	门类	大类	名称
第三产业（服务业）	R	87	广播、电视、电影和录音制作业
		88	文化艺术业
		89	体育
		90	娱乐业
	S		公共管理、社会保障和社会组织
		91	中国共产党机关
		92	国家机构
		93	人民政协、民主党派
		94	社会保障
		95	群众团体、社会团体和其他成员组织
		96	基层群众自治组织及其他组织
	T		国际组织
		97	国际组织

资料来源：国家统计局《关于修订〈三次产业划分规定（2012）〉的通知》（国统设管函〔2018〕74号）。

另外，2017年新出台的《国民经济行业分类》（GB/T 4754—2017）除进行以上大类分类外，还包括了473个中类行业1381个小类行业的具体划分。[①]

上述产业、行业法定标准的确定，为经济结构优化调整提供了基本的法律依据，也为研究中国行业、产业发展问题及经济结构调整问题提供了基本的参考。

其次，产业指导作为宏观调控工具，还集中表现为《产业结构调整

[①] 参见国家质量监督检验检疫总局、国家标准化管理委员会发布的《国民经济行业分类》（GB/T 4754—2017）。

指导目录》工具的应用。该目录由鼓励、限制和淘汰三类目录组成。不属于鼓励类、限制类和淘汰类，且符合国家有关法律、法规和政策规定的，为允许类。允许类不列入《产业结构调整指导目录》。其中，鼓励类主要是对经济社会发展有重要促进作用，有利于节约资源、保护环境、产业结构优化升级，需要采取政策措施予以鼓励和支持的关键技术、装备及产品。属于限制类的主要是指工艺技术落后，不符合行业准入条件和有关规定，不利于产业结构优化升级，需要督促改造和禁止新建的生产能力、工艺技术、装备及产品。属于淘汰类的主要是不符合有关法律法规规定，严重浪费资源、污染环境、不具备安全生产条件，需要淘汰的落后工艺技术、装备及产品。国家对鼓励类投资项目，按照国家有关投资管理规定进行审批、核准或备案；各金融机构应按照信贷原则提供信贷支持；在投资总额内进口的自用设备，除财政部发布的《国内投资项目不予免税的进口商品目录（2000年修订）》[1]所列商品外，免征关税和进口环节增值税，在国家出台不予免税的投资项目目录等新规定后，按新规定执行。对鼓励类产业项目的其他优惠政策，按照国家有关规定执行。对属于限制类的新建项目，禁止投资。投资管理部门不予审批、核准或备案，各金融机构不得发放贷款，土地管理、城市规划和建设、环境保护、质检、消防、海关、工商等部门不得办理有关手续。凡违反规定进行投融资建设的，要追究有关单位和人员的责任。对属于限制类的现有生产能力，允许企业在一定期限内采取措施改造升级，金融机构按信贷原则继续给予支持。国家有关部门要根据产业结构优化升级的要求，遵循优胜劣汰的原则，实行分类指导。对淘汰类项目，禁止投资。各金融机构应停止各种形式的授信支持，并采取措施收回已发放的贷款；各地区、各部门和有关企业要采取有力措施，按规定限期淘汰。在淘汰期限内国家价格主管部门可提高供电价

---

① 该目录先后于2006年、2008年、2012年修订。

格。对国家明令淘汰的生产工艺技术、装备和产品，一律不得进口、转移、生产、销售、使用和采用。①截至目前，国家先后制定了2005年版本、2011年版本、2011年版本（2013年修订）、2019年版本、2019年版本（2021年修订）的《产业结构调整指导目录》。其为指导全国各地产业结构的调整，引导市场经济发展提供了基本的政策法律依据。与此同时，国家允许地方参考国家出台的《产业结构调整指导目录》，制定本地的产业指导目录。例如，2018年12月13日，上海市经济和信息化委员会公布了《上海市产业结构调整负面清单（2018版）》（沪经信调〔2018〕990号）。该负面清单涉及电力、化工、电子、钢铁、有色、建材、医药、机械、轻工、纺织、印刷、船舶、电信等15个行业共541项内容（淘汰类337项、限制类204项），是上海市相关单位开展产业结构调整、提升能源利用效率，实施差别电价政策、淘汰落后产能的主要法律依据。

三、投资调控工具

根据宏观调控理论和实践，投资是一切经济活动的逻辑起点。按照马克思的生产与再生产理论。与生产的持续性相关联，生产性投资可分为维持继续生产的内涵性再生产投资和旨在扩大生产规模的扩大再生产投资。从投资主体及其资金来源分析，计划经济条件下主要表现为国家（政府）投资，其资金来源于财政和政策性金融支持。但在市场经济条件下，除国家（政府）投资外，大量的投资来自民间社会，其资金来源既包括企业资本，也包括居民收入和财产之剩余。就此，可以简称为"国家资本"和"社会资本"两大类。这是对资本投资的基本定位。在此基础上，国际上可以比较的宏观调控工具集中表现为公共物品理论的

---

① 参见国务院《促进产业结构调整暂行规定》（国发〔2005〕40号）。

应用。按照市场经济公共物品理论的指导，公共物品（产品）对应的是公共产品或服务的提供，该物品（产品）对于居民个人而言，不具有独占性，应当由政府或相关公共服务机构组织按照计划安排生产和提供或服务。与公共物品（产品）对应的是私人物品（产品），该物品（产品）对于居民个人而言，具有独占性，应当按照市场竞争机制，通过市场调节由生产者按照市场需求进行生产、经营和提供服务，由居民按照"物美价廉"或自己的需求购买消费。此外，介于公共物品（产品）和私人物品（产品）之间的为准公共物品（产品），其基本含义是虽然属于公共物品（产品），但由于存在"拥挤点"、体制机制僵化，导致服务质量不高、财政力量不足等问题，可以在政府财政兜底的前提下，引入市场机制，以特别许可的方式，委托市场主体生产、经营或提供服务。典型的如涉及公众利益的水、电、暖、气等公共事业的运营。以上宏观调控工具的应用方法如表2-3所示：

表2-3　市场经济条件下物品（产品）调节类别

物品属性	与居民占有的关系	资本投资主体	投资资金来源	宏观调控机制
公共物品（产品）	公共占有	政府或社会公共机构	政府财政及政策性金融支持	计划机制
私人物品（产品）	私人占有	社会民间市场主体	公司、企业和其他经济组织自有及商业银行贷款	市场机制
准公共物品（产品）	总体上公共占有，私人占有存在差异	政府或社会公共机构与社会民间市场主体合作	公司、企业和其他经济组织自有及商业银行贷款为主，政府财政兜底	计划机制与市场机制相结合

由表2-3分析可知，即使在市场经济条件下，也存在以公益为目的

的非市场、非营利性的政府投资。在国家宏观调控下，政府投资与社会民间投资各自应在不同领域发挥作用，有所为，有所不为。为此，2018年12月5日国务院第33次常务会议通过，并自2019年7月1日起施行的《政府投资条例》规定，本条例所称政府投资，是指在中国境内使用预算安排的资金进行固定资产投资建设活动，包括新建、扩建、改建、技术改造等。政府投资资金应当投向市场不能有效配置资源的社会公益服务、公共基础设施、农业农村、生态环境保护、重大科技进步、社会管理、国家安全等公共领域的项目，以非经营性项目为主。国家完善有关政策措施，发挥政府投资资金的引导和带动作用，鼓励社会资金投向前款规定的领域。国家建立政府投资范围定期评估调整机制，不断优化政府投资方向和结构。政府投资资金按项目安排，以直接投资方式为主；对确需支持的经营性项目，主要采取资本金注入方式，也可以适当采取投资补助、贷款贴息等方式。安排政府投资资金，应当符合推进中央与地方财政事权和支出责任划分改革的有关要求，并平等对待各类投资主体，不得设置歧视性条件。国家通过建立项目库等方式，加强对使用政府投资资金项目的储备。[1]由此，对公共物品理论指导下政府投资指明了方向。与此同时，有关"鼓励社会资金投向前款规定的领域"的规定，也给准公共物品的投资领域予以了界定。该条例根据宏观调控实践，对投资调控实行项目制，并以项目库的方式予以调节。使项目库的建设与实施成为投资调控的重要工具。

综上所述，以上分别分析了计划调控、产业指导调控以及投资调控及其主要工具。本研究将其视为一组调控工具表明其有着内在的关联性。首先，在规划与计划调控中，虽然计划调控的工具主要集中表现为相关约束性指标与预期性指标及其任务的安排，但面对市场经济体制

---

[1]《政府投资条例》（2018年）第2条、第3条、第6条。

下，对于国民经济和社会发展一二三产业的基本划分，有关在规划或计划期内各产业的政策安排指引，直接影响到《产业结构调整指导目录》的调整和完善。其次，在一定计划期内，发展规划与计划以及产业政策又是国家（政府）投资和社会民间投资的基本方向指引。在国家发展规划与计划以及产业政策的指引下，市场主体可以进行自己的市场行为选择。按照市场经济理性经济人原理，通常情况下，市场主体会作出与国家规划与计划以及产业政策指导相一致的选择，以便获得最大的利益，而不是反其道而行之。但并不排除市场主体在政策界限模糊或政策预期变动情况下，对经济"灰色地带"作出市场决策。此类问题比较突出的，如市场主体的避税问题、公司投资的隐名问题、实际控制人问题以及特定主体的经商问题等。由此，对于介于合法和非法之间"灰色地带"的宏观调控，成为宏观调控的难点和重点内容。

第二节　财政调控工具

　　财政是国家为了实现其职能，应用政治和法律手段参与国民收入分配和再分配活动的总称。人类社会，自从有了国家就有了财政。财政的最初职能就是为保障国家政权的运行和国防建设筹集资金，因而其并不参与市场经济运行的调控。随着资本主义市场经济的深入发展，经济危机不断爆发，导致国家对市场经济的干预，使财政具有了调控经济的职能，由此财政调控工具逐渐形成，为世界各国所普遍推行和应用。中国改革开放以来，财政调控具有重要的地位，与财政政策相适应，财政调控工具由法律规定，并具有国际比较性。

第二章　宏观调控工具原理与实践

071

一、预算调控工具

财政预算，即财政计划。按照宏观调控理论和实践，财政预算需根据《中华人民共和国预算法》（以下简称《预算法》）编制。中国亦然。1994年，中国制定了与社会主义市场经济相适应的《预算法》，该法先后经过2014年、2018年两次修正。按照《预算法》规定，中国的财政预算包括一般公共预算、政府性基金预算、国有资本经营预算、社会保险基金预算四大类，进而形成了基本的财政预算调控的工具。

一般公共预算是对以税收为主体的财政收入，安排用于保障和改善民生、推动经济社会发展、维护国家安全、维持国家机构正常运转等方面的收支预算。中央一般公共预算包括中央各部门（含直属单位，下同）的预算和中央对地方的税收返还、转移支付预算。中央一般公共预算收入包括中央本级收入和地方向中央的上解收入。中央一般公共预算支出包括中央本级支出、中央对地方的税收返还和转移支付。地方各级一般公共预算包括本级各部门（含直属单位，下同）的预算和税收返还、转移支付预算。地方各级一般公共预算收入包括地方本级收入、上级政府对本级政府的税收返还和转移支付、下级政府的上解收入。地方各级一般公共预算支出包括地方本级支出、对上级政府的上解支出、对下级政府的税收返还和转移支付。各部门预算由本部门及其所属各单位预算组成。

政府性基金预算是对依照法律、行政法规的规定在一定期限内向特定对象征收、收取或者以其他方式筹集的资金，专项用于特定公共事业发展的收支预算。政府性基金预算应当根据基金项目收入情况和实际支出需要，按基金项目编制，做到以收定支。

国有资本经营预算是对国有资本收益作出支出安排的收支预算。国有资本经营预算应当按照收支平衡的原则编制，不列赤字，并安排资金调入一般公共预算。

社会保险基金预算是对社会保险缴款、一般公共预算安排和其他方式筹集的资金，专项用于社会保险的收支预算。社会保险基金预算应当按照统筹层次和社会保险项目分别编制，做到收支平衡。

上述四类财政预算调控工具中，最能与国外财政预算调控相比的是一般公共预算，其反映了中国预算调控的基本框架，包括财政收入和财政支出两个方面，且以一个财政年度的财政预算为期，年初预算，年末决算，应当做到大致的收支平衡。参照国外财政预算通行做法，在财政收入方面，主要包括税收收入、非税收入、其他收入等；在财政支出方面，主要包括维护政权运行支出、国防支出、教育等事业支出、经济建设支出、社会保障支出、其他支出等。

作为财政调控，在对上述财政收入与支出进行调控时，主要涉及各项目资金收入与支出的数额和占比关系的调节。例如，在市场经济条件下，大部分的财政收入来自税收（约占80%）。税收反映了国家参与国民收入第一次分配和第二次分配的情况。[①]其他收入可以归纳于非税收入。对此，中国《预算法》规定，一般公共预算收入包括各项税收收入、行政事业性收费收入、国有资源（资产）有偿使用收入、转移性收入和其他收入。而在税收支出方面，各项目支出资金比例的变化，反映了不同发展阶段，国家战略目标之不同。对此，中国《预算法》规定，一般公共预算支出按照其功能分类，包括一般公共服务支出，外交、公共安全、国防支出，农业、环境保护支出，教育、科技、文化、卫生、

---

① 根据税收理论和实践，国家通过商品流转税（价格税）的征收，参与对第一次国民收入的分配；之后，又通过企业和个人所得环节分配的介入，参与第二次国民收入的分配或再分配。

体育支出，社会保障及就业支出和其他支出。一般公共预算支出按照其经济性质分类，包括工资福利支出、商品和服务支出、资本性支出和其他支出。[1]

与此同时，存在中央和地方多级财政预算的情况下[2]，如果地方某一级财政不足时，可以申请由上一级财政予以纵向财政转移。除此之外，属于上一级财政按照计划安排立项交由地方完成的项目，可以以财政转移专项支付的方式拨付地方专门用于特定项目的资金使用。另外，在地方同一级财政之间（通常是省一级财政之间），基于生态环境经济补偿或对口支援、财政援助等原因，也存在财政横向转移支付问题，并由此存在财政转移支付之特殊的财政预算工具。财政转移支付资金数额的多少，体现出明显的财政资金调节功能。

还需要注意，税收返还调节工具的应用。在分税制下，存在中央税、地方税以及中央地方共享税的基本划分。在地区经济发展不平衡情况下，中央对于地方上缴的中央税收，可以根据实际情况，一对一地予以税收的返还。而且，按照《预算法》规定，在地方上下级财政关系处理中，也存在省级财政对市、县级税收的返还问题。

二、财政赤字与国债调控工具

按照宏观调控的理论和实践，财政赤字与发行国债是两个特殊的财政调控工具。

依照财政原理，财政收入与财政支出应当大致平衡。当收入大于支出时，表示财政盈余，其盈余的部分可以结转至下一个财政年度使用。

---

[1] 参见《预算法》（2018年修正）第27条。
[2] 对此，中国实行"一级政府一级预算"制度，共分为中央，省、自治区、直辖市，设区的市、自治州，县、自治县，不设区的市、直辖区和乡、民族乡、镇五级预算。

但当财政支出大于财政收入时，就会出现财政透支或入不敷出，由于该透支部分在会计处理上以红字表示，进而，财政上将财政透支的部分称之为"财政赤字"。

在财政早期历史上，由于国家职能有限，除非遭遇重大自然灾害或战争等事件外，通常不会出现"财政赤字"，甚至还会出现财政盈余。但是，在当代社会，随着国家担负的公共职能越来越多，使各国的"财政赤字"成为普遍的现象。与此同时，适度的"财政赤字"虽然蕴含着财政风险，但只要控制在合理的限度或区间内，不仅可以缓解财政支出压力，还可以作为宏观调控工具使用。进而，使"财政赤字"成为各国财政调控的特殊工具，并纳入了财政预算管理的范畴。

然而，财政赤字纳入财政预算管理之后，是否就否定了财政收支平衡的原则，使财政始终处于"入不敷出"的窘况？答案是否定的。这就有两个问题需要解决。一是究竟"财政赤字"多少合适。对此，经过实践探索，世界上通行的财政赤字率指标为国内生产总值（GDP）的3%以内。例如，截至2020年，中国的GDP已经达到100多万亿元，据此计算，中国的财政赤字规模累计大约可以达到3万亿元。二是在财政存在赤字的情况下，以什么财政手段来弥补"财政赤字"。对此，财政可以以国家信用为基础，通过发行国债的办法来弥补"财政赤字"。为此，一个财政年度"财政赤字"的数量基本上决定了包括上年度累计在内的国债发行的数量。由此，与"财政赤字"调控相对应，国债收入调节亦成为现代国家财政的一个常规性工具。与此同时，国债作为一个特殊的财政调控工具，其功能的特殊性还体现在以下两个方面：

一是作为一项财政收入，国债调控形成了对社会收入的第三次分配。它可以以经过第一次、第二次国民收入分配后的社会剩余资金为基础，通过国家与社会产生的特殊的债的形式将社会剩余资金吸收到财政领域，用于支持国家建设。只不过，与财政参与第一次、第二次国民收入分配具有无偿性不同，国债关系是一种有偿对价的特殊的民事关系，已经不是一种纯粹的财政关系。

二是除为应对"财政赤字"发行国债外，国家在特定时期为应对财政亏空，可以发行特定的国债，进行国债调控。例如，2020年发生全球性的新冠肺炎疫情，在党中央领导下，中国以人民为中心，为克服与战胜疫情，临时投入了大量的财政资金，为此，专门发行1万亿元国债，满足抗"疫"工作和恢复经济的需要。

在中国计划经济时期，严格遵守财政收支平衡原则，不存在财政赤字问题。在政府层面，既无内债，也无外债，因此，也没有国债调控制度。改革开放以来，借鉴国外经验，引进了"财政赤字"和国债调控工具。根据《预算法》规定，一般公共预算可以预算财政赤字，并主要以国债调控维持财政收支平衡。其他预算则不允许财政赤字。另外，在特殊情况下，经过全国人大常委会审议批准，中央人民政府可以发行国债，地方人民政府可以发行地方债。并且，按照《预算法》规定，国债与地方债发行的余额必须在全国人大确定的限额或区间以内。对此，截至2021年末，中央财政国债余额232697.29亿元，控制在全国人大批准的债务余额限额240508.35亿元以内；地方政府债务余额304700.31亿元，包括一般债务余额137708.64亿元、专项债务余额166991.67亿元，亦控制在全国人大批准的债务余额限额332774.3亿元以内。[①] 其2016—2020年的具体情况，如表2-4所示。

表2-4说明，"十三五"期间，按照国际标准，中国的财政赤字基本控制在赤字率3%以内。但在2020年，为应对公共疫情，财政赤字突破了警戒线，达3.7%。从国债调控来看，除当年批准发行的国债与地方债

---

① 参见财政部《关于2021年中央和地方预算执行情况与2022年中央和地方预算草案的报告》。

务外，多年积累的中央财政国债余额和地方政府债务余额未超过全国人大批准的限额，在可控制范围内，体现了经济法及宏观调控法的适度性原则，也为财政收支平衡奠定了经济基础。

表2-4 "十三五"时期财政赤字与国债调控情况

年度	国内生产总值/亿元	财政赤字/亿元			财政赤字占国内生产总值的比重/%	国债调控情况
		中央	地方	全国		
2016	744127	14000	7800	21800	2.93	新增地方政府债务限额1.18万亿元。继续发行地方政府债券置换存量债务4.9万亿元，加上2015年置换的3.2万亿元，累计置换8.1万亿元。2016年末，全国地方政府债务余额15.32万亿元，控制在年度地方政府债务限额17.19万亿元以内。
2017	827122	15500	8300	23800	2.87	地方政府发行专项债券筹集收入8000亿元。2017年末，中央财政国债余额134770.16亿元，控制在全国人大批准的债务余额限额141408.35亿元以内；地方政府债务余额164706.59亿元，包括一般债务余额103322.35亿元、专项债务余额61384.24亿元，控制在全国人大批准的债务余额限额188174.3亿元以内。

续表

年度	国内生产总值/亿元	财政赤字/亿元			财政赤字占国内生产总值的比重/%	国债调控情况
		中央	地方	全国		
2018	900309	15500	8300	23800	2.64	地方政府发行专项债券筹集收入13500亿元。2018年末，中央财政国债余额149607.42亿元，控制在全国人大批准的债务余额限额156908.35亿元以内；地方政府债务余额183861.52亿元，包括一般债务余额109938.75亿元、专项债务余额73922.77亿元，控制在全国人大批准的债务余额限额209974.3亿元以内。
2019	990865	8300	9300	27600	2.79	地方政府发行专项债券筹集收入21500亿元。2019年末，中央财政国债余额168038.04亿元，控制在全国人大批准的债务余额限额175208.35亿元以内；地方政府债务余额213072.26亿元，包括一般债务余额118694.14亿元、专项债务余额94378.12亿元，控制在全国人大批准的债务余额限额240774.3亿元以内。
2020	1015986	27800	9800	37600	3.7	地方政府发行专项债券筹集收入37500亿元，以及抗疫特别国债收入10000亿元。2020年末，中央财政国债余额208905.87亿元，控制在全国人大批准的债务余额限额213008.35亿元以内；地方政府债务余额256614.65亿元，包括一般债务余额127395亿元、专项债务余额129219.65亿元，控制在全国人大批准的债务余额限额288074.3亿元以内。

资料来源：根据2016—2022各年度国家发展改革委发布的国民经济和社会发展计划报告，以及财政部的财政预算年度执行与下一年度预算报告整理。

三、税收调控工具

按照宏观调控理论和实践，税收调控工具具有特殊的功能。税收调控的功能主要通过财政收入环节调控国民经济和社会发展。

（一）税收收入占财政收入比重调控

计划经济体制下，以国有和集体企业为主，企业不具有独立地位，系政府的附属物。因此，国家财政收入的主要来源是国有企业上缴的利润。而针对国有企业、集体企业和其他经济组织征收的税收也较少。但在市场经济体制下，当公司、企业和其他经济组织成为独立的市场民事主体后，"利改税"成为必然。为此，在目前的市场经济体制下，税收成为财政收入的主要来源，税收调节成为宏观调控的基本工具。表2-5显示"十三五"期间，中国一般公共预算中财政收入的基本情况。

表2-5 "十三五"期间一般公共预算财政收入的基本情况

单位：亿元

年度	总收入	税收收入	非税收入	调入及结转	税收占比
2016	166823.16	130354.08	29198.00	7271.08	78.14%
2017	182705.42	144360.00	28207.00	10138.85	79.01%
2018	198124.61	156400.52	26951.32	14772.77	78.94%
2019	212543.18	157992.21	32390.02	22160.95	74.33%
2020	209028.24	154310.06	28584.86	2613332	73.82%

资料来源：根据财政部历年公布数据整理。

表2-5表明："十三五"期间税收收入占财政总收入的平均值为76.85%。系财政收入的主要来源。其中，2017年占比最高，接近80%，

2020年最低，占比73.82%，比最高年份下降了5.19个百分点，且2019年开始比重持续下降，系政府采取减税让利的调控结果。

（二）商品流转税的调节

按照宏观调控理论与实践，商品流转税亦称为"价格税""成本税"，主要包括增值税、营业税、消费税、关税等。商品流转税由消费者负担，却由企业缴纳。因此，商品流转税又属于"间接税"的范畴。由于商品流转税通过企业上缴时，可以计入成本，使税收成为商品价格的组成部分，因此，商品流转税的高低与商品价格呈现出正相关关系，减免商品流转税有利于降低商品价格，对市场起着明显的调节功效。2011年起，中国开始"营改增"[①]改革，到2016年5月，取消了营业税。从财政与税收参与国民收入分配来看，商品流转税通过参与第一次分配影响着生产和经营。与此同时，由于居民的基本消费有着"刚性"的一面，因此，商品流转税的征收具有稳定性，是中国税收来源的主要税种。其中，作为商品流转税中最重要的增值税一直是中国第一大税种。在保障国家税收基本盘的情况下，商品流转税对市场行为起着明显的调节作用。

（三）所得收益税的调节

所得收益税主要包括企业所得税和个人所得税。所得税的征收对象是企业和居民个人的收益。以企业所得为例，企业的收益是指一个会计年度内企业总收入减去企业生产经营中发生的各种费用、成本后的全部

---

① 营业税和增值税，是中国两大主体税种。"营改增"在全国的推开，大致经历了以下三个阶段。2011年，经国务院批准，财政部、国家税务总局联合下发营业税改征增值税试点方案。从2012年1月1日起，在上海交通运输业和部分现代服务业开展营业税改征增值税试点。自2012年8月1日起至年底，国务院扩大营改增试点至十省、市。2013年8月1日，"营改增"范围已推广到全国试行，将广播影视服务业纳入试点范围。2014年1月1日起，将铁路运输和邮政服务业纳入营业税改征增值税试点，至此交通运输业已全部纳入营改增范围。2016年3月18日召开的国务院常务会议决定，自2016年5月1日起，中国将全面推开营业税改征增值税试点，将建筑业、房地产业、金融业、生活服务业全部纳入营业税改征增值税试点，至此，营业税退出历史舞台，增值税制度更加规范。这是自1994年分税制改革以来，财税体制的又一次深刻变革。截至2015年底，营改增累计实现减税6412亿元。

收益，也被称为"毛利润"。其中，成本包括生产消耗、员工工资（薪金）、社会保险金及福利以及商品流转税和其他规费支出。企业的全部收益除生产经营收益外，还包括各种非经营性收益。企业的第一次分配通过扣除各种费用成本后完成。在此基础上，企业的收益需要在投资人（股东）利得和企业所得税之间进行第二次分配，之后才是企业的"纯利润"，可用于再生产或扩大再生产。由此，企业所得税的调节影响着企业的后续发展。

就个人所得税而言，居民和非居民个人在一个会计年度通过工作或投资及其他行为获得收益所得亦为"毛收益"。在此基础上，依法缴纳了个人所得税和各种非税收入规费后，才是个人的纯所得、纯收益。因此，国家征收个人所得税明显地体现出第二次分配的属性，并且，其主要影响着个人的消费。

在以上基础上，依照所得税法的规定，在企业和居民及非居民个人缴税主体相对稳定的情况下，收益税成为国家税收的主要来源之一。但收益税的征收面临一些难题，一是收益税直接面对受益者，属于直接税的范畴，容易引起受益者的抵触。实践中的偷税、漏税、欠税，甚至抗税多发生在收益税征收环节。为此，世界各国宪法和法律规定，依法缴税是企业和公民的一项基本义务。同时，通过营造"缴税光荣，偷税可耻"的社会道德氛围，增强企业和公民自觉纳税的意识，保障收益税征收工作的顺利实施。二是收益税征收贯彻"量能课税"的基本原则，即"多得多缴，少得少缴，不得不缴"。因此，保障收益税目标实现的基础是经济的发展，只有经济得以发展，企业和公民个人才有收益，否则，就会丧失"税源"基础。为此，税收征收管理机关不仅需要征收收益税，还需要帮助作为收益税纳税人的企业和居民发展，培植"税源"。否则，"税源"丧失，收益税便没有了根本。在市场经济条件下，经济具有不确定性，常常受经济衰退，甚至经济危机的困扰，使收益税又具有相对的不稳定性。

与此同时，基于收益税起征点制度的设置，并非所有有收益的企业、居民及非居民个人均要缴纳收益税。因此，征收收益税可以在平衡收益差距上起到一定的作用。并且，就收益税的宏观调控功能而言，学界通说认为，收益税对于调节贫富差距的功能，比其获得财政收益的功能更为突出，更为重要。截至目前，《中华人民共和国个人所得税法》对于居民个人就工资、薪金所得，劳务报酬所得，稿酬所得，特许权使用费所得之四项所得予以综合计算，并且在扣除了法定项目①的基础上，只有超过年综合所得6万元的部分，才征收所得税。由此，综合计算，月收益（收入）低于5000元人民币的居民是不缴纳个人所得税的。而对于非居民个人所得税的征收，则以月收入5000元人民币为起征点。

（四）其他税种的调节

税收调节中，不仅有商品流转税、所得收益税，还有财产税、资源与环境税以及行为税等税种。其各自具有不同调节功能。其中，财产税

---

① 根据2019年开始实施的《个人所得税法》第4条—第7条规定，个人综合所得可以扣除的项目包括六项。一是免征所得税部分。其包括：（一）省级人民政府、国务院部委和中国人民解放军以上单位，以及外国组织、国际组织颁发的科学、教育、技术、文化、卫生、体育、环境保护等方面的奖金；（二）国债和国家发行的金融债券利息；（三）按照国家统一规定发给的补贴、津贴；（四）福利费、抚恤金、救济金；（五）保险赔款；（六）军人的转业费、复员费、退役金；（七）按照国家统一规定发给干部、职工的安家费、退职费、基本养老金或者退休费、离休费、离休生活补助费；（八）依照有关法律规定应予免税的各国驻华使馆、领事馆的外交代表、领事官员和其他人员的所得；（九）中国政府参加的国际公约、签订的协议中规定免税的所得；（十）国务院规定的其他免税所得。二是可以减征个人所得税部分。其包括：（一）残疾、孤老人员和烈属的所得；（二）因自然灾害遭受重大损失的。三是属于捐赠的部分，即个人将其所得对教育、扶贫、济困等公益慈善事业进行捐赠，捐赠额未超过纳税人申报的应纳税所得额30%的部分，可以从其应纳税所得额中扣除；国务院规定对公益慈善事业捐赠实行全额税前扣除的，从其规定。四是专项扣除，包括居民个人按照国家规定的范围和标准缴纳的基本养老保险、基本医疗保险、失业保险等社会保险费和住房公积金。五是专项附加扣除，包括子女教育、继续教育、大病医疗、住房贷款利息或者住房租金、赡养老人等支出，具体范围、标准和实施步骤由国务院确定，并报全国人民代表大会常务委员会备案。六是境外缴税抵免，即居民个人从中国境外取得的所得，可以从其应纳税额中抵免已在境外缴纳的个人所得税税额，但抵免额不得超过该纳税人境外所得依照本法规定计算的应纳税额。

主要包括房地产税、车船税等。国家对纳税人征收财产税除获取财政收入外，其主要目的和功能是促进财产的合理使用和流动。资源与环境税主要包括资源税、环境保护税以及与土地合理使用有关的土地增值税、耕地占用税、城镇土地使用税等，国家对纳税人征收资源税除获取财政收入外，其主要目的和功能是解决资源利用的级差收益、环境污染防治与治理以及土地的合理使用等。关于行为税的开征，国家对纳税人征收各类行为税除获取财政收入外，其主要目的和功能因各纳税行为的特点而各异。例如，有关契税和印花税的征收具有历史延续性，而车辆购置税的一次性征收则意味着对车辆购置行为的一定程度上的限制。有些税种则具有明显的政策和阶段性属性，例如，基于能源紧缺，中国曾开征"烧油特别税"，现已经取消。改革之初，为了遏制企业和事业单位工资收入的过快增长，并遏制通货膨胀，曾开征"国有企业奖金税""集体企业奖金税""事业单位奖金税"等，现已过时并取消。

第三节　金融调控工具

金融的含义是指货币商品的融通。在现代社会，金融调控涉及银行业、证券业、保险业、典当业，投资公司及财务公司等行业、企业的健康发展。金融业的产生是经济发展社会分工的结果。有了金融货币做中介体或等价物，就极大地方便了实体经济，方便了商品交换。这就是金融业存在的基本价值和本质。

然而，人类发展到资本主义市场经济阶段以来，金融经营者通过提供金融借贷控制实体产业的发展，形成了金融寡头，使其可能垄断整个经济的发展，而一旦金融业出了问题，货币资金链断裂，就会引发经济危机。世界上几次经济危机的爆发，就是金融业的恶意炒作和经营不善所致。例如，最近一次的2008年世界性经济危机，就是因为美国次贷危机爆发"金融海啸"所引发的。这次经济危机不仅使美国等西方国家的经济陷入衰退，也影响到包括中国在内的世界各国的经济发展。由此，按照宏观调控理论和实践，金融调控工具的合理应用，在宏观调控中具有十分重要的地位。从某种意义上讲，"金融安则国安""金融乱则国乱"。因此，对待金融调控要上升到国家经济安全的高度来认识。

一、法定货币及币值的调控

在金融业发展中，用什么样的货币作为特殊的商品充当商品交换的中介体及等价物？人类社会经过了从实物到金属币，再到纸币的复杂的发展历史。截至目前，世界上通行的货币除黄金储备外，美元是各国对外贸易较普遍采取的货币。除此之外，各国均有着自己的法定货币。《中华人民共和国中国人民银行法》（以下简称《中国人民银行法》）的规定：中华人民共和国的法定货币是人民币。以人民币支付中华人民共和国境内的一切公共的和私人的债务，任何单位和个人不得拒收。人民币由中国人民银行统一印制、发行。国家货币政策目标是保持货币币值的稳定，并以此促进经济增长。[①]另外，国家成立了中国人民银行货币政策委员会，根据不同时期市场发展的需求以及货币金融政策研究人民币发行的数量、种类，以调节经济和社会。关于人民币发行的市场需求依据前面已述。关键是如何理解人民币的贬值或升值问题。按照商品交换的一般原理，当一国法定货币的发行超过实际需求量时则意味着该

---

①《中国人民银行法》（2003年修正）第3条。

法定货币贬值，反之亦然。这个原理，也同样适用于中国人民币发行。根据宏观调控原理，从一定意义上讲，法定货币的适度贬值或增值可以起到调节经济和社会的作用。但是，如果过度贬值或升值就会引发社会的不稳定，甚至混乱。截至目前，随着大数据时代的到来，有关货币的调控，正在推行数字货币的改革。数字货币的应用，在便利居民企业使用货币的同时，将有利于国家对货币运行的调节和控制。

与此同时，法定货币及币值的调控还涉及本国货币与外国货币的汇率调控问题。对此，主要涉及对外经济中使用外汇的问题。在中国对外交往中，虽然随着中国国际经济贸易地位的逐步提升，人民币的国际化已经成为趋势，但是依照目前的世界经济格局，美元处于霸权地位，以美元为基础予以贸易结算是主要的。此外，欧元、英镑、日元、卢布等也是主要的结算工具。因此，就存在人民币与美元及其他货币的兑换问题。如何兑换？表面上看，由国家外汇管理部门根据外汇市场情况公布的汇率所决定，实质上反映了各国之间经济贸易关系的比对。由此，外汇之汇率也有一个降低或升高的问题，当外汇汇率升高时，意味着需要用更多的人民币才能换取外汇，其不利于进口，反而有利于出口；与此相反，当外汇汇率下降时，有利于进口，不利于出口。以美元为例，改革开放40多年来，人民币与美元的汇率，由最初的约10元人民币兑换1美元的比价，发展到现在约6—7元多人民币可以兑换1美元的比价。其意味着有利于中国对外贸易的进口，不利于中国的出口。这也是长期以来，在对外经济贸易领域，中国的进出口，在货物贸易方面一直处于顺差状态的基本原因。而中国人民币与外汇的汇率，一直由国家外汇管理部门根据国际市场行情及国家宏观调控的需要予以确定，由专门经营外汇的中国银行及其他具有外汇经营资质的商业银行予以执行，并引导外汇市场的交易。

二、中央银行金融调控工具的应用

为实现金融调控的目标，中国借鉴国际经验，赋予了中国人民银行金融调控的职权，按照《中国人民银行法》规定，中国人民银行为执行货币政策，可以运用下列货币政策工具[①]：

（一）要求银行业金融机构按照规定的比例交存存款准备金

中国的银行体制，由中央银行和若干商业银行组成。其中，中国人民银行系中央银行，属于国家机关的性质。其他各商业银行属于特殊的民商事主体。其特殊性主要表现为：一方面，各商业银行与一般民商事主体一样，需以营利为目的，自主经营，自负盈亏；但另一方面，由于商业银行的经营涉及国家利益及社会公共利益，又必须在中央银行的调控下开展商业经营。其中，各商业银行需要依法就银行存款的一部分按照存款准备金率的比例要求，上缴中央银行。这种存款准备金的基本功能在于抵御存款风险，预防个别商业银行挤兑现象的发生。但中央银行对于存款准备金率的提高和降低，对于执行金融调控政策具有积极的作用。这是因为，中国每调整一个百分点的存款准备金率，就意味着国家向市场释放或收回约5000亿元货币资金，进而影响着市场的发展。因此，其金融调控的效果比较明显，为中央银行常用之宏观调控工具。

（二）确定中央银行基准利率

就商业银行的基本业务而言，主要集中在存款、贷款和结算三大业务。其中，商业银行的盈利增长点主要来源于存款和贷款利率之间的差价。银行贷款的收益除来自自有的金融资本投资外，大量的资金来源于

---

① 《中国人民银行法》（2003年修正）第23条。

客户的存款。当客户的存款利率低于贷款利率时，商业银行等金融机构才能获取收益。因此，有关商业银行利率的调节成为国家宏观调控的重要工具。按照《中国人民银行法》的规定，商业银行的存贷利率，由中央银行专门机构确定一个基准，存在一定的幅度，然后，由各商业银行及相关金融机构在幅度范围内予以执行。从法律角度讲，中央银行关于基准利率的依法确定及调整，不仅影响着商业银行及其相关金融机构的存贷业务，也影响着民间借贷的合法性。按照现有规定，中国人民银行授权全国银行间同业拆借中心根据金融市场运行情况公布基准利率，并予以动态调整。民间借贷的合法性必须控制在不得超过全国银行间同业拆借中心公布的基准利率的4倍，否则，即属于"高利贷"，超出的部分可被法律部门判定为无效，不受法律保护。

（三）为在中国人民银行开立账户的银行业金融机构办理再贴现

贴现是商业银行的一项基本业务。其基本原理是客户在商业银行办理的固定存款，其利率比活期存款的利率要高。但当客户在固定期限未到期之前，急需将固定存款取出来，银行即按照低于长期固定存款利率的活期存款利率予以结算，在此时，客户丧失的固定存款利率的活期存款利率差价，就以贴现的形式贴给银行，使银行从中获利。这一业务原理同样适用于中央银行与在中央银行开立账户的银行业金融机构之间的调控关系。通过办理再贴现业务，可以加速商业银行及相关金融机构资金的流动，起到宏观调控的效果。

（四）向商业银行提供贷款

按照《中国人民银行法》的规定，为了调控商业银行，根据相关商业银行的申请，中央银行可以通过向商业银行提供贷款的方式，增加商业银行的流动资金，扩大商业银行对市场贷款的投放量，以满足货币市场的金融需求。该调控工具为扩张性金融政策下，在不超过金融风险的前提下，可供选择的调控工具。

（五）在公开市场上买卖国债、其他政府债券和金融债券及外汇

在国家宏观调控体系中，财政与金融有着密切的关系。财政部门虽然可以出台财政政策及措施，但是掌控资金的部门是中央银行。为此，在财政部门发行国债、地方政府债券以及金融机构发行金融债券的情况下，依照《中国人民银行法》的规定，中央银行可以通过在公开市场上买卖国债、其他政府债券和金融债券，达到调节控制、稳定金融市场的目的。此外，在公开市场参与外汇的买卖也能起到同样的功效。此类业务，在中央银行的金融调控中，统称为"公开市场业务"。

三、对商业银行经营风险的调控

商业银行是指依照《中华人民共和国商业银行法》和《中华人民共和国公司法》设立的吸收公众存款、发放贷款、办理结算等业务的企业法人。商业银行以安全性、流动性、效益性为经营原则，实行自主经营、自担风险、自负盈亏、自我约束。商业银行依法开展业务，不受任何单位和个人的干涉。由于商业银行的运行涉及国家经济安全和社会公共利益，如果商业银行经营不善导致破产，将会对社会产生重大影响。为此，按照世界通行做法，国家对商业银行调控进行了规定。

一是对商业银行的资质进行规定。设立商业银行，应当具备下列条件：①有符合本法和《公司法》规定的章程；②有符合本法规定的注册资本最低限额；③有具备任职专业知识和业务工作经验的董事、高级管理人员；④有健全的组织机构和管理制度；⑤有符合要求的营业场所、安全防范措施和与业务有关的其他设施。设立商业银行，还应当符合其他审慎性条件。设立全国性商业银行的注册资本最低限额为10亿元人民币。设立城市商业银行的注册资本最低限额为1亿元人民币，设立农村商业银行的注册资本最低限额为5000万元人民币。注册资本应当是实缴

资本。国务院银行业监督管理机构根据审慎监管的要求可以调整注册资本最低限额，但不得少于前款规定的限额。

二是任何单位和个人购买商业银行股份总额5%以上的，应当事先经国务院银行业监督管理机构批准。

三是商业银行应当按照中国人民银行规定的存款利率的上下限，确定存款利率，并予以公告。

四是商业银行应当按照中国人民银行的规定，向中国人民银行交存存款准备金，留足备付金。

五是商业银行应当保证存款本金和利息的支付，不得拖延、拒绝支付存款本金和利息。

六是商业银行贷款，应当遵守下列资产负债比例管理的规定：①资本充足率不得低于8%；②流动性资产余额与流动性负债余额的比例不得低于25%；③对同一借款人的贷款余额与商业银行资本余额的比例不得超过10%；④国务院银行业监督管理机构对资产负债比例管理的其他规定。

七是商业银行应当按照国家有关规定，真实记录并全面反映其业务活动和财务状况，编制年度财务会计报告，及时向国务院银行业监督管理机构、中国人民银行和国务院财政部门报送。商业银行不得在法定的会计账册外另立会计账册。商业银行应当于每一会计年度终了3个月内，按照国务院银行业监督管理机构的规定，公布其上一年度的经营业绩和审计报告。商业银行应当按照国家有关规定，提取呆账准备金，冲销呆账。[①]

由上，为避免商业银行的金融风险，这些量化性规定，既是商业银行自查自纠的内部经营控制标准，也成为国家调控商业银行经营的重要工具。

---

① 《商业银行法》（2015年修正）第12条、第13条、第28条、第31条、第32条、第33条、第39条、第55条、第56条、第57条。

四、对政策性银行的调控

政策性银行是指为落实国家宏观调控政策，专门为落实国家宏观调控政策的单位提供专项贷款的银行。政策性银行与商业银行最大的区别在于政策性银行所提供的贷款为无息的或低于商业银行利息的贷款。因此，政策性银行的性质介于财政和金融机构之间。中国的政策性银行起源于20世纪90年代国家针对贷款对象或项目的可盈利属性所推行的"拨改贷"政策，具有国家宏观调控的性质。为此，利用政策性银行履行金融调控职责是重要的金融调控工具。按照宏观调控理论和实践，政策性银行支持的项目主要指涉及国家利益和社会公共利益的诸如公路、铁路、航空等重大工程建设及相关公益性项目。在教育领域，各国开展的大学生贷款业务，也属于政策性贷款的范畴。在中国计划经济时期，涉及政府投资的公益项目建设，通常采取财政拨款的方式进行。改革开放以来，为了提高财政资金的使用效益，对于经营性项目，借用银行机制，改用政策性贷款的办法（拨改贷），以无息或低息的办法，解决公益性的且可盈利项目的资金使用问题。截至目前，国家专门成立了中国国家开发银行、中国进出口银行和中国农业发展银行。这三家银行按照各自的章程规定履行政策性银行业务职能，支持国家重点工程项目和相关公益性项目的建设。此外，国有性质的商业银行按照国家金融调控政策和计划的安排，也承担着部分政策性贷款业务，履行社会服务职责。典型的如，针对贫困大学生的贷款业务。

五、对商业保险的调控

在市场经济条件下，商业保险业务作为社会保险的补充，无论是财产保险，还是人身保险，对于避免企业和居民遭遇财产及人身损害时能够得到及时的经济补偿都具有特定的功能。商业保险面对经济补偿具有一定的偶然概率属性（射幸性特征），使商业保险公司可以从中盈利，进而形成保险市场。中国的商业保险制度，由原来的财产保险制度改造而来，发展至今，已经形成了由财产保险、人身（人寿）保险和其他保险组成的商业保险体制，拥有规模庞大的保险市场，涉及公众利益。因此，为了避免商业保险市场发生的金融风险，《中华人民共和国保险法》在要求保险公司资金运用必须稳健，遵循安全性原则的基础上，对保险公司的经营规则进行了十个方面的规定，成为宏观调控的工具。

一是在保险公司资质控制方面，设立保险公司应当具备下列条件：①主要股东具有持续盈利能力，信誉良好，最近3年内无重大违法违规记录，净资产不低于人民币2亿元；②有符合本法和《公司法》规定的章程；③有符合本法规定的注册资本；④有具备任职专业知识和业务工作经验的董事、监事和高级管理人员；⑤有健全的组织机构和管理制度；⑥有符合要求的营业场所和与经营业务有关的其他设施；⑦法律、行政法规和国务院保险监督管理机构规定的其他条件。设立保险公司，其注册资本的最低限额为人民币2亿元。国务院保险监督管理机构根据保险公司的业务范围、经营规模，可以调整其注册资本的最低限额，但不得低于《保险法》规定的限额。保险公司的注册资本必须为实缴货币资本。

二是保证金调节制度。保险公司应当按照其注册资本总额的20%提取保证金，存入国务院保险监督管理机构指定的银行，除公司清算时用于清偿债务外，不得动用。

三是准备金调节制度。保险公司应当根据保障被保险人利益、保证偿付能力的原则，提取各项责任准备金。保险公司提取和结转责任准备金的具体办法，由国务院保险监督管理机构制定。

四是公积金调节制度。保险公司应当依法提取公积金。

五是保险保障基金调节制度。保险公司应当缴纳保险保障基金。保险保障基金应当集中管理，并在下列情形下统筹使用：①在保险公司被撤销或者被宣告破产时，向投保人、被保险人或者受益人提供救济；②在保险公司被撤销或者被宣告破产时，向依法接受其人寿保险合同的保险公司提供救济；③国务院规定的其他情形。保险保障基金筹集、管理和使用的具体办法，由国务院制定。

六是偿付能力调节制度。保险公司应当具有与其业务规模和风险程度相适应的最低偿付能力。保险公司的认可资产减去认可负债的差额不得低于国务院保险监督管理机构规定的数额；低于规定数额的，应当按照国务院保险监督管理机构的要求采取相应措施达到规定的数额。

七是经营财产保险业务的保险公司当年自留保险费，不得超过其实有资本金加公积金总和的4倍。

八是一次保险事故责任调节制度。保险公司对每一危险单位，即对一次保险事故可能造成的最大损失范围所承担的责任，不得超过其实有资本金加公积金总和的10%；超过的部分应当办理再保险。保险公司对危险单位的划分应当符合国务院保险监督管理机构的规定。

九是对危险单位的划分方法和巨灾风险安排方案的备案制度。保险公司对危险单位的划分方法和巨灾风险安排方案，应当报国务院保险监督管理机构备案。

十是再保险调节制度。保险公司应当按照国务院保险监督管理机构的规定办理再保险，并审慎选择再保险接受人。①

以上十个方面的调控，既是保险公司内部自身监控的法定依据，也是国家保险业监督部门监督保险公司运营的基本依据。

①《保险法》（2015年修正）第68条—第69条、第97条—第106条。

六、对证券市场的调控

为了规范证券发行和交易行为，保护投资者的合法权益，维护社会经济秩序和社会公共利益，促进社会主义市场经济的发展，《中华人民共和国证券法》制定于1998年12月，截至2019年，先后于2004年8月、2013年6月、2014年8月三次修正。于2005年10月和2019年12月进行两次修订。按照新的《证券法》规定，在中华人民共和国境内，股票、公司债券、存托凭证和国务院依法认定的其他证券的发行和交易，适用本法；本法未规定的，适用《中华人民共和国公司法》和其他法律、行政法规的规定。政府债券、证券投资基金份额的上市交易，适用本法；其他法律、行政法规另有规定的，适用其规定。资产支持证券、资产管理产品发行、交易的管理办法，由国务院依照本法的原则规定。在中国境外的证券发行和交易活动，扰乱中国境内市场秩序，损害境内投资者合法权益的，依照本法有关规定处理并追究法律责任。证券的发行、交易活动，必须遵循公开、公平、公正的原则。证券发行、交易活动的当事人具有平等的法律地位，应当遵守自愿、有偿、诚实信用的原则。证券的发行、交易活动，必须遵守法律、行政法规；禁止欺诈、内幕交易和操纵证券市场的行为。境内企业直接或者间接到境外发行证券或者将其证券在境外上市交易，应当符合国务院的有关规定。[①]在此基础上，为避免证券市场风险，《证券法》进行了如下规定：

（一）证券发行方面的规定

一是公开发行证券，必须符合法律、行政法规规定的条件，并依法报经国务院证券监督管理机构或者国务院授权的部门注册。未经依法

---

① 《证券法》（2019年修订）第2条—第5条、第224条。

注册，任何单位和个人不得公开发行证券。证券发行注册制的具体范围、实施步骤，由国务院规定。有下列情形之一的，为公开发行：①向不特定对象发行证券；②向特定对象发行证券累计超过200人，但依法实施员工持股计划的员工人数不计算在内；③法律、行政法规规定的其他发行行为。非公开发行证券，不得采用广告、公开劝诱和变相公开方式。

二是公司首次公开发行新股，应当符合下列条件：①具备健全且运行良好的组织机构；②具有持续经营能力；③最近3年财务会计报告被出具无保留意见审计报告；④发行人及其控股股东、实际控制人最近3年不存在贪污、贿赂、侵占财产、挪用财产或者破坏社会主义市场经济秩序的刑事犯罪；⑤经国务院批准的国务院证券监督管理机构规定的其他条件。上市公司发行新股，应当符合经国务院批准的国务院证券监督管理机构规定的条件，具体管理办法由国务院证券监督管理机构规定。公开发行存托凭证的，应当符合首次公开发行新股的条件以及国务院证券监督管理机构规定的其他条件。

三是公开发行公司债券，应当符合下列条件：①具备健全且运行良好的组织机构；②最近3年平均可分配利润足以支付公司债券1年的利息；③国务院规定的其他条件。公开发行公司债券筹集的资金，必须按照公司债券募集办法所列资金用途使用；改变资金用途，必须经债券持有人会议作出决议。公开发行公司债券筹集的资金，不得用于弥补亏损和非生产性支出。上市公司发行可转换为股票的公司债券，除应当符合第1款规定的条件外，还应当遵守本法第12条第2款的规定[①]。但是，按照公司债券募集办法，上市公司通过收购本公司股份的方式进行公司债

----

① 《证券法》（2019年修订）第12条第2款规定，上市公司发行新股，应当符合经国务院批准的国务院证券监督管理机构规定的条件，具体管理办法由国务院证券监督管理机构规定。

券转换的除外。①

（二）证券交易方面的规定

一是依法发行的证券，《中华人民共和国公司法》和其他法律对其转让期限有限制性规定的，在限定的期限内不得转让。上市公司持有5%以上股份的股东、实际控制人、董事、监事、高级管理人员，以及其他持有发行人首次公开发行前发行的股份或者上市公司向特定对象发行的股份的股东，转让其持有的本公司股份的，不得违反法律、行政法规和国务院证券监督管理机构关于持有期限、卖出时间、卖出数量、卖出方式、信息披露等规定，并应当遵守证券交易所的业务规则。

二是为证券发行出具审计报告或者法律意见书等文件的证券服务机构和人员，在该证券承销期内和期满后6个月内，不得买卖该证券。除该规定外，为发行人及其控股股东、实际控制人，或者收购人、重大资产交易方出具审计报告或者法律意见书等文件的证券服务机构和人员，自接受委托之日起至上述文件公开后5日内，不得买卖该证券。实际开展上述有关工作之日早于接受委托之日的，自实际开展上述有关工作之日起至上述文件公开后5日内，不得买卖该证券。

三是上市公司、股票在国务院批准的其他全国性证券交易场所交易的公司持有5%以上股份的股东、董事、监事、高级管理人员，将其持有的该公司的股票或者其他具有股权性质的证券在买入后6个月内卖出，或者在卖出后6个月内又买入，由此所得收益归该公司所有，公司董事会应当收回其所得收益。但是，证券公司因购入包销售后剩余股票而持有5%以上股份，以及有国务院证券监督管理机构规定的其他情形的除外。

四是禁止证券交易内幕信息的知情人和非法获取内幕信息的人利用

①《证券法》（2019年修订）第9条、第12条、第15条。

内幕信息从事证券交易活动。其中，证券交易内幕信息的知情人包括持有公司5%以上股份的股东及其董事、监事、高级管理人员，公司的实际控制人及其董事、监事、高级管理人员等九种情形。

五是证券交易内幕信息的知情人和非法获取内幕信息的人，在内幕信息公开前，不得买卖该公司的证券，或者泄露该信息，或者建议他人买卖该证券。持有或者通过协议、其他安排与他人共同持有公司5%以上股份的自然人、法人、非法人组织收购上市公司的股份，本法另有规定的，适用其规定。内幕交易行为给投资者造成损失的，应当依法承担赔偿责任。①

（三）上市公司收购方面的规定

一是通过证券交易所的证券交易，投资者持有或者通过协议、其他安排与他人共同持有一个上市公司已发行的有表决权股份达到5%时，应当在该事实发生之日起3日内，向国务院证券监督管理机构、证券交易所作出书面报告，通知该上市公司，并予公告，在上述期限内不得再行买卖该上市公司的股票，但国务院证券监督管理机构规定的情形除外。投资者持有或者通过协议、其他安排与他人共同持有一个上市公司已发行的有表决权股份达到5%后，其所持该上市公司已发行的有表决权股份比例每增加或者减少5%，应当依照前款规定进行报告和公告，在该事实发生之日起至公告后3日内，不得再行买卖该上市公司的股票，但国务院证券监督管理机构规定的情形除外。投资者持有或者通过协议、其他安排与他人共同持有一个上市公司已发行的有表决权股份达到5%后，其所持该上市公司已发行的有表决权股份比例每增加或者减少1%，应当在该事实发生的次日通知该上市公司，并予公告。违反该规定买入上市公司有表决权的股份的，在买入后的36个月内，对该超过

---

① 《证券法》（2019年修订）第36条、第42条、第44条、第50条、第51条、第53条。

规定比例部分的股份不得行使表决权。

二是通过证券交易所的证券交易，投资者持有或者通过协议、其他安排与他人共同持有一个上市公司已发行的有表决权股份达到30%时，继续进行收购的，应当依法向该上市公司所有股东发出收购上市公司全部或者部分股份的要约。

三是收购要约约定的收购期限不得少于30日，并不得超过60日。

四是采取协议收购方式的，收购人可以依照法律、行政法规的规定同被收购公司的股东以协议方式进行股份转让。以协议方式收购上市公司时，达成协议后，收购人必须在3日内将该收购协议向国务院证券监督管理机构及证券交易所作出书面报告，并予公告。

五是在上市公司收购中，收购人持有的被收购的上市公司的股票，在收购行为完成后的18个月内不得转让。

六是收购行为完成后，收购人与被收购公司合并，并将该公司解散的，被解散公司的原有股票由收购人依法更换。收购行为完成后，收购人应当在15日内将收购情况报告国务院证券监督管理机构和证券交易所，并予公告。[①]

（四）信息披露方面的规定

一是上市公司、公司债券上市交易的公司、股票在国务院批准的其他全国性证券交易场所交易的公司，应当按照国务院证券监督管理机构和证券交易场所规定的内容和格式编制定期报告，并按照以下规定报送和公告：①在每一会计年度结束之日起4个月内，报送并公告年度报告，其中的年度财务会计报告应当经符合本法规定的会计师事务所审计；②在每一会计年度的上半年结束之日起2个月内，报送并公告中期报告。

---

① 《证券法》（2019年修订）第63条、第65条、第67条、第71条、第75条、第76条。

二是发生可能对上市公司、股票在国务院批准的其他全国性证券交易场所交易的公司的股票交易价格产生较大影响的重大事件，投资者尚未得知时，公司应当立即将有关该重大事件的情况向国务院证券监督管理机构和证券交易场所报送临时报告，并予公告，说明事件的起因、目前的状态和可能产生的法律后果。其中，需要公告重大事件包括：①公司的经营方针和经营范围的重大变化；②公司的重大投资行为，公司在1年内购买、出售重大资产超过公司资产总额30%，或者公司营业用主要资产的抵押、质押、出售或者报废1次超过该资产的30%；③公司订立重要合同、提供重大担保或者从事关联交易，可能对公司的资产、负债、权益和经营成果产生重要影响；④公司发生重大债务和未能清偿到期重大债务的违约情况；⑤公司发生重大亏损或者重大损失；⑥公司生产经营的外部条件发生的重大变化；⑦公司的董事、1/3以上监事或者经理发生变动，董事长或者经理无法履行职责；⑧持有公司5%以上股份的股东或者实际控制人持有股份或者控制公司的情况发生较大变化，公司的实际控制人及其控制的其他企业从事与公司相同或者相似业务的情况发生较大变化；⑨公司分配股利、增资的计划，公司股权结构的重要变化，公司减资、合并、分立、解散及申请破产的决定，或者依法进入破产程序、被责令关闭；⑩涉及公司的重大诉讼、仲裁，股东大会、董事会决议被依法撤销或者宣告无效；⑪公司涉嫌犯罪被依法立案调查，公司的控股股东、实际控制人、董事、监事、高级管理人员涉嫌犯罪被依法采取强制措施；⑫国务院证券监督管理机构规定的其他事项。公司的控股股东或者实际控制人对重大事件的发生、进展产生较大影响的，应当及时将其知悉的有关情况书面告知公司，并配合公司履行信息披露义务。

三是发生可能对上市交易公司债券的交易价格产生较大影响的重大事件，投资者尚未得知时，公司应当立即将有关该重大事件的情况向国务院证券监督管理机构和证券交易场所报送临时报告，并予公告，说明事件的起因、目前的状态和可能产生的法律后果。其中，所称重大事件包括：①公司股权结构或者生产经营状况发生重大变化；②公司债券信用评级发生变化；③公司重大资产抵押、质押、出售、转让、报废；④公司发生未能清偿到期债务的情况；⑤公司新增借款或者对外提供担保超过上年末净资产的20%；⑥公司放弃债权或者财产超过上年末净资产的10%；⑦公司发生超过上年末净资产10%的重大损失；⑧公司分配股利，作出减资、合并、分立、解散及申请破产的决定，或者依法进入破产程序、被责令关闭；⑨涉及公司的重大诉讼、仲裁；⑩公司涉嫌犯罪被依法立案调查，公司的控股股东、实际控制人、董事、监事、高级管理人员涉嫌犯罪被依法采取强制措施；⑪国务院证券监督管理机构规定的其他事项。[①]

（五）投资者保护方面的规定

一是上市公司董事会、独立董事、持有1%以上有表决权股份的股东或者依照法律、行政法规或者国务院证券监督管理机构的规定设立的投资者保护机构（以下简称"投资者保护机构"），可以作为征集人，自行或者委托证券公司、证券服务机构，公开请求上市公司股东委托其代为出席股东大会，并代为行使提案权、表决权等股东权利。

二是投资者提起虚假陈述等证券民事赔偿诉讼时，诉讼标的是同一种类，且当事人一方人数众多的，可以依法推选代表人进行诉讼。对按照前款规定提起的诉讼，可能存在有相同诉讼请求的其他众多投资者的，人民法院可以发出公告，说明该诉讼请求的案件情况，通知投资者在一定期间向人民法院登记。人民法院作出的判决、裁定，对参加登记的投资者发生效力。投资者保护机构受50名以上投资者委托，可以作为

---

① 《证券法》（2019年修订）第79条—第81条。

代表人参加诉讼，并为经证券登记结算机构确认的权利人依照前款规定向人民法院登记，但投资者明确表示不愿意参加该诉讼的除外。[1]

（六）证券交易场所调控规定

一是证券交易所可以自行支配的各项费用收入，应当首先用于保证其证券交易场所和设施的正常运行并逐步改善。实行会员制的证券交易所的财产积累归会员所有，其权益由会员共同享有，在其存续期间，不得将其财产积累分配给会员。

二是证券交易所应当加强对证券交易的风险监测，出现重大异常波动的，证券交易所可以按照业务规则采取限制交易、强制停牌等处置措施，并向国务院证券监督管理机构报告；严重影响证券市场稳定的，证券交易所可以按照业务规则采取临时停市等处置措施并公告。证券交易所对其依照本条规定采取措施造成的损失，不承担民事赔偿责任，但存在重大过错的除外。[2]

（七）证券公司调控规定

一是设立证券公司，应当具备下列条件，并经国务院证券监督管理机构批准：①有符合法律、行政法规规定的公司章程；②主要股东及公司的实际控制人具有良好的财务状况和诚信记录，最近3年无重大违法违规记录；③有符合本法规定的公司注册资本；④董事、监事、高级管理人员、从业人员符合本法规定的条件；⑤有完善的风险管理与内部控制制度；⑥有合格的经营场所、业务设施和信息技术系统；⑦法律、行政法规和经国务院批准的国务院证券监督管理机构规定的其他条件。

二是未经国务院证券监督管理机构批准，任何单位和个人不得以证券公司名义开展证券业务活动。

---

[1]《证券法》（2019年修订）第90条、第95条。
[2]《证券法》（2019年修订）第101条、第113条。

三是证券公司经营本法第120条第1款第①项至第③项业务①的，注册资本最低限额为人民币5000万元；经营第④项至第⑧项业务之一的②，注册资本最低限额为人民币1亿元；经营第④项至第⑧项业务中两项以上的，注册资本最低限额为人民币5亿元。证券公司的注册资本应当是实缴资本。国务院证券监督管理机构根据审慎监管原则和各项业务的风险程度，可以调整注册资本最低限额，但不得少于前款规定的限额。

四是有《公司法》第146条规定③的情形或者下列情形之一的，不得担任证券公司的董事、监事、高级管理人员：①因违法行为或者违纪行为被解除职务的证券交易场所、证券登记结算机构的负责人或者证券公司的董事、监事、高级管理人员，自被解除职务之日起未逾5年；②因违法行为或者违纪行为被吊销执业证书或者被取消资格的律师、注册会计师或者其他证券服务机构的专业人员，自被吊销执业证书或者被取消资格之日起未逾5年。

五是国家设立证券投资者保护基金。证券投资者保护基金由证券公司缴纳的资金及其他依法筹集的资金组成，其规模以及筹集、管理和使用的具体办法由国务院规定。

六是证券公司从每年的业务收入中提取交易风险准备金，用于弥补

---

① 指从事证券经纪、证券投资咨询和与证券交易、证券投资活动有关的财务顾问。

② 指从事证券承销与保荐、证券融资融券、证券做市交易、证券自营和其他证券业务。

③《公司法》（2018年修正）第146条规定，有下列情形之一的，不得担任公司的董事、监事、高级管理人员：（一）无民事行为能力或者限制民事行为能力；（二）因贪污、贿赂、侵占财产、挪用财产或者破坏社会主义市场经济秩序，被判处刑罚，执行期满未逾五年，或者因犯罪被剥夺政治权利，执行期满未逾5年；（三）担任破产清算的公司、企业的董事或者厂长、经理，对该公司、企业的破产负有个人责任的，自该公司、企业破产清算完结之日起未逾3年；（四）担任因违法被吊销营业执照、责令关闭的公司、企业的法定代表人，并负有个人责任的，自该公司、企业被吊销营业执照之日起未逾3年；（五）个人所负数额较大的债务到期未清偿。公司违反前款规定选举、委派董事、监事或者聘任高级管理人员的，该选举、委派或者聘任无效。董事、监事、高级管理人员在任职期间出现本条第1款所列情形的，公司应当解除其职务。

证券经营的损失，其提取的具体比例由国务院证券监督管理机构会同国务院财政部门规定。

七是证券公司的自营业务必须以自己的名义进行，不得假借他人名义或者以个人名义进行。证券公司的自营业务必须使用自有资金和依法筹集的资金。证券公司不得将其自营账户借给他人使用。

八是证券公司应当依法审慎经营，勤勉尽责，诚实守信。证券公司的业务活动，应当与其治理结构、内部控制、合规管理、风险管理以及风险控制指标、从业人员构成等情况相适应，符合审慎监管和保护投资者合法权益的要求。证券公司依法享有自主经营的权利，其合法经营不受干涉。

九是证券公司应当妥善保存客户开户资料、委托记录、交易记录和与内部管理、业务经营有关的各项信息，任何人不得隐匿、伪造、篡改或者毁损。上述信息的保存期限不得少于20年。[①]

（八）证券登记结算机构调控规定

一是设立证券登记结算机构，应当具备下列条件：①自有资金不少于人民币2亿元；②具有证券登记、存管和结算服务所必须的场所和设施；③国务院证券监督管理机构规定的其他条件。证券登记结算机构的名称中应当标明证券登记结算字样。

二是证券登记结算机构应当妥善保存登记、存管和结算的原始凭证及有关文件和资料。其保存期限不得少于20年。

三是证券登记结算机构应当设立证券结算风险基金，用于垫付或者弥补因违约交收、技术故障、操作失误、不可抗力造成的证券登记结算机构的损失。证券结算风险基金从证券登记结算机构的业务收入和收益中提取，并可以由结算参与人按照证券交易业务量的一定比例缴纳。证

---

① 《证券法》（2019年修订）第118条、第121条、第124条、第126条、第127条、第129条、第130条、第137条第2款。

券结算风险基金的筹集、管理办法，由国务院证券监督管理机构会同国务院财政部门规定。

四是证券登记结算机构作为中央对手方提供证券结算服务的，是结算参与人共同的清算交收对手，进行净额结算，为证券交易提供集中履约保障。证券登记结算机构为证券交易提供净额结算服务时，应当要求结算参与人按照货银对付的原则，足额交付证券和资金，并提供交收担保。在交收完成之前，任何人不得动用用于交收的证券、资金和担保物。结算参与人未按时履行交收义务的，证券登记结算机构有权按照业务规则处理前款所述财产。

五是证券登记结算机构按照业务规则收取的各类结算资金和证券，必须存放于专门的清算交收账户，只能按业务规则用于已成交的证券交易的清算交收，不得被强制执行。①

（九）证券服务机构调控规定

一是证券投资咨询机构及其从业人员从事证券服务业务不得有下列行为：①代理委托人从事证券投资；②与委托人约定分享证券投资收益或者分担证券投资损失；③买卖本证券投资咨询机构提供服务的证券；④法律、行政法规禁止的其他行为。有前款所列行为之一，给投资者造成损失的，应当依法承担赔偿责任。

二是证券服务机构应当妥善保存客户委托文件、核查和验证资料、工作底稿以及与质量控制、内部管理、业务经营有关的信息和资料，任何人不得泄露、隐匿、伪造、篡改或者毁损。上述信息和资料的保存期限不得少于10年，自业务委托结束之日起算。

三是证券服务机构为证券的发行、上市、交易等证券业务活动制作、出具审计报告及其他鉴证报告、资产评估报告、财务顾问报告、资

①《证券法》（2019年修订）第146条、第153条、第154条、第158条、第159条。

信评级报告或者法律意见书等文件，应当勤勉尽责，对所依据的文件资料内容的真实性、准确性、完整性进行核查和验证。其制作、出具的文件有虚假记载、误导性陈述或者重大遗漏，给他人造成损失的，应当与委托人承担连带赔偿责任，但是能够证明自己没有过错的除外。①

（十）证券市场监督规定

国务院证券监督管理机构依法履行职责，有权采取下列措施：①对证券发行人、证券公司、证券服务机构、证券交易场所、证券登记结算机构进行现场检查。②进入涉嫌违法行为发生场所调查取证。③询问当事人和与被调查事件有关的单位和个人，要求其对与被调查事件有关的事项作出说明，或者要求其按照指定的方式报送与被调查事件有关的文件和资料。④查阅、复制与被调查事件有关的财产权登记、通讯记录等文件和资料。⑤查阅、复制当事人和与被调查事件有关的单位和个人的证券交易记录、登记过户记录、财务会计资料及其他相关文件和资料；对可能被转移、隐匿或者毁损的文件和资料，可以予以封存、扣押。⑥查询当事人和与被调查事件有关的单位和个人的资金账户、证券账户、银行账户以及其他具有支付、托管、结算等功能的账户信息，可以对有关文件和资料进行复制；对有证据证明已经或者可能转移或者隐匿违法资金、证券等涉案财产或者隐匿、伪造、毁损重要证据的，经国务院证券监督管理机构主要负责人或者其授权的其他负责人批准，可以冻结或者查封，期限为6个月；因特殊原因需要延长的，每次延长期限不得超过3个月，冻结、查封期限最长不得超过2年。⑦在调查操纵证券市场、内幕交易等重大证券违法行为时，经国务院证券监督管理机构主要负责人或者其授权的其他负责人批准，可以限制被调查的当事人的证券买卖，但限制的期限不得超过3个月；案情复杂的，可以延长3个

---

① 《证券法》（2019年修订）第161条—第163条。

月。⑧通知出境入境管理机关依法阻止涉嫌违法人员、涉嫌违法单位的主管人员和其他直接责任人员出境。为防范证券市场风险，维护市场秩序，国务院证券监督管理机构可以采取责令改正、监管谈话、出具警示函等措施。①

综上所述，基于证券市场涉及关系的复杂性以及风险较大，新《证券法》汲取自制定以来的证券市场运行的经验教训，为避免证券市场的风险，从以上十个方面，进行了有量化调控功能规定，相关规定成为国家调控证券市场、引导证券市场健康发展的依据，各项调控措施成为证券市场调控的工具。

第四节　价格调控工具

在市场经济条件下，价格是商品价值的货币表现。其中的商品，主要指货物商品、技术商品和服务商品。一般情况下，商品的价格遵循价值规律形成，由市场的供需关系调节，除基本的消费品需求有着相对稳定的价格外，其他商品则按照商品的稀缺程度形成相应的价格，即"物以稀为贵"。由此，引导着市场的运行和发展。这就是市场经济理论假设中所称的"看不见的手"的功能。然而，这些都是理论上假设的市场状态。具体市场实践中，并非均按照这种理论假设形成正常的市场价格机制。

一是资源短缺下的价格扭曲问题。在市场需求相对稳定但资源短缺情况下，生产的供给及其产品价格形成以资源决定生产及消费的局面，价格普遍上涨，尤其是粮食、食品、能源等必需品普遍价格上涨时，社

---

① 《证券法》（2019年修订）第170条。

会可能会不稳定。二是市场主体的逐利性导致生产决定消费市场模式的形成。为促进消费，生产的活跃带来了市场的繁荣，但过度激烈的市场竞争，也会形成垄断，进而扭曲市场价格。三是基于消费者偏好，对于享受型消费和奢侈型消费，往往不受价值规律的影响，越是价格虚高且昂贵的商品和服务，越会卖出好的价钱，但这种现象不符合节约资源的市场伦理准则。四是一些涉及居民消费的基本商品，例如粮食、肉、蛋、奶、食盐等一定时期价格的上涨或下降，虽然符合市场规律，但其下降时会影响到生产环节的积极性，其上涨时会直接影响到居民生活稳定。五是各种市场违法违规行为会导致市场运行失序、价格扭曲。典型的如欺行霸市导致的市场垄断、偷税漏税等。六是在宏观调控政策的刺激下，价格总水平指数的过度上涨，会造成严重的通货膨胀，使货币贬值，引发社会动荡。七是各种生产与消费信息的不对称，也会扭曲价格，等等。总之，现实的市场并不按照经济理论的假设运行。为此，由政府这只"看得见的手"对市场及其价格的适度干预成为现代市场经济之必须，国外如此，中国亦然。也为此，宏观调控目标设计中把物价稳定作为目标之一，并配置有相应的宏观调控工具。对此，中国于1992年开始实施市场经济体制，于1997年出台《中华人民共和国价格法》（以下简称《价格法》）。该法明确规定，"国家实行并逐步完善宏观经济调控下主要由市场形成价格的机制。价格的制定应当符合价值规律，大多数商品和服务价格实行市场调节价，极少数商品和服务价格实行政府指导价或者政府定价。"[1]并规定了相关的价格调控工具。

一、微观市场的价格调控

依《价格法》规定，微观市场领域的价格，主要由经营者依据生产

---

[1]《价格法》（1997年）第3条。

经营成本和市场供求状况定价，遵循公平、合法和诚实信用的原则。与此同时，对于经营者的定价行为作出了禁止性规定。一是相互串通，操纵市场价格，损害其他经营者或者消费者的合法权益；二是在依法降价处理鲜活商品、季节性商品、积压商品等商品外，为了排挤竞争对手或者独占市场，以低于成本的价格倾销，扰乱正常的生产经营秩序，损害国家利益或者其他经营者的合法权益；三是捏造、散布涨价信息，哄抬价格，推动商品价格过高上涨的；四是利用虚假的或者使人误解的价格手段，诱骗消费者或者其他经营者与其进行交易；五是提供相同商品或者服务，对具有同等交易条件的其他经营者实行价格歧视；六是采取抬高等级或者压低等级等手段收购、销售商品或者提供服务，变相提高或者压低价格；七是违反法律、法规的规定牟取暴利；八是法律、行政法规禁止的其他不正当价格行为。[①]

上述规定，是价格执法部门监管微观市场价格的基本依据，也是市场调控的重要工具。

二、政府定价调控工具

在市场经济条件下，有两种情况需要政府定价调控。一是属于应当由政府及公共服务机构提供的公共物品（产品）的价格。这是因为公共物品（产品）的生产和消费不属于市场竞争的范畴，应由政府及公共服务机构以非营利为目的，按照生产经营成本定价，然后计划供应于公共消费。二是虽然商品和服务属于市场竞争范畴，但由于涉及公共利益，不能完全适用市场机制，应当按照政府定价组织生产和消费。为此，中国的《价格法》予以了积极回应。《价格法》规定，下列商品和服务价

[①]《价格法》（1997年）第14条。

格，政府在必要时可以实行政府指导价或者政府定价：一是与国民经济发展和人民生活关系重大的极少数商品价格；二是资源稀缺的少数商品价格；三是自然垄断经营的商品价格；四是重要的公用事业价格。五是重要的公益性服务价格。[①]该规定明确了两个基本问题：一是明确了政府定价的基本范围；二是明确了政府定价调控的工具包括政府指导价和政府定价两种基本方式。其中，政府指导价是指政府只提出一个最高限价、最低限价或价格的幅度，具体实施时，各生产经营主体，可在其规定的范围内选择。政府定价亦称为政府指令价，即政府对于生产的商品和服务价格下达命令，生产经营者必须执行。这部分的商品生产及服务主要涉及国防领域产品的生产经营。而基于生产经营者执行政府指导价或指令价出现的经营亏损，政府可以采取财政补贴的方式予以弥补。与此同时，有关政府指导价和政府定价的具体范围则通过《政府定价目录》的方式组织实施。同时，为了防止政府滥用职权，《价格法》规定，"制定关系群众切身利益的公用事业价格、公益性服务价格、自然垄断经营的商品价格等政府指导价、政府定价，应当建立听证会制度，由政府价格主管部门主持，征求消费者、经营者和有关方面的意见，论证其必要性、可行性。"[②]2021年1月1日新实施的《中华人民共和国民法典》（以下简称《民法典》）规定，"国家根据抢险救灾、疫情防控或者其他需要下达国家订货任务、指令性任务的，有关民事主体之间应当依照有关法律、行政法规规定的权利和义务订立合同。依照法律、行政法规的规定负有发出要约义务的当事人，应当及时发出合理的要约。依照法律、行政法规的规定负有作出承诺义务的当事人，不得拒绝对方合理的订立合同要求。"[③]在实践中适用此条款订立合同时，其关键性条款之一

---

① 《价格法》（1997年）第18条。
② 《价格法》（1997年）第23条。
③ 《民法典》（2020年）第494条。

就是价格条款的指令属性。

三、价格总水平调控工具

价格总水平是指全国主要商品和服务价格的加权平均值。稳定市场价格总水平是国家重要的宏观经济政策目标。国家根据国民经济发展的需要和社会承受能力，确定市场价格总水平调控目标，列入国民经济和社会发展计划，并综合运用货币、财政、投资、进出口等方面的政策和措施，予以实现。与此同时，《价格法》规定了相应的调控工具。

（一）建立重要商品储备制度

国家储备制度是国家重要的宏观调控工具。国家储备的类别与功能包括：一是通过储备重要的物资，以应对自然灾害或公共性突发事件发生后所需的救灾、救济；二是通过储备重要商品，以应对市场物价的上涨。当物价上涨时，政府可以将储备商品投放于市场以平抑物价。与此同时，在市场价格较低情况下，政府大量采购相关的物资，也会对稳定市场价格起到相应的作用。因此，商品储备成为调节市场价格的重要工具。

（二）设立价格基金

通过设立价格专项基金，可以在物价上涨时，对收入水平较低消费者补贴，抵消基于市场价格上涨对居民消费力的影响。与此同时，在市场价格低迷时，为保障生产供应，政府可以通过对生产者的价格补贴，保障生产的延续性。例如，在市场消费处于低迷状态时，政府通过向居民发放消费券促进消费。

（三）建立价格监测制度

改革开放以来，逐渐弱化了政府价格主管部门对市场价格的直接管理。与此同时，新的调控方式以价格监测替代之。通过政府及相关专业机构的市场价格监测，可以及时发现市场价格的波动情况，为政府对不正常的价格波动予以干预提供实践依据。

（四）对重要农产品实施保护价及政府采购调控

狭义的农产品仅指粮食产品。而广义的农产品包括农业、林业、渔业、牧业以及相关的肉、蛋、奶、蔬菜、水产品、水果产品等。迄今为止，农产品的生产经营受到自然因素的影响较大，存在"增产不增收"问题，进而会挫伤农产品生产者的生产积极性。为此，为了保持农产品生产的延续性，保障农产品的市场供应。政府除可采取上述价格补贴措施之外，出台最低保护价政策，并以政府采购方式，解决农民"增产不增收"问题，有利于保护农产品的生产及农产品生产者的权益。为此，《价格法》规定，政府在粮食等重要农产品的市场购买价格过低时，可以在收购中实行保护价格，并采取相应的经济措施保证其实现。①

（五）限定差价率或者利润率调控

在微观市场领域，生产经营者的获利手段在于在商品交换中获取差价及利润，但这种利润的获得应当具有合理性、正当性，否则，就会形成不正当的暴利，并影响市场经济的健康发展，侵害消费者权益。为此，《价格法》规定，"当重要商品和服务价格显著上涨或者有可能显著上涨，国务院和省、自治区、直辖市人民政府可以对部分价格采取限定差价率或者利润率、规定限价、实行提价申报制度和调价备案制度等干预措施。省、自治区、直辖市人民政府采取该规定的干预措施，应当报国务院备案。"②这里的重要商品和服务，可以理解为属于生产所需的基本商品，例如，煤炭、电力等能源商品以及属于居民的基本消费品。

（六）集中定价与价格冻结调控

集中定价与价格冻结调控是宏观调控干预市场价格最严厉的措施。其基本的逻辑前提是市场价格之失控，导致价格总水平涨幅较大，形成

---

① 《价格法》（1997年）第29条。
② 《价格法》（1997年）第30条。

了严重的"通货膨胀"。在此情况下，为稳定市场价格、稳定社会，国家可以采取集中定价或价格冻结措施。为此，《价格法》规定，"当市场价格总水平出现剧烈波动等异常状态时，国务院可以在全国范围内或者部分区域内采取临时集中定价权限、部分或者全面冻结价格的紧急措施。"①这里需要注意的是，国务院采取集中定价或价格冻结调控措施，既可以是只针对部分区域，也可以是在全国范围。自从1997年出台《价格法》以来，此种现象在全国范围内还未大规模发生过，说明中国对于价格总水平上涨的控制比较好。

值得强调的是，上述第五项、第六项价格调控措施及工具的应用，应以重要商品和服务价格显著上涨或者有可能显著上涨以及市场价格总水平出现剧烈波动为前提，当通过政府干预，相关情况消失，市场机制恢复正常时，政府即应当及时撤销相关的干预措施。为此，《价格法》规定，"依照本法第30条、第31条的规定实行干预措施、紧急措施的情形消除后，应当及时解除干预措施、紧急措施。"②

还应注意的是，有关技术买卖价格的调控，按照《民法典》规定，"技术合同价款、报酬或者使用费的支付方式由当事人约定，可以采取一次总算、一次总付或者一次总算、分期支付，也可以采取提成支付或者提成支付附加预付入门费的方式。约定提成支付的，可以按照产品价格、实施专利和使用技术秘密后新增的产值、利润或者产品销售额的一定比例提成，也可以按照约定的其他方式计算。提成支付的比例可以采取固定比例、逐年递增比例或者逐年递减比例。约定提成支付的，当事人可以约定查阅有关会计账目的办法。"③然而，合同双方产生争议的情况下，需要资产评估机构予以评估确认。为此，《中华人民共和国资

---

① 《价格法》（1997年）第31条。
② 《价格法》（1997年）第32条。
③ 《民法典》（2020年）第846条。

产评估法》规定，本法所称资产评估（以下称评估），是指评估机构及其评估专业人员根据委托对不动产、动产、无形资产、企业价值、资产损失或者其他经济权益进行评定、估算，并出具评估报告的专业服务行为。自然人、法人或者其他组织需要确定评估对象价值的，可以自愿委托评估机构评估。涉及国有资产或者公共利益等事项，法律、行政法规规定需要评估的（以下称法定评估），应当依法委托评估机构评估。评估专业人员应当根据评估业务具体情况，对评估对象进行现场调查，收集权属证明、财务会计信息和其他资料并进行核查验证、分析整理，作为评估的依据。评估专业人员应当恰当选择评估方法，除依据评估执业准则只能选择一种评估方法的外，应当选择两种以上评估方法，经综合分析，形成评估结论，编制评估报告。评估机构应当对评估报告进行内部审核。评估报告应当由至少两名承办该项业务的评估专业人员签名并加盖评估机构印章。评估机构及其评估专业人员对其出具的评估报告依法承担责任。委托人不得串通、唆使评估机构或者评估专业人员出具虚假评估报告。国务院有关评估行政管理部门组织制定评估基本准则和评估行业监督管理办法。设区的市级以上人民政府有关评估行政管理部门依据各自职责，负责监督管理评估行业，对评估机构和评估专业人员的违法行为依法实施行政处罚，将处罚情况及时通报有关评估行业协会，并依法向社会公开。[①]该规定显示，通过资产评估确定技术等无形资产价格的方式有委托评估和法定评估两种方式。而且，该资产评估还涉及对不动产、动产、企业价值、资产损失或者其他经济权益的评定、估算，其中，关乎资产转让价格的确定。

---

① 《资产评估法》（2016年）第2条、第3条、第25条—第27条、第39条、第40条。

第五节　涉外经济调控工具

一国之涉外经济主要涉及三方面的基本内容。一是境外外商投资本国之经济；二是本国企业或居民投资于境外之经济；三是本国之对外贸易经济。根据宏观调控理论和实践，国家对于涉外经济的调控，涉及计划调控、产业指导、财政税收调控、货币金融调控、价格调控等调控工具在涉外经济领域的综合应用。与此同时，根据每一类涉外经济关系的处理，尚有一些特殊的国际通行的调控工具的应用。国外如此，中国亦然。

一、对境外外商投资本国经济的调控

改革开放以来，吸引外商来中国投资一直是中国对外开放的重要举措。为此，先后出台"三资企业法"，确立了外商来中国独资、合资、合作经营的一系列制度，有计划有步骤地吸引外商来华投资，促进了中国经济的迅速发展。除常规性宏观调控手段的广泛应用外，尚有一些吸引和规范境外外商投资的调控工具的应用。截至2019年，国家废除了"三资企业法"，出台了新的《中华人民共和国外商投资法》（以下简称《外商投资法》）及其实施条例，自2020年1月1日起施行。在坚持对外开放的基本国策，鼓励外国投资者依法在中国境内投资原则的基础上，进一步明确了境外外商来华投资的调控政策和工具。

在投资主体认定方面，《中华人民共和国外商投资法实施条例》规定，香港特别行政区、澳门特别行政区投资者在内地投资，参照外商投资法和本条例执行；法律、行政法规或者国务院另有规定的，从其规定。台湾地区投资者在大陆投资，适用《中华人民共和国台湾同胞投资保护法》及其实施细则的规定；台湾同胞投资保护法及其实施细则未规定的事项，参照外商投资法和本条例执行。定居在国外的中国公民在中国境内投资，参照外商投资法和本条例执行；法律、行政法规或者国务院另有规定的，从其规定。[①]该规定体现了中国对外商认定的特殊性，体现了中国现在海峡两岸暨香港、澳门及"一国两制"的国情，也体现了鼓励海外华人回国投资创业的立法精神。

在外商投资准入及待遇方面，《外商投资法》按照国际惯例，规定了国民待遇调控的一般准则。同时，对于外商投资实施负面清单的特殊调控措施，即国家对外商投资实行准入前国民待遇加负面清单管理制度。其中，所称准入前国民待遇，是指在投资准入阶段给予外国投资者及其投资不低于本国投资者及其投资的待遇；所称负面清单，是指国家规定在特定领域对外商投资实施的准入特别管理措施。国家对负面清单之外的外商投资，给予国民待遇。负面清单由国务院发布或者批准发布。中华人民共和国缔结或者参加的国际条约、协定对外国投资者准入待遇有更优惠规定的，可以按照相关规定执行。[②]按照该规定，国务院发布或批准发布的负面清单的领域，属于禁止范畴的，外商不得予以投资；属于限制范畴的，国家严格掌控；属于外商投资准入负面清单以外的领域，按照内外资一致的原则实施管理。[③]

①《外商投资法实施条例》（2019年）第48条。
②《外商投资法》（2019年）第4条。
③ 2021年9月18日经国家发展改革委第18次委务会通过《外商投资准入特别管理措施（负面清单）（2021年版）》。2021年12月27日国家发展改革委、商务部令第47号公布，自2022年1月1日起施行，并对其作出11个方面的说明。一、《外商投资准入特别管理措施（负面清单）》（以下简称《外商投资准入负面清单》）统一列出股权要求、高管要求等外商投资准入方面的特别管理措施。《外商投资准入负面清单》之外的领域，按照内外资一致原则实施管理。境内外投资者统一适用《市场准入负面清单》的有关规定。二、境外投资者不得作为个体工商户、个人独资企业投资人、农民专业合作社成员，从事投资经营

在外商投资促进方面，一是外商投资企业依法平等适用国家支持企业发展的各项政策；二是制定与外商投资有关的法律、法规、规章，应当采取适当方式征求外商投资企业的意见和建议，与外商投资有关的规范性文件、裁判文书等，应当依法及时公布；三是国家建立健全外商投资服务体系，为外国投资者和外商投资企业提供法律法规、政策措施、投资项目信息等方面的咨询和服务；四是国家与其他国家和地区、国际组织建立多边、双边投资促进合作机制，加强投资领域的国际交流与合作；五是国家根据需要，设立特殊经济区域，或者在部分地区实行外商投资试验性政策措施，促进外商投资，扩大对外开放；六是国家根据国民经济和社会发展需要，鼓励和引导外国投资者在特定行业、领域、地区投资。外国投资者、外商投资企业可以依照法律、行政法规或者国务

活动。三、外商投资企业在中国境内投资，应符合《外商投资准入负面清单》的有关规定。四、有关主管部门在依法履行职责过程中，对境外投资者拟投资《外商投资准入负面清单》内领域，但不符合《外商投资准入负面清单》规定的，不予办理许可、企业登记注册等相关事项；涉及固定资产投资项目核准的，不予办理相关核准事项。投资有股权要求的领域，不得设立外商投资合伙企业。五、经国务院有关主管部门审核并报国务院批准，特定外商投资可以不适用《外商投资准入负面清单》中相关领域的规定。六、从事《外商投资准入负面清单》禁止投资领域业务的境内企业到境外发行股份并上市交易的，应当经国家有关主管部门审核同意，境外投资者不得参与企业经营管理，其持股比例参照境外投资者境内证券投资管理有关规定执行。七、境内公司、企业或自然人以其在境外合法设立或控制的公司并购与其有关联关系的境内公司，按照外商投资、境外投资、外汇管理等有关规定办理。八、《外商投资准入负面清单》中未列出的文化、金融等领域与行政审批、资质条件、国家安全等相关措施，按照现行规定执行。九、《内地与香港关于建立更紧密经贸关系的安排》及其后续协议、《内地与澳门关于建立更紧密经贸关系的安排》及其后续协议、《海峡两岸经济合作框架协议》及其后续协议、我国缔结或者参加的国际条约、协定对境外投资者准入待遇有更优惠规定的，可以按照相关规定执行。在自由贸易试验区等特殊经济区域对符合条件的投资者实施更优惠开放措施的，按照相关规定执行。十、《外商投资准入负面清单》由国家发展改革委、商务部会同有关部门负责解释。十一、2020年6月23日国家发展改革委、商务部发布的2020年版《外商投资准入负面清单》自2022年1月1日起废止。在此说明基础上，该清单对农林牧渔业、采矿业、制造业、电力、热气、燃气及水生产和供应业、批发与零售业、交通运输、仓储和邮政业、信息传输、软件和信息技术服务业、租赁和商务服务业、科学研究和技术服务业、教育、卫生和社会工作、以及文化、体育和娱乐业作出31个方面的禁止或限制性规定。如，在采矿业，禁止投资稀土、放射性矿产、钨勘查、开采及选矿。而在批发和零售业则禁止投资烟叶、卷烟、复烤烟叶及其他烟草制品的批发、零售。

院的规定享受优惠待遇；七是国家保障外商投资企业依法平等参与标准制定工作，强化标准制定的信息公开和社会监督，国家制定的强制性标准平等适用于外商投资企业；八是国家保障外商投资企业依法通过公平竞争参与政府采购活动，政府采购依法对外商投资企业在中国境内生产的产品、提供的服务平等对待；九是外商投资企业可以依法通过公开发行股票、公司债券等证券和其他方式进行融资；十是县级以上地方人民政府可以根据法律、行政法规、地方性法规的规定，在法定权限内制定外商投资促进和便利化政策措施；十一是各级人民政府及其有关部门应当按照便利、高效、透明的原则，简化办事程序，提高办事效率，优化政务服务，进一步提高外商投资服务水平。有关主管部门应当编制和公布外商投资指引，为外国投资者和外商投资企业提供服务和便利。①

在投资保护方面，一是国家对外国投资者的投资不实行征收。在特殊情况下，国家为了公共利益的需要，可以依照法律规定对外国投资者的投资实行征收或者征用。征收、征用应当依照法定程序进行，并及时给予公平、合理的补偿。二是外国投资者在中国境内的出资、利润、资本收益、资产处置所得、知识产权许可使用费、依法获得的补偿或者赔偿、清算所得等，可以依法以人民币或者外汇自由汇入、汇出。三是国家保护外国投资者和外商投资企业的知识产权，保护知识产权权利人和相关权利人的合法权益；对知识产权侵权行为，严格依法追究法律责任。国家鼓励在外商投资过程中基于自愿原则和商业规则开展技术合作。技术合作的条件由投资各方遵循公平原则平等协商确定。行政机关及其工作人员不得利用行政手段强制转让技术。四是行政机关及其工作人员对于履行职责过程中知悉的外国投资者、外商投资企业的商业秘密，应当依法予以保密，不得泄露或者非法向他人提供。五是各级人民

①《外商投资法》（2019年）第9条—第19条。

政府及其有关部门制定涉及外商投资的规范性文件，应当符合法律法规的规定；没有法律、行政法规依据的，不得减损外商投资企业的合法权益或者增加其义务，不得设置市场准入和退出条件，不得干预外商投资企业的正常生产经营活动。六是地方各级人民政府及其有关部门应当履行向外国投资者、外商投资企业依法作出的政策承诺以及依法订立的各类合同；因国家利益、社会公共利益需要改变政策承诺、合同约定的，应当依照法定权限和程序进行，并依法对外国投资者、外商投资企业因此受到的损失予以补偿。七是国家建立外商投资企业投诉工作机制，及时处理外商投资企业或者其投资者反映的问题，协调完善相关政策措施。外商投资企业或者其投资者认为行政机关及其工作人员的行政行为侵犯其合法权益的，可以通过外商投资企业投诉工作机制申请协调解决。外商投资企业或者其投资者认为行政机关及其工作人员的行政行为侵犯其合法权益的，除依照前款规定通过外商投资企业投诉工作机制申请协调解决外，可以依法申请行政复议、提起行政诉讼。八是外商投资企业可以依法成立和自愿参加商会、协会。商会、协会依照法律法规和章程的规定开展相关活动，维护会员的合法权益。[1]

在外商投资管理方面，《外商投资法》特别规定，国家建立外商投资信息报告制度。外国投资者或者外商投资企业应当通过企业登记系统以及企业信用信息公示系统向商务主管部门报送投资信息。外商投资信息报告的内容和范围按照确有必要的原则确定；通过部门信息共享能够获得的投资信息，不得再行要求报送。

国家建立外商投资安全审查制度，对影响或者可能影响国家安全的外商投资进行安全审查。依法作出的安全审查决定为最终决定。[2]

---

[1]《外商投资法》（2019年）第20条—第27条。
[2]《外商投资法》（2019年）第34条—第35条。

二、本国企业或居民投资境外的调控

随着中国对外开放的深入发展，越来越多的中国企业或居民走出国门到境外投资发展。特别是中国提出"一带一路"倡议以来，极大地促进了中国境外投资的快速增长。按照国际惯例，中国企业或居民到境外投资，需遵守境外投资国的政策、法律及其商事惯例，但为了把握中国企业或居民对外投资的方向，避免在境外投资遭受损失，国家有必要对境外投资行为予以调控指引。为此，2017年8月4日国务院办公厅转发由国家发展改革委、商务部、人民银行、外交部起草的《关于进一步引导和规范境外投资方向的指导意见》（以下简称《指导意见》）。《指导意见》的核心内容是对中国境外投资行为的鼓励、限制和禁止的范围提出了方向性意见，有利于中国企业或居民对外投资的健康发展。

在鼓励开展的境外投资领域，《指导意见》提出，国家支持境内有能力、有条件的企业积极稳妥开展境外投资活动，推进"一带一路"建设，深化国际产能合作，带动国内优势产能、优质装备、适用技术输出，提升中国技术研发和生产制造能力，弥补我国能源资源短缺，推动我国相关产业提质升级。其基本方向：一是重点推进有利于"一带一路"建设和周边基础设施互联互通的基础设施境外投资；二是稳步开展带动优势产能、优质装备和技术标准输出的境外投资；三是加强与境外高新技术和先进制造业企业的投资合作，鼓励在境外设立研发中心；四是在审慎评估经济效益的基础上稳妥参与境外油气、矿产等能源资源勘探和开发；五是着力扩大农业对外合作，开展农林牧副渔等领域互利共赢的投资合作；六是有序推进商贸、文化、物流等服务领域境外投资，支持符合条件的金融机构在境外建立分支机构和服务网络，依法合规开展业务。

在限制开展的境外投资领域，《指导意见》提出，限制境内企业开展与国家和平发展外交方针、互利共赢开放战略以及宏观调控政策不符的境外投资，包括：一是赴与中国未建交、发生战乱或者中国缔结的双多边条约或协议规定需要限制的敏感国家和地区开展境外投资；二是房地产、酒店、影城、娱乐业、体育俱乐部等境外投资；三是在境外设立无具体实业项目的股权投资基金或投资平台；四是使用不符合投资目的国技术标准要求的落后生产设备开展境外投资；五是不符合投资目的国环保、能耗、安全标准的境外投资。其中，前三类须经境外投资主管部门核准。

在禁止开展的境外投资领域，《指导意见》提出，禁止境内企业参与危害或可能危害国家利益和国家安全等的境外投资，包括：一是涉及未经国家批准的军事工业核心技术和产品输出的境外投资；二是运用我国禁止出口的技术、工艺、产品的境外投资；三是赌博业、色情业等境外投资；四是中国缔结或参加的国际条约规定禁止的境外投资；五是其他危害或可能危害国家利益和国家安全的境外投资。

上述三个领域的规定，为国家对境外投资行为进行调控提供了基本的政策指引。

三、对外贸易的调控

经过40多年的发展，中国的对外贸易快速增长，其总量到目前位居世界第二，成为对外贸易大国。从宏观调控角度讲，对外贸易的发展应保持国际收支平衡。其基本原理已如前述。根据国际惯例及中国的国情，国家对对外贸易活动的调控，均有常规性措施的应用，其中有些基本的调控工具的应用本身就涉及对外贸易，典型的如，在进出口环节征收增值税、消费税、关税等。除此之外，根据《对外贸易法》和相关法律的规定，尚有一些特殊的调控工具的选择与应用。

（一）对外贸易待遇调控

对外贸易待遇主要涉及中国开展对外贸易与境外国家和地区外贸经营者的关系处理。其基本理论和实践依据，一是参照国际商事惯例；二是遵循对等原则。为此，《对外贸易法》规定，中华人民共和国在对外贸易方面根据所缔结或者参加的国际条约、协定，给予其他缔约方、参加方最惠国待遇、国民待遇等待遇，或者根据互惠、对等原则给予对方最惠国待遇、国民待遇等待遇。任何国家或者地区在贸易方面对中华人民共和国采取歧视性的禁止、限制或者其他类似措施的，中华人民共和国可以根据实际情况对该国家或者该地区采取相应的措施。①

（二）国营贸易管理调控

在中国，按照宪法规定，国有经济是国民经济的主导力量，在计划经济时期，对外贸易由国营公司经营。改革开放以来，在市场经济条件下，大量的民营经济参与对外贸易，但为了维护国家利益，对外贸易的一些重要领域还需要由国营把控。为此，《对外贸易法》规定，"国家可以对部分货物的进出口实行国营贸易管理。实行国营贸易管理货物的进出口业务只能由经授权的企业经营；但是，国家允许部分数量的国营贸易管理货物的进出口业务由非授权企业经营的除外。实行国营贸易管理的货物和经授权经营企业的目录，由国务院对外贸易主管部门会同国务院其他有关部门确定、调整并公布。违反本条第1款规定，擅自进出口实行国营贸易管理的货物的，海关不予放行。"②

---

① 《对外贸易法》（2022年修正）第6条、第7条。
② 《对外贸易法》（2022年修正）第10条。

（三）国家禁止、限制外贸进出口调控

基于国家利益的保护和其他目的，各国对对外贸易作出禁止或限制性规定，中国亦然。为此，《对外贸易法》规定，国家基于下列原因，可以限制或者禁止有关货物、技术的进口或者出口：一是为维护国家安全、社会公共利益或者公共道德，需要限制或者禁止进口或者出口的；二是为保护人的健康或者安全，保护动物、植物的生命或者健康，保护环境，需要限制或者禁止进口或者出口的；三是为实施与黄金或者白银进出口有关的措施，需要限制或者禁止进口或者出口的；四是国内供应短缺或者为有效保护可能用竭的自然资源，需要限制或者禁止出口的；五是输往国家或者地区的市场容量有限，需要限制出口的；六是出口经营秩序出现严重混乱，需要限制出口的；七是为建立或者加快建立国内特定产业，需要限制进口的；八是对任何形式的农业、牧业、渔业产品有必要限制进口的；九是为保障国家国际金融地位和国际收支平衡，需要限制进口的；十是依照法律、行政法规的规定，其他需要限制或者禁止进口或者出口的；十一是根据中国缔结或者参加的国际条约、协定的规定，其他需要限制或者禁止进口或者出口的。[①]

与此同时，国家基于下列原因，可以限制或者禁止有关的国际服务贸易：一是为维护国家安全、社会公共利益或者公共道德，需要限制或者禁止的；二是为保护人的健康或者安全，保护动物、植物的生命或者健康，保护环境，需要限制或者禁止的；三是为建立或者加快建立国内特定服务产业，需要限制的；四是为保障国家外汇收支平衡，需要限制的；五是依照法律、行政法规的规定，其他需要限制或者禁止的；六是根据我国缔结或者参加的国际条约、协定的规定，其他需

---

① 《对外贸易法》（2022年修正）第15条。

要限制或者禁止的。①

（四）对涉及军用产品或军民两用产品及其服务予以管制性调控

《对外贸易法》规定，"国家对与裂变、聚变物质或者衍生此类物质的物质有关的货物、技术进出口，以及与武器、弹药或者其他军用物资有关的进出口，可以采取任何必要的措施，维护国家安全。在战时或者为维护国际和平与安全，国家在货物、技术进出口方面可以采取任何必要的措施。""国家对与军事有关的国际服务贸易，以及与裂变、聚变物质或者衍生此类物质的物质有关的国际服务贸易，可以采取任何必要的措施，维护国家安全。在战时或者为维护国际和平与安全，国家在国际服务贸易方面可以采取任何必要的措施。"②与此同时，国家对与军事有关的对外贸易实行目录管理。

2020年10月17日第十三届全国人民代表大会常务委员会第二十二次会议通过的《中华人民共和国出口管制法》规定，国家对两用物项、军品、核以及其他与维护国家安全和利益、履行防扩散等国际义务相关的货物、技术、服务等物项（以下统称管制物项）的出口管制，适用本法。其中，管制物项，包括物项相关的技术资料等数据。出口管制，是指国家对从中华人民共和国境内向境外转移管制物项，以及中华人民共和国公民、法人和非法人组织向外国组织和个人提供管制物项，采取禁止或者限制性措施。两用物项，是指既有民事用途，又有军事用途或者有助于提升军事潜力，特别是可以用于设计、开发、生产或者使用大规模杀伤性武器及其运载工具的货物、技术和服务。军品，是指用于军事目的的装备、专用生产设备以及其他相关货物、技术和服务。核，是指核材料、核设备、反应堆用非核材料以及相关技术和服务。③

①《对外贸易法》（2022年修正）第25条。
②《对外贸易法》（2022年修正）第16条、第26条。
③《出口管制法》（2020年）第2条。

（五）进出口配额与许可调控

为了实现国际收支平衡目标，平衡进出口关系，国家实施进出口配额与许可制度。为此，《对外贸易法》规定，国家对限制进口或者出口的货物，实行配额、许可证等方式管理；对限制进口或者出口的技术，实行许可证管理。实行配额、许可证管理的货物、技术，应当按照国务院规定经国务院对外贸易主管部门或者经其会同国务院其他有关部门许可，方可进口或者出口。国家对部分进口货物可以实行关税配额管理。进出口货物配额、关税配额，由国务院对外贸易主管部门或者国务院其他有关部门在各自的职责范围内，按照公开、公平、公正和效益的原则进行分配。具体办法由国务院规定。[1]

（六）进出口商品检验调控

为了加强进出口商品检验工作，规范进出口商品检验行为，维护社会公共利益和进出口贸易有关各方的合法权益，促进对外经济贸易关系的顺利发展，国家出台了《中华人民共和国进出口商品检验法》。该法规定，必须实施的进出口商品检验，是指确定列入目录的进出口商品是否符合国家技术规范的强制性要求的合格评定活动。合格评定程序包括：抽样、检验和检查；评估、验证和合格保证；注册、认可和批准以及各项的组合。对本条第1款规定的进出口商品检验，商检机构可以采信检验机构的检验结果；国家商检部门对前述检验机构实行目录管理。列入目录的进出口商品，按照国家技术规范的强制性要求进行检验；尚未制定国家技术规范的强制性要求的，应当依法及时制定，未制定之前，可以参照国家商检部门指定的国外有关标准进行检验。[2]

（七）进出口货物原产地管理调控

为了正确确定进出口货物的原产地，有效实施各项贸易措施，促

---

[1]《对外贸易法》（2022年修正）第18条、第19条。
[2]《进出口商品检验法》（2021年修正）第6条、第7条。

进对外贸易发展，根据国际商事惯例，国务院根据《对外贸易法》授权出台《中华人民共和国进出口货物原产地条例》。根据该条例规定，对实施最惠国待遇、反倾销和反补贴、保障措施、原产地标记管理、国别数量限制、关税配额等非优惠性贸易措施以及进行政府采购、贸易统计等活动对进出口货物原产地的确定。实施优惠性贸易措施对进出口货物原产地的确定，依照中华人民共和国缔结或者参加的国际条约、协定的有关规定另行制定。完全在一个国家（地区）获得的货物，以该国（地区）为原产地；两个以上国家（地区）参与生产的货物，以最后完成实质性改变的国家（地区）为原产地。所称完全在一个国家（地区）获得的货物是指：一是在该国（地区）出生并饲养的活的动物；二是在该国（地区）野外捕捉、捕捞、搜集的动物；三是从该国（地区）的活的动物获得的未经加工的物品；四是在该国（地区）收获的植物和植物产品；五是在该国（地区）采掘的矿物；六是在该国（地区）获得的除本条第1项至第5项范围之外的其他天然生成的物品；七是在该国（地区）生产过程中产生的只能弃置或者回收用作材料的废碎料；八是在该国（地区）收集的不能修复或者修理的物品，或者从该物品中回收的零件或者材料；九是由合法悬挂该国旗帜的船舶从其领海以外海域获得的海洋捕捞物和其他物品；十是在合法悬挂该国旗帜的加工船上加工本条第9项所列物品获得的产品；十一是从该国领海以外享有专有开采权的海床或者海床底土获得的物品；十二是在该国（地区）完全从本条第1项至第11项所列物品中生产的产品。进口货物时，收货人需向海关提交原产地证书，供海关审核后，才予以放行。出口货物时，出口货物发货人可以向海关、中国国际贸易促进委员会及其地方分会（以下简称签证机构），申请领取出口货物原产地证书。与此同时，国家对原产地标记实施管理。进出口货物的原产地标记与进出口原产地证书必须保持一致。①

（八）与对外贸易有关的知识产权调控

国家依照有关知识产权的法律、行政法规，保护与对外贸易有关的知识产权。

进口货物侵犯知识产权，并危害对外贸易秩序的，国务院对外贸易主管部门可以采取在一定期限内禁止侵权人生产、销售的有关货物进口等措施。知识产权权利人有阻止被许可人对许可合同中的知识产权的有效性提出质疑、进行强制性一揽子许可、在许可合同中规定排他性返授条件等行为之一，并危害对外贸易公平竞争秩序的，国务院对外贸易主管部门可以采取必要的措施消除危害。其他国家或者地区在知识产权保护方面未给予中华人民共和国的法人、其他组织或者个人国民待遇，或者不能对来源于中华人民共和国的货物、技术或者服务提供充分有效的知识产权保护的，国务院对外贸易主管部门可以依照本法和其他有关法律、行政法规的规定，并根据中华人民共和国缔结或者参加的国际条约、协定，对与该国家或者该地区的贸易采取必要的措施。②

（九）对外贸易活动中的禁止行为调控

《对外贸易法》规定，在对外贸易活动中，不得有下列行为：一是伪造、变造进出口货物原产地标记，伪造、变造或者买卖进出口货物原产地证书、进出口许可证、进出口配额证明或者其他进出口证明文件；二是骗取出口退税；三是走私；四是逃避法律、行政法规规定的认证、检验、检疫；五是违反法律、行政法规规定的其他行为。③

（十）对外贸易调查调控

《对外贸易法》规定，为了维护对外贸易秩序，国务院对外贸易主

---

① 《进出口货物原产地条例》（2019修订）第1条—第4条、第12条—第18条。
② 《对外贸易法》（2022年修正）第28条—第30条。
③ 《对外贸易法》（2022年修正）第33条。

管部门可以自行或者会同国务院其他有关部门，依照法律、行政法规的规定对下列事项进行调查：一是货物进出口、技术进出口、国际服务贸易对国内产业及其竞争力的影响；二是有关国家或者地区的贸易壁垒；三是为确定是否应当依法采取反倾销、反补贴或者保障措施等对外贸易救济措施，需要调查的事项；四是规避对外贸易救济措施的行为；五是对外贸易中有关国家安全利益的事项；六是为执行本法第7条①、第28条第2款、第29条、第30条、第31条第3款②、第32条第3款③的规定，需要调查的事项；七是其他影响对外贸易秩序，需要调查的事项。启动对外贸易调查，由国务院对外贸易主管部门发布公告。调查可以采取书面问卷、召开听证会、实地调查、委托调查等方式进行。国务院对外贸易主管部门根据调查结果，提出调查报告或者作出处理裁定，并发布公告。④

（十一）对外贸易救济调控

国家根据对外贸易调查结果，可以采取适当的对外贸易救济措施。

一是反倾销。其他国家或者地区的产品以低于正常价值的倾销方式进入我国市场，对已建立的国内产业造成实质损害或者产生实质损害威胁，或者对建立国内产业造成实质阻碍的，国家可以采取反倾销措施，消除或者减轻这种损害或者损害的威胁或者阻碍。

二是与第三国磋商。其他国家或者地区的产品以低于正常价值出口至第三国市场，对中国已建立的国内产业造成实质损害或者产生实质

---

① 《对外贸易法》（2022年修正）第7条：任何国家或者地区在贸易方面对中华人民共和国采取歧视性的禁止、限制或者其他类似措施的，中华人民共和国可以根据实际情况对该国家或者该地区采取相应的措施。

② 同上，第31条第3款：有前款违法行为（垄断），并危害对外贸易秩序的，国务院对外贸易主管部门可以采取必要的措施消除危害。

③ 同上，第32条第3款：有前款违法行为（不正当竞争），并危害对外贸易秩序的，国务院对外贸易主管部门可以采取禁止该经营者有关货物、技术进出口等措施消除危害。

④ 同上，第36条、第37条。

损害威胁，或者对中国建立国内产业造成实质阻碍的，应国内产业的申请，国务院对外贸易主管部门可以与该第三国政府进行磋商，要求其采取适当的措施。

三是反补贴。进口的产品直接或者间接地接受出口国家或者地区给予的任何形式的专项性补贴，对已建立的国内产业造成实质损害或者产生实质损害威胁，或者对建立国内产业造成实质阻碍的，国家可以采取反补贴措施，消除或者减轻这种损害或者损害的威胁或者阻碍。

四是产业保障。因进口产品数量大量增加，对生产同类产品或者与其直接竞争的产品的国内产业造成严重损害或者严重损害威胁的，国家可以采取必要的保障措施，消除或者减轻这种损害或者损害的威胁，并可以对该产业提供必要的支持。

五是损害救济。因其他国家或者地区的服务提供者向中国提供的服务增加，对提供同类服务或者与其直接竞争的服务的国内产业造成损害或者产生损害威胁的，国家可以采取必要的救济措施，消除或者减轻这种损害或者损害的威胁。

六是限制进口。因第三国限制进口而导致某种产品进入我国市场的数量大量增加，对已建立的国内产业造成损害或者产生损害威胁，或者对建立国内产业造成阻碍的，国家可以采取必要的救济措施，限制该产品进口。

七是中止或终止条约、协定义务。与中华人民共和国缔结或者共同参加经济贸易条约、协定的国家或者地区，违反条约、协定的规定，使中华人民共和国根据该条约、协定享有的利益丧失或者受损，或者阻碍条约、协定目标实现的，中华人民共和国政府有权要求有关国家或者地区政府采取适当的补救措施，并可以根据有关条约、协定中止或者终止履行相关义务。

八是双边或者多边磋商、谈判和争端的解决。国务院对外贸易主管部门依照本法和其他有关法律的规定，进行对外贸易的双边或者多边磋商、谈判和争端的解决。

九是维护国家经济安全的预警应急机制。国务院对外贸易主管部门和国务院其他有关部门应当建立货物进出口、技术进出口和国际服务贸易的预警应急机制，应对对外贸易中的突发和异常情况，维护国家经济安全。

十是反规避。国家对规避本法规定的对外贸易救济措施的行为，可以采取必要的反规避措施。①

（十二）对外贸易促进调控

国家制定对外贸易发展战略，建立和完善对外贸易促进机制。

国家根据对外贸易发展的需要，建立和完善为对外贸易服务的金融机构，设立对外贸易发展基金、风险基金。国家通过进出口信贷、出口信用保险、出口退税及其他促进对外贸易的方式，发展对外贸易。国家建立对外贸易公共信息服务体系，向对外贸易经营者和其他社会公众提供信息服务。国家采取措施鼓励对外贸易经营者开拓国际市场，采取对外投资、对外工程承包和对外劳务合作等多种形式，发展对外贸易。对外贸易经营者可以依法成立和参加有关协会、商会。有关协会、商会应当遵守法律、行政法规，按照章程对其成员提供与对外贸易有关的生产、营销、信息、培训等方面的服务，发挥协调和自律作用，依法提出有关对外贸易救济措施的申请，维护成员和行业的利益，向政府有关部门反映成员有关对外贸易的建议，开展对外贸易促进活动。中国国际贸易促进组织按照章程开展对外联系，举办展览，提供信息、咨询服务和其他对外贸易促进活动。国家扶持和促进中小企业开展对外贸易。国家扶持和促进民族自治地方和经济不发达地区发展对外贸易。②

①《对外贸易法》（2022年修正）第39条—第49条。
② 同上，第50条—第58条。

四、反外国制裁调控

为了应对国外一些西方国家越来越多地以"长臂管辖"方式，对中国公民、组织的无理制裁，维护国家主权、安全、发展利益，保护中国公民、组织的合法权益，2021年6月10日第十三届全国人民代表大会常务委员会第二十九次会议通过《中华人民共和国反外国制裁法》（以下简称《反外国制裁法》），该法自公布之日起施行。

《反外国制裁法》规定，中华人民共和国坚持独立自主的和平外交政策，坚持互相尊重主权和领土完整、互不侵犯、互不干涉内政、平等互利、和平共处的五项原则，维护以联合国为核心的国际体系和以国际法为基础的国际秩序，发展同世界各国的友好合作，推动构建人类命运共同体。中华人民共和国反对霸权主义和强权政治，反对任何国家以任何借口、任何方式干涉中国内政。外国国家违反国际法和国际关系基本准则，以各种借口或者依据其本国法律对我国进行遏制、打压，对我国公民、组织采取歧视性限制措施，干涉我国内政的，我国有权采取相应反制措施。[1]国务院有关部门可以决定将直接或者间接参与制定、决定、实施本法第3条规定的歧视性限制措施的个人、组织列入反制清单。[2]

除根据《反外国制裁法》第4条规定列入反制清单的个人、组织以外，国务院有关部门还可以决定对下列个人、组织采取反制措施：一是列入反制清单个人的配偶和直系亲属；二是列入反制清单组织的高级管理人员或者实际控制人；三是由列入反制清单个人担任高级管理人员的

---

[1]《反外国制裁法》（2021年）第2条、第3条。
[2] 同上，第4条。

组织；四是由列入反制清单个人和组织实际控制或者参与设立、运营的组织。①

国务院有关部门可以按照各自职责和任务分工，对《反外国制裁法》第4条、第5条规定的个人、组织，根据实际情况决定采取下列一种或者几种措施：一是不予签发签证、不准入境、注销签证或者驱逐出境；二是查封、扣押、冻结在我国境内的动产、不动产和其他各类财产；三是禁止或者限制我国境内的组织、个人与其进行有关交易、合作等活动；四是其他必要措施。②

国务院有关部门依据《反外国制裁法》第4条至第6条③规定作出的决定为最终决定。采取反制措施所依据的情形发生变化的，国务院有关部门可以暂停、变更或者取消有关反制措施。反制清单和反制措施的确定、暂停、变更或者取消，由外交部或者国务院其他有关部门发布命令予以公布。国家设立反外国制裁工作协调机制，负责统筹协调相关工作。国务院有关部门应当加强协同配合和信息共享，按照各自职责和任务分工确定和实施有关反制措施。我国境内的组织和个人应当执行国务院有关部门采取的反制措施。对违反前款规定的组织和个人，国务院有关部门依法予以处理，限制或者禁止其从事相关活动。任何组织和个人均不得执行或者协助执行外国国家对我国公民、组织采取的歧视性限制措施。组织和个人违反前款规定，侵害我国公民、组织合法权益的，我国公民、组织可以依法向人民法院提起诉讼，要求其停止侵害、赔偿损失。对于危害我国主权、安全、发展利益的行为，除本法规定外，有关法律、行政法规、部门规章可以规定采取其他必要的反制措施。

---

① 《反外国制裁法》（2021年）第5条。
② 同上，第6条。
③ 同上，第4条—第6条。

任何组织和个人不执行、不配合实施反制措施的，依法追究法律责任。对于外国国家、组织或者个人实施、协助、支持危害我国主权、安全、发展利益的行为，需要采取必要反制措施的，参照《反外国制裁法》有关规定执行。[1]

总之，涉外无小事。对此，党和国家一贯坚持对外交往的五项基本原则[2]，重视对外关系的合理处理。涉外经济关系，不仅仅是经济关系，也是政治关系。在涉外经济关系处理中，维护国家主权，维护国家经济安全始终是第一位的。为此，涉外经济关系的宏观调控不仅要满足宏观调控目标的实现，更要把维护国家主权与安全的政治原则放在第一位。

第六节　自然资源与环境调控工具

自然资源是人类从事生产和生活的基本的物质资料，没有自然资源的存在，人类的生产和生活一刻也无法进行。地球上丰富的自然资源为人类的生产和生活提供了物质基础。但随着人类自产生以来不断地持续性的利用，许多自然资源开始出现枯竭现象，使当代国家不得不考虑对自然资源利用的调控问题。同时，自然资源在世界各国之间自然禀赋的不同，导致由自然资源决定的生产商品的交换，甚至争夺。尤其与能源

---

①《反外国制裁法》（2021年）第2条—第15条。

② 1953年12月31日周恩来总理在接见印度政府代表团时，首次完整地提出了和平共处五项原则，即：互相尊重领土主权（在亚非会议上改为互相尊重主权和领土完整）、互不侵犯、互不干涉内政、平等互惠（在中印、中缅联合声明中改为平等互利）和和平共处，得到了印方的赞同，并写入了1954年4月29日签订的《关于中国西藏地方和印度之间的通商和交通协定》。此后，该五项基本原则一直是中国与外国处理外交与涉外经济关系的基本准则。

开发有关的煤炭、石油、天然气及其他重要的矿产品资源，更是当今争夺的重点。贸易不成，即实施霸权抢占，甚至不惜发动战争。这也是现代国家对自然资源的利用，纷纷采取国家宏观调控的重要原因之一。对此，世界各国宏观调控如此，中国亦然。但中国与西方各国不同的是，中国本身具有丰富的自然资源，"地大物博"是中国的自然特点，中国一贯倡行和平发展的道路。除正常经济贸易外，从未掠夺过他国的自然资源。

与此同时，人类对自然资源长时期的不合理开采利用，是造成三大污染（即大气污染、水污染、固体废弃物污染）的主要原因，进而形成对生态环境的破坏，影响到人类的生命健康，甚至威胁到国家安全。为此，从20世纪70年代联合国召开世界上第一次环境大会以来，围绕生态环境问题的国家调控成为各国保护环境的重要内容。中国积极响应国际上环境保护的动议，提出了对生态环境保护以"预防为主"以及"谁污染谁治理"等一系列生态环境治理方针。发展至今，在全面进入小康社会时期，贯彻"以人民为中心"的思想理念，把节能减排、清洁生产以及环境保护挺在经济发展前面，推进绿色生产和消费的各项措施，取得成效。在国际上，中国在全球性生态环境保护问题上做负责任的大国，提出"人类命运共同体"的思想，积极参与国际性自然与生态环境保护问题的对话及国际环境保护协定规则的制定，承诺在2030年力争达到碳达峰，2060年力争达到碳中和，显示了中国对解决世界性环境问题的担当精神。

在自然资源与环境调控中，首先体现为上述各项调控工具的应用。典型的如，在制定实施国民经济和社会发展规划与计划时，贯彻"绿色规划"思想，将环境保护调控以约束性指标工具予以强制落实。又如，在财税调控中，专门出台了《中华人民共和国资源税法》《中华人民共和国环境保护税法》等。与此同时，自然资源与环境调控中，还有一些特定的调控工具的应用。这些在自然资源和环境保护中的特定工具对国民经济和社会发展具有普遍的意义。

一、自然资源开采利用的调控

（一）自然资源物权的调控

要使自然资源得以合理利用，就要明确自然资源的物权归属。按照民法物权原理，自然资源的物权包括所有权、占有权、使用权和收益权四大权，其中，除所有权外，其他权利可称为"用益物权"。从世界各国的发展历史来看，涉及自然资源的物权，由国家宪法法律确认之，可包括国家所有和私人所有两种基本形式。

中国现行《宪法》明确规定，"矿藏、水流、森林、山岭、草原、荒地、滩涂等自然资源，都属于国家所有，即全民所有；由法律规定属于集体所有的森林和山岭、草原、荒地、滩涂除外。国家保障自然资源的合理利用，保护珍贵的动物和植物。禁止任何组织或者个人用任何手段侵占或者破坏自然资源。"在土地资源方面，"城市的土地属于国家所有。农村和城市郊区的土地，除由法律规定属于国家所有的以外，属于集体所有；宅基地和自留地、自留山，也属于集体所有。国家为了公共利益的需要，可以依照法律规定对土地实行征收或者征用并给予补偿。任何组织或者个人不得侵占、买卖或者以其他形式非法转让土地。土地的使用权可以依照法律的规定转让。一切使用土地的组织和个人必须合理地利用土地。"[1]我国宪法的这种规定，与国外资本主义体制下倡行的私有制不同，体现了社会主义条件下公有制为基础的本质属性。

对于上述宪法的基本规定，贯彻于各项自然资源立法之中，唯一的

---

[1] 《宪法》（2018年修正）第9条、第10条。

另外规定是《中华人民共和国森林法》（以下简称《森林法》）中有关个人对于林权所有的规定。对此，《森林法》规定，"农村居民在房前屋后、自留地、自留山种植的林木，归个人所有。城镇居民在自有房屋的庭院内种植的林木，归个人所有。集体或者个人承包国家所有和集体所有的宜林荒山荒地荒滩营造的林木，归承包的集体或者个人所有；合同另有约定的从其约定。其他组织或者个人营造的林木，依法由营造者所有并享有林木收益；合同另有约定的从其约定。"①

2020年新制定的《民法典》物权编对于自然资源的物权归属进行了进一步的详细规定。《民法典》规定，在国家所有权方面，法律规定属于国家所有的财产，属于国家所有即全民所有。国有财产由国务院代表国家行使所有权。法律另有规定的，依照其规定。矿藏、水流、海域属于国家所有。无居民海岛属于国家所有，国务院代表国家行使无居民海岛所有权。城市的土地，属于国家所有。法律规定属于国家所有的农村和城市郊区的土地，属于国家所有。森林、山岭、草原、荒地、滩涂等自然资源，属于国家所有，但是法律规定属于集体所有的除外。法律规定属于国家所有的野生动植物资源，属于国家所有。

在集体所有权方面，对于集体所有的土地和森林、山岭、草原、荒地、滩涂等，依照下列规定行使所有权：一是属于村农民集体所有的，由村集体经济组织或者村民委员会依法代表集体行使所有权；二是分别属于村内两个以上农民集体所有的，由村内各该集体经济组织或者村民小组依法代表集体行使所有权；三是属于乡镇农民集体所有的，由乡镇集体经济组织代表集体行使所有权。②

综上，中国自然资源的物权调控，除《森林法》的特别规定外，以

① 《森林法》（2019年修订）第20条。
② 《民法典》（2020年）第246条—第251条、第262条。

国家所有权和集体所有权的调控为基础。任何组织单位和个人均不能侵犯之。

（二）自然资源使用权的调控

改革开放之前，中国对于自然资源的使用经营由国有单位和农村集体经济组织无偿占有、使用及经营，所获收益归国家或集体所有。改革开放以来，对自然资源实行有偿使用制度，推行经济承包制、租赁制，并实行所有权、使用权和经营权的"三权分置"。对于国家所有和集体所有的自然资源可以由有关企业、组织或个人予以承包经营，所获收益除向国家缴纳税收、利润（国有企业）、向集体经济组织缴纳承包租赁费外，可以归经营者（包括单位和个人）所有。从而极大地提高了自然资源的利用效率和效益。例如，《中华人民共和国土地管理法》（以下简称《土地管理法》）规定，"农民集体所有的土地依法属于村农民集体所有的，由村集体经济组织或者村民委员会经营、管理；已经分别属于村内两个以上农村集体经济组织的农民集体所有的，由村内各该农村集体经济组织或者村民小组经营、管理；已经属于乡（镇）农民集体所有的，由乡（镇）农村集体经济组织经营、管理。""农民集体所有和国家所有依法由农民集体使用的耕地、林地、草地，以及其他依法用于农业的土地，采取农村集体经济组织内部的家庭承包方式承包，不宜采取家庭承包方式的荒山、荒沟、荒丘、荒滩等，可以采取招标、拍卖、公开协商等方式承包，从事种植业、林业、畜牧业、渔业生产。家庭承包的耕地的承包期为30年，草地的承包期为30年至50年，林地的承包期为30年至70年；耕地承包期届满后再延长30年，草地、林地承包期届满后依法相应延长。国家所有依法用于农业的土地可以由单位或者个人承包经营，从事种植业、林业、畜牧业、渔业生产。发包方和承包方应当依法订立承包合同，约定双方的权利和义务。承包经营土地的单位和个人，有保护和按照承包合同约定的用途合理利用土地的义务。""建设单位使用国有土地，应当以出让等有偿使用方式取得；但是，下列建设用地，经县级以上人民政府依法批准，可以以划拨方式取得：一是国家机关用地和军事用地；二是城市基础设施用地和公益事业用地；三是国家重点扶持的能源、交通、水利等基础设施用地；四是法律、行政法规规定的其他用地。"有下列情形之一的，由有关人民政府自然资源主管部门报经原批准用地的人民政府或者有批准权的人民政府批准，可以收回国有土地使用权：一是为实施城市规划进行旧城区改建以及其他公共利益需要，确需使用土地的；二是土地出让等有偿使用合同约定的使用期限届满，土地使用者未申请续期或者申请续期未获批准的；三是因单位撤销、迁移等原因，停止使用原划拨的国有土地的；四是公路、铁路、机场、矿场等经核准报废的。依照前款第1项的规定收回国有土地使用权的，对土地使用权人应当给予适当补偿。"①

（三）产权登记调控

自然资源属于不动产，国家对于自然资源的产权登记包括自物权（所有权）和用益物权（使用权）。通过登记调控，一方面可以掌控自然资源的状况，另一方面通过登记确认其法律效力。为此，《民法典》及相关法律予以了规定。《民法典》规定，"不动产物权的设立、变更、转让和消灭，经依法登记，发生效力；未经登记，不发生效力，但是法律另有规定的除外。依法属于国家所有的自然资源，所有权可以不登记。""流转期限为5年以上的土地经营权，自流转合同生效时设立。当事人可以向登记机构申请土地经营权登记；未经登记，不得对抗善意第三人。""设立建设用地使用权的，应当向登记机构申请建设用地使用权登记。建设用地使用权自登记时设立。登记机构应当向建设用地使用权人发放权属证书。""已经登记的宅基地使用权转让或者消灭

①《土地管理法》（2019年修正）第11条、第13条、第54条、第58条。

的，应当及时办理变更登记或者注销登记。""地役权自地役权合同生效时设立。当事人要求登记的，可以向登记机构申请地役权登记；未经登记，不得对抗善意第三人。"①《土地管理法》规定，"土地的所有权和使用权的登记，依照有关不动产登记的法律、行政法规执行。依法登记的土地的所有权和使用权受法律保护，任何单位和个人不得侵犯。"②《矿产资源法》规定，"勘查、开采矿产资源，必须依法分别申请、经批准取得探矿权、采矿权，并办理登记；但是，已经依法申请取得采矿权的矿山企业在划定的矿区范围内为本企业的生产而进行的勘查除外。国家保护探矿权和采矿权不受侵犯，保障矿区和勘查作业区的生产秩序、工作秩序不受影响和破坏。"③《森林法》规定，"林地和林地上的森林、林木的所有权、使用权，由不动产登记机构统一登记造册，核发证书。国务院确定的国家重点林区的森林、林木和林地，由国务院自然资源主管部门负责登记。"④《草原法》规定，"依法确定给全民所有制单位、集体经济组织等使用的国家所有的草原，由县级以上人民政府登记，核发使用权证，确认草原使用权。未确定使用权的国家所有的草原，由县级以上人民政府登记造册，并负责保护管理。集体所有的草原，由县级人民政府登记，核发所有权证，确认草原所有权。依法改变草原权属的，应当办理草原权属变更登记手续。"⑤

（四）自然资源调查和统计调控

从自然资源的属性来看，虽然就个体而言属于不动产范畴。但是，从宏观调控角度看，由于人类对自然资源的利用，使得不可再生资源处于逐步减少的状态；而对于可再生资源而言，则有可能在科学利用或人

---

① 《民法典》（2020年）第209条、第341条、第349条、第365条、第374条。
② 《土地管理法》（2019年修正）第12条。
③ 《矿产资源法》（2009年修正）第3条第3款。
④ 《森林法》（2019年修订）第15条。
⑤ 《草原法》（2021年修正）第11条。

类积极主动下实现再生。甚至像土地这样的不动产，也可能由于人类的填海造地、土地整治以及江河淤泥淤沙冲刷等行为发生量和质的变化。

而对于矿产资源而言，通过不断地勘探，可能会发现新的自然资源。为此，按照法律规定，定期的调查和统计，有助于摸清家底，以便为宏观调控提供决策依据，是自然资源调控的主要工具。为此，《土地管理法》规定，"国家建立土地调查制度。县级以上人民政府自然资源主管部门会同同级有关部门进行土地调查。土地所有者或者使用者应当配合调查，并提供有关资料。县级以上人民政府自然资源主管部门会同同级有关部门根据土地调查成果、规划土地用途和国家制定的统一标准，评定土地等级。国家建立土地统计制度。县级以上人民政府统计机构和自然资源主管部门依法进行土地统计调查，定期发布土地统计资料。土地所有者或者使用者应当提供有关资料，不得拒报、迟报，不得提供不真实、不完整的资料。统计机构和自然资源主管部门共同发布的土地面积统计资料是各级人民政府编制土地利用总体规划的依据。"① 《草原法》规定，"国家建立草原调查制度。县级以上人民政府草原行政主管部门会同同级有关部门定期进行草原调查；草原所有者或者使用者应当支持、配合调查，并提供有关资料。国务院草原行政主管部门会同国务院有关部门制定全国草原等级评定标准。县级以上人民政府草原行政主管部门根据草原调查结果、草原的质量，依据草原等级评定标准，对草原进行评等定级。国家建立草原统计制度。县级以上人民政府草原行政主管部门和同级统计部门共同制定草原统计调查办法，依法对草原的面积、等级、产草量、载畜量等进行统计，定期发布草原统计资料。草原统计资料是各级人民政府编制草原保护、建设、利用规划的依据。"②《矿产资源法》规定，"矿产资源普查在完成主要矿种普查任务的同

① 《土地管理法》（2019年修正）第26条—第28条。
② 《草原法》（2013年）第22条—第24条。

时，应当对工作区内包括共生或者伴生矿产的成矿地质条件和矿床工业远景作出初步综合评价。"①

（五）对自然资源利用的分类调控

自然资源的类别众多，但是其"稀缺性"对国民经济和社会发展的重要性不同，因此，按照宏观调控理论和实践，需要分类调控。基本上可以分为严格利用、限制利用和促进利用三种不同调控方式。

在严格利用方面，《土地管理法》规定，"国家保护耕地，严格控制耕地转为非耕地。国家实行占用耕地补偿制度。非农业建设经批准占用耕地的，按照'占多少，垦多少'的原则，由占用耕地的单位负责开垦与所占用耕地的数量和质量相当的耕地；没有条件开垦或者开垦的耕地不符合要求的，应当按照省、自治区、直辖市的规定缴纳耕地开垦费，专款用于开垦新的耕地。省、自治区、直辖市人民政府应当制定开垦耕地计划，监督占用耕地的单位按照计划开垦耕地或者按照计划组织开垦耕地，并进行验收。""国家实行永久基本农田保护制度。下列耕地应当根据土地利用总体规划划为永久基本农田，实行严格保护：一是经国务院农业农村主管部门或者县级以上地方人民政府批准确定的粮、棉、油、糖等重要农产品生产基地内的耕地；二是有良好的水利与水土保持设施的耕地，正在实施改造计划以及可以改造的中、低产田和已建成的高标准农田；三是蔬菜生产基地；四是农业科研、教学试验田；四是国务院规定应当划为永久基本农田的其他耕地。各省、自治区、直辖市划定的永久基本农田一般应当占本行政区域内耕地的80%以上，具体比例由国务院根据各省、自治区、直辖市耕地实际情况规定。"②《水法》规定，"任何单位和个人引水、截（蓄）水、排水，不得损害公共利益和他人的合法权益。""禁止在饮用水水源保护区内设置排污

---

① 《矿产资源法》（2009年）第24条。
② 《土地管理法》（2019年）第30条、第33条。

口。在江河、湖泊新建、改建或者扩大排污口，应当经过有管辖权的水行政主管部门或者流域管理机构同意，由环境保护行政主管部门负责对该建设项目的环境影响报告书进行审批。""禁止在江河、湖泊、水库、运河、渠道内弃置、堆放阻碍行洪的物体和种植阻碍行洪的林木及高秆作物。禁止在河道管理范围内建设妨碍行洪的建筑物、构筑物以及从事影响河势稳定、危害河岸堤防安全和其他妨碍河道行洪的活动。""禁止围湖造地。已经围垦的，应当按照国家规定的防洪标准有计划地退地还湖。禁止围垦河道。确需围垦的，应当经过科学论证，经省、自治区、直辖市人民政府水行政主管部门或者国务院水行政主管部门同意后，报本级人民政府批准。"①《矿产资源法》规定，"非经国务院授权的有关主管部门同意，不得在下列地区开采矿产资源：一是港口、机场、国防工程设施圈定地区以内；二是重要工业区、大型水利工程设施、城镇市政工程设施附近一定距离以内；三是铁路、重要公路两侧一定距离以内；四是重要河流、堤坝两侧一定距离以内；五是国家划定的自然保护区、重要风景区，国家重点保护的不能移动的历史文物和名胜古迹所在地；六是国家规定不得开采矿产资源的其他地区。"②《森林法》规定，"禁止毁林开垦、采石、采砂、采土以及其他毁坏林木和林地的行为。禁止向林地排放重金属或者其他有毒有害物质含量超标的污水、污泥，以及可能造成林地污染的清淤底泥、尾矿、矿渣等。禁止在幼林地砍柴、毁苗、放牧。禁止擅自移动或者损坏森林保护标志。"③

在限制利用方面，《土地管理法》规定，"国家实行土地用途管制制度。国家编制土地利用总体规划，规定土地用途，将土地分为农用

---

① 《水法》（2016年）第28条、第34条、第37条、第40条。
② 《矿产资源法》（2009年）第20条。
③ 《森林法》（2019年）第39条。

地、建设用地和未利用地。严格限制农用地转为建设用地，控制建设用地总量，对耕地实行特殊保护。所称农用地是指直接用于农业生产的土地，包括耕地、林地、草地、农田水利用地、养殖水面等；建设用地是指建造建筑物、构筑物的土地，包括城乡住宅和公共设施用地、工矿用地、交通水利设施用地、旅游用地、军事设施用地等；未利用地是指农用地和建设用地以外的土地。使用土地的单位和个人必须严格按照土地利用总体规划确定的用途使用土地。"①《森林法》规定"国家保护林地，严格控制林地转为非林地，实行占用林地总量控制，确保林地保有量不减少。各类建设项目占用林地不得超过本行政区域的占用林地总量控制指标。"②

在促进自然资源利用方面，《森林法》规定，"国家采取措施，鼓励和支持林业科学研究，推广先进适用的林业技术，提高林业科学技术水平。""国家支持重点林区的转型发展和森林资源保护修复，改善生产生活条件，促进所在地区经济社会发展。重点林区按照规定享受国家重点生态功能区转移支付等政策。""国家鼓励公民通过植树造林、抚育管护、认建认养等方式参与造林绿化。"③《水法》规定，"国家鼓励单位和个人依法开发、利用水资源，并保护其合法权益。开发、利用水资源的单位和个人有依法保护水资源的义务。""国家厉行节约用水，大力推行节约用水措施，推广节约用水新技术、新工艺，发展节水型工业、农业和服务业，建立节水型社会。""国家鼓励和支持开发、利用、节约、保护、管理水资源和防治水害的先进科学技术的研究、推广和应用。"④

---

①《土地管理法》（2019年）第4条。
②《森林法》（2019年）第36条。
③《森林法》（2019年）第11条、第30条、第44条。
④《水法》（2016年）第6条、第8条、第10条。

（六）自然资源市场准入调控

由于自然资源的特殊性，国家对自然资源的利用采取专门的行政许可等制度。《水法》规定，"国家对水资源依法实行取水许可制度和有偿使用制度。但是，农村集体经济组织及其成员使用本集体经济组织的水塘、水库中的水的除外。国务院水行政主管部门负责全国取水许可制度和水资源有偿使用制度的组织实施。""国家实行河道采砂许可制度。河道采砂许可制度实施办法，由国务院规定。在河道管理范围内采砂，影响河势稳定或者危及堤防安全的，有关县级以上人民政府水行政主管部门应当划定禁采区和规定禁采期，并予以公告。"[①]《矿产资源法》规定，"勘查、开采矿产资源，必须依法分别申请、经批准取得探矿权、采矿权，并办理登记；但是，已经依法申请取得采矿权的矿山企业在划定的矿区范围内为本企业的生产而进行的勘查除外。""开采下列矿产资源的，由国务院地质矿产主管部门审批，并颁发采矿许可证：一是国家规划矿区和对国民经济具有重要价值的矿区内的矿产资源；二是前项规定区域以外可供开采的矿产储量规模在大型以上的矿产资源；三是国家规定实行保护性开采的特定矿种；四是领海及中国管辖的其他海域的矿产资源；五是国务院规定的其他矿产资源。开采石油、天然气、放射性矿产等特定矿种的，可以由国务院授权的有关主管部门审批，并颁发采矿许可证。开采第1款、第2款规定以外的矿产资源，其可供开采的矿产的储量规模为中型的，由省、自治区、直辖市人民政府地质矿产主管部门审批和颁发采矿许可证。开采第1款、第2款和第3款规定以外的矿产资源的管理办法，由省、自治区、直辖市人民代表大会常委会依法制定。依照第3款、第4款的规定审批和颁发采矿许可证的，由省、自治区、直辖市人民政府地质矿产主管部门汇总向国务院地质矿

---

① 《水法》（2016年）第7条、第39条。

产主管部门备案。矿产储量规模的大型、中型的划分标准，由国务院矿产储量审批机构规定。"[1]《森林法》规定，"采伐林地上的林木应当申请采伐许可证，并按照采伐许可证的规定进行采伐；采伐自然保护区以外的竹林，不需要申请采伐许可证，但应当符合林木采伐技术规程。农村居民采伐自留地和房前屋后个人所有的零星林木，不需要申请采伐许可证。非林地上的农田防护林、防风固沙林、护路林、护岸护堤林和城镇林木等的更新采伐，由有关主管部门按照有关规定管理。采挖移植林木按照采伐林木管理。具体办法由国务院林业主管部门制定。禁止伪造、变造、买卖、租借采伐许可证。"[2]

（七）责任制考核调控

为了实现对自然资源的调控目标，在新修订的自然资源保护类的法律中，进一步明确了保护自然资源的责任人及考核制度。为实现自然资源合理利用和保护环境的目标提供了政策法律保障。对此，2016年12月11日，中共中央办公厅、国务院办公厅印发《关于全面推行河长制的意见》。

该意见提出，河湖管理保护是一项复杂的系统工程，涉及上下游、左右岸、不同行政区域和行业。近年来，一些地区积极探索河长制，由党政领导担任河长，依法依规落实地方主体责任，协调整合各方力量，有力促进了水资源保护、水域岸线管理、水污染防治、水环境治理等工作。全面推行河长制是落实绿色发展理念、推进生态文明建设的内在要求，是解决我国复杂水问题、维护河湖健康生命的有效举措，是完善水治理体系、保障国家水安全的制度创新。为进一步加强河湖管理保护工作，落实属地责任，健全长效机制，现就全面推行河长制提出意见。在组织形式方面，全面建立省、市、县、乡四级河长体系。各省（自治

---

[1]《矿产资源法》（2009年）第3条第3款、第16条。
[2]《森林法》（2019年）第56条。

区、直辖市）设立总河长，由党委或政府主要负责同志担任；各省（自治区、直辖市）行政区域内主要河湖设立河长，由省级负责同志担任；各河湖所在市、县、乡均分级分段设立河长，由同级负责同志担任。县级及以上河长设置相应的河长制办公室，具体组成由各地根据实际确定。在工作职责方面，各级河长负责组织领导相应河湖的管理和保护工作，包括水资源保护、水域岸线管理、水污染防治、水环境治理等，牵头组织对侵占河道、围垦湖泊、超标排污、非法采砂、破坏航道、电毒炸鱼等突出问题依法进行清理整治，协调解决重大问题；对跨行政区域的河湖明晰管理责任，协调上下游、左右岸实行联防联控；对相关部门和下一级河长履职情况进行督导，对目标任务完成情况进行考核，强化激励问责。河长制办公室承担河长制组织实施具体工作，落实河长确定的事项。各有关部门和单位按照职责分工，协同推进各项工作。

截至2018年6月底，全国31个省（自治区、直辖市）已全面建立河长制，共明确省、市、县、乡四级河长30多万名，另有29个省份设立村级河长76万多名，打通了河长制"最后一公里"。[①]此后，还建立了"湖长制"。"河长制"和"湖长制"调控机制的建立，明确了主体责任，有利于水资源调控目标的实现。

上述政策的实施，直接影响了中国《森林法》的修订，2019年在修订《森林法》时，新增了建立"林长制"及责任目标考核的规定。新的《森林法》规定，"国家实行森林资源保护发展目标责任制和考核评价制度。上级人民政府对下级人民政府完成森林资源保护发展目标和森林防火、重大林业有害生物防治工作的情况进行考核，并公开考核结果。地方人民政府可以根据本行政区域森林资源保护发展的需要，建立林长制。"[②]

[①]《我国全面建立河长制》，http://ml.mbd.baidu.com/r/18DvE8tUQYo?f=cp&u=4f1a662da8a196cf，访问日期：2023年4月16日。

[②]《森林法》（2019年）第4条。

值得注意的是，2017年6月，中共中央办公厅、国务院办公厅出台《领导干部自然资源资产离任审计规定（试行）》。该文件主要规定了以下内容：

一是领导干部离任时，应当接受自然资源资产离任审计。审计机关开展领导干部自然资源资产离任审计适用本规定。本规定未明确的，依照《中华人民共和国审计法》《中华人民共和国审计法实施条例》和其他有关法律法规的规定执行。

二是本规定所称领导干部自然资源资产离任审计，是指审计机关依法依规对主要领导干部任职期间履行自然资源资产管理和生态环境保护责任情况进行的审计。

三是本规定所称自然资源资产管理和生态环境保护责任，是指主要领导干部任职期间依法依规对本地区、本部门（单位）以及主管业务领域的以下工作应当履行的责任：①土地、水、森林、草原、矿产、海洋等自然资源资产的管理开发利用；②大气、水、土壤等环境保护和环境改善；③森林、草原、荒漠、河流、湖泊、湿地、海洋等生态系统的保护和修复；④其他与自然资源资产管理和生态环境保护相关的事项。

四是领导干部自然资源资产离任审计对象包括：①地方各级党委和政府主要领导干部；②各级发展改革、国土资源、环境保护、水利、农业、林业、能源、海洋等承担自然资源资产管理和生态环境保护工作部门（单位）的主要领导干部。

五是审计机关应当依照干部管理权限，根据组织部门委托，确定领导干部自然资源资产离任审计计划。审计机关在组织审计时，应当坚持以开展领导干部自然资源资产离任审计为主，采取独立实施方式，也可以与领导干部经济责任审计统筹实施，由同一审计组一并审计。

六是审计机关开展领导干部自然资源资产离任审计应当坚持依法审计、问题导向、客观求实、鼓励创新、推动改革的原则。

七是领导干部自然资源资产离任审计内容主要包括：①贯彻执行中央生态文明建设方针政策和决策部署情况；②遵守自然资源资产管理和生态环境保护法律法规情况；③自然资源资产管理和生态环境保护重大决策情况；④完成自然资源资产管理和生态环境保护目标情况；⑤履行自然资源资产管理和生态环境保护监督责任情况；⑥组织自然资源资产和生态环境保护相关资金征管用和项目建设运行情况；⑦履行其他相关责任情况。审计机关应当充分考虑被审计领导干部所在地区的主体功能定位、自然资源资产禀赋特点、资源环境承载能力等，针对不同类别自然资源资产和重要生态环境保护事项，分别确定审计内容，突出审计重点。

八是审计机关应当以自然资源资产负债表或者有关部门管理数据资料反映的自然资源资产实物量和生态环境质量状况变化为基础进行审计。

九是审计机关进行领导干部自然资源资产离任审计时，被审计领导干部及其所在地方、部门（单位）和其他相关单位应当依法向审计机关提供与被审计领导干部任职期间履行自然资源资产管理和生态环境保护责任有关的下列资料：①签订的相关目标责任书以及完成情况，上级有关部门（单位）对其考核情况以及相关方面业绩的评估与奖惩情况；②上级党委和政府或者有关部门（单位）进行例行或者专项检查情况及其出具的检查报告、结论性文书，当地党委和政府以及相关部门（单位）的整改情况；③相关会议文件、材料、纪要和记录，相关工作规划（计划）以及执行情况，相关规章制度和重大决策事项的文件和资料等；④财务以及资源环境调查、监测、统计等资料数据（含地理信息数据等电子数据）；⑤被审计领导干部的述职报告以及对有关情况的说明材料；⑥审计机关依法要求提供的其他有关资料。被审计领导干部及其所在地方、部门（单位）和其他相关单位应当对所提供资料的真实性、完整性负责。

十是审计机关应当根据审计查证事实，依照法律法规、国家有关政策规定和生态文明建设考核目标等，充分考虑地域、气候、季节、生长期等自然因素影响，以及环境问题的潜伏性、时滞性、外部性等，针对自然资源资产管理和生态环境保护工作特点，研究建立健全审计评价指标体系，将定性评价与定量评价相结合，对领导干部履行自然资源资产管理和生态环境保护责任情况作出客观公正、实事求是的评价。审计评价应当与审计内容相统一，评价结论应当有充分的审计证据支持。

十一是审计机关应当根据被审计领导干部任职期间所在地区或者主管业务领域自然资源资产管理和生态环境保护情况，结合审计结果，对被审计领导干部任职期间自然资源资产管理和生态环境保护情况变化产生的原因进行综合分析，按照好、较好、一般、较差、差五个等次客观评价被审计领导干部履行自然资源资产管理和生态环境保护责任情况。各级审计机关可以根据被审计领导干部所在地区或者主管业务领域的实际情况，进一步研究细化审计评价标准。

十二是审计机关实施领导干部自然资源资产离任审计后，应当向被审计领导干部及所在地区、部门（单位）出具审计意见。与领导干部经济责任审计统筹实施的审计项目，应当将有关自然资源资产管理和生态环境保护责任方面的情况单独反映，向被审计领导干部及其所在地区、部门（单位）出具审计意见。审计意见应当提交委托审计的组织部门。

十三是审计署应当向党中央、国务院报告领导干部自然资源资产离任审计情况。地方审计机关应当将领导干部自然资源资产离任审计情况向本级党委和政府报告，同时向上级审计机关报告。

十四是各级党委和政府应当逐步探索和推行领导干部自然资源资产离任审计结果公告制度。

十五是被审计领导干部所在地区、部门（单位）违反国家规定的财政收支、财务收支行为，依法应当给予处理的，由审计机关在法定职权范围内作出审计决定。

十六是对审计发现的人为因素造成严重损毁自然资源资产和破坏生态环境的责任事故等问题线索，需要由有关部门调查处理或者追究相关人员责任的，审计机关应当依纪依法移送有关部门处理。涉及领导干部涉嫌违纪问题线索的，审计机关应当向同级党组织报告，必要时向上级党组织报告，并按照规定将问题线索移送相关纪检监察机关处理。对审计移送的问题线索，有关部门应当依纪依法认真查处，所涉责任人不论是否已调离转岗、提拔或者退休，都应当按照《中国共产党问责条例》《党政领导干部生态环境损害责任追究办法（试行）》等实行终身问责，并及时向审计机关反馈查处结果。

十七是被审计领导干部对审计机关出具的领导干部自然资源资产离任审计意见有异议的，可以自收到审计意见之日起30个工作日内向出具审计意见的审计机关申诉，审计机关应当自收到申诉之日起30个工作日内作出复查决定；被审计领导干部对复查决定仍有异议的，可以自收到复查决定之日起30个工作日内向上一级审计机关申请复核，上一级审计机关应当自收到复核申请之日起60个工作日内作出复核决定。上一级审计机关的复核决定或者审计署的复查决定为审计机关的最终决定。

十八是对审计发现的自然资源资产管理和生态环境保护中的典型性、普遍性、倾向性问题和提出的审计建议，有关地区、部门（单位）应当认真研究，及时解决，建立健全有关制度规定。

十九是被审计领导干部及其所在地区、部门（单位）。对审计发现的问题应当及时整改。被审计领导干部所在地区、部门（单位）应当以适当方式向社会公告整改结果。

二十是有关部门和单位应当根据干部管理监督工作的相关要求，将审计结果以及整改情况作为考核、任免、奖惩领导干部的重要依据，并以适当方式将审计结果运用情况反馈审计机关。审计结果以及整改情况材料应当归入被审计领导干部本人档案。[1]

该文件还对具体的标准进行了规定。对于促进各级领导干部高度重视自然资源和环境保护起到了积极的推动作用。

上述概括了中国既有政策法律规定中，可作为自然资源宏观调控的工具及措施，反映了实践情况，其中大部分能够与国际对比。但有研究成果认为，基于中国的自然资源产权与国外可以私有制不同，基本属于国家或集体所有，由此导致对于一些自然资源而言，其本身即可以作为宏观调控的一个独立的工具（或手段），而不是宏观调控的对象。典型的如土地、矿产等，由于在总量或探明储量上的相对稳定性，进而可以使国家将其作为调控的工具来提供自然资源的合理配置，组织国民经济和社会发展活动。[2]对此，笔者认为，有一定的道理。

二、生态环境保护的调控

在生态环境保护调控中，涉及前述规划调控、产业指导调控、财税调控、金融调控等，以及与自然资源利用有关的内容，已经作出了相关规定。与此同时，针对生态环境的保护，有一些主要的调控工具，且涉及国民经济和社会发展各个领域。

---

① 参见中共中央办公厅、国务院办公厅出台《领导干部自然资源资产离任审计规定（试行）》第2条—第8条、第17条、第18条、第24条—第32条。

② 王瑞生：《国土资源是宏观调控的重要手段》，《国土资源通讯》2004年第4期；石吉金：《矿产资源政策参与宏观调控的研究述评》，《中国矿业》2010年第10期。

（一）环境标准与监测调控

《环境保护法》规定，国务院环境保护主管部门根据国家环境质量标准和国家经济、技术条件，制定国家污染物排放标准。省、自治区、直辖市人民政府对国家污染物排放标准中未作规定的项目，可以制定地方污染物排放标准；对国家污染物排放标准中已作规定的项目，可以制定严于国家污染物排放标准的地方污染物排放标准。地方污染物排放标准应当报国务院环境保护主管部门备案。

国家建立、健全环境监测制度。国务院环境保护主管部门制定监测规范，会同有关部门组织监测网络，统一规划国家环境质量监测站（点）的设置，建立监测数据共享机制，加强对环境监测的管理。有关行业、专业等各类环境质量监测站（点）的设置应当符合法律法规规定和监测规范的要求。监测机构应当使用符合国家标准的监测设备，遵守监测规范。监测机构及其负责人对监测数据的真实性和准确性负责。省级以上人民政府应当组织有关部门或者委托专业机构，对环境状况进行调查、评价，建立环境资源承载能力监测预警机制。[①]

国家加强对大气、水、土壤等的保护，建立和完善相应的调查、监测、评估和修复制度。各级人民政府应当加强对农业环境的保护，促进农业环境保护新技术的使用，加强对农业污染源的监测预警，统筹有关部门采取措施，防治土壤污染和土地沙化、盐渍化、贫瘠化、石漠化、地面沉降以及防治植被破坏、水土流失、水体富营养化、水源枯竭、种源灭绝等生态失调现象，推广植物病虫害的综合防治。县级、乡级人民政府应当提高农村环境保护公共服务水平，推动农村环境综合整治。国务院和沿海地方各级人民政府应当加强对海洋环境的保护。向海洋排放污染物、倾倒废弃物，进行海岸工程和海洋工程建设，应当符合法律法

150

---

① 《环境保护法》（2014年）第16条—第18条。

规规定和有关标准，防止和减少对海洋环境的污染损害。国家建立、健全环境与健康监测、调查和风险评估制度；鼓励和组织开展环境质量对公众健康影响的研究，采取措施预防和控制与环境污染有关的疾病。①

县级以上人民政府应当建立环境污染公共监测预警机制，组织制定预警方案；环境受到污染，可能影响公众健康和环境安全时，依法及时公布预警信息，启动应急措施。②

（二）环境影响评价与"三同时"调控

《环境保护法》规定，编制有关开发利用规划，建设对环境有影响的项目，应当依法进行环境影响评价。未依法进行环境影响评价的开发利用规划，不得组织实施；未依法进行环境影响评价的建设项目，不得开工建设。建设项目中防治污染的设施，应当与主体工程同时设计、同时施工、同时投产使用。防治污染的设施应当符合经批准的环境影响评价文件的要求，不得擅自拆除或者闲置。③

（三）跨区域生态环境保护调控

《环境保护法》规定，国家建立跨行政区域的重点区域、流域环境污染和生态破坏联合防治协调机制，实行统一规划、统一标准、统一监测、统一的防治措施。该规定以外的跨行政区域的环境污染和生态破坏的防治，由上级人民政府协调解决，或者由有关地方人民政府协商解决。④2020年至2023年先后出台《中华人民共和国长江保护法》《中华人民共和国黄河保护法》《中华人民共和国黑土地保护法》《中华人民共和国青藏高原生态保护法》，是《环境保护法》有关跨区域生态环境调控的具体化。

---

① 《环境保护法》（2014年）第32条—第34条、第39条。
② 同上，第47条第2款。
③ 同上，第19条、第41条。
④ 同上，第20条。

（四）环境监督检查调控

《环境保护法》规定，县级以上人民政府环境保护主管部门及其委托的环境监察机构和其他负有环境保护监督管理职责的部门，有权对排放污染物的企业事业单位和其他生产经营者进行现场检查。被检查者应当如实反映情况，提供必要的资料。实施现场检查的部门、机构及其工作人员应当为被检查者保守商业秘密。

企业事业单位和其他生产经营者违反法律法规规定排放污染物，造成或者可能造成严重污染的，县级以上人民政府环境保护主管部门和其他负有环境保护监督管理职责的部门，可以查封、扣押造成污染物排放的设施、设备。[①]

（五）目标责任考核调控

《环境保护法》规定，国家实行环境保护目标责任制和考核评价制度。县级以上人民政府应当将环境保护目标完成情况纳入对本级人民政府负有环境保护监督管理职责的部门及其负责人和下级人民政府及其负责人的考核内容，作为对其考核评价的重要依据。考核结果应当向社会公开。县级以上人民政府应当每年向本级人民代表大会或者人民代表大会常务委员会报告环境状况和环境保护目标完成情况，对发生的重大环境事件应当及时向本级人民代表大会常务委员会报告，依法接受监督。[②]

（六）生态环境保护红线调控

《环境保护法》规定，国家在重点生态功能区、生态环境敏感区和脆弱区等区域划定生态保护红线，实行严格保护。各级人民政府对具有代表性的各种类型的自然生态系统区域，珍稀、濒危的野生动植物自然分布区域，重要的水源涵养区域，具有重大科学文化价值的地质构造、

---

① 《环境保护法》（2014年）第24条、第25条。
② 同上，第26条、第27条。

著名溶洞和化石分布区、冰川、火山、温泉等自然遗迹，以及人文遗迹、古树名木，应当采取措施予以保护，严禁破坏。[①]

（七）生态补偿调控

《环境保护法》规定，国家建立、健全生态保护补偿制度。国家加大对生态保护地区的财政转移支付力度。有关地方人民政府应当落实生态保护补偿资金，确保其用于生态保护补偿。国家指导受益地区和生态保护地区人民政府通过协商或者按照市场规则进行生态保护补偿。[②]

（八）促进资源合理利用调控

《环境保护法》规定，国家促进清洁生产和资源循环利用。国务院有关部门和地方各级人民政府应当采取措施，推广清洁能源的生产和使用。企业应当优先使用清洁能源，采用资源利用率高、污染物排放量少的工艺、设备以及废弃物综合利用技术和污染物无害化处理技术，减少污染物的产生。[③]

（九）重点污染物排放总量控制调控

《环境保护法》规定，国家实行重点污染物排放总量控制制度。重点污染物排放总量控制指标由国务院下达，省、自治区、直辖市人民政府分解落实。企业事业单位在执行国家和地方污染物排放标准的同时，应当遵守分解落实到本单位的重点污染物排放总量控制指标。对超过国家重点污染物排放总量控制指标或者未完成国家确定的环境质量目标的地区，省级以上人民政府环境保护主管部门应当暂停审批其新增重点污染物排放总量的建设项目环境影响评价文件。[④]

（十）排污许可调控

《环境保护法》规定，国家依照法律规定实行排污许可管理制度。

---

①《环境保护法》（2014年）第29条。
② 同上，第31条。
③ 同上，第40条。
④ 同上，第44条。

实行排污许可管理的企业事业单位和其他生产经营者应当按照排污许可证的要求排放污染物；未取得排污许可证的，不得排放污染物。[①]

（十一）工农业生产经营调控

《环境保护法》规定，生产、储存、运输、销售、使用、处置化学物品和含有放射性物质的物品，应当遵守国家有关规定，防止污染环境。

各级人民政府及其农业等有关部门和机构应当指导农业生产经营者科学种植和养殖，科学合理施用农药、化肥等农业投入品，科学处置农用薄膜、农作物秸秆等农业废弃物，防止农业面源污染。禁止将不符合农用标准和环境保护标准的固体废物、废水施入农田。施用农药、化肥等农业投入品及进行灌溉，应当采取措施，防止重金属和其他有毒有害物质污染环境。畜禽养殖场、养殖小区、定点屠宰企业等的选址、建设和管理应当符合有关法律法规规定。从事畜禽养殖和屠宰的单位和个人应当采取措施，对畜禽粪便、尸体和污水等废弃物进行科学处置，防止污染环境。县级人民政府负责组织农村生活废弃物的处置工作。[②]

总之，《环境保护法》作为中国环境保护的基本法，对上述十一个方面调控政策工具的规定与制度安排，为相关环境保护法的制定提供了基本的依据。在此基础上，先后出台了《中华人民共和国海洋环境保护法》《中华人民共和国环境影响评价法》《中华人民共和国大气污染防治法》《中华人民共和国水污染防治法》《中华人民共和国固体废物污染环境防治法》《中华人民共和国环境噪声污染防治法》《中华人民共和国放射性污染防治法》《中华人民共和国土壤污染防治法》等，这些法律对于各自领域的调控问题进行了专门的规定，是《环境保护法》基本调控政策调控工具及制度安排在各自领域的具体化，也体现了各自

①《环境保护法》（2014年）第45条。
②同上，第48条、第49条。

所具有的特定调控工具。例如，2020年最新修订的《固体废物污染环境防治法》规定，国家推行生活垃圾分类制度。生活垃圾分类坚持政府推动、全民参与、城乡统筹、因地制宜、简便易行的原则。[1]

还需要指出的是，由于截至目前生态环境保护已经成为国民经济和社会发展的前置性条件，国家对于生态环境保护调控的重视，不仅体现于上述相关法律规定之中，而且发起了中国特有的攻坚战。2021年11月2日，中共中央、国务院出台了《关于深入打好污染防治攻坚战的意见》。该意见指出，良好生态环境是实现中华民族永续发展的内在要求，是增进民生福祉的优先领域，是建设美丽中国的重要基础。党的十八大以来，以习近平同志为核心的党中央全面加强对生态文明建设和生态环境保护的领导，开展了一系列根本性、开创性、长远性工作，推动污染防治的措施之实、力度之大、成效之显著前所未有，污染防治攻坚战阶段性目标任务圆满完成，生态环境明显改善，人民群众获得感显著增强，厚植了全面建成小康社会的绿色底色和质量成色。同时应该看到，我国生态环境保护结构性、根源性、趋势性压力总体上尚未根本缓解，重点区域、重点行业污染问题仍然突出，实现碳达峰、碳中和任务艰巨，生态环境保护任重道远。为进一步加强生态环境保护，为深入打好污染防治攻坚战，提出意见。

该意见的总体要求如下：

在指导思想方面：以习近平新时代中国特色社会主义思想为指导，全面贯彻党的十九大和十九届二中、三中、四中、五中全会精神，深入贯彻习近平生态文明思想，坚持以人民为中心的发展思想，立足新发展阶段，完整、准确、全面贯彻新发展理念，构建新发展格局，以实现减污降碳协同增效为总抓手，以改善生态环境质量为核心，以精准治污、

---

①《固体废物污染环境防治法》（2020年）第6条。

科学治污、依法治污为工作方针，统筹污染治理、生态保护、应对气候变化，保持力度、延伸深度、拓宽广度，以更高标准打好蓝天、碧水、净土保卫战，以高水平保护推动高质量发展、创造高品质生活，努力建设人与自然和谐共生的美丽中国。

在工作原则方面：

——坚持方向不变、力度不减。保持战略定力，坚定不移走生态优先、绿色发展之路，巩固拓展"十三五"时期污染防治攻坚成果，继续打好一批标志性战役，接续攻坚、久久为功。

——坚持问题导向、环保为民。把人民群众反映强烈的突出生态环境问题摆上重要议事日程，不断加以解决，增强广大人民群众的获得感、幸福感、安全感，以生态环境保护实际成效取信于民。

——坚持精准科学、依法治污。遵循客观规律，抓住主要矛盾和矛盾的主要方面，因地制宜、科学施策，落实最严格制度，加强全过程监管，提高污染治理的针对性、科学性、有效性。

——坚持系统观念、协同增效。推进山水林田湖草沙一体化保护和修复，强化多污染物协同控制和区域协同治理，注重综合治理、系统治理、源头治理，保障国家重大战略实施。

——坚持改革引领、创新驱动。深入推进生态文明体制改革，完善生态环境保护领导体制和工作机制，加大技术、政策、管理创新力度，加快构建现代环境治理体系。

在主要目标方面：到2025年，生态环境持续改善，主要污染物排放总量持续下降，单位国内生产总值二氧化碳排放比2020年下降18%，地级及以上城市细颗粒物（$PM_{2.5}$）浓度下降10%，空气质量优良天数比率达到87.5%，地表水Ⅰ—Ⅲ类水体比例达到85%，近岸海域水质优良（一、二类）比例达到79%左右，重污染天气、城市黑臭水体基本消除，土壤污染风险得到有效管控，固体废物和新污染物治理能力明显增强，生态系统质量和稳定性持续提升，生态环境治理体系更加完善，生态文明建设实现新进步。

到2035年，广泛形成绿色生产生活方式，碳排放达峰后稳中有降，生态环境根本好转，美丽中国建设目标基本实现。

在具体调控政策和目标方面，该意见从39个方面提出指导意见，其中，涉及具体调控数量目标的包括：制定国家适应气候变化战略2035。大力推进低碳和适应气候变化试点工作。"十四五"时期，严控煤炭消费增长，非化石能源消费比重提高到20%左右，京津冀及周边地区、长三角地区煤炭消费量分别下降10%、5%左右，汾渭平原煤炭消费量实现负增长。到2025年，全国重度及以上污染天数比率控制在1%以内。到2025年，挥发性有机物、氮氧化物排放总量比2020年分别下降10%以上，臭氧浓度增长趋势得到有效遏制，实现细颗粒物和臭氧协同控制。"十四五"时期，铁路货运量占比提高0.5个百分点，水路货运量年均增速超过2%。到2025年，京津冀及周边地区大型规模化养殖场氨排放总量比2020年下降5%。到2025年，地级及以上城市全面实现功能区声环境质量自动监测，全国声环境功能区夜间达标率达到85%。2022年6月底前，县级城市政府完成建成区内黑臭水体排查并制定整治方案，统一公布黑臭水体清单及达标期限。到2025年，县级城市建成区基本消除黑臭水体，京津冀、长三角、珠三角等区域力争提前1年完成。到2025年，长江流域总体水质保持为优，干流水质稳定达到Ⅱ类，重要河湖生态用水得到有效保障，水生态质量明显提升。到2025年，黄河干流上中游（花园口以上）水质达到Ⅱ类，干流及主要支流生态流量得到有效保障。到2025年，全国县级及以上城市集中式饮用水水源水质达到或优于Ⅲ类比例总体高于93%。到2025年，重点海域水质优良比例比2020年提升2个百分点左右，省控及以上河流入海断面基本消除劣Ⅴ类，滨海湿地和岸线得到有效保护。到2025年，基本完成长江、黄河、渤海及赤水河等长江重要支流排污口整治。到2025年，农村生活污水治理率达到40%，化肥农药利用率达到43%，全国畜禽粪污综合利用率达到80%以上。在土壤污染面积较大的100个县级行政区推进农用地安全利用示范。严格落实粮食收购和销售出库质量安全检验制度和追溯制度。到2025年，受污染耕地安全利用率达到93%左右。"十四五"时期，推进100个左右地级及以上城市开展"无废城市"建设，鼓励有条件的省份全域推进"无废城市"①建设。到2025年，森林覆盖率达到24.1%，草原综合植被盖度稳定在57%左右，湿地保护率达到55%。加强重金属污染防控，到2025年，全国重点行业重点重金属污染物排放量比2020年下降5%。加强生态环境科技成果转化服务，组织开展百城千县万名专家生态环境科技帮扶行动。

总之，上述攻坚战意见，既有总要求，也有具体的政策调控目标要求，是党中央、国务院代表国家发出的号令，给防止污染之宏观调控指明了方向。全国齐心合力，以举国体制一定能够实现。

---

① "无废城市"是指，以创新、协调、绿色、开放、共享的新发展理念为引领，通过推动形成绿色发展方式和生活方式，持续推进固体废物源头减量和资源化利用，最大限度减少填埋量，将固体废物环境影响降至最低的城市发展模式，也是一种先进的城市管理理念。

第三章

宏观调控法释义

DI-SAN
ZHANG

在当代中国，宏观调控已经成为党和国家调节国民经济和社会发展的重要方式。并且，该提法不仅为宪法和诸多法律所确认，而且为大众媒体和民众所认可。由此，法律的需求及形成成为必然。也由此，按照法学原理，简要地讲，宏观调控法就是调整宏观调控关系的法律规范的总称。如果加上制定主体要素，宏观调控法就是国家制定和认可的调整宏观调控关系的法律规范的总称。本章围绕该定义，对宏观调控法涉及的相关问题展开讨论。与此同时，宏观调控法中使用的宏观调控概念，与现代经济学和中国政策文件中所指的"宏观调控"，具有一致性。所谓宏观调控法治，则立足于对宏观调控行为及宏观调控下市场行为的规范和指引。

第一节　宏观调控法的国家制定和认可

按照法学原理，法律形成的历史与国家相伴而生。没有国家就没有法律。宏观调控法亦然。但根据前两章的阐述，在中国长期的历史发展中，虽然在历史发展早期既出现了有关国家管控和调节市场的思想和实践①，而从中华人民共和国成立至1978年改革开放初期，也曾有过对经济调控的思想和实践②，但并没有出现与社会主义市场经济发展相伴的"宏观调控"现象，因而，也就没有当代中国法律语境下的宏观调控

---

① 有学者认为，中国古代的宏观调控思想产生至今已经有两千多年的历史。春秋时期的管仲在其轻重理论中就提出了"以重射轻，以贱泄平"的物价调控原则；战国时的李悝则专门针对农业社会中最重要的商品——粮食提出了调节粮食供求、稳定粮价的平籴思想；西汉桑弘羊推行的均输和平准政策，创造了中国古代宏观调控史上的一座理论和实践的高峰；汉武帝时期耿寿昌建立的"常平仓"制度在中国封建社会延续了两千多年，在国内外有着巨大的影响。而在市场管理方面，自古以来统治者视"刑德"为治国之"二柄"。随着生产力的不断发展、经济繁荣，统治者们都会制定相应的法律制度来加以规范。这样，中国古代市场管理立法便随之而生，并且随着生产的进步和经济的繁荣发展而不断发展完善。在中国历史上，市场管理立法更能反映出当时经济发展状况，在一定程度上还代表着政治乃至文化的发展状况。古代市场管理立法也可以说是封建社会的统治者对封建时期商品经济的市场化的管理，极力维护统治者的利益，为封建统治的中央集权提供制度保障。其所涉及的领域包括市场盐铁、矿产等专营管理、税收管理、财政金融管理、手工业管理、农业管理等。参见陈忠海：《中国古代的宏观经济调控》《中国发展观察》2015年第7期；王静峰：《中国古代宏观调控思想起源探析》《商业经济研究》2015年第27期；李秀丽：《中国古代的市场管理模式》《管理科学》（人大复印）2007年第7期；魏清沂：《试论中国古代市场管理立法》《商品与质量》2011年第7期；单飞跃：《中国经济法的文化解释——一个现代法命题与传统文化间的沟通》《法治现代化研究》2017年第2期。

② 有学者通过研究中国七十年党和政府的历史文献后指出，七十年宏观调控思想变迁历程显示：中国决策者的宏观调控思想持续发生着重大变化，在探索中逐步形成了中国特色的宏观调控体系。在1978年之前，针对经济波动和市场供需矛盾，对经济运行的行政干预和直接控制是调控的主要方式。改革开放以来，从"有计划按比例和综合平衡"到"国家调节市场、市场引导企业"，再到"要使市场在社会主义宏观调控下对资源配置起基础性作用"，市场手段逐渐在中国宏观调控体系中占据主导地位，而计划调控手段

法。对此，学界的通说认为，目前存在的宏观调控及其法治现象的产生，始于中国的改革开放，与社会主义商品经济的发展及其社会主义市场经济体制相适应，围绕国家管理经济机制由主要以直接管理为主向主要以间接管理为主的转变才产生了宏观调控及其法治现象。而且，有关"宏观调控"的提法，在国外发达的市场经济国家，虽然有宏观经济及宏观经济学的理论研究以及国家干预经济的实践，但没有"宏观调控"及"宏观调控法"的提法。因此，宏观调控及其法治现象和理论阐述，系中国社会主义市场经济特有的提法，具有鲜明的中国社会主义特色，是具有中国特色的社会主义制度的创新。这种制度创新，首先始于1987年党的十三大报告中有关"宏观调节"的论述[1]，到1989—1991年的三

仍被保留下来并发挥着独特的战略引领作用。两种手段都成为社会主义市场经济体制下宏观调控体系的重要组成部分。此后，中国逐渐形成了计划、财政和金融三位一体的宏观调控体系，计划和市场在宏观调控中有机结合起来。这是中国宏观调控体系的一大特色。从20世纪90年代中期到2012年，这一体系的基本框架大体保持稳定，又有一些新的发展和完善，决策层对积极财政的功效、繁荣期调控的必要性、行政性调控的适用性等问题有了更清晰的认识。而在改革开放之前和之初，陈云的"鸟笼经济思想"在指导处理计划和市场的关系上，起到了重要的理论指导和实践意义。随着改革的深入，学界对江泽民、朱镕基和习近平的宏观调控思想进行了探讨。参见董昀：《中国宏观调控思想七十年演变脉络初探——基于官方文献研究》《金融评论》2020年第2期；董佳男：《陈云的计划与市场经济理论及其当代启示》《濮阳职业技术学院学报》2017年第2期；华清君：《陈云财经治理思想研究》扬州大学博士论文2020；朱佳木：《江泽民宏观调控思想的历史渊源、基本内涵和现实意义》《马克思主义研究》2007年第5期；申发升：《朱镕基宏观调控思想研究》曲阜师范学院硕士学位论文2018；庞明川：习近平宏观调控重要论述的科学体系及原创性贡献，《财经问题研究》2020年第8期。

[1] 1987年10月25日，党的十三大报告《沿着有中国特色的社会主义道路前进——在中国共产党第十三次全国代表大会上的报告》指出，新的经济运行机制，总体上来说应当是"国家调节市场，市场引导企业"的机制。要逐步健全以间接管理为主的宏观经济调节体系。宏观调节与搞活企业、搞活市场三者是统一的，缺一不可。离开了宏观调节，市场会乱，企业也会乱。但是，采用原有的直接管理方式，对生产要素实行调拨分配，企业没有自主权，市场难以形成，有计划商品经济的体制也无法建立和发展。因此，必须从有利于保持社会总供给与总需求基本平衡、促进科学技术进步和优化产业结构出发，加快宏观经济管理方式的改革。计划管理的重点应转向制定产业政策，通过综合运用各种经济杠杆，促进产业政策的实现。深化金融体制改革，加强银行在宏观经济调节体系中的地位和作用，按照货币流通规律适当控制信贷规模和货币供应量；以中央银行为领导，国家银行为主体，发展多种金融机构，运用多种方式和多种金融工具，聚集和融通资金，以推动经济的协调增长和经济结构的调整。改革财政税收体制，根据公

年整顿时期，在党的文件中，正式出现"宏观调控"一词①，至1993年《宪法修正案》第15条规定，"国家实行社会主义市场经济。""国家加强经济立法，完善宏观调控。"使"宏观调控"得以"入宪"，成为中国的一项与社会主义市场经济相适应的国家基本的政治、经济和社会制度，一直延续至今。

一、关于宏观调控法的国家制定

在宪法基本规定基础上，宏观调控法的国家制定，主要通过国家立法机关的立法活动展开。国家立法机关依法展开有关宏观调控方面的立法活动，即是一种国家制定法律的活动。与此同时，国家制定意味着国家立法机关通过立法创立新的制度与秩序。广义地讲，也包括对已立之法的修正、修订、废除、解释和清理。

按照中国现行《中华人民共和国立法法》规定，有权代表国家进行立法的机关，在人大系统，有全国人大及其常委会及有权立法的地方人

平税负、促进竞争和体现产业政策的原则，合理设置税种、确定税率；在合理划分中央和地方财政收支范围的前提下实行分税制，正确处理中央和地方，国家、企业和个人的经济利益关系。在一定时期，国家对极少数重点建设工程和特殊企业，以及某些重要而又短缺的商品，仍需保持必要的直接控制，但也要充分考虑各方面的利益关系，改进控制方式。

　　① 1989年党的十三届五中全会作出的《中共中央关于进一步治理整顿和深化改革的决定》指出，"改革的核心问题，在于逐步建立计划经济同市场调节相结合的运行机制。计划经济和市场调节相结合的程度、方式和范围，要经常根据实际情况进行调整和改进，向地方、企业放权让利，以利于搞活经济，是改革；合理协调各方面的利益关系，健全宏观调控体系，也是改革，而且是更艰巨的改革。"1990年12月30日党的十三届七中全会公报提出，"要围绕建立新的经济体制目标，协调配套地搞好企业、流通、价格、财政、税收、金融、计划、投资和劳动工资等方面的体制改革，并加强宏观调控体系的建设。"1991年11月29日，党的十三届八中全会《中共中央进一步加强农业和农村工作的决定》提出，"加强国家对市场的宏观调控和管理，建立正常的流通秩序，促进市场机制的发育"。至此，国家在政策层面，实现了由"宏观管理""宏观控制""宏观调节"到"宏观调控"的思想理念转变。

大及其常委会；在政府系统，有国务院、国务院职能部门和直属机构及其地方人民政府有权立法的机关。[①]但是，根据前面对于宏观调控理论和实践的阐述，结合本书主张宏观调控系专属于国家层面的活动，因此，中国宏观调控法的制定机关，特指中央一级的全国人大及其常委会、国务院、国务院职能部门和直属机构之立法机关。不包括地方人大和政府的立法机关，但法律、行政法规和中央党政机关授权的除外。从立法的具体形式看，除宪法外，主要包括宏观调控方面的法律、行政法规及部门规章。

此外，对于中国共产党党中央（以下简称"中共中央"）制定的党内法规而言，由于中国共产党在中国革命和建设中的特殊的领导地位，可直接把有关宏观调控方面的党内法规的制定和修改纳入国家制定法律的范畴。

二、关于宏观调控法的国家认可

按照法学原理，"认可"是形成国家法律的一种基本方式。当"认可"成为国家法律的形式时，"认可"意义上的法，并非由国家专门的立法机关制定或创制，而是在民间或社会以及实际工作中已有规则的基础上，由国家机关予以认可，并在名义上或实质上承认其法律效力。所谓名义上的认可是指通过立法明确承认其法律效力。典型的如，《民法典》规定，"民事主体从事民事活动，不得违反法律，不得违背公序良俗。""处理民事纠纷，应当依照法律；法律没有规定的，可以适用习惯，但是不得违背公序良俗。"[②]。所谓实质上的认可，是对于非法律规则的效力予以默认。对此，人类早期的法律认可，主要涉及对民间习俗、习惯及商事惯例等的认可。进入现代社会以来，这种认可，扩大到

---

① 根据现行的《立法法》规定，有权立法的地方人大及其常委会和地方政府，是指设区的市以上的地方人大及其常委会和地方政府机关。

② 《民法典》（2020）第8条、第10条。

对国家机关、机构出台的发展政策、规划与计划、法律政策实施方案的认可，也涉及对相关社会组织章程的认可。由此，如果从广义的法的角度理解，中国的党和国家机关，依据法律规定或授权认可制定的各类发展政策、各类发展规划、计划及实施方案和规范性文件以及政协组织、各民主党派组织及相关社会组织章程，也属于国家认可的范畴，且在改革实践中，具有重要的作用。

第二节　宏观调控法的调整对象

法的调整对象，即法所规范的社会关系。对法的调整对象的研究目的在于区别不同的法律部门及其法域范畴。就现代法而言，法的调整对象可分为单一的调整对象和综合复杂的调整对象。对宏观调控法调整对象的理解，一是总体上说，它在中国现行的社会主义法律体系中属于部门经济法的范畴，因而，有关宏观调控法的专门研究，也主要由经济法学界进行研究或关注得比较多；二是宏观调控法的调整对象属于综合复杂的社会关系。对此，中国的宏观调控体制采取了以国民经济和社会发展规划及计划为牵头或引导，以财税调控和金融调控为两翼，其他调控为基础和配合的综合调控体制。因此，笔者认为，中国宏观调控法的调整对象，总体上可以划分为国民经济关系和与经济关系相关联的社会关系两大类，并在此基础上，各自存在不同的下位关系。

一、国民经济关系

在经济学领域，国民经济关系亦称之为整体经济关系。国民经济关系是一国或一地区农业、工业、商业、建筑业、对外贸易等经济的总和。国民经济关系既是宏观调控作用的对象，也是宏观调控法的调整对象。在经济法领域，对国民经济关系的进一步划分，通常按照宏观调控部门应用特定手段或工具调控国民经济运行时形成的特定经济关系予以进一步的归类。

（一）发展规划与计划关系

发展规划与计划关系，是指国家在制定和实施国民经济和社会发展规划纲要、区域发展规划、专项规划以及年度计划时形成的社会关系。并且，根据宪法和法律规定，可以将其具体分为：发展规划与计划的编制与制定关系、发展规划与计划的实施或执行关系，以及发展规划与计划的法定中期调整关系。与此同时，按照发展规划或计划执行的期限，还可以将其分为五年中期规划关系、五年以上长期规划关系以及年度计划关系等。按照层级划分，可将其划分为中央级的发展规划与计划关系，以及地方各级的发展规划与计划关系。需要注意：一是宏观调控法中所指的发展规划与计划关系主要是指中央一级的发展规划与计划关系，这是由只有中央人民政府才具有宏观调控权所决定的；二是宏观调控法中所指的发展规划与计划关系不包括由企业或其他微观市场主体制定和实施的企业发展规划与计划及其形成的社会关系。

（二）产业行业调控关系

如前所述，有关产业行业的合理划分与指引，是市场经济条件下国民经济的基本分析工具。产业行业的调控关系，主要涉及产业行业的划分关系、产业行业发展政策的制定关系（包括产业指导目录和市场负面清单的制定），以及产业行业发展政策的实施关系。其中，按照国际惯例，在产业行业基本划分基础上，形成第一产业发展关系、第二产业发展关系、第三产业发展关系，以及一二三产业融合发展关系。产业行业调控关系的形成和发展直接影响着国民经济和社会发展规划与计划，以及投资关系的形成。

（三）投资调控关系

按照马克思主义的生产与再生产理论以及市场经济原理，人类的生产由投资引起，其投资的目的是通过维持继续生产或扩大再生产，促进生产力的发展。其最终目的是满足人民群众日益增长的物质和文化需要。但在现代市场经济条件下，要根据市场需求及国家的产业政策指引确定。有关的投资调控关系，一是涉及投资主体的定位以及按照公共物品（产品）理论，政府投资、外商投资、国内社会民间投资应当有一个大致分工，各自有所为，有所不为，并产生相应的社会关系；二是按照国民经济和社会发展规划及计划的安排及项目指引，组织各项工程的建设（包括新建、改建、扩建）形成的项目投资关系。其中，属于经营性项目的，重点考核其经济效益。而对于非经营性项目，则重点考核其社会效益。另外，所有的项目投资与建设均要实行责任制及终身责任制，以及符合资源节约、生态环境保护，落实"三同时"制度。由此，产生投资调控关系。

（四）财税调控关系

财政税收调控关系，简称为财税调控关系。财税调控关系是国家财政机关、税务机关应用财政调控手段或工具调控国民经济关系时形成的特定社会关系。其中，按照《预算法》规定，财税调控关系可以分为财政收入调控关系和财政支出调控关系。而财政收入调控关系又包括：税收调控关系、非税收入调控关系、国债关系等；财政支出调控关系又包括政府采购关系、财政转移支付关系、税收返还关系等。

与此同时，由于税收调控关系在国民经济关系中占有比较突出的地位，因而，在经济法领域，有关税收调控关系的分析又可以分为商品流转税关系、收益税关系、财产税关系、资源与环境保护税关系、行为税关系等。各自调控关系的不同功能，决定了各个税种调控法的不同功能。

（五）金融调控关系

从法律角度讲，金融法是一个重要的法域，其涉及的社会关系，包括金融调控关系、商业金融关系、金融监管关系。从部门法律角度分析，其各自可以分别归属于部门经济法、民商法和部门行政法。因而，在金融法领域，只有金融调控关系才属于宏观调控法的范畴。而所谓的金融调控关系专指中央银行（中国人民银行）在制定货币金融政策，履行金融调控职能时所形成的社会关系。这种社会关系对于商业金融关系和金融监管关系具有统领和制约的作用。与此同时，也可以按照中央银行应用金融调控手段或工具时形成的关系予以进一步的分类。例如，货币发行关系、国库管理关系、法定基准利率调节关系、存款准备金调节关系、商业银行再贴现关系、中央银行公开市场业务关系、外汇汇率调节关系等。

值得强调的是，在当代社会，存在以金融为载体的虚拟经济现象。虚拟经济现象的运行表现为从货币投入到货币增值（G—G'）。它与传统的与实体经济挂钩并为实体经济服务的经济运行模式（G—W—G'）有着本质的不同。在市场经济条件下，为了发挥货币资本的效益，一定程度上鼓励虚拟经济现象的存在，有利于市场经济的发展，但如果虚拟经济过度，将会导致金融货币资本严重脱离为实体经济发展服务的根本宗旨，对社会产生危害，甚至导致经济危机的爆发。为此，国家必须严格控制虚拟经济的发展，预防"以虚代实"金融的过度化，由此形成专门针对虚拟经济的金融调控关系。

（六）价格调控关系

价格调控在社会主义市场经济条件下具有基础性作用。由此，价格调控关系成为宏观调控法的重要调整对象。首先，要通过改革，放开竞争领域的市场价格，让市场按照价值规律自发地调节。只有在市场价格出现较大波动并影响人民群众的生活时，宏观调控职能部门才能予以干预，从而形成市场价格宏观调控关系；其次，对于非市场领域的价格调控，基于政府指导价和政府定价形成价格调控关系；最后，宏观调控要把控整个社会价格总水平（CPI）的涨幅。按照宏观调控国际标准的目标定位，价格总水平要控制在涨幅5%以内，如果出现价格总水平上涨幅度超过5%，价格主管部门就需要按照《价格法》规定，应用相关的价格调控手段或工具予以调控，进而形成典型的价格调控关系。与此同时，为了实现价格调控的目的，作为一种为市场价格调控预准备的基本调控活动，国家重要物资和商品储备以及价格基金的建立，也会形成相应的价格调控关系。

（七）自然资源调控关系

按照现有的社会主义法律体系，自然资源法属于部门经济法的范畴。这是因为，自然资源是基本的生产资料和生活资料。但有关自然资源的物权归属调整由民法之物权法确认。同时，物权法通过用益物权制度的设计，在确认自然资源所有权归属的基础上，通过民事主体用益物权之占有权、使用权、收益权的行使，使自然资源得以合理的使用，进而形成特殊的民事关系。在经济法领域，遵循物权法基本规定基础上，在所有权、使用权、经营权三权分置情况下，重点规范的是资源利用的合理性及经营权的配置问题，例如，哪些资源由国家管控并由国有企业经营，哪些资源可以由私人企业或个体经营等，进而形成相应的自然资源调控关系。总的来说，世界各国的通例是按照资源的稀缺程度分类管控，并强调资源利用的节约性和生态环境保护问题。中国亦然。另外，中国与国外不同的是，几乎所有的资源均由国家所有或集体所有。这是由中国的社会主义公有制性质所决定的。

（八）涉外经济调控关系

在对外开放的体制下，涉外经济关系成为国民经济关系的重要基础。涉外经济关系既涉及外商到本国投资形成的经济关系，也包括本国企业到境外投资形成的经济关系，更为重要的是，在涉外经济关系成为较为普遍的一种经济关系时，对外进出口货物贸易、技术贸易和服务贸易成为国民经济关系的一种常态。将涉外经济关系纳入宏观调控法的范畴，其基本点在于宏观调控的目标之一是保持国际收支平衡。然而，事实上，涉外经济关系的调控还涉及国家的经济安全以及关于国民经济对外贸的依存度的控制等重要问题。而且，涉外经济关系的形成、发展受到国际条约、协定以及本国外交政策的影响，使其与国内经济关系有所区别。

以上八个方面按照现有法律体系部门经济法构造，是对有关国民经济调控关系的大致分类。如果从宏观调控目标来分析，凡是围绕经济增长、充分就业、物价稳定、国际收支平衡以及国家经济安全形成的经济关系，均属于宏观调控法的调整范畴。典型的如，在经济增长关系项下，又可以分为投资增长关系、消费增长关系、对外进出口贸易增长关系等。

二、社会发展关系

广义地讲，国民经济关系也是一种社会发展关系。这是因为，只要涉及人类群体性的生存与发展问题均可以纳入社会发展的范畴，因而形成社会发展关系。然而，将国民经济关系与社会发展关系相区别有着特别的意义和实践基础。一是涉及人类群体性的生存与发展的问题，虽然是以经济为基础的，但是人类群体性的生存与发展所面临的问题不全是经济问题。人类群体性的生存与发展，首先要遵循自然规律，生老病死以及各个不同年龄阶段需要解决的生理、心理及人生观、价值观、世界观的形成有其相对的独立性；其次，在人类群体分阶级、分层次的情况下，社会财富或经济力的分配及共享，对于底层阶级或阶层十分重要，但对于处于社会高端的阶级或阶层而言，重要的是如何对既有财富和经济力的合理支配，以及对社会政治地位与社会公共事务参与度的更高追求。由此，形成了相对独立于经济学的社会学，以专门研究涉及解决人类群性社会问题的社会发展规律。最后，从法学、法律对社会学研究及社会现象的回应来看，相对于部门经济法形成了部门社会法体系或相对独立的社会法法域范畴。从中国当前的社会主义法律体系构造来看，社会法是七大法律部门之一。社会法所涉及的法律主要包括劳动与社会保障法、弱者及特殊人群保护法、社会救济法、慈善法等。与此同时，属于行政法范畴的科教文卫体事业发展、法治事业的发展，也被视为社会发展的范畴。在当前及今后，世界各国所面临的发展问题及关系主要涉及以下六大调控关系：

（一）人口管制与劳动力就业调控关系

人口是一个国家或地区的基本要素。人口的管制主要涉及人口的计划生育与劳动力的配置问题，进而形成人口管制与劳动力就业调控关系。但不同的国家或地区的国情不同，宜采取的政策也不尽相同。在人口稀少的国家或地区，宜实行鼓励生育的计划政策、移民政策，以便补充本国或本地区劳动力的不足。而在人口众多的国家或地区则与之相反。即使在一个国家或地区不同的发展时期，有关人口管制与劳动力就业调整的政策也有所不同，进而形成不同的社会关系。典型的如，中国于20世纪70年代末开始实施"独生子女"政策，而如今根据对今后劳动力可能出现短缺的预测，开始鼓励生育。与此同时，在现阶段，面对每年需要解决近千万人的就业问题，宏观调控目标实现中有关"充分就业"目标的实现，难度较大，需要国家施以合理的宏观调控政策予以解决，形成相应的与人口增长相关的促进就业调控关系。

（二）社会保障与救济调控关系

市场经济条件下，社会保障制度是其重要的组成部分。社会保障制度的宗旨在于面对市场竞争的残酷性，使劳动者老有所养、病有所医、工伤能够及时得以救治、失业能够得到救济。为此，社会保障制度的建立和完善，实际上为市场经济得以顺利进行提供了一个防护堤。除此之外，在任何社会制度下，总有一些人需要国家的帮助与救济，例如，孤寡老人、失去父母的儿童、残疾人，以及那些处于没有工作，颠沛流离的人。

（三）对社会弱势群体及特殊人群权益保障的调控关系

在社会群体分层分类的情况下，当代社会特别关注弱势群体和一些特殊人群的生存发展及其权益的保障问题，进而形成相关的社会调控关系。其中，弱势群体主要指老年人、妇女、儿童、残疾人等，特殊人群如退役军人、进城打工的农民工等。与此同时，在发生重大自然灾害情况下会产生大量的灾民需要救援帮助。为此，中国出台了一系列相关的法律、行政法规以调整相应的社会关系。值得强调的是，作为社会弱势群体的老年人、残疾人、妇女、儿童等，其不一定在经济上存在困难，也不属于需要救济的人。因此，在其权益涉及的范围，对其存在的经济困难予以救济，只是其权益的一部分，更为重要的是对其社会地位的权益保障。例如，对于妇女而言，实施男女平等的宏观调控政策与法律，比其获得经济上的救济更为重要。

（四）社会事业发展调控关系

根据宏观调控原理和实践，经济法法域所指的社会事业发展主要集中于科教文卫体事业的发展，并与行政法的规范相交叉重叠。就其本质而言，科教文卫体事业的发展总体上应当具有公益属性，在经济法领域属于公共物品（产品）部分，并总体上不具有个人的独占性。在当今社会，科教文卫体事业的发展是一个国家或地区文明进步的标志，因而，其也应当是国家宏观调控发展的目标之一，也是经济发展的主要落脚点。但其与市场衔接的部分，可以纳入产业行业调控范畴，其他属于公共或公益的部分，形成社会事业发展调控关系，并可以分别细化为科技调控关系、教育调控关系、文化事业发展调控关系、卫生医疗健康事业发展调控关系、体育事业发展调控关系。与此同时，还可以进一步地分类。例如，教育调控关系，可以进一步划分为义务教育调控关系、大学教育调控关系、职业教育调控关系、社会教育调控关系或国民教育调控关系和非国民教育调控关系等。

（五）生态环境保护调控关系

人类对于生态环境保护的高度重视，起源于西方社会20世纪70—80年代基于环境"公害事件"频频爆发的社会环境保护运动，进而其一开始即具有社会发展关系的属性。发展至今，有关生态环境保护关系已经成为可以涵盖地区、国家及全球范围的广泛的社会关系。因而，生态环境调控问题已经成为当今世界各国普遍的行动，其中一些领域，如防治大气污染、防治水污染、防治核污染、防治固体废物污染、保护濒临灭绝的野生动、植物等，已经成为全球共识。为此，中国提出了科学发展观和生态文明建设的重大命题，并通过一系列政策法律的实施，形成生态环境保护调控关系，使其成为宏观调控法重要的调整对象。

（六）社会法治调控关系

当代社会是法治社会。中国提出"依法治国"的发展战略。由此，与法治相关的立法制度、执法制度、司法制度、法律监督制度、执政党依法执政制度、参政党依法参政制度、政府依法行政制度、社会依法自治制度成为基础性的公共资源。从宏观调控理论来讲，社会法治调控关系的形成不仅仅包括以上制度的建设，更为重要的是为实施这些制度，对法治专业人才培养、硬件设施建设以及必要的装备的配置，以便为达到"依法治国"战略目标创造必要的条件和环境。

三、国民经济关系与社会发展关系的关联性分析

根据以上分析，狭义的社会发展关系具有相对的独立性。与国民经济关系相比，社会发展关系除与产业行业衔接的部分可以创造生产力外，属于公益的部分，总体上讲，不属于经济法的调整范围，这也是学界一些学者不赞成把社会发展关系纳入部门经济法及其宏观调控法范畴的基本理由。然而，鉴于狭义上的社会发展是国民经济发展的重要的落脚点，也鉴于社会发展离不开国家财政及相关经济政策的支持，且涉及劳动力充分就业之社会问题的解决，又是宏观调控的基本目标之一，就使得国民经济关系与社会发展关系具有了关联性。正因为这样，中国的发展规划，才将国民经济规划与社会发展规划予以并列并统筹规划，以便保障两者的协调发展。与此同时，根据上面的分析，涉及社会发展需要解决的问题也不全是经济法及其宏观调控法的范畴，应用社会法原理、行政法原理对之予以调整，有重要的实践意义。因此，与宏观调控法相关的社会发展关系的调整，应当有所为，有所不为。

第三节　宏观调控法的规范体系

基于法律是调整、调节经济社会关系的规范的定义属性，一类法律规范的总和、总称可构成一个类别的法。宏观调控法也不例外。结合法学原理和中国的实践，中国宏观调控法的规范体系，主要由党内法规规范、宪法规范、法律规范、行政法规规范、全国性规章规范以及政策规范性文件五部分组成。它们共同构成宏观调控法的形式渊源。

一、关于党内法规

中国共产党在中国革命和社会主义事业中的特殊领导地位，使中共中央制定的中国共产党党内法规成为中国宏观调控法的重要的且处于首要地位的宏观调控法法规。按照2012年5月26日中共中央批准并发布，2019年8月30日中共中央政治局会议修订的《中国共产党党内法规制定条例》（以下简称《党内法规制定条例》），对以下问题进行了专门规定：

（一）关于党内法规的定义及规定事项

《党内法规制定条例》规定，党内法规是党的中央组织，中央纪律检查委员会以及党中央工作机关和省、自治区、直辖市党委制定的体现党的统一意志、规范党的领导和党的建设活动、依靠党的纪律保证实施的专门规章制度。《党章》是最根本的党内法规，是制定其他党内法规的基础和依据。党内法规主要规定的事项包括：一是党的各级各类组织的产生、组成、职权职责；二是党的领导和党的建设的体制机制、标准要求、方式方法；三是党组织工作、活动和党员行为的监督、考核、奖惩、保障；四是党的干部的选拔、教育、管理、监督。凡是涉及创设党组织职权职责、党员义务权利、党的纪律处分和组织处理的，只能由党内法规作出规定。[①]由此，党内法规与宏观调控有关的内容主要体现在《党章》有关宏观调控的规定。对此，《党章》序言中提出，"中国共产党领导人民发展社会主义市场经济。毫不动摇地巩固和发展公有制经济，毫不动摇地鼓励、支持、引导非公有制经济发展。发挥市场在资源配置中的决定性作用，更好发挥政府作用，建立完善的宏观调控体系。

[①]《党内法规制定条例》（2019年修订）第3条、第4条。

统筹城乡发展、区域发展、经济社会发展、人与自然和谐发展、国内发展和对外开放，调整经济结构，转变经济发展方式，推进供给侧结构性改革。促进新型工业化、信息化、城镇化、农业现代化同步发展，建设社会主义新农村，走中国特色新型工业化道路，建设创新型国家和世界科技强国。"①这一根本性论述提出，在市场经济发展中要"建立完善的宏观调控体系"。并且，该论述在党的二十大《党章》修改时，继续予以了肯定。②由此说明，一是在如何建立完善宏观调控体系中，中国共产党负有重大的职责。二是中国共产党要履行好建立完善宏观调控体系的职责，就要建立起党领导宏观调控的体制机制、标准要求、方式方法。三是按照"党管干部"的准则，党组织要做好对宏观调控部门领导的选拔任用工作，并对其完成宏观调控任务的情况予以考核、问责及奖惩。

（二）关于党内法规的形式与制定原则

《党内法规制定条例》规定，党内法规的名称为党章、准则、条例、规定、办法、规则、细则。党章对党的性质和宗旨、路线和纲领、指导思想和奋斗目标、组织原则和组织机构、党员义务权利以及党的纪律等作出根本规定。准则对全党政治生活、组织生活和全体党员行为等作出基本规定。条例对党的某一领域重要关系或者某一方面重要工作作出全面规定。规定、办法、规则、细则对党的某一方面重要工作的要求和程序等作出具体规定。中央纪律检查委员会以及党中央工作机关和省、自治区、直辖市党委制定的党内法规，可以使用规定、办法、规则、细则的名称。党内法规一般使用条款形式表述，根据内容需要可以分为编、章、节、条、款、项、目。党内法规制定工作应当遵循下列原

①《中国共产党章程·总纲》（2017年修改）。
②《中国共产党章程·总纲》（2022年修改）。

则：一是坚持正确政治方向，增强"四个意识"、坚定"四个自信"、做到"两个维护"；二是坚持从党的事业发展需要和全面从严治党实际出发；三是坚持以党章为根本，贯彻党的基本理论、基本路线、基本方略；四是坚持民主集中制，充分发扬党内民主，维护党的集中统一；五是坚持党必须在宪法和法律的范围内活动，注重党内法规同国家法律衔接和协调；六是坚持便利管用，防止烦琐重复。[①]由此看出，党内法规形式与宏观调控的联系，主要体现在党对宏观调控领域重要关系或者某一方面重要工作作出全面规定的《条例》。从坚持的基本原则来看，主要体现在坚持正确政治方向，增强"四个意识"、坚定"四个自信"、做到"两个维护"；坚持以《党章》为根本，贯彻党的基本理论、基本路线、基本方略；坚持民主集中制，充分发扬党内民主，维护党的集中统一，以及坚持便利管用，防止烦琐重复。与此同时，特别强调了党必须在宪法和法律的范围内活动，注重党内法规同国家法律衔接和协调。为此，党内法规有关涉及宏观调控领域的法规制定，要依据宪法和法律作出，并要注重党内法规同有关宏观调控法的衔接和协调。所谓衔接和协调可以包括两个方面的含义：一是党内法规的制定不得和宪法和法律相抵触；二是对于既有法律中不合理的规定，可以在党内法规修订基础上，修改既有的宪法和法律，典型的如2018年修宪的重要依据就是2017年修订的《党章》，也可以在制定修订党内法规的同时，修订相关的法律。

（三）关于党内法规的制定机关及权限配置

《党内法规制定条例》规定，党内法规制定工作由党中央集中统一领导，日常工作由中央书记处负责。中央办公厅承担党内法规制定的统筹协调和督促指导工作。

---

①《党内法规制定条例》（2019年修订）。

在制定机关及权限配置上，党的中央组织就下列事项制定中央党内法规：一是党的性质和宗旨、路线和纲领、指导思想和奋斗目标；二是党的各级各类组织的产生、组成和职权职责的基本制度；三是党员义务权利方面的基本制度；四是党的领导和党的建设各方面的基本制度；五是涉及党的重大问题的事项；六是党的纪律处分和组织处理方面的基本制度；七是其他应当由中央党内法规规定的事项。凡是涉及党中央集中统一领导的事项，只能由中央党内法规作出规定。

中央纪律检查委员会以及党中央工作机关就其职权范围内有关事项制定党内法规：一是为贯彻执行中央党内法规作出配套规定；二是履行党章和中央党内法规规定的党的工作相关职责。确有必要的，经党中央批准，有关中央国家机关部门党委可以就特定事项制定党内法规。

省、自治区、直辖市党委就其职权范围内有关事项制定党内法规：一是为贯彻执行中央党内法规作出配套规定；二是履行党章和中央党内法规规定的领导本地区经济社会发展和负责本地区党的建设相关职责。

根据党中央授权，就应当制定中央党内法规的有关事项，中央纪律检查委员会以及党中央工作机关和省、自治区、直辖市党委可以先行制定党内法规，待条件成熟时再制定中央党内法规。根据党中央授权制定党内法规的，制定机关应当严格遵循授权要求，及时向党中央请示报告有关重大事项，经报党中央批准后方可发布。

涉及两个以上部委职权范围的事项，有关部委应当联合制定党内法规或者提请党中央制定中央党内法规。制定党内法规涉及政府职权范围事项的，可以由党政机关联合制定。

上位党内法规明确要求制定配套党内法规的，应当及时制定；没有要求的，一般不再制定。制定配套党内法规，不得超出上位党内法规规定的范围，作出的规定应当明确、具体，具有针对性、可操作性。除非必要情况，对上位党内法规已经明确规定的内容不作重复性规定。[①]

根据以上规定，结合宏观调控理论和实践，上述党内法规有关制定权限的配置，涉及党的宏观调控领导权的规范问题。一是党内法规中之宏观调控法主要由党的中央组织依法作出。二是中央纪律检查委员会以及党中央工作机关就其职权范围内有关事项制定党内法规。确有必要的，经党中央批准，有关中央国家机关部门党委可以就特定事项制定党内法规。三是涉及两个以上部委职权范围的事项，有关部委应当联合制定党内法规或者提请党中央制定中央党内法规。制定党内法规涉及政府职权范围事项的，可以由党政机关联合制定。

需要注意的是，鉴于宏观调控权应当集中于中央的政策规定，省、自治区、直辖市党委没有制定宏观调控政策和法律的权力。但在经中央批准在本地区进行改革试点时，根据中央的授权，在授权范围内先行先试，出台涉及宏观调控方面的地方党内法规。但重大事项必须向党中央请示报告。

根据以上分析，党内法规体系，由党的中央组织出台的法规、党中央的纪律检查委员会及其他机关出台的法规，以及省、自治区、直辖市党委出台的法规组成。党内宏观调控方面的法规有章可循，并与国家的宪法和法律相互衔接和协调。这些党内法规的规范，为中国共产党履行领导宏观调控的职责，或行使宏观调控领导权提供了基本的法律依据。

二、宪法规范

宪法是国家的根本大法。某一领域能够入宪，意味着被宪法提及的问题属于国家发展的基本问题。中华人民共和国成立以来，共制定和

---

① 《党内法规制定条例》（2019年修订）第8条—第14条。

实施四部宪法，即"五四宪法""七五宪法""七八宪法"和"八二宪法"。其中，现在实施的"八二宪法"先后于1988年、1993年、1999年、2004年、2018年五次修正。关于"宏观调控"入宪的立法，体现于1993年修正案。根据1993年《宪法修正案》第7条规定，《宪法》第15条将"国家在社会主义公有制基础上实行计划经济。国家通过经济计划的综合平衡和市场调节的辅助作用，保证国民经济按比例地协调发展。""禁止任何组织或者个人扰乱社会经济秩序，破坏国家经济计划。"修改为："国家实行社会主义市场经济。""国家加强经济立法，完善宏观调控。""国家依法禁止任何组织或者个人扰乱社会经济秩序。"由此说明，虽然中央文件在党的十三大政治报告中，就已经提出"宏观调节"问题，在1989年至1991年整顿经济时提出了"宏观调控"问题，但从法律角度讲，正式将"宏观调控"入法、入宪，是1992年国家确定发展社会主义市场经济后的事。而在1992年10月12日，党的十四大报告在总结改革开放14年经验基础上，明确指出，"我们要建立的社会主义市场经济体制，就是要使市场在社会主义国家宏观调控下对资源配置起基础性作用，使经济活动遵循价值规律的要求，适应供求关系的变化；通过价格杠杆和竞争机制的功能，把资源配置到效益较好的环节中去，并给企业以压力和动力，实现优胜劣汰；运用市场对各种经济信号反应比较灵敏的优点，促进生产和需求的及时协调。同时也要看到市场有其自身的弱点和消极方面，必须加强和改善国家对经济的宏观调控。我们要大力发展全国的统一市场，进一步扩大市场的作用，并依据客观规律的要求，运用好经济政策、经济法规、计划指导和必要的行政管理，引导市场健康发展。"[1]在党的十四大报告基础上，1993年修

---

[1] 参见《加快改革开放和现代化建设步伐，夺取有中国特色社会主义事业的更大胜利——江泽民在中国共产党第十四次全国代表大会上的报告（1992年10月12日）》。

正宪法，将"完善宏观调控"正式入宪、入法，使其成为指导国家发展的一项基本制度。而所谓"完善宏观调控"表明，一是在此之前国家已经有宏观调控的实践；二是在社会主义市场经济发展中，宏观调控及其法治需要不断地完善。由此，宪法的基本规定，为中国宏观调控法的产生和发展奠定了最高法律基础。

三、《立法法》的规范

中国的《立法法》出台于2000年，先后于2015年、2023年两次修正。按照《立法法》规定，在宪法规定基础上，中国法律规范的形式包括：在中央立法层面，一是由全国人大及其常委会制定实施的法律；二是由国务院制定和实施的行政法规；三是由国务院各部门制定和实施的部门规章。在地方立法层面，一是由设区的市级以上的地方人大及其常委会制定和实施的地方性法规；二是由设区的市级以上的地方人民政府制定和实施的政府规章。此外，还存在民族自治区出台的民族自治条例和单行条例。另外，根据特别行政区法规定，香港与澳门特别行政区根据特别行政区法制定特别行政区法律。从宏观调控法角度分析，由于宏观调控权属于中央的特别权力，由此，宏观调控法的法律规范主要集中体现为中央层面出台的法律、行政法规和部门规章之三种法律形式。就地方立法而言，虽然地方没有宏观调控的立法权，但是涉及宏观调控法方面的内容，一是地方立法中有关涉及贯彻中央宏观调控法立法的部分；二是在法律和中央特别授权情况下，针对地方改革试验，属于地方可以"先行先试"的部分。对此，《立法法》规定，"地方性法规可以就下列事项作出规定：①为执行法律、行政法规的规定，需要根据本行政区域的实际情况作具体规定的事项；②属于地方性事务需要制定地方性法规的事项。除本法第11条①规定的事项外，其他事项国家尚未制定法律或者行政法规的，省、自治区、直辖市和设区的市、自治州根据本地方的具体情况和实际需要，可以先制定地方性法规。在国家制定的法律或者行政法规生效后，地方性法规同法律或者行政法规相抵触的规定无效，制定机关应当及时予以修改或者废止。"②因而，地方的宏观调控立法权属于宏观调控有限立法的范畴。总的来说，其立法不能与中央的上位法立法相抵触。

与此同时，依照上述的基本分类，还可以分为人大系统的立法和政府系统的立法来理解。其中，人大系统的立法包括全国人大及其常委会制定和实施的法律和设区的市级以上的地方人大及其常委会制定和实施的地方性法规。而政府的立法则涉及国务院的行政法规、国务院所属部委局及其职能机构的部门规章，以及设区的市级以上的地方人民政府的政府规章。在立法实践中，人大系统的立法通常要求其所调整的社会经济关系及其法律措施具有相对的稳定性，因而，面对处于经济不确定性状态的宏观调控立法而言，除按照《立法法》规定，必须以法律的形式予以立法外，应采取较为审慎或"法律保留"的举措。《立法法》第11条规定的事项尚未制定法律的，全国人民代表大会及其常务委员会有权作出决定，授权国务院可以根据实际需要，对其中的部分事项先制定行政法规，但是有关犯罪和刑罚、对公民政治权利的剥夺和限制人身自由的强制措施和处罚、司法制度等事项除外。③由此，在改革实践中，相

---

① 《立法法》（2023年修正）第11条：下列事项只能制定法律：（一）国家主权的事项；（二）各级人民代表大会、人民政府、监察委员会、人民法院和人民检察院的产生、组织和职权；（三）民族区域自治制度、特别行政区制度、基层群众自治制度；（四）犯罪和刑罚；（五）对公民政治权利的剥夺、限制人身自由的强制措施和处罚；（六）税种的设立、税率的确定和税收征收管理等税收基本制度；（七）对非国有财产的征收、征用；（八）民事基本制度；（九）基本经济制度以及财政、海关、金融和外贸的基本制度；（十）诉讼制度和仲裁基本制度；（十一）必须由全国人民代表大会及其常委会制定法律的其他事项。

② 同上，第82条第1款、第2款。

③ 同上，第12条。

当部分的立法任务，授权于国务院统一领导的政府系统予以立法。这与国务院及其相关机关、机构主管宏观调控工作具有一致性。因此，通过制定和实施行政经济法规、规章，确立宏观调控秩序，并相机抉择地调整宏观调控关系，成为政府系统立法的一项重要任务。

关于国务院行政法规规范的范围，根据《立法法》规定，国务院根据宪法和法律，制定行政法规。行政法规可以就下列事项作出规定：①为执行法律的规定需要制定行政法规的事项；②宪法第89条规定的国务院行政管理职权的事项。[①]应当由全国人民代表大会及其常务委员会制定法律的事项，国务院根据全国人民代表大会及其常务委员会的授权决定先制定的行政法规，经过实践检验，制定法律的条件成熟时，国务院应当及时提请全国人民代表大会及其常务委员会制定法律。[②]

关于部门规章的制定，根据《立法法》规定，国务院各部、委员会、中国人民银行、审计署和具有行政管理职能的直属机构以及法律规定的机构，可以根据法律和国务院的行政法规、决定、命令，在本部门的权限范围内，制定规章。部门规章规定的事项应当属于执行法律或者

[①]《宪法》（2018年修正）第89条规定，国务院行使下列职权：（一）根据宪法和法律，规定行政措施，制定行政法规，发布决定和命令；（二）向全国人民代表大会或者全国人民代表大会常务委员会提出议案；（三）规定各部和各委员会的任务和职责，统一领导各部和各委员会的工作，并且领导不属于各部和各委员会的全国性的行政工作；（四）统一领导全国地方各级国家行政机关的工作，规定中央和省、自治区、直辖市的国家行政机关的职权的具体划分；（五）编制和执行国民经济和社会发展计划和国家预算；（六）领导和管理经济工作和城乡建设、生态文明建设；（七）领导和管理教育、科学、文化、卫生、体育和计划生育工作；（八）领导和管理民政、公安、司法行政等工作；（九）管理对外事务，同外国缔结条约和协定；（十）领导和管理国防建设事业；（十一）领导和管理民族事务，保障少数民族的平等权利和民族自治地方的自治权利；（十二）保护华侨的正当的权利和利益，保护归侨和侨眷的合法的权利和利益；（十三）改变或者撤销各部、各委员会发布的不适当的命令、指示和规章；（十四）改变或者撤销地方各级国家行政机关的不适当的决定和命令；（十五）批准省、自治区、直辖市的区域划分，批准自治州、县、自治县、市的建置和区域划分；（十六）依照法律规定决定省、自治区、直辖市的范围内部分地区进入紧急状态；（十七）审定行政机构的编制，依照法律规定任免、培训、考核和奖惩行政人员；（十八）全国人民代表大会和全国人民代表大会常务委员会授予的其他职权。

[②]《立法法》（2023年修正）第72条。

国务院的行政法规、决定、命令的事项。没有法律或者国务院的行政法规、决定、命令的依据，部门规章不得设定减损公民、法人和其他组织权利或者增加其义务的规范，不得增加本部门的权力或者减少本部门的法定职责。涉及两个以上国务院部门职权范围的事项，应当提请国务院制定行政法规或者由国务院有关部门联合制定规章。①

为规范行政法规的立项、起草、审查、决定、公布、解释，1987年4月21日国务院批准、国务院办公厅发布《行政法规制定程序暂行条例》。2001年11月16日国务院令第321号公布《行政法规制定程序条例》。根据2017年12月22日《国务院关于修改〈行政法规制定程序条例〉的决定》对《行政法规制定程序条例》进行了修订。按照修订后的《行政法规制定程序条例》规定，制定行政法规，应当贯彻落实党的路线方针政策和决策部署，符合宪法和法律的规定，遵循立法法确定的立法原则。制定政治方面法律的配套行政法规，应当按照有关规定及时报告党中央。制定经济、文化、社会、生态文明等方面重大体制和重大政策调整的重要行政法规，应当将行政法规草案或者行政法规草案涉及的重大问题按照有关规定及时报告党中央。行政法规的名称一般称"条例"，也可以称"规定""办法"等。国务院根据全国人民代表大会及其常务委员会的授权决定制定的行政法规，称"暂行条例"或者"暂行规定"。国务院各部门和地方人民政府制定的规章不得称"条例"。行政法规应当备而不繁，逻辑严密，条文明确、具体，用语准确、简洁，具有可操作性。行政法规根据内容需要，可以分章、节、条、款、项、目。章、节、条的序号用中文数字依次表述，款不编序号，项的序号用中文数字加括号依次表述，目的序号用阿拉伯数字依次表述。②

为了规范部门规章的立项、起草、审查、决定、公布、解释，2001

---

① 《立法法》（2023年修正），第91条、第92条。
② 《行政法规制定程序条例》（2017年修订）第3条、第6条。

年11月16日国务院令第322号公布《规章制定程序条例》。根据2017年12月22日《国务院关于修改〈规章制定程序条例〉的决定》修订。制定规章，应当贯彻落实党的路线方针政策和决策部署，遵循立法法确定的立法原则，符合宪法、法律、行政法规和其他上位法的规定。没有法律或者国务院的行政法规、决定、命令的依据，部门规章不得设定减损公民、法人和其他组织权利或者增加其义务的规范，不得增加本部门的权力或者减少本部门的法定职责。制定政治方面法律的配套规章，应当按照有关规定及时报告党中央或者同级党委（党组）。制定重大经济社会方面的规章，应当按照有关规定及时报告同级党委（党组）。制定规章，应当切实保障公民、法人和其他组织的合法权益，在规定其应当履行的义务的同时，应当规定其相应的权利和保障权利实现的途径。制定规章，应当体现行政机关的职权与责任相统一的原则，在赋予有关行政机关必要的职权的同时，应当规定其行使职权的条件、程序和应承担的责任。制定规章，应当体现全面深化改革精神，科学规范行政行为，促进政府职能向宏观调控、市场监管、社会管理、公共服务、环境保护等方面转变。制定规章，应当符合精简、统一、效能的原则，相同或者相近的职能应当规定由一个行政机关承担，简化行政管理手续。规章的名称一般称"规定""办法"，但不得称"条例"。规章用语应当准确、简洁，条文内容应当明确、具体，具有可操作性。法律、法规已经明确规定的内容，规章原则上不作重复规定。除内容复杂的外，规章一般不分章、节。涉及国务院两个以上部门职权范围的事项，制定行政法规条件尚不成熟，需要制定规章的，国务院有关部门应当联合制定规章。有前款规定情形的，国务院有关部门单独制定的规章无效。①

上述国务院的相关规定，为规范行政法规和部门规章的制定，提供

① 《规章制定程序条例》（2017年修订）第3条—第9条。

了法律依据。

四、相关政策及规范性文件的规范

根据宏观调控原理和实践，宏观调控法具有鲜明的政策法属性。除上面阐述的正式立法形式外，大量的调整宏观调控关系的规范体现于非正式的政策及规范性文件之中。这些非正式法律文件规范的特点：一是政策指引性，体现了国家有关宏观调控的战略、方针、指导思想及其发展目标的预期以及具体任务的安排；二是经济阶段性，某一项或某一类政策往往是某一个经济发展阶段的产物，所要解决的经济和社会问题具有相对性；三是政策与改革目标结合，具有试验属性，更能适应处于变动状态的经济和社会现象；四是具有相应的法律效力，非正式法律不具有正式法律的法律规范属性，却包括了对宏观调控关系及其行为的指引、规范和考核奖惩，并与正式的法律规范相衔接。在具体实践中，违反了政策不一定违反正式的法律，其所受到的处罚可能仅仅是党政纪律处分，但如果违反了正式的法律则必然违反政策，其必然遭受党纪、政纪及法律的处罚。在实践中，要处理好违反政策和违法的关系，根据党内法规及相关法律法规的规定及实践，常见的政策与规范性文件如下：

（一）中共中央及中共中央和国务院联合出台的政策

改革开放以来的宏观调控法治历程表明，中共中央出台的政策性文件，包括中央工作会议报告及宏观调控方面的决定、决议、指导意见、发展规划等，是国家宏观调控的基本的政策依据，也是改革发展的逻辑起点。其基本的法律依据，一是宪法和相关法律的授权；二是《党章》的规定。其基本形式包括：一是以中共中央名义发布的政策文件；二是以中共中央办公厅及相关机构发布的政策文件。

与此同时，在宏观调控领域，鉴于国务院在宏观调控中负有直接的领导职责，有关以中共中央与国务院联合名义，共同出台有关政策，也是中央政策的集中表现。其基本的形式包括：一是以中共中央和国务院共同联合颁发的政策性文件；二是以中共中央办公厅、国务院办公厅名义共同联合颁发的政策性文件；三是在个别情况下，由中共中央有关机构与政府有关机构联合颁发的政策性文件。其中，2018年深化党和国家机构改革以来，涉及党政合署办公的部门颁发的政策性文件也属于此类政策性文件。

（二）国务院及其职能机关、机构出台的政策性文件

根据宏观调控理论和实践，国务院及其职能机关、机构作为中央的宏观调控领导机关，除依法出台行政法规和全国性规章履行宏观调控职责外，大量指引规范宏观调控的政策与规范性文件，是宏观调控法的主要表现形式。这是因为，由国务院及其职能机关、机构以政策指导意见、标准规范、政府机关权力清单、产业目录、文件批复函等形式相机抉择地应对处于变动状态的宏观经济和社会关系，更具有相对的灵活性，符合宏观调控法治的运行机制。

（三）发展规划、计划及其实施方案

研究中国宏观调控法治机制，不能忽视有关发展规划、计划及其实施方案的规范作用。这是因为，相对于其他政策及规范性文件而言，发展规划、计划及其实施方案中所体现的政策、指标任务及制度创新更为具体，且具有明确的规划、计划预期。从制定的主体来看，中共中央、国务院、中办、国办及其他中央党政机关、机构都可以成为出台发展规划、计划及其实施方案的主体。其中，全国性的国民经济和社会发展五年规划及远景规划纲要，由中共中央代表中央向全国人民代表大会提出草案，经全国人民代表大会审议批准后执行。其他专项规划、区域发展规划可分别由中共中央、国务院及国务院相关部委、局及其直属机构制定和组织实施。有关年度国民经济和社会发展计划，由国家发展改革委

代表国务院向全国人大报告，全国人大审议批准后，国务院及相关部委、局及其直属机构组织实施。为落实规划与计划，有关实施方案通常由国务院各部委组织制定和实施。

值得说明的是，上述政策性文件，在实践中表现为"红头文件"，均有专门的文件编号。在党内法规和立法实践中统称为"规范性文件"，这些规范性文件的出台，需经过专门的法制部门备案审查，才能予以发布，重大事项还需要报告党中央予以审查。为此，2012年6月4日中共中央批准，并由中共中央办公厅同日发布，2019年8月30日中共中央政治局会议修订的《中国共产党党内法规和规范性文件备案审查规定》规定，本规定所称规范性文件，指党组织在履行职责过程中形成的具有普遍约束力、在一定时期内可以反复适用的文件。下列文件不列入备案审查范围：一是印发领导讲话、年度工作要点、工作总结等内容的文件；二是关于人事调整、表彰奖励、处分处理以及机关内部日常管理等事项的文件；三是请示、报告、会议活动通知、会议纪要、情况通报等文件；四是其他按照规定不需要备案审查的文件。备案审查工作应当遵循下列原则：一是有件必备，凡属备案审查范围的都应当及时报备，不得瞒报、漏报、迟报；二是有备必审，对报备的党内法规和规范性文件应当及时、严格审查，不得备而不审；三是有错必纠，对审查中发现的问题应当按照规定作出处理，不得打折扣、搞变通。

在主体责任方面，各级党委，党的纪律检查委员会、党委（决策）议事协调机构以及党的工作机关、党委直属事业单位，党组（党委）承担备案审查工作主体责任。各级党委办公厅（室）负责牵头办理本级党委备案审查工作，统筹协调、督促指导本地区备案审查工作。有关部门和单位应当在职责范围内积极协助开展备案审查工作，共同发挥审查把关作用。各级党委应当与同级人大常委会、政府等有关方面建立健全备案审查衔接联动机制。

关于党内法规和规范性文件报备，党组织制定的党内法规和规范性文件应当向上级党组织报备。多个党组织联合制定的党内法规和规范性文件，由牵头党组织向共同的上级党组织报备。党组织对下级党组织报备的党内法规和规范性文件进行审查，具体工作由其所属法规工作机构或者承担相关职能的工作机构办理。

中央纪律检查委员会、党中央（决策）议事协调机构以及党中央工作机关、党中央直属事业单位，党中央批准设立的党组（党委），各省、自治区、直辖市党委应当向党中央报备党内法规和规范性文件。向地方党委报备规范性文件的党组织范围，参照前款规定。

在报备审查方面，审查机关对符合审查要求的报备党内法规和规范性文件，应当予以登记，从下列方面进行审查：一是政治性审查，包括是否认真贯彻落实习近平新时代中国特色社会主义思想，是否同党的基本理论、基本路线、基本方略相一致，是否与党中央重大决策部署相符合，是否严守党的政治纪律和政治规矩等；二是合法合规性审查，包括是否同宪法和法律相一致，是否同《党章》、上位党内法规和规范性文件相抵触，是否与同位党内法规和规范性文件对同一事项的规定相冲突，是否符合制定权限和程序，是否落实精简文件、改进文风要求等；三是合理性审查，包括是否适应形势发展需要，是否可能在社会上造成重大负面影响，是否违反公平公正原则等；四是规范性审查，包括名称使用是否适当，体例格式是否正确，表述是否规范等。审查机关在审查中，应当注重保护有关地区和部门结合实际改革创新的积极性。对内容复杂敏感、专业性强、涉及面广的党内法规和规范性文件，审查机关可以征求有关方面意见建议或者进行会商调研。人大常委会、政府、军队备案审查工作机构发现党内法规和规范性文件可能存在违法违规问题的，可以向同级党委备案审查工作机构提出审查建议。同级党委备案审查工作机构应当研究处理，并以适当方式反馈结果。针对审查中发现的问题或者有关方面的意见建议，审查机关可以要求报备机关作出说明。报备机关应当在规定时限内就有关事项说明理由和依据，同时可以提出处理措施。党内法规和规范性文件存在下列情形之一，审查机关应当不予备案通过，并要求报备机关进行纠正：一是违背《党章》、党的理论和路线方针政策的；二是违反宪法和法律的；三是同上位党内法规和规范性文件相抵触的；四是明显不合理的；五是不符合制定权限的；六是其他需要纠正的情形。对审查发现的问题，审查机关可以发函要求报备机关纠正，也可以由报备机关主动纠正。纠正可以采用修改原文件、印发补充文件等方式。报备机关应当在收到纠正要求后30日内报告相关处理情况，对复杂敏感、容易产生不利影响的事项，应当及时会同有关方面采取有效措施妥善处理。纠正后的党内法规和规范性文件符合要求的，审查机关按程序予以备案通过。报备机关未在规定时限内纠正问题或者报告有关纠正措施，且无正当理由的，审查机关可以作出撤销相关党内法规和规范性文件的决定。①

2018年5月31日，国务院办公厅发布《国务院办公厅关于加强行政规范性文件制定和监督管理工作的通知》。该通知指出，行政规范性文件是除国务院的行政法规、决定、命令以及部门规章和地方政府规章外，由行政机关或者经法律、法规授权的具有管理公共事务职能的组织（以下统称行政机关）依照法定权限、程序制定并公开发布，涉及公民、法人和其他组织权利义务，具有普遍约束力，在一定期限内反复适用的公文。制发行政规范性文件是行政机关依法履行职能的重要方式，直接关系群众切身利益，事关政府形象。针对规范性文件制定实施中存在的问题，该通知提出以下要求：

一是严禁越权发文。坚持法定职责必须为、法无授权不可为，严

---

① 《中国共产党党内法规和规范性文件备案审查规定》（2019年修订）第3条—第6条、第11条、第19条。

格按照法定权限履行职责，严禁以部门内设机构名义制发行政规范性文件。要严格落实权责清单制度，行政规范性文件不得增加法律、法规规定之外的行政权力事项或者减少法定职责；不得设定行政许可、行政处罚、行政强制等事项，增加办理行政许可事项的条件，规定出具循环证明、重复证明、无谓证明的内容；不得违法减损公民、法人和其他组织的合法权益或者增加其义务，侵犯公民人身权、财产权、人格权、劳动权、休息权等基本权利；不得超越职权规定应由市场调节、企业和社会自律、公民自我管理的事项；不得违法制定含有排除或者限制公平竞争内容的措施，违法干预或者影响市场主体正常生产经营活动，违法设置市场准入和退出条件等。

二是严控发文数量。凡法律、法规、规章和上级文件已经作出明确规定的，现行文件已有部署且仍然适用的，不得重复发文；对内容相近、能归并的尽量归并，可发可不发、没有实质性内容的一律不发，严禁照抄照搬照转上级文件、以文件"落实"文件。确需制定行政规范性文件的，要讲求实效，注重针对性和可操作性，并严格文字把关，确保政策措施表述严谨、文字精练、准确无误。

三是严格制发程序。行政规范性文件必须严格依照法定程序制发，重要的行政规范性文件要严格执行评估论证、公开征求意见、合法性审核、集体审议决定、向社会公开发布等程序。要加强制发程序管理，健全工作机制，完善工作流程，确保制发工作规范有序。

四是认真评估论证。全面论证行政规范性文件制发的必要性、可行性和合理性，是确保行政规范性文件合法有效的重要前提。起草行政规范性文件，要对有关行政措施的预期效果和可能产生的影响进行评估，对该文件是否符合法律法规和国家政策、是否符合社会主义核心价值观、是否符合公平竞争审查要求等进行把关。对专业性、技术性较强的行政规范性文件，要组织相关领域专家进行论证。评估论证结论要在文件起草说明中写明，作为制发文件的重要依据。

五是广泛征求意见。除依法需要保密的外，对涉及群众切身利益或者对公民、法人和其他组织权利义务有重大影响的行政规范性文件，要向社会公开征求意见。起草部门可以通过政府网站、新闻发布会以及报刊、广播、电视等便于群众知晓的方式，公布文件草案及其说明等材料，并明确提出意见的方式和期限。对涉及群众重大利益调整的，起草部门要深入调查研究，采取座谈会、论证会、实地走访等形式充分听取各方面意见，特别是利益相关方的意见。建立意见沟通协商反馈机制，对相对集中的意见建议不予采纳的，公布时要说明理由。

六是严格审核把关。建立程序完备、权责一致、相互衔接、运行高效的行政规范性文件合法性审核机制，是做好合法性审核工作的重要保证。起草部门要及时将送审稿及有关材料报送制定机关的办公机构和负责合法性审核的部门，并保证材料的完备性和规范性。制定机关的办公机构要对起草部门是否严格依照规定的程序起草、是否进行评估论证、是否广泛征求意见等进行审核。制定机关负责合法性审核的部门要对文件的制定主体、程序、有关内容等是否符合法律、法规和规章的规定，及时进行合法性审核。未经合法性审核或者经审核不合法的，不得提交集体审议。

七是坚持集体审议。制定行政规范性文件要实行集体研究讨论制度，防止违法决策、专断决策、"拍脑袋"决策。地方各级人民政府制定的行政规范性文件要经本级政府常务会议或者全体会议审议决定，政府部门制定的行政规范性文件要经本部门办公会议审议决定。集体审议要充分发扬民主，确保参会人员充分发表意见，集体讨论情况和决定要如实记录，不同意见要如实载明。

八是及时公开发布。行政规范性文件经审议通过或批准后，由制定机关统一登记、统一编号、统一印发，并及时通过政府公报、政府网站、政务新媒体、报刊、广播、电视、公示栏等公开向社会发布，不得以内部文件形式印发执行，未经公布的行政规范性文件不得作为行政管理依据。对涉及群众切身利益、社会关注度高、可能影响政府形象的行政规范性文件，起草部门要做好出台时机评估工作，在文件公布后加强舆情收集，及时研判处置，主动回应关切，通过新闻发布会、媒体访谈、专家解读等方式进行解释说明，充分利用政府网站、社交媒体等加强与公众的交流和互动。县级以上各级人民政府要逐步构建权威发布、信息共享、动态更新的行政规范性文件信息平台，以大数据等技术手段实现对文件的标准化、精细化、动态化管理。

九是健全责任机制。地方各级人民政府对所属部门、上级人民政府对下级人民政府、各部门对本部门制发的行政规范性文件要加强监督检查，发现存在侵犯公民、法人和其他组织合法权益，损害政府形象和公信力的，要加大查处力度，对负有责任的领导干部和直接责任人员，依纪依法追究责任。对问题频发、造成严重后果的地方和部门，要通过约谈或者专门督导等方式督促整改，必要时向社会曝光。

十是强化备案监督。健全行政规范性文件备案监督制度，做到有件必备、有备必审、有错必纠。制定机关要及时按照规定程序和时限报送备案，主动接受监督。省级以下地方各级人民政府制定的行政规范性文件要报上一级人民政府和本级人大常务委员会备案，地方人民政府部门制定的行政规范性文件要报本级人民政府备案，地方人民政府两个或两个以上部门联合制定的行政规范性文件由牵头部门负责报送备案。实行垂直管理的部门，下级部门制定的行政规范性文件要报上一级主管部门备案，同时抄送文件制定机关所在地的本级人民政府。地方人民政府负责备案审查的部门要加大备案监督力度，及时处理违法文件，对审查发现的问题可以采取适当方式予以通报。健全行政规范性文件动态清理工作机制，根据全面深化改革、全面依法治国要求和经济社会发展需要，以及上位法和上级文件制定、修改、废止情况，及时对本地区、本部门行政规范性文件进行清理。充分利用社会监督力量，健全公民、法人和其他组织对行政规范性文件建议审查制度。加强党委、人大、政府等系统备案工作机构的协作配合，建立备案审查衔接联动机制。探索与人民法院、人民检察院建立工作衔接机制，推动行政监督与司法监督形成合力，及时发现并纠正违法文件。

十一是加强督查考核。完善行政规范性文件制发管理制度，充分发挥政府督查机制作用，将行政规范性文件制定和监督管理工作纳入法治政府建设督察的内容，并作为依法行政考核内容列入法治政府建设考评指标体系。建立督查情况通报制度，对工作落实好的，予以通报表扬；对工作落实不力的，予以通报批评。①

上述十一个方面的要求，对于克服政府规范性文件存在的乱发文、出台奇葩文件的现象，纠正政府通过"红头文件"侵犯公民、法人和其他组织的合法权益及损害政府公信力的行为，具有重要的指导和规范意义。

与此同时，一些出台规范性文件比较多的部门也制定了有关规范性文件的规范。典型的如，为了规范税务规范性文件制定和管理工作，落实税收法定原则，建设规范统一的税收法律制度体系，优化税务执法方式，促进税务机关依法行政，保障税务行政相对人的合法权益，根据《立法法》《规章制定程序条例》等法律法规和有关规定，结合税务机关工作实际，2017年5月16日国家税务总局令第41号公布《税务规范性文件制定管理办法》，并根据2019年11月26日国家税务总局令第50号第一次修正，2021年12月31日国家税务总局令第53号第二次修正。该管

---

① 《国务院办公厅关于加强行政规范性文件制定和监督管理工作的通知》（国办发〔2018〕37号）。

理办法指出，本办法所称税务规范性文件，是指县以上税务机关依照法定职权和规定程序制定并发布的，影响纳税人、缴费人、扣缴义务人等税务行政相对人权利、义务，在本辖区内具有普遍约束力并在一定期限内反复适用的文件。国家税务总局制定的税务部门规章，不属于本办法所称的税务规范性文件。税务规范性文件的起草、审查、决定、发布、备案、清理等工作，适用本办法。制定税务规范性文件，应当充分体现社会主义核心价值观的内容和要求，坚持科学、民主、公开、统一的原则，符合法律、法规、规章以及上级税务规范性文件的规定，遵循本办法规定的制定规则和制定程序。税务规范性文件不得设定税收开征、停征、减税、免税、退税、补税事项，不得设定行政许可、行政处罚、行政强制、行政事业性收费以及其他不得由税务规范性文件设定的事项。县税务机关制定税务规范性文件，应当依据法律、法规、规章或者省以上税务机关税务规范性文件的明确授权；没有授权又确需制定税务规范性文件的，应当提请上一级税务机关制定。各级税务机关的内设机构、派出机构和临时性机构，不得以自己的名义制定税务规范性文件。[①]

在制定规则方面，一是税务规范性文件可以使用"办法""规定""规程""规则"等名称，但是不得称"条例""实施细则""通知""批复"等。上级税务机关对下级税务机关有关特定税务行政相对人的特定事项如何适用法律、法规、规章或者税务规范性文件的请示所作的批复，需要普遍适用的，应当按照本办法规定的制定规则和制定程序另行制定税务规范性文件。二是税务规范性文件应当根据需要，明确制定目的和依据、适用范围和主体、权利义务、具体规范、操作程序、施行日期或者有效期限等事项。三是制定税务规范性文件，应当做到内容具体、明确，内在逻辑严密，语言规范、简洁、准确，避免产生歧

---

① 《税务规范性文件制定管理办法》（2021年修正）第2条—第6条。

义，具有可操作性。四是税务规范性文件可以采用条文式或者段落式表述。采用条文式表述的税务规范性文件，需要分章、节、条、款、项、目的，章、节应当有标题，章、节、条的序号用中文数字依次表述；款不编序号；项的序号用中文数字加括号依次表述；目的序号用阿拉伯数字依次表述。五是上级税务机关需要下级税务机关对规章和税务规范性文件细化具体操作规定的，可以授权下级税务机关制定具体的实施办法。被授权税务机关不得将被授予的权力转授给其他机关。六是税务规范性文件由制定机关负责解释。制定机关不得将税务规范性文件的解释权授予本级机关的内设机构或者下级税务机关。税务规范性文件有下列情形之一的，制定机关应当及时作出解释：①税务规范性文件的规定需要进一步明确具体含义的；②税务规范性文件制定后出现新的情况，需要明确适用依据的。下级税务机关在适用上级税务机关制定的税务规范性文件时认为存在本条第2款规定情形之一的，应当提请制定机关解释。七是税务规范性文件不得溯及既往，但是为了更好地保护税务行政相对人权利和利益而作出的特别规定除外。八是税务规范性文件应当自发布之日起30日后施行。税务规范性文件发布后不立即施行将有碍执行的，可以自发布之日起施行。与法律、法规、规章或者上级机关决定配套实施的税务规范性文件，其施行日期需要与前述文件保持一致的，不受本条第1款、第2款时限规定的限制。①

综上所述，上述党内法规、宪法、立法法规定之正式法律，以及政策与规范性文件之规范总和，涉及宏观调控法方面文件及规定，构成了宏观调控法的法律规范的总称。有关宏观调控法方面的立法和政策制定理念、理论思想渊源、制度渊源，需要从中予以总结提炼。

---

① 《税务规范性文件制定管理办法》（2021年修正）第7条—第14条。

第四节　中国宏观调控法的基本特征

关于宏观调控法的基本特征，一些研究成果进行了有益的探讨。洪治纲、汪鑫认为，宏观调控法具有诸多的重要特征。这些特征使得它不但能与行政法、民法等其他部门法相区别，而且能够同经济法内部的其他亚部门法相区别。一是宏观调控法既遵守经济法的基本原则，又遵守行政法的基本原则；二是宏观调控是对经济有限的和必要性的调控；三是宏观调控主要采取指导性的调节控制方法，这种指导性的调节控制方法同时又具有半强制性；四是宏观调控法具有灵活性；五是宏观调控法价值目标的宏观性；六是宏观调控法体系庞大，内容和法律形式丰富多样。[①]袁旺金认为，宏观调控法同经济法律中的微观经济法相比，有以下特点：一是法律规范适用的广泛和普遍性；二是宏观调控法的体系庞大，包括的内容和法律形式丰富多样；三是倡导性规范被大量采用；四是宏观调控法的许多内容和规定具有较大的发展性。[②]段葳、曹胜亮认为，宏观调控法除具有法的规范性、概括性、国家强制性和权利义务等一般特征外，还具有自身的特征：一是调整范围的整体性；二是调整手段的综合性；三是法律体系的庞杂性；四是主体间权利义务的不对等性；五是调控方式的间接性；六是宏观调控法的政策性较强。[③]笔者认为，这些研究探讨，对于理解宏观调控法具有重要理论意义，但存在将宏观调控的特征与宏观调控法的特征相混淆的问题。另外，也没有体现

---

① 洪治纲、汪鑫：《论宏观调控法的概念和特征》，《法学杂志》2002年第1期。

② 袁旺金：《浅谈宏观调控法》，《新学术》2007年第1期。

③ 段葳、曹胜亮：《宏观调控法的概念及特征分析》，《重庆科技学院学报（社会科学版）》2007年第2期。

出宏观调控法最本质的特征，即党的领导协调的政治属性，也没有深入宏观调控法律关系角度探讨宏观调控法的特征。为此，本书做以下探讨。

一、中国共产党的领导特征

本书与以往的经济法学及宏观调控法研究成果的不同之处，就在于突破仅围绕政府作用研究宏观调控及其法治问题的禁锢，强调了中国共产党及中共中央在宏观调控及其法治中的领导协调地位和作用，并认为这是中国宏观调控及其法治的首要的和本质的特征。这是因为，一是与西方资本主义体制下的宏观调控或国家干预之法治相比，中国共产党及中共中央对国家宏观调控及其法治强有力的组织和领导，是中国宏观调控及其法治的一个鲜明的特色。二是对于这一特征，并非像有些人认为的那样，不必要刻意强调。其基本理由是在中国社会主义各项事业的建设中，中国共产党及其中共中央的领导地位是全方位的，因此，不必在宏观调控立法中体现。因此，在很长一段时期的经济立法中"党不入法"似乎成为一个惯例。或者在学术界通过区分政策与法律、政治与法律，将党中央所制定的宏观调控政策与法律割裂开来。然而，改革的实践表明，没有党的领导，就没有中国宏观调控及其法治的伟大实践。在经济立法及宏观调控立法中，确立和强调党的领导，只有党内法规纳入宏观调控法治的范畴，才能有利于突出宏观调控法治的政治属性，有利于宏观调控法的有效实施。三是宏观调控及其法治事关全局性问题，有的学者认为在中国现有的政治、经济和社会体制下，仅由政府和立法机关出面难以协调全社会力量。而事实上，党中央对宏观调控及其法治的领导和协调，不仅仅是政策性的或原则性的。改革开放以来，党中央出台或党中央、国务院联合出台的有关宏观调控及其法治的文件，在许多方面，成为实现国家宏观调控目标的规范指引、重大制度和战略安排。相关的文件，既是宏观调控及其法治的依据，也是落实宏观调控法的具体措施。以自2012年11月党的十八大以来，党中央或党中央、国务院联合发布的与宏观调控有关的文件（表3-1）来佐证。

表3-1　党的十八以来党中央或党中央、国务院宏观调控

法治重要文件列表

（2012年12月—2023年6月）

序号	制定机关	文件名称	成文、发布或实施时间及文号
1	中共中央、国务院	关于加快发展现代农业进一步增强农村发展活力的若干意见	2012年12月31日（中发〔2013〕1号）
2	中共中央	关于全面深化改革若干重大问题的决定	2013年11月12日
3	中共中央、国务院	关于调整完善生育政策的意见	2013年12月30日
4	中共中央、国务院	关于全面深化农村改革加快推进农业现代化的若干意见	2014年1月2日（中发〔2014〕1号）
5	中共中央、国务院	国家新型城镇化规划（2014—2020年）	2014年3月12日（中发〔2014〕4号）
6	中共中央	关于全面推进依法治国若干重大问题的决定	2014年10月23日
7	中共中央、国务院	关于加大改革创新力度加快农业现代化建设的若干意见	2015年2月1日（中发〔2015〕1号）
8	中共中央、国务院	关于深化体制机制改革加快实施创新驱动发展战略的若干意见	2015年3月13日（中发〔2015〕8号）
9	中共中央、国务院	关于进一步深化电力体制改革的若干意见	2015年3月16日（中发〔2015〕9号）
10	中共中央、国务院	国有林场改革方案	2015年3月17日
11	中共中央、国务院	国有林区改革指导意见	2015年3月17日
12	中共中央、国务院	关于构建和谐劳动关系的意见	2015年3月21日（中发〔2015〕10号）

续表一

序号	制定机关	文件名称	成文、发布或实施时间及文号
13	中共中央、国务院	关于深化供销合作社综合改革的决定	2015年3月23日（中发〔2015〕11号）
14	中共中央、国务院	关于加快推进生态文明建设的意见	2015年4月25日（中发〔2015〕12号）
15	中共中央、国务院	关于构建开放型经济新体制的若干意见	2015年5月5日（中发〔2015〕13号）
16	中共中央、国务院	关于深化国有企业改革的指导意见	2015年8月24日（中发〔2015〕22号）
17	中共中央	关于繁荣发展社会主义文艺的意见	2015年10月3日
18	中共中央、国务院	关于推进价格机制改革的若干意见	2015年10月12日
19	中共中央	关于制定国民经济和社会发展第十三个五年规划的建议	2015年10月29日
20	中共中央、国务院	关于进一步推进农垦改革发展的意见	2015年11月27日
21	中共中央、国务院	关于打赢脱贫攻坚战的决定	2015年11月29日
22	中共中央、国务院	关于深入推进城市执法体制改革改进城市管理工作的指导意见	2015年12月24日
23	中共中央、国务院	关于落实发展新理念加快农业现代化实现全面小康目标的若干意见	2015年12月31日（中发〔2016〕1号）
24	中共中央、国务院	关于实施全面两孩政策 改革完善计划生育服务管理的决定	2016年1月5日
25	中共中央、国务院	关于进一步加强城市规划建设管理工作的若干意见	2016年2月6日
26	中共中央	关于深化人才发展体制机制改革的意见	2016年3月21日
27	中共中央、国务院	转发《中央宣传部、司法部关于在公民中开展法治宣传教育的第七个五年规划（2016—2020年）》的通知	2016年3月25日（中发〔2016〕11号）
28	中共中央、国务院	关于全面振兴东北地区等老工业基地的若干意见	2016年4月26日
29	中共中央、国务院	关于深化投融资体制改革的意见	2016年7月5日

序号	制定机关	文件名称	成文、发布或实施时间及文号
30	中共中央、国务院	关于完善产权保护制度依法保护产权的意见	2016年11月4日（中发〔2016〕28号）
31	中共中央、国务院	关于推进安全生产领域改革发展的意见	2016年12月9日（中发〔2016〕32号）
32	中共中央、国务院	关于推进防灾减灾救灾体制机制改革的意见	2016年12月19日
33	中共中央、国务院	关于稳步推进农村集体产权制度改革的意见	2016年12月26日
34	中共中央、国务院	关于深入推进农业供给侧结构性改革加快培育农业农村发展新动能的若干意见	2016年12月31日（中发〔2017〕1号）
35	中共中央、国务院	关于加强耕地保护和改进占补平衡的意见	2017年1月9日
36	中共中央、国务院	关于加强和完善城乡社区治理的意见	2017年6月12日
37	中共中央、国务院	关于开展质量提升行动的指导意见	2017年9月5日
38	中共中央、国务院	关于营造企业家健康成长环境弘扬优秀企业家精神更好发挥企业家作用的意见	2017年9月8日
39	中共中央	关于建立国务院向全国人大常委会报告国有资产管理情况制度的意见	2017年12月30日
40	中共中央、国务院	关于开展扫黑除恶专项斗争的通知	2018年1月
41	中共中央、国务院	关于实施乡村振兴战略的意见	2018年1月2日（中发〔2018〕1号）
42	中共中央、国务院	关于全面深化新时代教师队伍建设改革的意见	2018年1月20日
43	中共中央	关于深化党和国家机构改革的决定	2018年2月28日
44	中共中央	深化党和国家机构改革方案	2018年3月
45	中共中央、国务院	关于支持海南全面深化改革开放的指导意见	2018年4月11日
46	中共中央	社会主义核心价值观融入法治建设立法修法规划	2018年5月7日
47	中共中央、国务院	关于打赢脱贫攻坚战三年行动的指导意见	2018年6月15日

续表三

序号	制定机关	文件名称	成文、发布或实施时间及文号
48	中共中央、国务院	关于全面加强生态环境保护坚决打好污染防治攻坚战的意见	2018年6月16日
49	中共中央、国务院	关于完善国有金融资本管理的指导意见	2018年6月30日
50	中共中央、国务院	关于全面实施预算绩效管理的意见	2018年9月1日
51	中共中央、国务院	关于完善促进消费体制机制进一步激发居民消费潜力的若干意见	2018年9月20日
52	中共中央、国务院	乡村振兴战略规划（2018—2022年）	2018年9月26日
53	中共中央、国务院	关于支持河北雄安新区全面深化改革和扩大开放的指导意见	2019年1月24日
54	中共中央	关于加强党的政治建设的意见	2019年1月31日
55	中共中央、国务院	粤港澳大湾区发展规划纲要	2019年2月18日
56	中共中央、国务院	中国教育现代化2035	2019年2月
57	中共中央、国务院	关于建立健全城乡融合发展体制机制和政策体系的意见	2019年4月15日
58	中共中央、国务院	关于深化改革加强食品安全工作的意见	2019年5月9日
59	中共中央、国务院	关于建立国土空间规划体系并监督实施的若干意见	2019年5月10日
60	中共中央、国务院	关于深化教育教学改革全面提高义务教育质量的意见	2019年6月23日
61	中共中央、国务院	关于支持深圳建设中国特色社会主义先行示范区的意见	2019年8月9日
62	中共中央、国务院	交通强国建设纲要	2019年9月19日
63	中共中央、国务院	关于促进中医药传承创新发展的意见	2019年10月20日
64	中共中央、国务院	新时代公民道德建设实施纲要	2019年10月27日
65	中共中央	关于坚持和完善中国特色社会主义制度 推进国家治理体系和治理能力现代化若干重大问题的决定	2019年10月31日

序号	制定机关	文件名称	成文、发布或实施时间及文号
66	中共中央、国务院	新时代爱国主义教育实施纲要	2019年11月12日
67	中共中央、国务院	关于推进贸易高质量发展的指导意见	2019年11月19日
68	中共中央、国务院	国家积极应对人口老龄化中长期规划	2019年11月21日
69	中共中央、国务院	关于保持土地承包关系稳定并长久不变的意见	2019年11月26日
70	中共中央、国务院	长江三角洲区域一体化发展规划纲要	2019年12月1日
71	中共中央、国务院	关于营造更好发展环境支持民营企业改革发展的意见	2019年12月4日
72	中共中央、国务院	关于抓好"三农"领域重点工作确保如期实现全面小康的意见	2020年1月2日
73	中共中央	关于加强党的领导、为打赢疫情防控阻击战提供坚强政治保证的通知	2020年1月28日
74	中共中央、国务院	关于深化医疗保障制度改革的意见	2020年2月25日
75	中共中央、国务院	关于全面加强新时代大中小学劳动教育的意见	2020年3月20日
76	中共中央、国务院	关于构建更加完善的要素市场化配置体制机制的意见	2020年4月9日
77	中共中央、国务院	关于新时代加快完善社会主义市场经济体制的意见	2020年5月11日
78	中共中央、国务院	关于新时代推进西部大开发形成新格局的指导意见	2020年5月17日
79	中共中央、国务院	海南自由贸易港建设总体方案	2020年6月1日
80	中共中央、国务院	深化新时代教育评价改革总体方案	2020年10月13日
81	中共中央	关于制定国民经济和社会发展第十四个五年规划和二〇三五年远景目标的建议	2020年10月29日
82	中共中央	法治社会建设实施纲要（2020—2025年）	2020年12月7日
83	中共中央、国务院	关于实现巩固拓展脱贫攻坚成果同乡村振兴有效衔接的意见	2020年12月16日

续表五

序号	制定机关	文件名称	成文、发布或实施时间及文号
84	中共中央、国务院	关于全面推进乡村振兴加快农业农村现代化的意见	2021年1月4日（中发〔2021〕1号）
85	中共中央	法治中国建设规划（2020—2025年）	2021年1月10日
86	中共中央、国务院	国家综合立体交通网规划纲要	2021年2月24日
87	中共中央	关于加强对"一把手"和领导班子监督的意见	2021年3月27日
88	中共中央、国务院	关于支持浦东新区高水平改革开放打造社会主义现代化建设引领区的意见	2021年4月23日
89	中共中央、国务院	关于新时代推动中部地区高质量发展的意见	2021年4月23日
90	中共中央、国务院	关于加强基层治理体系和治理能力现代化建设的意见	2021年4月28日
91	中共中央、国务院	关于支持浙江高质量发展建设共同富裕示范区的意见	2021年5月20日
92	中共中央、国务院	转发《中央宣传部、司法部关于开展法治宣传教育的第八个五年规划（2021—2025年）》	2021年6月15日
93	中共中央	关于加强新时代检察机关法律监督工作的意见	2021年6月15日
94	中共中央、国务院	关于优化生育政策促进人口长期均衡发展的决定	2021年6月26日
95	中共中央、国务院	关于新时代加强和改进思想政治工作的意见	2021年7月12日
96	中共中央、国务院	法治政府建设实施纲要（2021—2025年）	2021年8月11日
97	中共中央、国务院	横琴粤澳深度合作区建设总体方案	2021年9月5日
98	中共中央、国务院	全面深化前海深港现代服务业合作区改革开放方案	2021年9月6日
99	中共中央、国务院	知识产权强国建设纲要（2021—2035年）	2021年9月22日
100	中共中央、国务院	关于完整准确全面贯彻新发展理念做好碳达峰碳中和工作的意见	2021年9月22日
101	中共中央、国务院	黄河流域生态保护和高质量发展规划纲要	2021年10月8日

序号	制定机关	文件名称	成文、发布或实施时间及文号
102	中共中央、国务院	国家标准化发展纲要	2021年10月10日
103	中共中央、国务院	成渝地区双城经济圈建设规划纲要	2021年10月20日
104	中共中央、国务院	关于深入打好污染防治攻坚战的意见	2021年11月2日
105	中共中央、国务院	关于加强新时代老龄工作的意见	2021年11月24日
106	中共中央、国务院	关于做好二〇二二年全面推进乡村振兴重点工作的意见	2022年1月4日（中发〔2022〕1号）
107	中共中央、国务院	关于加快建设全国统一大市场的意见	2022年3月25日
108	中共中央、国务院、中央军委	关于加强和改进新时代全民国防教育工作的意见	2022年9月1日
109	中共中央、国务院	关于构建数据基础制度更好发挥数据要素作用的意见	2022年12月19日
110	中共中央、国务院	扩大内需战略规划纲要（2022－2035年）	2022年12月14日
111	中共中央、国务院	关于做好二〇二三年全面推进乡村振兴重点工作的意见	2023年1月2日（中发〔2023〕1号）
112	中共中央、国务院	质量强国建设纲要	2023年2月6日
113	中共中央、国务院	数字中国建设整体布局规划	2023年2月27日
114	中共中央、国务院	党和国家机构改革方案	2023年3月16日
115	中共中央	中央党内法规制定工作规划纲要（2023－2027年）	2023年4月18日
116	中共中央、国务院	国家水网建设规划纲要	2023年5月25日

　　表3-1充分说明，自2012年11月以习近平为核心的党中央产生以来，通过中共中央，或中共中央和国务院共同发文116件。这些文件，以"问题导向"为基础，从全局出发，指导和规范有关宏观调控及其法治，成为中国宏观调控及其法治的行动指南，这是中国宏观调控法的一个鲜明的特征。上述文件来源于北大法宝所显示的公开信息，其并不包

括一些内部不公开的文件，也未包括以中央办公厅名义单独发布或以中央办公厅和国务院办公厅联合名义发布的文件。这些文件，既有宏观上的指导，也有具体的目标设定和行为规范，特别是属于规划一类的文件，成为规范某一类事业或区域发展的行动指南，具有很强的法律效力，强调了坚持和加强党的领导，有助于进一步增强"四个意识"、坚定"四个自信"、做到"两个维护"①，并从战略和全局高度深刻认识加快完善社会主义市场经济体制的重大意义，把党的领导贯穿于深化经济体制改革和加快完善社会主义市场经济体制全过程，贯穿于谋划改革思路、制定改革方案、推进改革实施等各环节，确保改革始终沿着正确方向前进。而在宏观调控法治方面，自党的二十大以来，又进一步强调了完善宏观经济治理：要求健全以国家发展规划为战略导向，以财政政策和货币政策为主要手段，就业、产业、投资、消费、环保、区域等政策紧密配合，目标优化、分工合理、高效协同的宏观经济治理体系；完善宏观经济政策制定和执行机制，重视预期管理，增强调控的科学性；加强国际宏观经济政策协调，搞好跨周期政策设计，提高逆周期调节能力，促进经济总量平衡、结构优化、内外均衡；加强宏观经济治理数据库等建设，提升大数据等现代技术手段辅助治理能力；推进统计现代化改革等。这些要求为新时代进一步完善中国宏观调控法提供了基本的政策法律依据。

与此同时，在新近的一些涉及全局性的重要的宏观调控立法中，党的领导入法成为经济法和相关法立法的一个重要内容和亮点。典型的如，根据2023年3月13日第十四届全国人民代表大会第一次会议对立法

①在宏观调控及其法治实践中，强调四个意识、四个自信和两个维护，是中国新时代宏观调控及其法治目标实现的政治保障。其突出了宏观调控及其法治的政治属性。为此，宏观调控及其法治在解决宏观调控中的经济和社会发展问题时，首先要坚持这个政治站位，使一切宏观调控及其法治工作健康有效地开展。

法的第二次修正，其明确规定，"立法应当坚持中国共产党的领导，坚持以马克思列宁主义、毛泽东思想、邓小平理论、'三个代表'重要思想、科学发展观、习近平新时代中国特色社会主义思想为指导，推进中国特色社会主义法治体系建设，保障在法治轨道上全面建设社会主义现代化国家。"①根据2022年6月24日第十三届全国人大常委会第三十五次会议《关于修改〈中华人民共和国反垄断法〉的决定》修正的《中华人民共和国反垄断法》规定，"反垄断工作坚持中国共产党的领导。"②2022年6月24日第十三届全国人大常委会第三十五次会议修订的《中华人民共和国体育法》，明确规定，"体育工作坚持中国共产党的领导，坚持以人民为中心，以全民健身为基础，普及与提高相结合，推动体育事业均衡、充分发展，推进体育强国和健康中国建设。"③2021年4月29日第十三届全国人大常委会第二十八次会议《关于修改〈中华人民共和国教育法〉的决定》第三次修正的《中华人民共和国教育法》，明确规定，"国家坚持中国共产党的领导，坚持以马克思列宁主义、毛泽东思想、邓小平理论、'三个代表'重要思想、科学发展观、习近平新时代中国特色社会主义思想为指导，遵循宪法确定的基本原则，发展社会主义的教育事业。"④第十三届全国人大常委会第二十八次会议于2021年4月29日通过的《中华人民共和国乡村振兴促进法》规定，"全面实施乡村振兴战略，应当坚持中国共产党的领导，贯彻创新、协调、绿色、开放、共享的新发展理念，走中国特色社会主义乡村振兴道路，促进共同富裕，遵循以下原则：①坚持农业农村优先发展，在干部配备上优先考虑，在要素配置上优先满足，在资金投入上优

---

① 《立法法》（2023年修正）第3条。
② 《反垄断法》（2022年修正）第4条第1款。
③ 《体育法》（2022年修订）第2条。
④ 《教育法》（2021年修正）第3条。

先保障，在公共服务上优先安排；②坚持农民主体地位，充分尊重农民意愿，保障农民民主权利和其他合法权益，调动农民的积极性、主动性、创造性，维护农民根本利益；③坚持人与自然和谐共生，统筹山水林田湖草沙系统治理，推动绿色发展，推进生态文明建设；④坚持改革创新，充分发挥市场在资源配置中的决定性作用，更好发挥政府作用，推进农业供给侧结构性改革和高质量发展，不断解放和发展乡村社会生产力，激发农村发展活力；⑤坚持因地制宜、规划先行、循序渐进，顺应村庄发展规律，根据乡村的历史文化、发展现状、区位条件、资源禀赋、产业基础分类推进。"①由此，突出党的领导，将成为今后宏观调控法及其相关法的一项重要内容，体现了中国宏观调控法坚持党的领导的基本特征。

二、政策性法特征

政策性法的特征是经济法相比其他法律所拥有的一个基本特征。其在宏观调控法领域更为突出。宏观调控法的政策性特征，一是有些具有宏观调控法属性的法，在立法时，即具有突出的政策属性。典型的如《产业政策法》《中华人民共和国中小企业促进法》《中华人民共和国就业促进法》等的政策性为世界各国法学界所公认。二是形成政策性法的客观基础是经济与社会活动存在的不确定性。为此，对于宏观调控或国家干预、政府干预等，世界各国均采取了"法律保留"的立法原则。其具体的做法是，涉及宏观调控或国家干预领域的法，通常只进行基本的或原则性的框架性规定，并在此基础上，授权具体的宏观调控管理部门根据国内外经济和社会形势的变化，以"相机抉择"的各种较为灵活

---

① 《乡村振兴促进法》（2021年）第4条。

的政府法律文件或政策性规范文件，来调整复杂多变的经济和社会关系。就中国的实际情况而言，迄今为止，对各项事业的改革仍然是经济和社会变革的总基调。因此，既然是改革，就意味着经济和社会利益关系的不断调整。由此，更增强了"法律保留"的必要性。三是中央依法出台的各类政策，通常对相关宏观调控及其法治提出了完善立法方面的要求，成为不同时期宏观调控法完善的基本依据。其具体的指向就是对相关宏观调控立法的"立、改、废、释及清理"工作的具体要求。四是在落实中央宏观调控政策时，法律或具有法律效力的文件，成为宏观调控政策实施的基本内涵和外延。五是针对改革的试验属性，以政策性文件的形式，调整宏观调控及其法治关系，保持了政策相比于法律的相对灵活性。通过政策试验，成熟的部分，可以上升为国家法律；而经过试验不成熟或不成功的政策则及时修改或废除，从而收到了政策与法律效应叠加的效果。这种现实状况，突破了传统法学理论意义上将政策与法律严格区分的界限，将宏观调控政策纳入了法治建设的范畴。将宏观调控及其法治政策纳入法治范畴后，要求宏观调控及其法治政策的制定，在一般情况下不得与宪法和法律相抵触，但对修改宪法和法律提出方案的除外。由此，形成了现行宪法、法律对宏观调控及其法治政策的制约。

三、经济和社会职责特征

按照法学基本原理，与经济学重点研究解决资源有效配置问题、社会学重点研究解决弱势群体权益保障和社会公共需求问题不同，法学及其法律重点研究解决的是相关经济和社会关系中权利义务的公平配置问题，以便实现"权义一致"的法治法益目标。这是法律关系区别于一般经济关系和社会关系的基本点。按照法学基本原理，法律上规定的权利，对于权利者而言，是可以依法放弃的，但义务则必须履行，否则，就要承担相应的法律责任。然而，在涉及公共部门行使的"权利"时，法律将其"权利"定位于"权力"，强调了"权力"与公权力部门的职权相联系，并具有不可抛弃性。

为了更有效地体现经济法管理主体享有权力和承担义务与其职权、职责的关联性，中国的经济立法和经济法学创造性地提出了经济职权和经济职责的基本理论。然而，笔者认为，将中国宏观调控调控主体的经济职权和经济职责，统一理解为经济和社会职责，更能体现出社会主义市场条件下宏观调控及其法治的本质特征。

（一）强调宏观调控主体经济和社会职责，有利于巩固宏观调控的政治学基础

在中国社会主义条件下，一切国家机关和公共机构的政治学基础，就是全心全意地为人民服务。这是中国各项社会主义事业建设的基本的政治学基础。这是以毛泽东同志为核心的党的第一代领导集体定下的政治原则或政治规矩。它与西方经济学强调公权力部门参与经济活动的"经济人"假设有着本质的不同。这是因为，按照西方经济学的"理性经济人"假设，一切政党、政府及相关公共机构在参与经济活动时，也是"理性经济人"，也有自己的利益追求。但在中国社会主义条件下，一切党政机关和公共机构在参与经济活动时，不应当有自己的利益所求。这也是以习近平同志为核心的党中央，一直强调"不忘初心"，坚持为人民服务的政治、经济和社会发展的基本逻辑。为此，将宏观调控调控主体行使宏观调控权定位于职责，将有利于宏观调控调控主体在行使其法定的"权力"和履行其"义务"时，以履行"义务"或"职责"为基本出发点，既不能乱作为，也不能不作为，并始终处于人民的监督之中。为此，作为宏观调控的法定宏观调控之调控主体，无论是党中央的领导协调，还是全国人大及其常委会的立法与监督、国务院的主管、国务院宏观调控职能部门的管理、特殊宏观调控机构的权力的行使，以

及相关机构的依法参政议政，均要立足于国家利益与公共利益的保护，使全心全意为人民服务落到实处，促进市场经济和社会的健康发展。如果按照现有政策理解，就是在坚持"两个凡是"①基础上，宏观调控的调控协调机关或机构，必须肩负起自己应有的职责。不能把所有的发展事项都交由市场和社会自行解决。

（二）强调宏观调控主体的经济和社会职责，是社会主义经济和社会民主的体现

以行政法原理指导宏观调控及其法治的实现，体现出强烈的管理与被管理，调控与被调控的不平等的行政管制特点。行政法依据的法学、法律基本原理就是"权力本位"，但"权力本位"不符合中国宏观调控法治的理论和实践。这是因为，如前所述，虽然在中国宏观调控及其法治的实践中，有一些强制性因素，但是，按照经济和社会发展原理和规律，中国宏观调控及其法治实践中，更多的是协调因素的存在，这种协调，按照党的二十大精神，需要全方位、全过程的民主协商予以实现。它要求，党和国家机关及相关公共机构每出台一项宏观调控方面的政策和法律，均要广泛地征求各方面的意见。与此同时，对于不宜公开的文件，也要通过党内外内部途径征求意见，才能颁发施行。而且，即使对于已经出台的政策法律的修改、废除也要征求各方面的意见。这是社会主义经济和社会民主，在宏观调控及其法治中的体现。因此，中国的宏观调控及其法治不是由权力部门说了算，更不允许宏观调控权力部门肆意妄为。这是宏观调控政策法律制定实施正当性、合理性的基本保障。

---

① 此处的"两个凡是"是指，凡是市场能解决的问题，交由市场调节；凡是社会能自治的，交由社会自治。该"两个凡是"政策的提出，为区别国家宏观调控政策法律与市场调节和社会自治调整经济和社会关系，提供了基本的政策依据，体现了经济法及宏观调控法"适度干预"经济和社会的基本原理。

如果从历史发展的观点看，由于中国有两千多年的封建历史，"权力本位"有着深厚的封建特权社会基础。其弊端就是掌握公共权力的部门和具体的工作人员可能会公权私用，狐假虎威，欺压百姓，甚至利用公权力搞腐败，小则贪吃贪占，大则贪污受贿，触犯刑律。为此，改革开放以来，针对实践中存在的突出问题，党中央对党政机关和干部提出廉洁奉公的"八项规定"①。一定程度上治愈了一些长期存在的"顽疾"。而在政府层面，国家一直搞"放管服"改革，力图使政府及相关公共机构由管理型向服务型转变，并取得了相当的成效。强调宏观调控调控主体的经济和社会职责，将"权力本位"改变为"职责本位"，并施以严格的约谈、督察和问责制度，将有利于克服基于"权力本位"带来的种种弊端，使"权力"被关笼子里，并能够更好地达到使宏观调控公权力机关及机构清正廉洁的目的。

（三）强调宏观调控主体的经济和社会职责，有利于保护受控主体权利的实现

按照宏观调控原理及中国的实践，宏观调控的被直接调控主体必须坚决地贯彻执行宏观调控政策和法律。其具体表现为，对于党中央的决策和制度安排，各级党政机关必须贯彻执行；不能搞"上有政策，下有对策"，对自己有利的执行，对自己不利的就不执行，或变通执行，或搞选择性执法；更不允许做"两面人"，会上一套，会下另一套。其典型表现，就是各商业银行对中央银行相关机构确定的存贷利率必须执行。

然而，宏观调控目标的最终实现，还需要广大的被间接调控的企业、其他经济组织及居民的积极配合。而对于广大的被间接调控的企

---

① 2012年12月4日，中共中央政治局召开会议，会议一致同意关于改进工作作风、密切联系群众的八项规定。

业、其他经济组织及居民而言，除直接调控管制的部分外，大多数情况下，宏观调控的政策法律对其并非存在强制执行的效力。是否按照宏观调控政策法律的指引，决定自己的生产和消费行为，完全取决于相关优惠政策对被间接调控主体实现自身利益的吸引力。通常情况下，在宏观调控政策法律的引导下，被间接调控的企业、其他经济组织及居民会作出与宏观调控政策法律指引一致的选择。但如果不按照宏观调控政策法律指引行事，也不违反宏观调控政策法律的规定。在此方面，大量的事实体现于对宏观调控政策法律当中有关鼓励性规定的执行。典型的如，国家的宏观调控政策法律鼓励居民积极参与旅游消费，但是否参与旅游消费，取决于居民个人的消费能力及旅游消费的愿望。然而，被间接调控的企业、其他经济组织及居民可以不执行相关宏观调控政策法律的规定，不等于不享有宏观调控方面权利。对此，根据中国宏观调控政策法律的法治实践及理论研究，被间接调控的企业、其他经济组织及居民在宏观调控及其法治实践中应享有的权利，集中表现为六个方面：一是获得宏观调控知识的权利；二是获得宏观调控信息的权利；三是对宏观调控政策法律提出意见和完善建议的权利；四是获得各种优惠激励政策的权利；五是获得良好公共服务的权利；六是在宏观调控政策法律施行中，遭受损失时，有获得合理损失补偿的权利。[①]为此，改变"权力本位"的思维，在宏观调控及其政策法律的制定实施中，在引导被间接调控的企业、其他经济组织及居民生产消费的同时，赋予其应有的权利，是中国宏观调控法的一个重要特征，体现了宏观调控调控主体的职责性属性和特征。尤其是在出台国家产业政策法律时，必须考虑到，在执行该政策法律时，企业、其他经济组织及居民所受到的损害，并应当给予

---

① 董玉明：《中国宏观调控法基本问题研究——以改革开放40年政策法律分析为视角》，法律出版社，2019，第255—259页。

合理的补偿，并且在受到侵害时，有权要求获得国家赔偿。为此，专门出台了《中华人民共和国国家赔偿法》。

以上中国宏观调控法具有的特征，体现于中国宏观调控及其法治的实践当中，但迄今为止，相关的理论研究相对不足，需要完善。

第四章

中国宏观调控法的地位及相关理论

DI-SI ZHANG

通说认为，判断某一法律、某一类法律或法律部门的地位，主要是指某一法律、某一类法律或法律部门在本国法律体系中的重要性及其与相关法律的关系。就宏观调控法而言，它不是一个单项的法律，其作为经济法的重要组成部分，也不是一个法律部门，而是由发展规划法、产业政策法、投资调控法、财税法、金融调控法、自然资源保护法、涉外经济调控法及其相关法组成的某一类法律。并且，根据上一章的分析，中国的宏观调控法虽然主要体现于部门经济法领域，但也与其他法律有着密切的联系，在构建社会主义法律体系过程中，处于高端法的地位，因此，其重要性是不言而喻的。与此同时，按照法学原理，与宏观调控法地位相关的基本理论包括其法益目标与价值、功能与作用、基本原则等。本章对其予以逐一阐述分析。

第一节　宏观调控法源于党内法规和宪法的
　　　　　　最高依据

在中国现行的社会主义法律体系中，直接源于党内法规和宪法的并不多见。宏观调控法就有直接的依据。对此，在《党章》的总纲中明确阐述，"中国共产党领导人民发展社会主义市场经济。毫不动摇地巩固和发展公有制经济，毫不动摇地鼓励、支持、引导非公有制经济发展。发挥市场在资源配置中的决定性作用，更好发挥政府作用，建立完善的宏观调控体系。统筹城乡发展、区域发展、经济社会发展、人与自然和谐发展、国内发展和对外开放，调整经济结构，转变经济发展方式，推进供给侧结构性改革。促进新型工业化、信息化、城镇化、农业现代化同步发展，建设社会主义新农村，走中国特色新型工业化道路，建设创新型国家和世界科技强国。"①

与此同时，现行的《宪法》第15条规定，"国家实行社会主义市场经济。国家加强经济立法，完善宏观调控。国家依法禁止任何组织或者个人扰乱社会经济秩序。"宪法的这一规定表明，一是中国宏观调控制度的确立以中国共产党推行的社会主义市场经济体制为背景；二是完善宏观调控体系与加强经济立法相联系，宏观调控立法是经济立法的重要表现形式；三是通过法治维护宏观调控的经济社会秩序是国家最基本的经济社会秩序。此外，宏观调控法的宪法依据，还体现在现行宪法有关基本经济与社会制度、国民经济和社会发展计划的编制、审查批准与监

①《中国共产党章程·总纲》（2022年修订）。

督，以及国家预算决算的编制、审查批准与监督等方面。

上述《党章》和《宪法》的明确阐述和规定，为中国宏观调控及其法治的完善提供了最高依据。宏观调控各项法律制度的建立和完善，是《党章》阐述和《宪法》规定的具体化。宏观调控法与《党章》及国家宪法的关系是子法与母法的关系。"宏观调控"一词体现于《党章》和《宪法》之中，其足以说明，宏观调控法在中国社会主义法律体系中的重要地位，有关宏观调控及其法治，在国家法治治理体系中，具有宪治意义。

第二节　宏观调控法对行政行为的制约

如前所述，宏观调控法的调整对象是宏观调控关系，其主要规范的是中央党政机关和机构的宏观调控行为。其中的"政"，即是指中央政府机关，包括国务院及其部委与直属机关和机构。这些政府机关和机构，既属于经济法主体，也属于行政法主体，存在着经济与行政的叠加效应。其形式上的行政主体资格，导致其经济调控行为具有行政行为的属性，须遵守行政法的相关规定。但是，一旦宏观调控法规定的法律秩序及其行为准则与程序形成，就会对政府机关的经济行政行为形成制约的关系。首先，表现为授权关系，即宏观调控法通过全国人大及其常委会依法对政府宏观调控职责权限的配置，授权国务院及其部委和直属机关机构在法定授权范围内行使宏观调控权，尤其是根据经济改革的需要，授予其针对宏观经济的运行情况，享有相机抉择的自由裁量权[①]。

---

① 此种授权，较早的如，1984年9月18日，全国人民代表大会常务委员会通过《关于授权国务院改革工商税制发布有关税收条例草案试行的决定》。该决定提出，第六届全国人民代表大会常务委员会第七次会议根据国务院的建议，决定授权国务院在实施国营企业

其次，表现为限权关系。这种限权，主要表现为在授权的同时，通过制定权力清单，明确其宏观调控权力的边界，以预防政府机关宏观调控的不作为或乱作为。明确政府与市场的关系，使政府在发挥市场决定性作用的同时，履行好"经济调节、市场监管、公共服务和公共管理"四大职责，发挥好政府应有的作用。再次，通过规定党中央的领导监督权、全国人大及其常委会的监督权、全国政协及各民主党派的监督权、国家审计机关的监督权，以及社会组织的监督权，使政府宏观调控权关在"笼子"里，以防止公共权力的滥用。与此同时，对于中共中央和地方各级委员会及各民主党派宏观调控行为的制约，表现在两个方面。一方面对于党政机关而言，其宏观调控行为本身具有行政属性。另一方面就纯粹的中共中央及各民主党派而言，其宏观调控行为不属于行政行为，但也必须遵守宪法和相关宏观调控法的政策法律规定，遵守党内法规和纪律的约束。

还要注意的是，对于地方党政机关和相关机构而言，通常属于宏观调控法的被直接调控对象，属于行政机关、机构的部门，要遵守宏观调控法的规定，承担相应的经济和行政责任；属于地方党组织的承担党内法规所规定的责任。但在"党政同责"体制下，贯彻执行宏观调控法的责任，首先追究的是有关党政机关、机构及其负责人的政治和党内纪律责任，其次是行政责任，构成犯罪的移交司法机关追究刑事责任。并且在具体执行中，党内责任与行政责任及刑事责任之间不能相互替代。

上述分析表明，在规范党政机关宏观调控行为方面，行政法和经济法存在着交叉重叠关系，即竞合关系。在行政法看来，由行政机关依法

利改税和改革工商税制的过程中，拟定有关税收条例，以草案形式发布试行，再根据试行的经验加以修订，提请全国人民代表大会常委会审议。国务院发布试行的以上税收条例草案，不适用于中外合资经营企业和外资企业。

进行的宏观调控为行政经济行为，属于行政法的调整范畴；而在经济法看来，由行政机关依法进行的宏观调控为行政经济行为，名义上可属于行政法的调整范畴，实质意义上其行为属于经济法的范畴。其主要的理论依据在于这种宏观调控行为应当遵循的是经济规律，且在相关政策和法律文件中强调了行政强制行为的必要性前提，即只有必要时，才能使用行政强制。为此，2011年6月30日第十一届全国人大常委会第二十一次会议通过，同日中华人民共和国主席令第49号公布，自2012年1月1日起施行的《中华人民共和国行政强制法》（《以下简称《行政强制法》）规定：

为了规范行政强制的设定和实施，保障和监督行政机关依法履行职责，维护公共利益和社会秩序，保护公民、法人和其他组织的合法权益，根据宪法，制定本法。本法所称行政强制，包括行政强制措施和行政强制执行。行政强制措施，是指行政机关在行政管理过程中，为制止违法行为、防止证据损毁、避免危害发生、控制危险扩大等情形，依法对公民的人身自由实施暂时性限制，或者对公民、法人或者其他组织的财物实施暂时性控制的行为。行政强制执行，是指行政机关或者行政机关申请人民法院，对不履行行政决定的公民、法人或者其他组织，依法强制履行义务的行为。行政强制的设定和实施，适用本法。发生或者即将发生自然灾害、事故灾难、公共卫生事件或者社会安全事件等突发事件，行政机关采取应急措施或者临时措施，依照有关法律、行政法规的规定执行。行政机关采取金融业审慎监管措施、进出境货物强制性技术监控措施，依照有关法律、行政法规的规定执行。行政强制的设定和实施，应当依照法定的权限、范围、条件和程序。行政强制的设定和实施，应当适当。采用非强制手段可以达到行政管理目的的，不得设定和实施行政强制。实施行政强制，应当坚持教育与强制相结合。行政机关及其工作人员不得利用行政强制权为单位或者个人谋取利益。公民、法人或者其他组织对行政机关实施行政强制，享有陈述权、申辩权；有权依法申请行政复议或者提起行政诉讼；因行政机关违法实施行政强制受到损害的，有权依法要求赔偿。公民、法人或者其他组织因人民法院在强制执行中有违法行为或者扩大强制执行范围受到损害的，有权依法要求赔偿。

在行政强制的种类和设定方面，行政强制措施的种类：一是限制公民人身自由；二是查封场所、设施或者财物；三是扣押财物；四是冻结存款、汇款；五是其他行政强制措施。[①]行政强制措施由法律设定。尚未制定法律，且属于国务院行政管理职权事项的，行政法规可以设定除本法第9条第1项、第4项和应当由法律规定的行政强制措施以外的其他行政强制措施。尚未制定法律、行政法规，且属于地方性事务的，地方性法规可以设定本法第9条第2项、第3项的行政强制措施。法律、法规以外的其他规范性文件不得设定行政强制措施。法律对行政强制措施的对象、条件、种类作了规定的，行政法规、地方性法规不得作出扩大规定。法律中未设定行政强制措施的，行政法规、地方性法规不得设定行政强制措施。但是，法律规定特定事项由行政法规规定具体管理措施的，行政法规可以设定除本法第9条第1项、第4项和应当由法律规定的行政强制措施以外的其他行政强制措施。行政强制执行的方式：一是加处罚款或者滞纳金；二是划拨存款、汇款；三是拍卖或者依法处理查封、扣押的场所、设施或者财物；四是排除妨碍、恢复原状；五是代履行；六是其他强制执行方式。行政强制执行由法律设定。法律没有规定行政机关强制执行的，作出行政决定的行政机关应当申请人民法院强制执行。起草法律草案、法规草案，拟设定行政强制的，起草单位应当采取听证会、论证会等形式听取意见，并向制定机关说明设定该行政强制的必要性、可能产生的影响以及听取和采纳意见的情况。行政强制的设

---

① 《行政强制法》（2011年）第9条。

定机关应当定期对其设定的行政强制进行评价，并对不适当的行政强制及时予以修改或者废止。行政强制的实施机关可以对已设定的行政强制的实施情况及存在的必要性适时进行评价并将意见报告该行政强制的设定机关。公民、法人或者其他组织可以向行政强制的设定机关和实施机关就行政强制的设定和实施提出意见和建议。有关机关应当认真研究论证，并以适当方式予以反馈。①

此外，《行政强制法》还对政府实施行政强制措施和行政强制执行的程序进行了规定。

由上，根据《行政强制法》的规定，宏观调控法可以对行政强制措施和行政强制执行作出规定，或者授权政府行政法规作出规定。并且，其排除了政府通过规范性文件实施行政强制措施和行政强制执行的可能性。其蕴含着宏观调控法与行政法的基本关系，即宏观调控法对行政行为的制约关系。

第三节　宏观调控法对民商事行为的制约和保障

在市场经济条件下，《民法典》《公司法》《合伙企业法》《企业破产法》《海商法》等民商事法律是市场经济的基础法。民商法主要规范平等的自然人与自然人之间、法人与法人之间、自然人与法人之间的财产关系和人身关系。民商法作为私法，坚持民事主体行为的意思自治，对于涉及的财产关系（经济关系），强调自愿、平等、等价和有偿原则。无论是意思自治，还是自愿、平等、等价、有偿，其基本的逻辑

---

①《行政强制法》（2011年）第一章总则、第二章行政强制的种类和设定。

前提是，不得扰乱宪法和其他法律所确定的公共秩序，不得侵害公共利益，不得违背公序良俗。并且，宪法和其他法律对于民商法所调整的民事关系及其民商事行为的制约，不仅体现在民事关系的产生之初，也体现在对民事关系的后果的制约之上。这是因为，有些民事关系及其行为在产生之初，并不违反公共法律和政策，但在其运行过程中，当公共法律和政策发生不利于民事关系及其行为的修正或修订时，相关民事关系行为的继续及产生的结果必然因为与新的公共法律和政策发生冲突，进而会导致其无效民事关系及其行为结果的违法性。

就宏观调控法而言，宏观调控法属于典型的以公法为主兼顾私权利益的法律，对于民商事行为有着明显的制约效应。《中华人民共和国民法典》第8条规定，"民事主体从事民事活动，不得违反法律，不得违背公序良俗。"该条规定中的"法律"即包含以宪法、法律、行政法规和部门规章形式体现的宏观调控法。第9条规定，"民事主体从事民事活动，应当有利于节约资源、保护生态环境。"该条规定表明，民事主体的民事活动及其行为，必须遵守国家有关节约资源、保护生态环境的相关规定，其中包括宏观调控法中保护自然资源和环境调控的有关强制性规定。值得研究的是，从中国宏观调控法的实际运行来看，作为政策性法，宏观调控法中包括大量以非正式的法律形式体现的，党和政府的政策、规划、实施方案等文件对市场民事行为的引导和规范。这类政策性规范针对经济运行的变化而相机抉择，对既有民商事关系及其行为而言，可能是促进，也可能是禁止或限制性制约，因而对民商事关系的发展有着极大的影响。其正当性来自宏观调控机关或机构对于宏观经济形势的总体把控，以及宪法所确认的国家对自然资源的物权所有。其涉及公共秩序、公共利益、自然资源与环境保护，甚至国家的经济安全。因此，它们对于民商事行为而言，可视为"不可抗力"。在国家宏观调控政策、法律发生变化时，民商法所保护的民商事关系及其行为必须作出及时调整，否则，将会导致民商事关系及其行为的无效。在此方面，比较典型的是煤炭资源开采利用由"放"到"收"的政策演变对个人经营煤矿的影响。在20世纪80年代，基于仅靠原有的国有企业生产经营，无法满足国民经济发展的能源需要，国家推行了对煤炭生产经营的"国家、集体和个人一起上"的宏观调控政策，致使一些个人成为生产经营的主体，产生了一批"煤老板"，进而体现了国家对煤炭资源开采实行"放"的政策。但从21世纪初开始，国家根据形势的变化，又对煤炭资源开采实行"收"的政策，对煤炭资源开采实行整合的宏观调控政策措施。在此背景下，个人经营的煤矿不得不按照政策要求将资产转让于政府指定的国有煤矿。在这一历史进程中，对煤炭资源开采利用"放"和"收"的宏观调控政策的变化，对作为"煤老板"的市场行为有着直接的影响，属于"不可抗力"。

与此同时，从宏观调控法对民商事关系的保障角度分析，一是为了促进市场经济的发展，宏观调控法律制度的配置及其政策演变，应当尽可能优化市场经济发展的营商环境，减少不必要的行政干预，为民商事主体的市场行为创造条件，并尽量不减损民商事主体的利益。一旦出现减损情况，国家应当给予合理的补偿；二是为克服"市场失灵"，通过对市场的规制，弥补民商法的不足；三是通过宏观调控法的法治治理，严厉打击民商事不法行为，保护合法民商事主体的利益，维护良好的经济社会秩序；四是在民事诉讼及民商事与行政交叉诉讼的私法案件审理中，对于涉及的宏观调控政策的部分，应当建立司法审查制度，通过对宏观调控政策的合理性、合法性审查，保护民商事主体的合法权益。基于此，中外经济法学界的基本共识是，宏观调控法虽然总体属于公法，但必须兼顾私权利益，属于以公法为主，兼顾私权利益的"第三法域"。为此，宏观调控政策法律的实施，应当考虑到私权利益的保护。当基于宏观调控使私权利益受损时，应当予以合理的补偿，并且，在其

利益受到侵害时，应当予以国家赔偿。^①

上述的论证，说明了在当代宏观调控运行中宏观调控法与民商法的基本关系。

第四节　宏观调控法对市场规制行为的制约

市场规制法与宏观调控法是经济法的两个重要组成部分。从其基本功能来看，市场规制法的主要功能在于，通过《反不正当竞争法》《反垄断法》《消费者权益保护法》《产品质量法》《广告法》等的制定和实施，弥补民商法的不足，以解决"市场失灵"问题。而宏观调控法的主要功能则在于，通过发展规划法、产业指导法、投资法、财税法、金融调控法、价格法、自然资源保护法、对外贸易法等的制定和实施，建立起宏观调控法治秩序，对市场行为予以规范和引导，并通过对"政府干预的干预"，重点解决"政府失灵"问题。因而，在经济法领域，市场规制法和宏观调控法均有着各自相对独立的范畴。在市场经济条件下，无论是市场规制法，还是宏观调控法都应以市场经济的发展为基础，共同促进市场经济的发展。但宏观调控法对市场规制行为具有明显的制约。其主要原因在于，宏观调控中有关市场发展政策的制定和实施，对市场规制的力度有着直接的影响。

首先，宏观调控法治有关市场准入或负面清单的政策和法律把控，直接影响市场的规制。典型的如，对于以赌博为基础的"博彩业"的把控，各国宏观调控政策法律规定不尽相同，市场的发展亦不同。澳门回

---

① 张嘉骥：《宏观调控语境下的公民权益保护研究》，《政法论坛》2012年第3期。

归祖国后，中国允许澳门特别行政区继续发展"博彩业"，而在大陆地区，则允许"体育彩票"和"福利彩票"业的发展。

其次，当市场规制具体行为出现矛盾时，需要宏观调控政策的把控。典型的如，保护商业秘密虽然有利于企业自身的利益，但是其存在技术垄断问题，又不利于先进技术在市场中的广泛推广运用。如何把控其相互之间的关系？需要宏观调控政策、法律的制度选择。特别是，在对地方行政垄断予以坚决取缔的情况下，对于经济垄断问题，如何把控合理的垄断①与不合理的垄断，国家需要综合考虑国内、国际市场竞争的需要，在不同阶段，采取不同的政策。其核心问题，需要处理好竞争政策与反垄断的关系。2018年以来，针对网络领域及其民间金融社会资本扩张的乱象，为了保护社会公共利益，国家出台了打击资本扩张的政策，一些知名网络企业受到行政处罚②，对社会资本的无序扩张产生重大影响。2020年12月，中央经济工作会议要求"坚决反对垄断和不正当竞争行为""防止资本无序扩张"，使资本运作规范和促进企业合规生产经营成为今后的一项重要政策任务。总之，政府对市场行为的规制，要服从和服务于国家宏观调控战略的实施，而不能成为其发展的制度性障碍。

---

① 合理的垄断，是指国家政策法律允许的经济垄断。典型的如，根据2018年国务院出台的《政府投资条例》规定，本条例所称政府投资，是指在中国境内使用预算安排的资金进行固定资产投资建设活动，包括新建、扩建、改建、技术改造等。政府投资资金应当投向市场不能有效配置资源的社会公益服务、公共基础设施、农业农村、生态环境保护、重大科技进步、社会管理、国家安全等公共领域的项目，以非经营性项目为主。国家完善有关政策措施，发挥政府投资资金的引导和带动作用，鼓励社会资金投向前款规定的领域。由此，政府投资具有合理的垄断意义。

② 根据《反垄断法》规定，市场监管总局对阿里巴巴投资有限公司收购银泰商业（集团）有限公司股权、阅文集团收购新丽传媒控股有限公司股权、深圳市丰巢网络技术有限公司收购中邮智递科技有限公司股权等三起未依法申报违法实施经营者集中案进行了调查，并于2020年12月14日依据《反垄断法》第48条、第49条作出处罚决定，对阿里巴巴投资有限公司、阅文集团和深圳市丰巢网络技术有限公司分别处以50万元人民币罚款的行政处罚。

上述论证，大致反映了在部门经济法内部，宏观调控法与市场规制法的基本关系。

第五节　宏观调控法治对各项社会事业发展的影响

广义的社会事业是指在经济发展基础上，涉及公众事务及其利益的各项活动。广义的社会事业体现出明显的社会群团属性，其总体上说，具有公益属性。因而，社会事业应属于社会法的调整范畴。然而，事实上，在法律体系构建中，除民商法专门调整自然人之间、自然人与法人之间，以及法人与法人之间的民商事关系外。其他的部门法均可能涉及社会事业发展关系的调整问题。其范围除涉及通常意义上的"科教文卫体"事业发展外，相关社会群团组织的设立、变更与消灭，劳动与社会保障，社会救济与优抚，社会弱势群体的保护，以及司法体制机制的完善等均属于社会事业发展的范畴。总体而言，这些社会事业的共同特点表现为：在社会经济运行中，不产生生产关系，通常也不创造生产力，而是上层建筑的范畴，其发展的程度和水平，由一国的经济基础所决定。

就宏观调控而言，它是宏观经济调控的简称。因而，国家之宏观调控及其法治主要解决的是宏观调控的经济问题，即国民经济问题。只有国民经济实力增强，才能为社会事业的发展提供物质基础。且需要明确，国民经济发展的重要成果或落脚点就是社会事业的发展。世界上越是国民经济发展良好的国家，其社会事业发展也趋向良好，反之亦然。就中国的宏观调控及其法治而言，其基本的依据是按照宪法和组织法规定，由全国人大审议批准，并由国务院组织实施的《中华人民共和国国民经济和社会发展规划纲要》，以及由国务院有关部门出台的社会发展专项规划。典型的如，科技事业发展规划、教育事业发展规划、文化事业发展规划、健康医疗事业发展规划、体育事业发展规划以及民政事业发展规划等。其中，涉及各项社会事业发展的投资保障时，除动员社会力量投资外，通过宏观调控，从国民经济发展所获收益中拿出相当的部分，以财政投资、金融支持等方式，支持和保障各项社会事业的发展，是中国各项社会事业发展的重要经济基础。而且，在此方面，有关教育领域已经实现了按照GDP4%的比例予以财政投资的法定化。

与此同时，在中国，各项社会事业发展的主体，通常以"事业单位"或"事业法人"的形式出现，总体上体现了其"公益"的和非营利属性，以区别于以营利为目的的公司、企业和其他经济组织。然而，在事业单位的运行中，涉及一些可以与产业结合的方面，可以实现社会事业的市场化运行。典型的如，科技成果转化为生产力即形成科技事业的产业化；教育实施收费措施以及开展面向社会的各类培训并收费即形成教育事业的产业化；文化事业发展与大众娱乐及旅游结合形成文化事业的产业化；健康医疗事业针对社会富裕阶层需求推行较高收费形成医疗健康事业的产业化；体育事业发展进行面对大众的体育健身培训服务及体育竞技表演形成体育事业的产业化等。正因为如此，2018年3月23日，国家统计局根据国家质量监督检验检疫局和中国国家标准委员会新发布的《国民经济行业分类》（GB/T 4754—2017）有关三次产业、行业划分的标准中，在第三产业项下，科学研究和技术服务业涵盖研究和试验发展、专业技术服务业、科技推广和应用服务业；教育行业单列；卫生和社会工作涵盖卫生和社会工作两个行业；文化、体育和娱乐业涵盖新闻和出版业，广播、电视、电影和录音制作业，文化艺术业，体育和娱乐业；公共管理、社会保障和社会组织涵盖社会保障、群众团体、社会团体和其他成员组织等。

如果进一步细分，科学研究和技术服务业及研究和试验发展项下，又包括自然科学研究和试验发展、工程和技术研究和试验发展、农业科学研究和试验发展、医学研究和试验发展、社会人文科学研究。专业技术服务业包括：气象服务、地震服务、海洋服务（海洋气象服务、海洋环境服务、其他海洋服务）、测绘服务（遥感测绘服务、其他测绘地理信息服务）。质检技术服务包括：检验检疫服务、检测服务、计量服务、标准化服务、认证认可服务和其他质检技术服务。环境与生态监测包括：环境保护监测、生态资源监测、野生动物疫苗疫病防控监测。地质勘查包括：能源矿产地质勘查，固体矿产地质勘查，水、二氧化碳等矿产地质勘查，基础地质勘查，地质勘查技术服务。工程技术与设计服务包括：工程管理服务、工程监理服务、工程勘察活动、工程设计活动、规划设计管理、土地规划服务。在工业与专业设计及其他专业技术服务方面，包括工业设计服务、专业设计服务、兽医服务、其他未列明专业技术服务业。科技推广和应用服务业包括：技术推广服务（农林牧渔技术推广服务、生物技术推广服务、新材料技术推广服务、节能技术推广服务、新能源技术推广服务、环保技术推广服务、三维〔3D〕打印技术推广服务、其他技术推广服务），以及知识产权服务、科技中介服务、创业空间服务、其他科技推广服务业等。

在教育行业方面，包括学前教育、初等教育（普通小学教育、成人小学教育）、中等教育（普通初中教育、职业初中教育、成人初中教育、普通高中教育、成人高中教育、中等职业学校教育）、高等教育（普通高等教育、成人高等教育）、特殊教育、技能培训、教育辅助及其他教育（职业技能培训、体校及体育培训、文化艺术培训、教育辅助服务、其他未列明教育）。

在卫生方面，包括医院（综合医院、中医医院、中西医结合医院、民族医院、专科医院、疗养院）和专业公共卫生服务（疾病预防控制中心、专科疾病防治院〔所、站〕、妇幼保健院〔所、站〕、急救中心〔站〕服务、采供血机构服务、计划生育技术服务活动），以及其他卫生服务活动（健康体检服务、临床检验服务、其他未列明卫生服务）等。

在社会工作方面，包括提供住宿社会工作（干部休养所，护理机构服务，精神康复服务，老年人、残疾人养护服务，临终关怀服务，孤残儿童收养和庇护服务，其他提供住宿社会救助）和不提供住宿社会工作（社会看护与帮助服务、康复辅具适配服务）等。

在文化、体育和娱乐业方面，包括新闻和出版业（图书出版、报纸出版、期刊出版、音像制品出版、电子出版物出版、数字出版、其他出版）；广播、电视、电影和录音制作业（广播、电视、影视节目制作、广播电视集成播控、电影和广播电视节目发行、电影放映、录音制作）；文化艺术业（文艺创作与表演，艺术表演场馆，图书馆与档案馆，文物及非物质文化遗产保护，博物馆，烈士陵园、纪念馆，群众文体活动，其他文化艺术业；体育业（体育组织〔体育竞赛组织、体育保障组织、其他体育组织〕、体育场地设施管理〔体育场馆管理、其他体育场地设施管理〕、健身休闲活动、其他体育〔体育中介代理服务、体育健康服务、其他未列明的体育〕）。

在社会保障方面，包括基本保险（基本养老保险、基本医疗保险、失业保险、工伤保险、生育保险、其他基本保险）、补充保险、其他社会保障。

在社会组织方面，群众团体包括工会、妇联、共青团、其他群众团体，社会团体包括专业性团体、行业性团体、其他社会团体，基金会。宗教组织包括宗教团体服务、宗教活动场所服务。基层群众自治组织包括社区居民自治组织和村民自治组织。

上述社会组织行业类别的划分，体现了宏观调控法治对于各类社会事业产业的基本政策和规制，其突出的表现是对其社会组织机构代码的确定，以便使其合法地运行。但其存在的突出问题是未将"事业"和"产业"予以明确划分，进而导致事业和产业的混同。目前的制度安排是，确定为事业单位的相关社会组织可以结合自己的专业及社会需求，开展具有产业性质的"创收"活动，但创收的收益必须用于弥补事业发展公共经费的不足，而不能个人占有或集体私分，否则，即违反了财经纪律或法规，情节严重者将构成《中华人民共和国刑法》第396条规定的私分国有资产罪。为此，有观点认为，应当将第三产业中的非营利组织确定为第四产业，以便与营利组织相区别。[①]但有关事业单位的宏观调控改革方案则提出，事业的归事业、产业的归产业，并且以事业或企业名义履行政府职责的一律划归政府行政。从公务员制度改革来看，事业单位与社会团体组织主要享受财政支持的，视为参公单位，对事业单位和社会团体的职员参照公务员予以管理。

总之，宏观调控法治对于社会事业发展而言，不仅为产业、财政、金融方面发展提供支持，更为重要的是对有关产业、行业的定位及其发展战略的设计与政策制度安排。这一论证，说明了宏观调控法与社会法的关系，即一切社会事业发展均需要宏观调控政策及其法治的支持。宏观调控法中有关社会发展的政策法律制度安排，是社会法调整社会关系的基础。

[①] 第四产业是介于计划与市场之间的以国家行政作保障、以职能化公共服务为本质特征的"边缘产业"。以公共政策为主导、职能化公共服务为主要生产经营方式，以生产"公共产品"和"私人产品"为产业基础，是第四产业的主要特征。由于其生产关系亦即社会关系所具有的公共性特点，第四产业亦可称为公共产业。参见梁琦：《产业集聚论》，商务印书馆，2004。

第六节　宏观调控法对法治改革的保障

改革开放之初，中国在实施"以经济建设为中心"和"对内搞活，对外开放"的同时，特别强调了经济建设和法制建设"两手抓，两手都要硬"。为此，结合经济建设的需求，开始了大规模的立法，以便为"有法可依，有法必依，执法必严，违法必究"创造条件。与此同时，逐渐恢复和完善了宪法确立的司法制度，形成了以民事、行政、刑事诉讼三大诉讼法为主体的司法程序制度；逐渐完善了经济商事仲裁、劳动纠纷仲裁、农村土地承包纠纷仲裁、行政裁决与仲裁、国际商事仲裁等非诉讼程序制度。发展至1999年，在初步解决法律制度建设问题基础上，宪法明确规定，"中华人民共和国实行依法治国，建设社会主义法治国家。"①进而将"依法治国"确定为今后国家的一项长期发展战略。对此，按照法学原理，学界一致认为，国家强调法制建设与法治建设有着很大的不同，前者主要强调法律制度的建设，做到"有法可依"，而后者则侧重于对法律制度的执行，强调国家的法治治理。做到"有法必依，执法必严，违法必究"。在国家的法治治理方面，围绕法治建设中的各项改革，中国的宏观调控及其法治功不可没。其突出的表现，就是党和国家高度重视法治建设，陆续出台专门针对法治建设的宏观调控政策和规划，为法治建设的完善，提供了有力的政治和制度保障。例如，党的十八大以来，先后颁发《关于全面推进依法治国若干重大问题的决定》（中共中央，2014）《关于深入推进城市执法体制改

①《宪法》（1999年修正案）第13条。

革城市管理工作的指导意见》（国务院，2015）《转发〈中央宣传部、司法部关于在公民中开展法治宣传教育的第七个五年规划（2016—2020年）〉的通知》（中共中央、国务院，2016）《关于完善产权保护制度 依法保护产权的意见》（中共中央、国务院，2016）《社会主义核心价值观融入法治建设立法修法规划》（中共中央，2018）《关于开展扫黑除恶专项斗争的通知》（中共中央、国务院，2018）《法治社会建设实施纲要（2020—2025年）》（中共中央，2020）《法治中国建设规划（2020—2021年）》（中共中央，2021）《转发〈中央宣传部、司法部关于开展法治宣传教育的第八个五年规划（2021—2025年）〉的通知》（中共中央、国务院，2021）《关于加强新时代检察机关法律监督工作的意见》（中共中央，2021）《法治政府建设实施纲要（2021—2015年）》（中共中央、国务院，2021）《中央党内法规制定工作规划纲要（2023—2027年）》（中共中央，2023）等。

上述由中共中央单独，或由中共中央和国务院联合出台的政策性文件，从宏观调控角度对全国的法治建设改革提出了路线、方针、政策及具体的制度安排和规划措施，为中国实现"依法治国"的战略目标提供了政策法治依据。与此同时，其有力地促进着中国司法制度的完善，以及诉讼与非诉讼法部门法的建设。特别是2018年以来，普遍推行的监察委员会制、立案登记制、法官与检察官员额制、办案终身负责制、领导干部插手干预办案登记制，并大力推行各环节、各领域纠纷调解制，加强基层法治治理，进行打黑除恶刑事斗争，对中国的法治建设产生了重大影响，为法治改革与完善，提供了有力的宏观调控政策法律保障。

第七节　宏观调控法的功能和作用

通说认为，功能是指事物的有用性；作用是指一事物对其他事物及其环境的影响，并且作用有积极作用和消极作用之分。基于事物的功能与积极作用的关联性，事物的功能和事物的积极作用具有一致性。宏观调控及其法治是市场经济条件下的特定事物，按照功能与作用原理，宏观调控法的功能与积极作用亦具有一致性。

一、宏观调控法的功能和积极作用

根据中国宏观调控法的基本理论和实践，对宏观调控法的功能和积极作用，可做以下基本认识。

（一）确认宏观调控主体的地位及其权责

要使宏观调控开展起来，就要首先以政策和法律的形式明确宏观调控主体的地位及其权责。对此，根据前面的分析，宏观调控主体包括调控主体和被调控主体两大类。以市场原理，宏观调控的调控主体通常被定位于政府，而被调控主体则定位于公司、企业、其他经济组织以及居民等各类市场主体。根据中国的国情，宏观调控的调控主体首先是党中央，其次是全国人大及其常委会，再次是国务院及其宏观调控相关部委和直属机构。此外，根据宪法和组织法规定，全国政协组织和各民主党派中央为履行政治协商、参政议政、民主监督职能，其参与也必不可少。为此，中国宏观调控中的各调控机关、机构在宏观调控中的权责配置，需要宏观调控法予以明确规定。其主要包括自上而下的纵向权责配置和级别平行机关、机构之间横向权责配置。其中，纵向权责配置包括在党中央的领导协调下法律明确规定及上级对下级的授权。而横向权责配置则包括各级别平行机关与机构之间各自履行职责的范围以及涉及交叉调控领域时，各宏观调控职能部门的相互协调与配合。

而在被调控主体方面，确立企业、其他经济组织和居民等各类市场主体独立的生产、经营、服务与消费地位，使其在经济运行中脱离政府附属物的性质，成为能够"自主经营，自负盈亏"的经济实体和自由消费的市场主体，为市场经济发展奠定基础。为此，在改革开放初期的20世纪八九十年代，大力培育市场主体成为宏观调控部门一项重要的工作。此外，地方党政机关和机构以及相关的中介体也是重要的被调控主体。并且，与既有的宏观调控理论不同，中国的被调控主体，不仅包括被间接调控主体，也包括被直接调控主体。对此，考虑到各类被调控主体的权责及其权利和义务的制度安排，其必须在宏观调控政策法律的明确规定或授权和指引下，依法参与宏观调控。

（二）维护宏观调控秩序

维护经济和社会秩序是一切政策和法律的基本功能和积极作用。围绕国家发展战略目标的实现以及改革的需求，每一项政策和法律的制定和实施均意味着一种新秩序的形成。宏观调控法亦然。中国的宏观调控秩序发端于改革开放初期，至1992年党的十四大确定发展社会主义市场经济正式形成，并由1993年的宪法修正案立法确认。随着社会主义市场经济的深入发展，至今仍在不断完善之中。

需要说明的是，作为主要克服"政府失灵"的法，从一般原理上讲，宏观调控法所要维护的秩序主要是政府履行宏观调控职责的秩序。结合中国国情，宏观调控法所要维护的秩序表现为上述各党政机关、机构各自和他们之间履行宏观调控职责的秩序。因而，中国宏观调控法在于解决一切具有宏观调控职权的党政机关和机构的"失灵"问题。宏观调控法对于保障宏观调控党政机关、机构的宏观调控职权的正确行使有着特定的功能和积极作用。尤其是，在坚持党中央的统一领导方面，宏观调控法治的功能和积极作用突出。对此，自党的十八大以来，国家积极推行"中央统筹、省负总责、市县落实"以及"党政同责"新体制，使宏观调控及其法治的职能得以有效地发挥。

（三）保障市场经济改革的成果

对于中国而言，推进市场经济建设是社会主义制度的完善。它是一场深刻的自我革命，只有解放思想，突破原有计划经济时期遗留的一些制度性障碍，才能前行。其中，实行宏观调控及其法治，需要不断改进国家对经济的管理方式，在宪法、组织法和基本经济法律框架内，尽量放手交由市场调节；而在社会管理方面，也尽量实行社会自治。与此同时，要牢牢把握社会主义的发展方向，发挥社会主义制度的优越性，预防和克服市场固有的"市场失灵"。为此，就需要不断地进行一系列改革举措。而在改革举措实施中，通过宏观调控及其法治，及时把改革实践中成熟的部分，用法律的形式肯定下来，使改革成果得以巩固和发展。对于改革中尚处于试验阶段的举措，则可以采用宏观调控法特有的政策形式予以调节，维护改革秩序，不断以"立、改、废、释"及及时清理的方式进行调适，使改革的进程适应国内外经济和社会形势发展的要求，不断地纠偏，向好的方向转化。在该转化过程中，宏观调控法的功能和积极作用得以彰显。

（四）保障被调控者权益的实现

无论怎样的宏观调控，其最终目的都是要调动起市场经济发展的积极性，而宏观调控及其法治，除非常时期或特殊情况下施以强制外，主要起指导引导作用。在确认被调控的市场主体的独立自主地位的同时，要从政策法律层面保障其权益的实现。为此，按照宏观调控政策指引，国家进行了一系列的改革。

首先，通过产权制度的完善，在保持国家和集体所有的基础上，实行所有权与使用权、收益权分立的改革，推行用益物权制度，为市场主体发展奠定物权产权基础；其次，通过对经营权的确认，赋予市场经营者经营自主权，使其能够根据国家的宏观调控政策指引及市场的调节，由经理人自主决策经营；再次，通过劳动制度的改革，市场主体拥有了用人的自主权；最后，通过分配制度改革，在实行最低工资和社会保险制度以及"利改税"基础上，为市场主体实现利益最大化提供了条件。与此同时，通过政府部门的"放管服"改革，不断优化营商环境，促进市场主体的发展。在放开市场经营的基础上，通过产业指导目录、市场负面清单、市场监管、查处不正当竞争、反垄断等举措，遏制"市场失灵"和市场不法行为，保障市场经济健康发展。这些改革举措，对于保障市场主体权益、合理划分合法经营与非法经营具有特定的功能与积极作用。其主要通过完善民商法和经济法的各项制度来实现。

（五）促进对外经济贸易和合作

对外开放是中国改革开放以来一贯倡导的基本国策。实现对外开放的具体举措就是积极推进对外经济贸易和合作。为此，中国的宏观调控及其法治提供了有力的保障。尤其是中国于2001年加入世界贸易组织以来，更加快了与国际经济接轨的步伐。经过20余年的快速发展，中国一跃成为世界第二大进出口经济贸易国。与此同时，中国巨大的市场规模成为吸引外商投资的增长点。而中国实行"走出去"战略，倡导"一带一路"，积极参与国际经济新秩序形成的宏观调控，也取得了显著的成效。

然而，2018年以来，基于中美贸易战的发生以及公共疫情的影响，中国的对外经济贸易和合作受到一定的影响。但中国在世界上的经济地位牢固，经济向好的发展趋势不可阻挡。这一切，均得益于中国宏观调控及其法治功能与积极作用的有效发挥。

（六）保护有限自然资源，强化生态环境的改善

随着市场经济的深入发展，国家的经济实力得到大幅提升，但自然资源的消耗也在增加，一些自然资源濒临枯竭。为此，按照分类管控原则，国家对自然资源、能源的生产消费政策与法律的实施具有重要的实践意义，影响着自然资源的开采和利用。与此同时，生态环境的保护也越来越成为经济发展的基本要素，且其涉及的范围涵盖全世界，关系到人类命运共同体的生存和发展。为此，国家通过强力实施有利于生态环境保护的宏观调控政策与法律，对于改善生态环境有着积极的作用。

二、宏观调控法的消极作用分析

以唯物辩证法的观点分析，任何事物的发展均有两面性，宏观调控及其法治也不例外。这是探讨宏观调控法消极作用的理论基础。以往，人们常常主要关注的是宏观调控法的积极作用，而忽视其消极作用。事实上，宏观调控法的消极作用，不仅仅体现在宏观调控法治不力方面，而且，就其本身而言，可能存在一些潜在的负面效应。

（一）宏观调控法治干预过度化

强调国家干预的适度性，是经济法的一项基本原则，也是宏观调控法的一项基本原则。就宏观调控法治而言，可能存在干预的过度化问题。干预过度化的结果就是削弱了经济和社会发展的活力。从实践来看，这种干预的过度化，可能存在于两个方面。一是以宏观调控及其法治干预"市场失灵"时，可能存在过度化的问题，典型的如，市场政策的不恰当，导致应当市场化的未市场化，而不应当市场化的却施以市场化政策，进而产生市场之不良后果。改革开放以来，教育市场化、医疗市场化受到社会广泛批评即是突出的例子。二是以宏观调控法干预"政府失灵"时，可能基于对政府自由裁量权的过度禁止或限制，导致政府

宏观调控部门面对宏观调控形势的变化，不能及时有效地采取应对措施，影响了经济和社会发展。与此同时，宏观调控法治的过度化，还突出地表现为，在宏观调控政策措施执行方面，地方党政机关对中央宏观调控决策层层加码。因此，宏观调控及其法治应当特别强调经济法与宏观调控法国家干预经济的适度原则，一方面，通过"放管服"改革，尽量减少党政机关对市场的干预；另一方面，针对宏观经济运行的不确定性及其风险，赋予宏观调控部门相机抉择的必要监督权力，在可能发生宏观经济系统性风险时，能够全国一盘棋地及时出手，预防经济危机的爆发从而克服宏观调控法消极作用的出现。

（二）宏观调控信息的不准确与不对称性问题

在市场经济条件下，信息在生产要素中占有极其重要的地位。在微观领域，存在买卖交易双方信息的不对称问题，其主要原因有两点。一是法律上对企业"商业秘密的保护"，使拥有技术与知识产权优势的一方占据优势地位，构成了对另一方的信息不对称；在经营者与消费者之间，消费者对于产品与服务的信息掌握也是不对称的。二是一方市场主体的商业虚假陈述和行为，导致另一方上当受骗市场利益受损。前者为法律保护或默认，后者为法律禁止与打击。

然而，宏观调控信息作为国家调节国民经济和社会运行的重要资源，是否也存在信息不对称问题，是一个值得探讨的问题。宏观调控相关的信息由国家宏观调控机关与机构掌控，除涉及国家秘密、商业秘密和个人信息秘密的外，应一律向社会公开，以便引导市场主体作出正确的决策，进而为理论部门研究宏观调控提供依据。但属于不能公开的信息便会构成对使用信息的企业和个人产生信息不对称，更为重要的是一些信息除属于国家秘密、商业秘密和个人信息秘密不能公开外，存在内部掌控不能公开的范围，或公开时存在"内外有别"的情况，进而造成会计和统计信息失灵问题。从管理角度分析，该实际做法可能具有一定的合理性，但对宏观调控及其法治而言，存在功能和作用发挥的消极性。与此同时，作为一个复杂的宏观调控系统，要全面准确地掌握所有的经济和社会发展信息存在相当大的难度，特别是对于处于变动状态的宏观调控中涉及的诸如人口、土地、资本、市场消费等基本要素，要准确地掌握所有信息几乎不可能。为此，统计学上提出正常的误差率，并在统计法实践中重点打击虚假统计行为。然而，即使如此，由于管理成本较高，也很难保证宏观调控信息的完全准确性。而在会计核算领域，基于会计制度设计的不合理和滞后性，以及会计错误的发生，也会产生会计信息的合理失真问题。由此，在一定程度上影响了宏观调控及其法治功能与作用的发挥。国外如此，中国亦然。值得强调的是，当前，人类已进入大数据时代，宏观调控应用大数据处理技术为准确掌握宏观调控信息提供了便利，可能会在降低宏观调控信息误差率问题上有较大的进步，如果要获得基本准确的信息，除非国家下决心对某类宏观调控信息做到精准调控。然而，是否有必要让每个信息都十分准确，值得探讨。

（三）宏观调控政策法律实施对局部利益的损害问题

宏观调控政策法律实施要解决的是整体经济问题，涉及国家利益、全社会整体利益以及国家的可持续发展问题，因而，必然会涉及局部利益和整体利益实现的矛盾问题。在全国一盘棋和全国统一市场的体制机制下，局部利益的丧失与牺牲是不可避免的。在倡导个体服从集体、局部利益服从整体利益、全社会服从党中央指挥的基础上，对于个体或局部利益的损失，应当得到相应的补偿。然而，补偿是一种民法意义上的填补性措施，更为重要的是，需要考虑为宏观调控作出牺牲的微观市场主体和特定区域（地区）今后的发展问题。如果解决不好，就会造成社会经济秩序的混乱，并引发群体性维权上访事件。为此，实施宏观调控措施，导致微观市场主体和特定区域（地区）经济和社会利益受损时，有关保障微观市场主体生产生活权益和特定区域（地区）经济和社会利益的措施，必须同步跟进，使宏观调控及其法治措施的负面效应降低到最低程度。

第八节　宏观调控法的法益目标与价值

价值是事物的有用性。而法益目标应当是某项法律或某一类法律为调节某种利益关系而希望达到的具体目标。并且，法益目标与某项法律或某一类法律具体功能与作用的发挥有着密切的关系。其属于法学理论的基本范畴，又具有重要的立法与司法价值。就宏观调控法的价值而言，作为部门经济法最主要的组成部分，其基本价值与部门经济法的价值目标具有一致性。那就是，以保护社会整体利益为其价值目标，以区别于以主要保护公司、企业、其他经济组织以及公民个人个体利益为目标的民商法，区别于以主要保护社会群体利益为目标的社会法。

然而，在与行政法的竞合过程中，宏观调控法的实施会出现社会整体利益与政府部门利益及国家利益的冲突与协调。首先，在中国社会主义条件下，社会整体利益、政府部门利益及国家利益之间没有根本的利益冲突。在"为人民服务"根本宗旨和价值目标的准则下，具有一致性。这是因为，中国的政府是人民政府，中国是人民当家作主的国家，而社会整体利益的含义也是指全体人民（国民）的利益，且要求具有可持续性，不仅应当考虑当前利益，更要考虑长远利益。其次，如果具体到某些具体行为时，还是会有一些不同点的。这是因为，宏观调控法价值及法益目标的实现，总是由具体的代表机关、机构及其工作人员来代表或代理进行的。在宏观调控的具体实践中，不能苛求所有的代表机关、机构及其工作人员均能够全面理解社会整体利益的含义，他们会以政府的"部门利益"，甚至借用"国家利益"的名义，损害社会整体利益的实现。在此方面，由于政府部门在改革实践中长期处于政策决策前沿，因而其在宏观调控决策环节以及负责起草有关宏观调控方面的立法时，就有机会将"部门利益"的实现隐藏其中，有些与社会整体利益具有一致性，而有些则可能与社会整体利益不一致。因此，经济学和经济法上所指的"政府失灵"，就意味着政府所代表的利益，不一定与社会整体利益具有一致性，由此，才需要经济法和宏观调控及其法治予以调整、规范。对此，2014年党的十八届四中全会通过的《中共中央关于全面推进依法治国若干重大问题的决定》指出，"必须清醒看到，同党和国家事业发展要求相比，同人民群众期待相比，同推进国家治理体系和治理能力现代化目标相比，法治建设还存在许多不适应、不符合的问题，主要表现为：有的法律法规未能全面反映客观规律和人民意愿，针对性、可操作性不强，立法工作中部门化倾向、争权诿责现象较为突出；有法不依、执法不严、违法不究现象比较严重，执法体制权责脱节、多头执法、选择性执法现象仍然存在，执法司法不规范、不严格、不透明、不文明现象较为突出，群众对执法司法不公和腐败问题反映强烈；部分社会成员尊法信法守法用法、依法维权意识不强，一些国家工作人员特别是领导干部依法办事观念不强、能力不足，知法犯法、以言代法、以权压法、徇私枉法现象依然存在。这些问题，违背社会主义法治原则，损害人民群众利益，妨碍党和国家事业发展，必须下大气力加以解决。"由此说明，党中央对于法治建设中存在的突出问题，有着清醒的认识。也由此，分析社会整体利益、政府部门利益、国家利益以及某些公权力机关、机构行使权力所追求的"公益"目标时，不能简单地认为其具有一致性。要以所存在的问题为导向，分析现实问题中所暴露出的不一致性，并予以及时纠正，才能保障社会整体利益、政府部门利益、国家利益以及某些公权力机关行使权力所追求的"公益"目标的一致性。宏观调控及其法治应当重点治理那些以改革的名义，假借"社会整体利益""政府部门利益""国家利益"及其"公益"名义，谋取部门或个人私利的行为。

对于以上问题的认识，还要结合具体的法律来分析。例如，《价格法》规定，"为了规范价格行为，发挥价格合理配置资源的作用，稳定市场价格总水平，保护消费者和经营者的合法权益，促进社会主义市场经济健康发展，制定本法。"①由此说明，作为经济法之宏观调控法的典型形态，价格法的法益目标是"保护消费者和经营者的合法权益，促进社会主义市场经济健康发展"。这里所指的消费者和经营者的合法权益，不是指个别的消费者和经营者的合法权益，而是指所有消费者和经营者的合法权益。其具体的实现途径表现为，通过规范价格行为，发挥价格合理配置资源的作用，以稳定市场价格总水平的方式，实现宏观调控法促进社会主义市场经济健康发展的最终目标。由此，在经济法看来，有关消费者与经营者之间发生的消费纠纷，不能简单地将其视为一对一的民事行为，每一个消费者与经营者纠纷的合理处理，均会在宏观层面产生扩散效应，并影响着国家有关消费与经营相关的市场政策的出台和完善。

又如，《预算法》规定，"为了规范政府收支行为，强化预算约束，加强对预算的管理和监督，建立健全全面规范、公开透明的预算制度，保障经济社会的健康发展，根据宪法，制定本法。"②在这里，政府的收支行为属于典型的宏观调控行为。因此，通过规范政府收支行为，强化预算约束，加强对预算的管理和监督，建立健全全面规范、公开透明的预算制度，达到保障经济社会健康发展之目的，体现了宏观调

---

① 《价格法》（1997年）第1条。
② 《预算法》（2018年修正）第1条。

控法的保护社会整体利益的价值目标。

《中国人民银行法》规定，"为了确立中国人民银行的地位，明确其职责，保证国家货币政策的正确制定和执行，建立和完善中央银行宏观调控体系，维护金融稳定，制定本法。"[①]在这里，明确了中国人民银行的法律地位就是国家的宏观调控机关，其立法的目的就是保证国家货币政策的正确制定和执行，建立和完善中央银行宏观调控体系，维护金融稳定，与宏观调控法维护社会整体利益具有一致性。由此，《中国人民银行法》属于典型的宏观调控法。

第九节　中国宏观调控法的基本原则

从法学理论角度分析，法的基本原则是法学界通过对法律现象的研究所总结出的法律或某项法律制定和实施应当遵循的基本准则。例如，法的公平、正义准则被视为一切法律的基本准则。然而，从法律的实践来看，法的基本原则则是通过立法确定的某项经济或社会活动应当遵循的基本准则。该立法意义上的准则，不仅可成为特定法律调整对象实践的理论指导，而且可以在司法和仲裁实践中，当具体法律与行政法规规范不明确时，作为裁决、裁判的法律依据。由此，在立法结构上，基本原则往往成为一项重要的内容，并被视为某项立法的"灵魂"所在，因为立法中确定的基本原则，指明了法律制定和实施的方向，对于法律所调整的经济社会关系的发展起着"统领"的作用，具有重要的理论和实践意义。这是中国经济立法的重要经验之一。而在国外，也有对法的基

---

① 《中国人民银行法》（2003年修正）第1条。

本原则的研究。对此，有研究成果认为，在英美法系的学者看来，"法律原则是在那些具体法律规则无法涉及的条件中被重复和合法的引用，被奉为法律推理的权威出发点的一般训诫，或作为法律的其他规则和学说的基础来源的，法律的诸多规则或学说的根本真理或学说。"①

关于中国宏观调控法的基本原则，中国经济法学者进行了相应的探讨。该理论探讨，基于1992年以来中国推行社会主义市场经济体制，随之，中国经济法也由原来的经济组织法、经济管理法和经济协作法之三大体系，演变为宏观调控法、市场规制法和经济监督法的新三大体系。经济法学界在研究中国经济法基本原则基础上，有必要对宏观调控法的基本原则予以理论探讨，以便指导中国的宏观调控及其法治实践，先后形成了一些代表性观点，大致分为以下三个阶段：

一是在20世纪90年代中国刚刚实行市场经济时期，王守谕、弓孟谦于1995年提出了五原则观点，即总量控制原则、间接调控为主原则、协调调控原则、集中统一调权原则、政府调控行为规范化和约束原则。②同年，周永坤提出六原则观点，即宏观调控应遵循辅助性原则、社会利益原则、财产权原则、开放性原则、人民主权原则和合理性原则。③此后，1998年，李力出版《宏观调控法律制度研究》一书，其从宏观调控权的运行角度提出宏观调控权的运行应遵守权力制衡原则、辅助性原则、公共利益原则和依法调剂原则。④1999年，潘静成、刘文华等学者在其主编的《经济法》教材中主张四原则：平衡优化原则、有限干预原则、宏观效益原则、统分结合原则。⑤杨紫烜等学者在其主编的《经济法》教材中提出六原则观点：间接调控原则、计划指导原则、公

---

① 彭尧、何平：《宏观调控法基本原则之我见》，《台声·新视角》2005年第12期。
② 王守谕、弓孟谦：《宏观经济调控法律制度》，中国经济出版社，1995，第17—19页。
③ 周永坤：《宏观调控法治化论纲》，《法学》1995年第10期。
④ 李力：《宏观调控法律制度研究》，南京师范大学出版社，1998，第152页。
⑤ 潘静成、刘文华主编《经济法》，中国人民大学出版社，1999，第333页。

开原则、合法原则、适度性原则、稳定性与灵活性相结合原则。①其对宏观调控法的学习和应用影响较大。

二是进入21世纪以来的头几年，结合中国宏观调控及其法治的进一步完善，有学者提出宏观调控法的基本原则不能太多，应当集中表述，其主张一元论。代表性观点，有漆多俊等学者主张的宏观调控法的基本原则为维护社会总体利益、兼顾各方利益原则②；肖海军主张的宏观调控法的一元论原则，即社会整体利益平衡原则③；张守文等学者提出的三原则观点，比例适度原则、诚实信用原则、情势变更原则④；谢增毅提出的宏观调控职权和程序法定原则、维护国家宏观调控经济利益原则和宏观调控主体分工、协调三原则⑤；卢炯星等学者提出的五原则观点，资源优化配置原则、总量平衡原则、间接调控原则、统一协调原则、实现经济效益原则。⑥

三是2008年美国次贷危机引发世界性经济危机，使中国的经济法学者观察到宏观调控在避免经济危机中的重大作用。党的十八大以来，随着国家宏观调控政策法律的进一步强化及其效果的显现，经济法学界对宏观调控法的基本原则进行了进一步探讨。典型的如，胡志光结合金融危机中的"救市"法治化问题，提出中国宏观调控法应当坚持宏观调控决策集权原则、宏观调控权力制衡原则、维护受控主体者权利原则、保障宏观调控理性化运行原则、宏观调控手段法治化原则。⑦王新红认

① 杨紫烜等主编《经济法》，北京大学出版社、高等教育出版社，1999，第267—268页。
② 漆多俊：经济法基础理论，武汉大学出版社，2000，第171—179页。
③ 肖海军：《宏观调控法的调整原则》，《福建政法管理干部学院学报》2004年第1期。
④ 张守文：《宏观调控权利法律解析》，《北京大学学报》2001年第5期。
⑤ 谢增益：《宏观调控法基本原则新论》，《厦门大学学报（哲学社会科学版）》2003年第5期。
⑥ 卢炯星主编《宏观经济法》，厦门大学出版社，2005，第57—59页。
⑦ 胡志光、田杨：《宏观调控法基本原则新探——从金融危机中"救市"需要法治化谈起》，《重庆大学学报（社会科学版）》2011年第1期。

为，宏观调控"相机抉择"的固有特性决定了宏观调控行为具有多变的特点，不能给受控主体稳定的预期，使得宏观调控的效果大打折扣。将信赖保护原则作为宏观调控法的基本原则，并在该原则指引下建立信赖保护制度，不仅可以约束调控主体的行为，保护受控主体的合法权益，而且有利于达到受控主体的预期，提高宏观调控的绩效。宏观调控法之信赖保护原则，是公法上信赖保护原则在宏观调控领域的适用。宏观调控法之信赖保护原则可以分解为宏观调控政策真实性原则，有效保护原则，有限保护原则，预防为主、救济为辅四大原则。宏观调控法之信赖原则与比例原则是统一的，统一于追求宏观调控的社会总福利最大化；也是相互支持、互为补充的，比例原则为信赖提供了正当性支持，并影响信赖保护的方式；信赖保护原则为比例原则之比例考量丰富了需要考虑的因素。[1]吴弘主编的《宏观调控法学》认为，宏观调控法的基本原则为：权力限制原则、合理适度原则、维护调控对象权利原则和调控手段法定原则。[2]笔者，在系统总结改革开放以来，中国宏观调控政策与法律实践基础上，总结出中国宏观调控法的基本原则为：国家宏观调控管理机关从事宏观调控须遵守的基本原则。坚持中国共产党统一领导的原则；坚持社会主义方向，维护中国基本经济制度的原则；坚持市场决定和满足公共需求的原则；坚持国家适度干预的原则；坚持维护社会整体利益和国家利益的原则。[3]

总之，有关宏观调控法的基本原则，在理论的抽象定位上，莫衷一是。理论探讨空间较大。这是由不同学者对宏观调控法的基本原则的理解不同所致，也与中国宏观调控及其法治实践的逐步完善有关。但有一些问题需要明确。一是有关宏观调控法的基本原则，从全世界角度探

---

[1] 王新红：《论宏观调控法之信赖保护原则》，《南京社会科学》2016年第9期。
[2] 吴弘主编《宏观调控法学》，北京大学出版社，2018，第85—86页。
[3] 董玉明：《中国宏观调控法基本问题研究——以改革开放40年政策法律分析为视角》，法律出版社，2019，第1276—1277页。

讨与从中国社会主义市场经济角度探讨有着根本的不同。典型的如强调党的领导原则，是中国宏观调控法治实践的根本保障。二是对于宏观调控法的基本原则的理解，一定要分清是宏观调控法制定和实施的基本原则，还是法律所规定的宏观调控实践的基本原则，或者兼而有之。例如，强调宏观调控法的适度原则，意味着面对复杂多变的宏观调控形势变化，宏观调控法应当秉持法律保留的态势，把更多的宏观调控权授予政府及其职能部门"相机抉择"地调控。强调宏观调控的法定原则，不仅是指宏观调控的立法要按照《立法法》依法制定，也意味着宏观调控行为的法定化、法治化。而强调信赖原则，则主要从保护受控主体权益角度予以考量。尽管如此，宏观调控法立法结构中对基本原则的表述，已成为中国宏观调控立法的一项基本内容，需要不断地完善。例如，2021年4月29日第十三届全国人大常委会第二十八次会议通过的《中华人民共和国反食品浪费法》中，就明确规定，在反食品浪费问题上，"国家厉行节约，反对浪费。国家坚持多措并举、精准施策、科学管理、社会共治的原则，采取技术上可行、经济上合理的措施防止和减少食品浪费。国家倡导文明、健康、节约资源、保护环境的消费方式，提倡简约适度、绿色低碳的生活方式。"①在2021年4月29日第十三届全国人大常委会第二十八次会议通过的《中华人民共和国乡村振兴促进法》中，更是明确规定，"全面实施乡村振兴战略，应当坚持中国共产党的领导，贯彻创新、协调、绿色、开放、共享的新发展理念，走中国特色社会主义乡村振兴道路，促进共同富裕，遵循以下原则：①坚持农业农村优先发展，在干部配备上优先考虑，在要素配置上优先满足，在资金投入上优先保障，在公共服务上优先安排；②坚持农民主体地位，充分尊重农民意愿，保障农民民主权利和其他合法权益，调动农民的积

---

① 《反食品浪费法》（2021年）第3条。

极性、主动性、创造性，维护农民根本利益；③坚持人与自然和谐共生，统筹山水林田湖草沙系统治理，推动绿色发展，推进生态文明建设；④坚持改革创新，充分发挥市场在资源配置中的决定性作用，更好发挥政府作用，推进农业供给侧结构性改革和高质量发展，不断解放和发展乡村社会生产力，激发农村发展活力；⑤坚持因地制宜、规划先行、循序渐进，顺应村庄发展规律，根据乡村的历史文化、发展现状、区位条件、资源禀赋、产业基础分类推进。"①

①《乡村振兴促进法》（2021年）第4条。

第五章

宏观调控法的体系

DI-WU
ZHANG

体系是指由若干要素组成的某一事物的运行及其总体状态。体系分析的方法有利于完善事物内部结构及其运行。为此，体系分析的方法普遍应用于现代科学研究。法学亦然。但进行法学体系的分析，需具备一些基本的条件。一是以体系方法分析法律现象时，所分析的法律需要由若干要素组成，并且，这些若干要素之间，有着相互的关联性，单一的法律构不成体系。二是对体系构造的研究，可以判断出体系的总体状态及其完善程度，进而为完善法律体系和法学体系提出不断改进的对策建议。为此，根据法的要素的不同，可对法律现象作出法律规范体系、法律部门体系以及法学体系的分析。根据前面分析可知，宏观调控关系具有复杂性，以体系分析的方法进行研究，有利于促进我国宏观调控法进一步完善。为此，学界对宏观调控法的体系问题进行了探讨。①以下，结合实践予以阐述。

① 王健：《宏观调控法律体系构造论》，《法律科学》1998年第2期；卢炯星：《论创立和完善我国宏观经济法的法律体系》，《政法论坛》2001年第2期；徐澜波、张辉：《论宏观调控法体系的构成——兼论宏观调控法与财政税收法、金融法的关系》，载陈兴良主编《经济法论丛》，社会科学文献出版社，2013。

第一节　宏观调控法律规范体系

改革开放以来，随着宏观调控现象的出现，涉及相关宏观调控的法律规范散见于各项法律及政策性规范文件之中，构成了由宪法规范、上位法规范、下位法规范相互衔接以及政策规范性文件予以引导与落实的基本法律规范体系，具有鲜明的中国特色及其运行规律。

一、以宪法为核心的法律规范体系

宪法是国家的根本大法。我国宪法中有关宏观调控的规范，是宏观调控法的最高依据。

在宪法规定之下，按照《立法法》规定，全国人大及其常委会制定的典型的宏观调控法法律及其相关法律中有关宏观调控法的规范、国务院制定的宏观调控方面的行政法规及其相关行政法规中宏观调控方面的法规规范，以及国务院各部委制定的宏观调控方面的部门规章及其相关规章中有关宏观调控方面规范，形成了当前宏观调控法律规范体系的基本框架与结构。

在上述的法律规范结构中，各个法律规范要素的结构关系首先表现为，宪法规范具有最高的地位。任何宏观调控方面的法律、行政法规和部门规章，均不得与宪法规定相抵触，否则，即构成违宪。其次，在与宏观调控有关的法律规范形成中，法律、行政法规与规章之间，形成了上位法与下位法的关系。其遵循的基本原则为，下位法不得与上位法相抵触。具体来说，行政法规不得与法律相抵触，部门规章不得与法律、行政法规相抵触。这一基本立法规范原则，由《立法法》规定。其不仅适用于宏观调控方面的立法及规范，而且适用于所有领域的立法及规范。

从宏观调控法律规范制定的情况来看，在一些领域，基于改革的试验属性以及宏观调控关系的不确定性，在全国人大及其常委会制定法律的基础上，往往采取授权国务院及其相关部门出台实施条例或细则。并由此，法律采取保留措施，只就一些原则的必要的内容作出规范和指引，更为具体的法律调整则交由国务院及其相关部门以行政法规和部门规章的形式，作出更为具体的法律规范。也可以在法律未出台之前，先授权国务院及其相关部门出台条例、办法等相关规范。待条件成熟时，再上升到法律规范的高度，以避免宏观调控处于"脱法"的状态。

在以上分析的基础上，应用体系分析的方法，研究宏观调控法律规范的基本出发点。一是要研究既有的与宏观调控有关的法律规范体系中，各层级的法律规范是否存在下位法与上位法之间的抵触；二是国务院所属部门职权交叉时，各自制定的宏观调控方面的法律规范是否存在冲突及不协调问题；三是研究由于某领域宏观调控法方面的规范层级效力较低，是否需要提升其法律规范的效力，即是否需要由行政法规规范提升为法律规范，或由部门规章提升为行政法规规范，甚至，直接提升为法律规范。

还需要指出的是，一些法律文件属于典型的宏观调控法律文件，典型的如，《价格法》《预算法》《中国人民银行法》《中小企业促进法》《就业促进法》《乡村振兴促进法》以及各类税法，但大多数法律文件并不完全属于宏观调控法，而是主要规范企业内部行为及对外民商事行为的法。其中，有涉及宏观调控方面的法律规范。典型的如《商业银行法》《证券法》《保险法》系主要规范商业银行、证券公司、保险公司等特殊民事主体的法，但其中涉及宏观调控方面的法律规范，即使在《民法典》中，也涉及与宏观调控有关的法律规范。

二、宏观调控政策法体系

具有政策法属性是经济法不同于其他法律部门的特点。经济法的政策法属性突出地体现于宏观调控法领域。

在宏观调控法领域，依据《党章》的规定，中共中央负有领导全国宏观调控工作的职责，因而，中国共产党党中央有关宏观调控方面的政策性文件是宏观调控及其法治的逻辑起点，具有政治性、经济性和社会性。典型的如，每一次党代会政治报告提出的宏观经济政策及其经济社会发展战略定位，即党的路线、方针、政策是宏观调控及其法治的主要依据。而有关宏观调控方面的政策性文件则主要以决定、意见、规划，甚至实施方案等形式体现。有中共中央或中共中央办公厅单独制定的，也有中共中央与国务院或中共中央办公厅与国务院办公厅联合发布的。无论哪种形式，均代表了党和国家的意志，须全国人民遵循执行。而在这些政策性文件中，不仅仅是方向政策的意见，也有一些具体的制度创新，甚至是量化的目标与行为规范要求。这些规范要求，涉及宏观调控方面的，对于宏观调控行为具有约束力，成为宏观调控法律规范的组成部分。

与此同时，为了贯彻落实中央文件精神，也为了更好地实施宏观调控法，具有规范意义的国务院政策性文件，以及国务院所属部门出台的政策性文件，具有规范意义的决定、意见、规划、实施方案、各类标准、产业指导目录、权力清单、市场负面清单等，成为宏观调控法法律规范体系的组成部分，数量居多，体现了政府宏观调控应对复杂多变的宏观调控形势变化的自由裁量权。但这种政府自由裁量权的行使，不得与既有的宪法、法律、行政法规及规章之法律规范相抵触。

还要看到，在以政策行为主导的宏观调控实践中，属于探索性或实

第五章　宏观调控法的体系

验性的改革性指引或规范，中央在立法层面，需要采取谨慎的态度。而在地方性法规立法规范方面，可以"先行先试"，先行立法，待时机成熟时，再予以国家层面的立法规范。典型的如，有关数字经济的立法，在目前中央政策指引下，各地纷纷出台促进数字经济方面的地方性条例。这些条例是地方对中央政策的法律回应，但其是否属于宏观调控法的规范范畴；包括地方对于中央宏观调控政策法律的落实性法律规范，是否属于宏观调控法律规范的范畴，在学术界存在争议。但笔者认为，其不属于宏观调控法规范范畴，应属于中观调控法或地方调控法规范的范畴。由此，我国宏观调控法律规范体系结构可由图5–1表示。

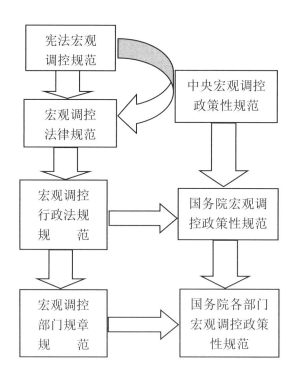

图5–1　宏观调控法律规范体系

总之，在法律规范体系方面，中国宏观调控法律规范体系在宪法规定下，由法律规范、行政法规规范和部门规章规范组成。与此同时，党中央的宏观调控政策是宏观调控及其法治的基本依据。在中央出台相关政策后，国务院及其部门也会出台一些落实性的政策性文件。这些政策性文件中的规范性内容，也属于宏观调控法律规范的范畴。但在具体实践中，总体上说，存在一个政策法律化和法律政策化的相互演变过程。并且，基于宏观调控的不确定性及其灵活性，完全法律化、法治化有相当的难度。中国如此，国外亦然。因此，政策性法律规范，指的是政策文件中的规范性规定，而不是所有的政策指引都是法律。

第二节　宏观调控部门法体系

在大陆法系，部门法理论具有重要的地位。部门法理论的要义在于将调整某一类社会关系的法称之为"某部门法"。基于中国法律传统意义上的成文法属性，以及在清朝末期引进西式法律时，主要参考了德、法、日等大陆法体系及其法治，发展至今，部门法的构造与分析，对于理解中国的法治具有重要的理论意义和现实意义。根据中国既有部门法体系的构造，既有的中国特色社会主义部门法体系主要由七大法律部门组成，即宪法及相关法、行政法、民商法、经济法、社会法、刑法，以及诉讼与非诉讼程序法。其中，通常认为宏观调控法属于部门经济法的范畴。这是当前理论与实务部门的基本共识。然而，在部门经济法之下，由于宏观调控法的法域范畴涉及规划计划法、产业指导法、投资法、财税法、金融调控法、价格法、计量法、标准化法、统计法、自然资源与环境保护法、对外贸易法及其相关法等，内容极其丰富，因而，就宏观调控法而言，每一类法又可以构成一个准法律部门或亚法律部门。为此，如何构建宏观调控法的部门法体系，成为宏观调控研究的一个重要问题。

对此，鉴于中国宏观调控的运行模式，中国采取了以价格调控、计量调控、标准化调控、统计调控、自然资源保护与环境调控等为基础，以发展规划与计划牵头及引导，以财税调控、金融调控为两翼，以其他调控为基础和配合的综合模式。为此，有关宏观调控部门法体系的构造，也应当以其为基本理论为指导构建，以便服务于宏观调控及其法治。

一、基础部门法的构造

在中国由计划经济体制向市场经济体制转型发展中，涉及一些经济基础制度的变革。其变革的基本方向是与市场化、国际化接轨，形成与对外开放政策相一致，并可以与国际上其他国家比对的，以及联合国所倡导的一些基础性制度。为此，1992年之前，为适应计划商品经济体制，已经进行了一些改革。1992年确定社会主义市场经济体制之后，开始了与国际规则的全面接轨。首先，《价格法》的出台。通过价格法的调整，在原有价格改革的基础上，确立了以市场价格为主的市场价格体制，同时，强调了国家通过对价格总水平的调控，实现宏观调控目标。其次，《会计法》《统计法》《审计法》的完善，确立了与国际通行的以"借贷记账法"[①]为主的会计核算方法以及统计核算方法，以便为宏观调控收集国民经济信息奠定基础。再次，按照国际标准，结合我国实际，对《计量法》《标准化法》等进行了修改完善。与此同时，通过物权法及相关知识产权法和自然资源法的制定，明确了一系列自然资源的产权、知识产权及其用益物权的保障，构成了宏观调控财产权利保障的

① 借贷记账法指的是以会计等式作为记账原理，以借、贷作为记账符号，来反映经济业务增减变化的一种复式记账方法。随着商品经济的发展，借贷记账法得到了广泛的应用，记账对象不再局限于债权、债务关系，而是扩大到要记录财产物资增减变化和计算经营损益。

基础。

值得强调的是，经过30多年市场经济的发展，中国经济得以快速发展，截至2022年底，GDP总额已经超过121万亿元，进出口总值首次突破40万亿元，连续6年保持世界第一货物贸易国地位。总体经济实力大大增强。然而，中国的经济发展也付出了巨大的自然资源消耗和生态环境代价。在新的历史条件下，加强自然资源保护和生态环境保护成为经济发展的一个重要条件。由此，笔者认为，有关自然资源和生态环境保护的法律规范，已经成为新时期宏观调控的一个基础性制度。

上述一系列法律形成了宏观调控法体系中的基础性制度或基础部门法，并且，随着市场经济的深入发展需要不断完善。之所以将其称之为基础性制度或基础部门法，主要原因在于这些法律制度或部门的构造是开展宏观调控所必不可少的。而基础部门法概念的提出，既可以总体上理解，也可以分解到对各项法律的释义之中，典型的如，就标准化的推进而言，就有国际标准、国家标准、行业标准，以及地方标准和企业标准的体系构造。

二、发展规划与计划法的构造

中华人民共和国成立以后，适应社会主义经济建设的需要，中国实施计划经济体制。1954年第一部宪法明确了这一基本制度。该法指出："从中华人民共和国成立到社会主义社会建成，这是一个过渡时期。国家在过渡时期的总任务是逐步实现国家的社会主义工业化，逐步完成对农业、手工业和资本主义工商业的社会主义改造。我国人民在过去几年内已经胜利地进行了改革土地制度、抗美援朝、镇压反革命分子、恢复国民经济等大规模的斗争，这就为有计划地进行经济建设，逐步过渡到社会主义社会准备了必要的条件。"该法规定，"国家禁止资本家的危害公共利益、扰乱社会经济秩序、破坏国家经济计划的一切非法行为。""国家用经济计划指导国民经济的发展和改造，使生产力不断提高，以改进人民的物质生活和文化生活，巩固国家的独立和安全。"全国人民代表大会决定国民经济计划。国民经济计划由国务院执行。[①]在此基础上，国家顺利完成了第一个五年计划（1953—1957）。此为中国计划经济的起点。

改革开放以来，实现了由计划经济向市场经济体制的转型。但以国民经济和社会发展规划及计划统筹国民经济发展的基本制度仍然保持不变。根据2018年新修正的《宪法》，国务院负责编制和执行国民经济和社会发展计划。"审查和批准国民经济和社会发展计划和计划执行情况的报告"仍然是全国人大的重要职权。且在全国人大闭会期间，由全国人大常委会审查和批准国民经济和社会发展计划。地方各级人大在本行政区域内，审查和决定地方的经济建设、文化建设和公共事业建设的计划。县级以上的地方各级人大审查和批准本行政区域内的国民经济和社会发展计划以及执行情况的报告。民族自治地方的自治机关在国家计划的指导下，自主地安排和管理地方性的经济建设事业。[②]由此说明，截至目前，按照宪法基本规定，用计划的方式组织管理国民经济和社会发展，仍然是国家的一项基本经济制度。

从实际运行情况来看，改革开放以来的国家计划主要包括了五级三类规划及年度计划。所谓五级指中央、省、设区的市、县（包括县级市）、乡（镇）五级[③]；年度计划为五年发展规划的分解性计划，其每年由国务院向全国人大提出上一年度完成情况报告及下一年度的计划，由全国人大审议批准后执行。所谓三类指五年国民经济和社会发展纲要

---

① "五四宪法"序言、第10条、第15条、第27条、第49条。
② 《宪法》（2018年修正）第89条、第62条、第67条、第97条、第118条。
③ 由于各地实行市管县体制，市、县计划，也可统称为"市县计划"。

及远景规划（计划）①、区域发展规划（计划）和专项规划（计划）。此外，还存在大量的规划与计划的实施方案。

从编制、审批、执行情况来看，按照《宪法》规定，由国务院负责编制，全国人大审议批准，再由国务院负责组织实施。但也存在中共中央直接行使规划与计划职责的情况。一是五年国民经济和社会发展及远景规划纲要草案，在国务院发展改革委组织有关部门起草编制基础上，经国务院审议报中共中央，由中共中央进一步审议后，通过纲要草案直接向全国人大提出方向性指导性意见；二是一些重要规划由中共中央或中共中央与国务院联合直接出台实施，而有关区域规划、专项规划、计划实施方案，则由中共中央、国务院直接出台，并组织实施，人大享有监督权。此外，改革开放以来，各类计划的变化，一是从"七五计划"开始，由原来的国民经济计划，变更为国民经济计划和社会发展计划，由此，社会发展计划单列，对于促进社会发展具有重大意义；二是从"十一五"计划开始，文本名称由"计划"更改为"规划"，虽然其实质上也是计划的一种形式，但其内容发生了一些重要的变化。其主要表现为：第一，更多地涉及市场政策与社会发展政策的指引；第二，大幅度减少计划（规划）指标的安排；第三，增加了各类规划（计划）中期评估调整的制度约束；第四，由于各种规划（计划）涉及产业政策的调整、项目及其资金的安排，计划调控—产业调控—投资调控就形成了一个体系，因而，计划法（发展规划法）、产业指导法、投资法也形成了政策法律体系；第五，强调了规划（计划）的法律效力及约束力。为此，各类规划（计划）中的规范性表述，实际具备了法律规范的条件，使其成为法律规范体系的重要组成部分。

2014年10月23日，中国共产党第十八届中央委员会第四次全体会议

---

① 该计划通常为五年计划。

通过《中共中央关于全面推进依法治国若干重大问题的决定》将制定和完善发展规划方面的法律法规列为加强重点领域立法的重点内容之一。由此说明，国家对计划（规划）在国民经济和社会发展中的统筹地位仍然采取坚持的态度，而不是要按照一些西化观点予以取消。中国实施的与市场经济发展相适应的规划（计划），也不像国外的一些应对性规划（计划）。它在国民经济和社会发展和宏观调控中处于牵头的地位，其他宏观调控手段的应用及其法治目标，都要服务于国民经济和社会发展规划及其计划。而人大代表通过审议国民经济和社会发展规划及其计划是人民当家作主的重要制度，体现了鲜明的中国社会主义特色。中国国民经济和社会发展规划及其计划体系及制度的构造，具有鲜明的政治属性、经济属性和社会属性。截至目前，在党中央的领导下，全国人民正在执行《中华人民共和国国民经济和社会发展第十四个五年规划和2035年远景目标纲要》。由十三届全国人大三次会议于2020年5月28日通过的《民法典》第494条第1款规定，"国家根据抢险救灾、疫情防控或者其他需要下达国家订货任务、指令性任务的，有关民事主体之间应当依照有关法律、行政法规规定的权利和义务订立合同。"由此确立了依据国家计划任务签订民事合同时，计划对于民事关系的制约。

三、财税法的构造

财政是为实现国家职能，国家应用政治权利和政策法律手段，参与国民收入分配和再分配活动的总称。财政的基本结构包括财政收入和财政支出两个方面。其中，在财政收入方面，税收是其重要来源。而且在市场经济条件下，税收成为国家财政收入的主要来源。为此，与宏观调控相应的财政调控、税收调控被学界统称为"财税调控"。与之相应的政策法律被称为"财税调控法"。其主要包括预算法、各类税法、国债法、转移支付法等，广义的还包括会计法、审计法等。由此，财税法以预算法牵头构成了财税法体系。

从财税法的发展历史来看，其古已有之。财税法随着国家职能的演变，越来越与国家的宏观调控密切相关。这是因为，在早期的财税法时期，财税法治主要是满足国家机构运行和国防建设之需要，财税法对于市场而言，基本采取的是除收缴税收以外的"不干预"政策。但随着现代国家经济和社会职能的日益增加，为满足其宏观调控需要、财政需要的资金呈现增长的态势，财政满足国家职能需要的方面日益增加。如果从财政资金的支出角度分析，财政资金对经济的投入，对于刺激经济增长具有明显的"杠杆"作用。而财政资金对于社会发展的投入，则具有公共福利和社会兜底的功能。

与此同时，由于财税调控参与国民收入的分配，其与居民个人和企业收入存在此消彼长的关系。因此，财税的过度化，可能会对居民个人和企业收入的产生侵蚀，进而引发社会的不满。由此，财税调控法的法益目标就是要按照经济法的原理，保持财税收入的适度性，保持财政支出的合理性，并用现代公共财政理论指导财税调控的实践。

从税收法治的实践来看，取得财政收入，满足国家职能的实现是其基本的目标。但是，通过税收调控调节经济的功能也十分明显。在第一次分配环节，通过商品税的增加或减少达到调节生产成本的目的，又保障了税收的基本来源；在第二次分配环节，又通过增加或减少所得税，平衡各种所得利益关系。此外，财产类税收的征收目的是促进财产的合理使用；资源环境保护类税的征收目的主要是解决资源收益级差，促进资源与生态环境的保护；涉外税收的征收则涉及国家主权的维护，等等。由此分析看出，现代税收制度宏观调控职能明显，属于典型的宏观调控法。

四、金融调控法的构造

金融是货币资金的融通。在当代社会以法定纸币为主要货币的经济条件下，货币融通的宏观调控具有重大意义。与此同时，货币资金的融通不仅涉及传统的以存款、贷款及结算业务为主的银行业，也涉及保险业、证券业、基金投资业及各类投融资和理财产品的健康发展。这些金融业和融资活动的发展，首要的功能在于按照国家的规划、计划及产业政策，为实体经济发展提供金融支持。其另外的功能在于脱离实体经济，提供货币与货币的交易，实现金融的内部循环，进而形成虚拟经济。在市场经济条件下，一定的虚拟经济有利于经济发展，但过度的虚拟经济就会引发经济危机，导致整个经济的不稳定。为此，国家对于金融的调节与控制不可缺少。

在当代，大多数国家的金融调控机关为中央银行。中国的中央银行为中国人民银行，其负责法定货币人民币的发行，并依法履行宏观调控职责。与此同时，对于银行业、保险业、证券业的市场监管，分别由银保监会、证监会负责。由此，形成了以中国人民银行法牵头，由商业银行法、保险法、证券法及其监管法组成的金融法体系。此外，还存在对政策性银行的规范、对外汇市场的调节等。金融一旦失控，对国民经济和社会发展的破坏性巨大，因此，国家对于金融调控应当以稳定币值为基础，灵活应用各种金融调控手段或工具调节经济。2017年党的十九大报告提出，为实现全面建成小康社会目标发起三大攻坚战，其中就包括针对化解重大金融风险的攻坚战。由此说明，金融调控及其法治在宏观调控体系中的重要地位。

还要看到，在我国宏观调控体系中，金融调控只有和财税调控相互配合起来，才能发挥其应有的作用。其表现为：一方面，财税调控的资金运行需要通过金融部门环节资金的运行才能实现；另一方面，国家在制定财税政策时，也需要和金融政策相互配合。通常而言，财税政策的实施具有直接性，例如，涉及财政补贴时，只要补贴资金到位即可发挥效应。但金融调控的许多政策落实则具有间接性、滞后性特点。国家对于金融机构的调控虽然是直接的（例如，利率调控），但其最终的被调控者则是金融机构所服务的对象，即金融消费者。而金融消费者是否按照国家宏观调控政策作出金融消费的选择，则是一个自主的抉择过程。

总之，在我国综合宏观调控法律机制下，规划计划调节牵头及引导，财税调控与金融调控形成两翼，来发挥宏观调控的作用。两者缺一不可，两者应当协调一致，以取得较好的效果。

五、其他法律的构造

我国综合宏观调控及其法治政策与手段及工具的应用具有普遍意义。在此基础上，国务院所属各部门所分管的相关行业也存在的一些特殊的法律构造，成为宏观调控法体系的重要组成部分。典型的如，在农业调控方面，除规划计划及财税、金融调控外，对于耕地和基本农田的特殊保护及农产品安全的调控，体现了农业调控的特殊性；又比如，在教育部门负责的高等教育调控方面，有关高等学校学科专业设置的调控，则属于高等教育调控的特殊方面……，各行各业都有一些自己领域的特殊调控情况，需要纳入宏观调控法体系。

综合以上分析，笔者认为，与中国综合宏观调控体系相适应，中国的宏观调控法体系可用图5-2表示：

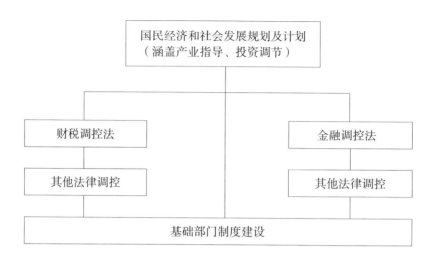

图5-2　中国宏观调控法体系构造图

第三节　宏观调控法学体系

法学体系是指法学学科专业内部，由各个独立或相对独立学科所构成的学科体系。法学之学科体系主要由法理学（法哲学）、法史学及一系列部门法学所组成，经过300多年的演变形成了具有自己独立范畴的学科体系。并且，随着社会的不断进步，扩展到法学与其他学科的交叉领域，经济法学就是这样的学科。在当下中国，经济法学研究的范畴被学界界定为宏观调控法、市场规制法和经济监督法三大法域，构成了经济法学体系的基本框架。与此同时，在经济法学之下，鉴于宏观调控法法域涉及的内容众多，形成了若干相对独立的学科，进而构成了宏观调控法学体系。

一、宏观调控法基础理论的构造

宏观调控法的基础理论主要源于法学基础理论和经济学基础理论。同时涉及政治学、管理学和社会学的一些基本原理。

第一，从法学基础理论来分析，中国社会主义法治理论对于宏观调控法的基础理论具有普遍的指导意义。法学基础理论中，有关法的概念、法制、法治及基本范畴的界定是宏观调控法得以成立的基本依据。但与此同时，宏观调控法的基础理论要在法的基础理论上，结合宏观调控法的实际有所创新。还有，宏观调控法被划分为部门经济法的组成部分，因而，经济法学基本理论对于宏观调控法基础理论的形成有着重要的影响。由此形成法学基础理论—经济法学基础理论—宏观调控法基础理论的学科研究逻辑与框架结构。典型的如，在法学基础理论中，特别强调法的权利义务的基本属性。在此基础上，经济法基础理论将其具体化为经济权利和义务，并根据经济法的基本价值追求，即保护社会整体利益，将权利义务关系定位于"社会本位""义务本位"，并特别强调经济法领域法律主体的"责权利效"的一致性。而在宏观调控法的基础研究中，则提出了国家责任说，并且将国家及其代表国家行使管理、协调的党政机关及其相关机构的权利义务统称为"职责"，进一步深化了法的有关国家权利义务的学说在宏观调控法领域的应用。其基本的要义，强调了在社会主义市场经济条件下，党和国家不能把国民经济和社会发展的所有事务均交由"市场决定"，必须不辜负人民的信任，肩负起自觉地履行组织、管理、协调国民经济和社会发展的重任。一方面，面对激烈的国际竞争及中国的实际，把握好中国的发展战略，使人民看到国家发展的方向；另一方面，对于"市场失灵"要积极应对，采取有效的宏观调控措施，克服市场自发发展导致的经济和社会危机，使国民经济和社会得以健康、稳步、持续地发展。这是宏观调控及其法治理论中最核心的内容，也体现了在中国共产党统一领导协调下，宏观调控及其法治的必要性和可行性。

第二，经济学的基础理论对于经济法学以及宏观调控法学体系的构建具有重要的影响。中国目前的经济学基础，首先源自马克思主义的政治经济学。马克思主义的政治经济学，特别是马克思《资本论》中有关商品经济条件下，对资本主义社会资本运行的规律极其有力的批判，至今仍然是指导中国商品及市场经济发展的总的指导思想。改革开放以来，中国引进了现代西方经济学。现代西方经济学构造了现代市场经济的基本范畴和理论，对于现代市场经济规则体系构造起着基础性作用。

为此，中国要发展市场经济，就要借鉴在国际上通行的一些经济范畴，因此，有必要大规模地学习西方经济学。然而，无论是传统的马克思主义的政治经济学，还是现代西方经济学，均要与中国特色社会主义市场经济的建设实际相结合，需要一个消化、吸收、扬弃的过程。马克思主义的原理需要和中国革命和建设相结合，实现马克思主义的中国化；现代西方经济学，也需要中国化。然而，当经济学与法学相结合时，既存在范畴共用问题，也存在范畴差异问题。其中，在范畴共用方面，法学、经济法学及其宏观调控法学基础理论，在涉及商品、市场、资本、劳动力、宏观经济、微观经济等基本范畴时，更多地直接借用经济学的基本范畴，而不是像民法、刑法等传统法学一样形成自己独立的具有自洽性的范畴和理论体系。特别是在经济法学及其宏观调控法学主体理论的构造中，经济法及其宏观调控法主体的范畴界定，不需要自己再创造一类新型主体，而是直接借用经济学或经济政策中对经济主体的称谓。这是因为，诸如企业、消费者、个体户、承包户等称谓已经为大众所熟悉，经济法及其宏观调控法没有必要再重新创造一些主体，并增加管理成本。这体现了经济法及其宏观调控法范畴上的开放性，符合经济学强调的社会效率（效益）原则。与此同时，中国经济法学及其宏观调控法学未采用现在西方经济学中重点强调的"经济人"概念，仅仅把"经济人"原理作为分析问题的工具，以及侧重从经济权利和义务以及职权、职责的合理配置上做分析，体现了法学、经济法学以及宏观调控法学与经济学范畴界定上的差异性。在西方经济学来看，无论是政党，还是政府，只要涉及经济问题均可以是"经济人"，均有其利益所在。但在中国社会主义条件下，无论是中国共产党、各民主党派、人民政府以及其他公权力机构，一项基本的政治准则就是全心全意地为人民服务，一切公权力机关或机构，在管理、协调公共经济和社会事务中，不应当有自己的私利存在，也不能成为所谓的"经济人"，且决策与管理也不能为一些利益集团或资本势力所把控。因此，所谓西方经济学中有关"经济人"分析工具只适用于对市场经济主体的分析，不适用对我国党政机关及其他公权力机构进行分析。

第三，在经济法学及其宏观调控法学的构造中，还涉及对政治学、管理学以及社会学原理的应用问题。其中，经济法学及其宏观调控法学与政治学的结合，反映了在中国社会主义条件下，经济法学及其宏观调控法学的构造，必须坚持"四项基本原则"，服务于国家政治。经济法学及其宏观调控法学与管理学的结合，要符合现代管理学的一些基本原理，典型的如，对过程性管理和秩序性管理的基本分类。而在涉及对社会发展的管理和协调领域，经济法学及其宏观调控法学应当遵循社会发展的基本规律及其原理，典型的如，对社会问题范畴的基本定位、对社会保障的基本规律的遵循等。

二、国民经济与社会发展规划与计划法学的构造

在中国社会主义条件下，以国民经济和社会发展的规划与计划方

式，组织国民经济和社会发展，在国家宏观调控法中处于牵头或导向的地位。计划经济时期如此，市场经济时期亦然。只不过，在推行市场经济阶段，更多地强调国民经济和社会发展要以市场为基础，更多地强调了国民经济和社会发展规划与计划的政策属性及其必要的指标任务安排。这是国民经济和社会发展规划与计划学以及其法学成立的实践基础。在此情况下，国民经济和社会发展规划与计划法学重点阐述了国民经济和社会发展规划与计划法的基本理论、国家责任、国民经济和社会发展规划与计划法律关系中各方的权利义务、职责、职权，以及规划与计划法律制度等。值得强调的是，有人会提出疑问：强调国民经济和社会发展规划与计划法学的构建，是否与发展市场经济相矛盾，是否会回到原来的计划体制？答案是否定的，这是因为，发展社会主义市场经济并不是不要国家的发展规划与计划，而是要更好地实施与市场经济发展相适应的计划及其法治。事实证明，即使在西方资本主义条件下，为了发挥国家组织管理国民经济和社会发展，也不乏会有一些国家规划与计划的安排，只不过其不作为基本的经济制度而已。在中国，国民经济和社会发展规划与计划及其法治，体现了鲜明的中国特色，且取得了成功，因此，必须坚持下去。通过总结国民经济和社会发展规划与计划及其法治的基本原理及其运行规律，构建国民经济和社会发展规划与计划法学是中国经济法学界及宏观调控法研究学者的历史使命，也是宪法及相关研究学者的历史使命。

三、产业指导与投资法学的构造

在保持国民经济和社会发展规划与计划的牵头及引导作用基础上，引进国际上通行的产业政策指导并影响市场投资，是中国改革开放的一项重要经验。产业政策指导形成了一系列产业政策法。产业政策法不仅从宏观调控角度涉及一国或一地区三次产业的合理布局；而且，从微观指导方面，涉及企业行业的禁业、限业及鼓励投资方向。因而，会形成"国家调节市场，市场引导企业"的现代化发展模式，产业指导与投资法学的构造，将会为国家合理地制定和实施产业政策，引导市场健康发展，提供坚实的理论基础。

四、财税法学的构造

财税法学是以财政税收法现象为研究对象的学科。将财政与税收相结合，主要突出税收在财政体系建设中的地位和作用，是中国财税法学界的创新。由于财政与税收手段是宏观调控的主要手段之一，财税法学可以成为宏观调控法学体系的重要内容之一。与此同时，由于财税法有其相对独立的范畴体系，使财税法学又可以成为一个典型的领域法学。目前，财税法的教学，既是经济法教学中的重要内容，也可以成为经济法学的配套性学科。其中，鉴于税法有其独特的范畴体系，又可以独立构造成"税法学"或"财税法学"。然而，当财税法学或税法学作为法域学科独立成立时，如果作为经济法或宏观调控法的配套学科，应更多地从"国家主义"视角出发，阐述国家应用财政与税收手段调节经济和社会关系的基本原理。但如果从财税法或税法成立的历史缘由来看，则更多地从"人民主义"视角出发，更多地强调财政与税收法律关系中，对人民或纳税人权益的保障，以便遏制政府财政税收权力的滥用。由此，宏观调控法学体系中讲的财税法学，应当是从"国家主义"视角出发，并兼顾"人民主义"与人民权益的保障。

五、金融法学的构造

金融法学是以金融现象为研究对象的学科。金融法学涉及的金融现象及其法治涉及金融调控、金融监管和商事金融及其法治三大领域。金融法学有其相对独立的范畴，使其可以成为领域法学的基础。但其所涉及的经济法或宏观调控法问题集中体现在金融调控法和金融监管法方面，而商事金融则主要涉及民商事关系及其法治。在现代社会，商事金融活动，不仅受到金融调控的制约，而且必须接受国家的金融监管，还要考虑金融活动的健康发展涉及国家金融安全，为此，金融法学亦可称之为金融调控法学，使其成为宏观调控法学体系的重要内容。

六、环境与资源保护法学的构造

从目前中国的法律体系构造来分析，自然资源保护法属于部门经济法的范畴，环境保护法则属于行政法的范畴，环境与资源保护法学属于一门独立的学科。因而，学界认为，环境与资源保护法学属于典型的领域学科。该学科将自然资源保护与环境保护相联系，突出自然资源保护与环境保护的关联性及其基础地位，这是因为，形成三大环境污染（大气污染、水污染、固体废弃物污染）的主要原因在于人类对自然资源的不合理利用。如果从宏观调控法角度理解，既有的各项环境保护法和自然资源保护法立法众多，以环境保护法为牵头，构成了内在的逻辑体系，且在对环境污染的控制上体现了明显的"以控制为主，以协调为辅"的宏观调控模式。另外，在法治实践中，国家在不同时期有关环境与资源保护的宏观调控政策的实施，对于有效地执行环境与资源保护法有着积极的推动作用。因而，将环境与资源保护法学纳入宏观调控法学体系的范畴，能更好地体现中国宏观调控法学的内涵与外延。

七、涉外经济调控法学的构造

涉外经济关系与国际经济关系相交叉，又与国内经济关系相联系。涉外经济关系的核心是国家对涉外经济关系的调节和控制。因此，涉外经济法学也可以被称为"涉外经济调控法学"。其基本的法律知识构造涉及三个方面：一是对国外资本吸引与规范的涉外投资法；二是对本国企业对外国投资的指引和规范；三是对常规性的对外贸易行为的规范和引导。涉外经济调控法学的创立，与目前法科普遍开设的国际经济法相交叉。但其创设，有利于从宏观调控及其法治角度，更深入地把握中国涉及经济关系法治的性质、任务、方向及调控模式。

以上是与宏观调控法学密切联系的一些重要学科，其在宏观调控法基础理论指导下，构成了中国宏观调控法学的体系。但事实上，只要某一类宏观调控法或与宏观调控相关联的相关法的知识要素符合体系要素，体现了法律调整的综合性、政策性，均可以独立地构成一门学科，典型的如：价格法学、能源法学、科技法学、教育法学、体育法学等。

第四节　宏观调控法的法典化

世界各国法律体制对于成文立法而言，无论是大陆法系，还是普通法系，拟或是其他法系，当某一法律涉及的领域比较广泛，且有一定立法基础时，为了更好地整合法律资源，避免法律政策冲突，即有必要在既有立法基础上进行法典化的立法资源整合，以便于突出某一法域立法需要解决的基本问题，并在相关立法中统一思想，一体遵行。而对于部门法而言，实现法典化的立法目标，是该部门法走向成熟的标志性成果，有利于推进国家的法制建设。这是立法发展的一个基本规律，也是某一法律部门或法域体系化的重要表现。

改革开放以来，中国法治建设的基本路径，一方面，有些部门法一开始就通过法典化的立法方式体现，典型的如宪法、刑法及诉讼法；另一方面，在涉及经济关系的法律调整时，则采取了渐进式法典化的立法路径。比如，民法典的制定路径，先后经过《中华人民共和国民法通则》《中华人民共和国民法总则》以及各单项立法，而后，最终于2020年形成具有中国社会主义特色的《中华人民共和国民法典》。与此同时，早在1986年出台《中华人民共和国民法通则》时，经济法学界即向国家提出出台《经济法纲要》的建议，以便协调民商法和经济法的关系。①至2020年《中华人民共和国民法典》颁发前，中国经济法学界又重提经济法典的制定问题。其中，广东省法学会经济法学研究会，在程信和教授的倡导和主持下，起草了《中华人民共和国经济法典（草案稿）》②。经济法学界对之进行了几次专题研讨。与经济法相关的《生态环境保护法典》以及《税法总则》的立法正在按照全国人大常委会法制工作委员会的安排，加紧起草。

与此同时，有关宏观调控基本法的立法问题研究，进入经济法学界

---

① 1986年4月，全国人大通过《民法通则》前夕，中国经济法学界前辈杨紫烜、潘静成、刘文华、徐杰等向全国人大提出制定《中华人民共和国经济法纲要》的建议。对此，全国人大虽然没有接受，但在讨论《民法通则（草案）》时，全国人大常委会秘书长、法制工作委员会主任王汉斌指出，"民法主要调整平等主体间的财产关系，即横向的财产、经济关系。政府对经济的管理，国家和企业之间以及企业内部等纵向经济关系或者行政管理关系，不是平等主体之间的经济关系，主要由有关经济法、行政法调整，民法基本不作规定"。由此，澄清了中国社会主义法律体系中，在调整经济关系问题上，民法、经济法和行政法的关系。参见王汉斌：《关于〈中华人民共和国民法通则（草案）〉的说明——1986年4月2日在第六届全国人民代表大会第四次会议上》。
② 程信和：《经济法通则原论》，《地方立法研究》2019年第1期。

的研究视角，研究学者先后发表了一些成果。^①其中，在2000年，北京大学杨紫烜教授作为全国人大代表，联合一些人大代表向全国人大常委会提出出台《宏观调控法基本法》的立法建议^②，使宏观调控法的法典化成为经济法法典化的一个重要的选项。

总之，法典化成为当前及今后中国立法的一个重要的趋势。但在中国法学界，反对法典化的观点，也比较鲜明，其基本理由是当代社会处于经济和社会快速变革的时代，特别是人类进入智能化的大数据时代，变化的因素太多，因而，不适宜法典化。法典化的固化作用，不利于法律适应灵活多变的经济社会发展。但随着国家立法整体上向法典化迈进，有必要结合新的形势需要，对宏观调控法的法典化问题做进一步探讨。

一、宏观调控法法典化的性质及必要性分析

中国宏观调控法被定位于社会主义法律体系之部门经济法，因而，一般意义上讲，出台中国宏观调控法典是中国经济法法典化的一个渐进立法的选择。这是中国法学界及经济法学界的普遍共识。但是，如果从中国宏观调控法实际运行情况来看，中国宏观调控法的法律资源现状涉及宪法及相关法、行政法、经济法以及社会法及大量的

---

① 经济法学界有关宏观调控法典化问题的探讨，参见杨心明：《论宏观调控基本法》，《政治与法律》1995年第2期；徐孟洲：《对制定〈宏观经济调控法〉的构思》，《法学杂志》2001年第3期；徐孟洲：《再论宏观经济调控法——制定〈中华人民共和国宏观调控法〉的意义与框架设计》，《经济法研究》，北京大学出版社，2001；王曦：《我国宏观调控基本法的立法研究》，南京理工大学硕士学位论文，2003；王曦：《略论我国宏观调控基本法的定位》，《江苏教育学院学报（社会科学版）》2004年第2期；赵莉：《经济宪法——宏观调控的基本法律框架》，《经济经纬》2010年第5期。

② 杨紫烜：《关于制定〈中华人民共和国宏观调控法〉的议案》，《经济法研究》，北京大学出版社，2001；杨紫烜：《关于〈宏观调控法〉法律案命运的法学思考》，《经济法研究》，北京大学出版社，2003。

中央政策文件，散见于相关的立法和政策文件当中，处于"碎片化"状态。因而，宏观调控法法典化的资源整合又不仅仅是部门经济法的任务。宏观调控法的法典化实际上具有法域法典化的性质属性。在法典化的实现形式上，也不宜用法的形式予以表达，而适宜用纲要或总则的形式表达。这样既可以以正式的法律规范，由全国人大及其常委会通过，也可以由中国共产党党中央以党内法规的名义颁发。总之，要把在中国共产党统一领导下，中国宏观调控的权责分配、基本政策制度安排及其基本运行机制，统一整合于纲要或总则之中，以便一体遵行。与此同时，要深刻地认识到，制定中国宏观调控基本法（纲要或总则）的必要性、可行性。

（一）出台中国宏观调控基本法的政策与法律基础

从政策基础来看，围绕改革开放的宏大主题，党中央、国务院先后出台了一系列宏观调控方面的政策，一直引导着改革的不断深化，其涉及国民经济和社会发展的方方面面。其中，有关宏观调控政策和调控工具的应用，既有对国家原有调控方式的承继，典型的如国民经济和社会发展规划与计划的调节、财政预算决算手段的应用，也有对国际通行经济贸易体制下，宏观调控政策与调控工具的借鉴，还有党的十八大以来，以习近平同志为核心的党中央和国务院的积极创新与探索，具有较强的专业与技术特征，需要予以归纳总结。

从法律调整情况来看，《宪法》第15条明确要"加强经济立法，完善宏观调控"进而使"宏观调控"成为国家的经济制度和社会制度。在此基础上，明确了全国人大及其常委会与地方人大及其常委会的职权、职责，明确了中央人民政府和地方人民政府职权、职责。与此同时，宪法及相关法予以了积极的回应。其中，行政法作为规范各级政府行为的法，对于政府行政行为的规范，包括了对各级政府管理、协调经济的内容，对于正确处理政府与市场的关系，具有重要的现实意义。尤其是，党的十八大以来，政府进行"放管服"改革，为市场主体营造良好的营商环境，体现出经济法保障市场经济健康发展的特性。而在经济法领域，发展规划法、产业指导法、投资调节法、财税法、金融调控法、价格法、自然资源与环境保护法、对外贸易法以及相关的经济监督法等构成了宏观调控法的主要法律基础。其中，有些法律之下又包含着众多的法。典型的如，税法项下，按照"一税一法"的法定原则、原理，目前有18种税，即有18个类别的法。与此同时，宏观调控法与社会发展相联系的部分主要体现于劳动与社会保障法对各项社会事业发展的促进和保障。

总之，无论从政策角度，还是法律角度分析，既有的政策与法律资源基础，足够为宏观调控的法定化提供政策与法律依据。

（二）众多的政策法律资源急需要整合

从前述对宏观调控的基本分析可以看出，宏观调控法域几乎涉及国民经济和社会发展的方方面面，政策法律的资源众多。但是，迄今为止处于碎片化状态，缺乏总的纲要性指导。尤其是受"党政分开"以及"政治与法律分离"思想的影响，改革开放以来的诸多宏观调控立法未能突出党中央的统一领导。因此，急需通过整合既有的政策法律资源，结合党的十八大以来国家在宏观调控领域的创新及成效，完善宏观调控法制，使一些基本的理论和实践做法，被提纲挈领地肯定下来，以便全面指导今后宏观调控的立法与法治实践。

（三）宏观调控法典化的路径依赖

从法治实践的需求来看，中国宏观调控法典化的路径依赖，并不是将既有的政策法律全部整合于一体，而是要通过宏观调控法纲要或总则的制定，把一些最基本的制度予以规范，明确中国社会主义市场经济条件下，需要怎样的宏观调控，如何进行调控以及宏观调控权力与职责的基本分配，在此基础上，再修改完善既有的各宏观调控法。与此同时，在新出台的宏观调控法中贯彻纲要或通则、总则的基本精神或基本规定。然而，在出台纲要或总则的选择上，笔者认为，以纲要的形式体现比较恰当。这是因为，宏观调控法纲要所涉及的内容，不仅需要法治的统一，更需要政策的统一。例如，在地方党政机关究竟有没有宏观调控权的问题上，学术界存在着不同的看法①，这就需要党中央作出明确规定，统一思想和行动，以保障国家宏观调控政策法律的一体遵行。

二、 宏观调控法纲要的基本内容

按照马克思主义的基本观点，法的内容由法所反映的社会经济内容所决定，立法"只是表明和记载经济关系的要求而已"②。为此，宏观调控法纲要的基本内容，由宏观调控法所调整的经济与社会关系所决定。与此同时，作为部门经济法的主要组成部分，宏观调控法纲要所涉及的基本内容，可以按照经济管理法的立法结构予以设计。其核心内容主要包括：纲要制定的目的、适用范围、基本原则及指导思想、管理协调体制及权力（职责）分配、管理协调政策、调节工具及其基本制度、经济监督机制和奖励、激励与惩罚（法律责任）等。为此，笔者根据经济法原理，结合在中国共产党领导下，中国宏观调控法的实际运行机制，以及宏观调控法的研究成果，提出学者建议稿。共包括7章73条，可供学界和实务部门予以讨论。该"学者建议稿"的形成主要基于几点考虑：一是主要以改革开放以来，特别是党的十八大以来，以习近平同志为核心的党中央的宏观调控及其法治实践为基础，力图全面反映中国宏观调控法治的运行机制；二是考虑了国家立法的规范形式；三是着重

---

① 对此，大部分学者认为，按照中央文件精神，地方党政机关没有宏观调控权，也有学者主张，地方党政机关亦应当具有宏观调控权。其代表性成果参见史际春、肖竹：《论分权、法治的宏观调控》，《中国法学》2006年第4期。

② 《马克思恩格斯全集》（第四卷），人民出版社，1958，第122页。

于实体法的表述，特别是对于宏观调控权力（权利）的合理配置。与既有的宏观调控及其法治理论的主要不同点：一是突出了党的领导；二是突破了既有宏观调控理论中将宏观调控主要定位于"间接调控"的原理；三是对宏观调控政策与实施工具手段予以规范；四是将党内法规和政策纳入宏观调控法；五是突破了宏观调控法仅属于部门经济法的观点。宏观调控法的法典化需要整合宪法、党内法规、相关组织法、行政法、经济法、社会法以及成熟的政策性资源。其具体内容详见附录。

第六章

宏观调控监督法

DI-LIU
ZHANG

在中国经济法体系中，经济监督法、宏观调控法和市场规制法拥有各自相对独立的法域范畴，但从立法实践来看，无论是宏观调控法，还是市场规制法，相关立法均包含有一些经济监督的内容。因此，所谓宏观调控监督法，就是指从监督法角度，对完善宏观调控及规范宏观调控行为起着监督管理作用的法律与政策规范。关于宏观调控监督法的重要性，有观点认为，宏观调控监督制度作为社会主义市场经济的重要侧面，应当强化一种中国"自主品牌"的铸造。坚持党的领导、促进党的执政能力科学化是我们党在新时期执政兴国的核心命题，这成为宏观调控监督制度的政治逻辑起点。应发挥程序法的规范价值促进多元监督主体有序协同，在实体法融入比例原则以增强调控行为的科学有效性。[1]尤其重要的是，党的二十大提出了"宏观经济治理"问题。由宏观调控升级到宏观经济治理，要求健全贯彻党中央重大决策部署督查问责机制，把"限权"和"赋权"统一在法治框架内。[2]为此，强化宏观调控监督法的实施，对于完善宏观经济治理具有重大意义。

通过本章梳理，目前宏观调控监督法的类别包括：首先是对于保障宏观调控基础信息起着监督作用的法；其次是对国家宏观调控行为予以规范监督的法；最后是有关国有资产调控特别监督法的规定。以下分别予以阐述。

---

① 刘博涵：《完善宏观调控监督制度的政治逻辑、实施路径与目标实现》，《大庆社会科学》2020年第4期。
② 黄烜予、周人杰：《论宏观经济治理的法理基础》，《政治经济学评论》2022年第4期。

第一节　宏观调控信息监督法

如同微观经济主体作出市场决策必须掌握准确的市场信息一样，国家的宏观调控也必须建立在可靠的经济和社会发展数据信息基础上，才能作出正确的宏观调控决策。为此，为预防经济信息提供者的弄虚作假，保障经济信息的准确性，出台有关经济信息监督管理政策与法律具有必要性。

一、会计监督法

会计是指，企业、事业单位、社会团体及国家机关等组织，依照法律规定或商事习惯，由专门的会计人员运用账簿记录的方法，对经济活动进行核算和监督的总称。会计活动的成果是反映经济主体经济状况的会计报告。根据现行《中华人民共和国会计法》（以下简称《会计法》）规定，"财务会计报告应当根据经过审核的会计账簿记录和有关资料编制，并符合本法和国家统一的会计制度关于财务会计报告的编制要求、提供对象和提供期限的规定；其他法律、行政法规另有规定的，从其规定。财务会计报告由会计报表、会计报表附注和财务情况说明书组成。向不同的会计资料使用者提供的财务会计报告，其编制依据应当一致。有关法律、行政法规规定会计报表、会计报表附注和财务情况说明书须经注册会计师审计的，注册会计师及其所在的会计师事务所出具的审计报告应当随同财务会计报告一并提供。"①

① 《会计法》（2017年修正）第20条。

从微观经济角度分析，会计核算不仅记录微观主体经济活动，而且，能对经济主体的活动起到监督的作用。这是因为不符合会计准则要求的经济活动，不能形成符合法定要求或商事习惯的会计信息。[①]从宏观经济角度分析，国家宏观调控主体，需要通过对微观经济主体会计信息的汇总，对整体国民经济和社会发展的运行状况作出判断，以便为宏观调控决策提供依据。如果会计信息失真，显然会对宏观调控决策产生影响。为此，加强对会计工作的政策法律监督十分必要。

《会计法》自1985年制定实施以来，一直专设会计监督[②]一章。根据现行的《会计法》2017年修正案，其主要内容包括：

一是各单位应当建立、健全本单位内部会计监督制度。单位内部会计监督制度应当符合下列要求：①记账人员与经济业务事项和会计事项的审批人员、经办人员、财物保管人员的职责权限应当明确，并相互分离、相互制约；②重大对外投资、资产处置、资金调度和其他重要经济业务事项的决策和执行的相互监督、相互制约程序应当明确；③财产清查的范围、期限和组织程序应当明确；④对会计资料定期进行内部审计的办法和程序应当明确。

二是单位负责人应当保证会计机构、会计人员依法履行职责，不得授意、指使、强令会计机构、会计人员违法办理会计事项。会计机构、会计人员对违反本法和国家统一的会计制度规定的会计事项，有权拒绝办理或者按照职权予以纠正。

三是会计机构、会计人员发现会计账簿记录与实物、款项及有关资料不相符的，按照国家统一的会计制度的规定有权自行处理的，应当及时处理；无权处理的，应当立即向单位负责人报告，请求查明原因，作

[①] 按照会计准则及基本原理，会计信息需建立在四个会计假设之上。一是存在会计主体；二是会计主体的持续经营；三是会计分期；四是所记录的经济活动能够货币计量。

[②]《会计法》（2017年修正）第四章会计监督。

出处理。

四是任何单位和个人对违反本法和国家统一的会计制度规定的行为，有权检举。收到检举的部门有权处理的，应当依法按照职责分工及时处理；无权处理的，应当及时移送有权处理的部门处理。收到检举的部门、负责处理的部门应当为检举人保密，不得将检举人姓名和检举材料转给被检举单位和被检举人个人。

五是有关法律、行政法规规定，须经注册会计师进行审计的单位，应当向受委托的会计师事务所如实提供会计凭证、会计账簿、财务会计报告和其他会计资料以及有关情况。任何单位或者个人不得以任何方式要求或者示意注册会计师及其所在的会计师事务所出具不实或者不当的审计报告。财政部门有权对会计师事务所出具审计报告的程序和内容进行监督。

六是财政部门对各单位的下列情况实施监督：①是否依法设置会计账簿；②会计凭证、会计账簿、财务会计报告和其他会计资料是否真实、完整；③会计核算是否符合本法和国家统一的会计制度的规定；④从事会计工作的人员是否具备专业能力、遵守职业道德。在对前款第2项所列事项实施监督，发现重大违法嫌疑时，国务院财政部门及其派出机构可以向与被监督单位有经济业务往来的单位和被监督单位开立账户的金融机构查询有关情况，有关单位和金融机构应当给予支持。

七是财政、审计、税务、人民银行、证券监管、保险监管等部门应当依照有关法律、行政法规规定的职责，对有关单位的会计资料实施监督检查。该款所列监督检查部门对有关单位的会计资料依法实施监督检查后，应当出具检查结论。有关监督检查部门已经作出的检查结论能够满足其他监督检查部门履行本部门职责需要的，其他监督检查部门应当加以利用，避免重复查账。

八是依法对有关单位的会计资料实施监督检查的部门及其工作人员

对在监督检查中知悉的国家秘密和商业秘密负有保密义务。

九是各单位必须依照有关法律、行政法规的规定，接受有关监督检查部门依法实施的监督检查，如实提供会计凭证、会计账簿、财务会计报告和其他会计资料以及有关情况，不得拒绝、隐匿、谎报。

2023年2月，中共中央办公厅、国务院办公厅印发了《关于进一步加强财会监督工作的意见》。该意见指出，财会监督是依法依规对国家机关、企事业单位、其他组织和个人的财政、财务、会计活动实施的监督。近年来，财会监督作为党和国家监督体系的重要组成部分，在推进全面从严治党、维护中央政令畅通、规范财经秩序、促进经济社会健康发展等方面发挥了重要作用，同时也存在监督体系尚待完善、工作机制有待理顺、法治建设亟待健全、监督能力有待提升、一些领域财经纪律亟须整治等问题。为进一步加强财会监督工作，更好发挥财会监督职能作用，提出指导意见。

在指导思想方面，以习近平新时代中国特色社会主义思想为指导，深入贯彻党的二十大精神，完整、准确、全面贯彻新发展理念，加快构建新发展格局，着力推动高质量发展，更好统筹发展和安全，坚持以完善党和国家监督体系为出发点，以党内监督为主导，突出政治属性，严肃财经纪律，健全财会监督体系，完善工作机制，提升财会监督效能，促进财会监督与其他各类监督贯通协调，推动健全党统一领导、全面覆盖、权威高效的监督体系。

在工作要求方面，一是坚持党的领导，发挥政治优势。坚持加强党的全面领导和党中央集中统一领导，把党的领导落实到财会监督全过程各方面，确保党中央、国务院重大决策部署有效贯彻落实。二是坚持依法监督，强化法治思维。按照全面依法治国要求，健全财经领域法律法规和政策制度，加快补齐法治建设短板，依法依规开展监督，严格执法、严肃问责。三是坚持问题导向，分类精准施策。针对重点领域多发、高发、易发问题和突出矛盾，分类别、分阶段精准施策，强化对公权力运行的制约和监督，建立长效机制，提升监督效能。四是坚持协同联动，加强贯通协调。按照统筹协同、分级负责、上下联动的要求，健全财会监督体系，构建高效衔接、运转有序的工作机制，与其他各类监督有机贯通、相互协调，形成全方位、多层次、立体化的财会监督工作格局。

在主要目标方面，到2025年，构建起财政部门主责监督、有关部门依责监督、各单位内部监督、相关中介机构执业监督、行业协会自律监督的财会监督体系；基本建立起各类监督主体横向协同，中央与地方纵向联动，财会监督与其他各类监督贯通协调的工作机制；财会监督法律制度更加健全，信息化水平明显提高，监督队伍素质不断提升，在规范财政财务管理、提高会计信息质量、维护财经纪律和市场经济秩序等方面发挥重要保障作用。

意见对进一步健全财会监督体系、完善财会监督工作机制、加大重点领域财会监督力度、保障措施方面提出具体要求。其中，明确提出，一要保障党中央、国务院重大决策部署贯彻落实。把推动党中央、国务院重大决策部署贯彻落实作为财会监督工作的首要任务。聚焦深化供给侧结构性改革，做好稳增长、稳就业、稳物价工作，保障和改善民生，防止资本无序扩张，落实财政改革举措等重大部署，综合运用检查核查、评估评价、监测监控、调查研究等方式开展财会监督，严肃查处财经领域违反中央宏观决策和治理调控要求、影响经济社会健康稳定发展的违纪违规行为，确保党中央政令畅通。二要强化财经纪律刚性约束。加强对财经领域公权力行使的制约和监督，严肃财经纪律。聚焦贯彻落实减税降费、党政机关过紧日子、加强基层保基本民生保工资保运转工作、规范国库管理、加强资产管理、防范债务风险等重点任务，严肃查处财政收入不真实不合规、违规兴建楼堂馆所、乱设财政专户、违规处置资产、违规新增地方政府隐性债务等突出问题，强化通报问责和处理处罚，使纪律真正成为带电的"高压线"。三要严厉打击财务会计违法违规行为。坚持"强穿透、堵漏洞、用重典、正风气"，从严从重查处影响恶劣的财务舞弊、会计造假案件，强化对相关责任人的追责问责。加强对国有企业、上市公司、金融企业等的财务、会计行为的监督，严肃查处财务数据造假、出具"阴阳报告"、内部监督失效等突出问题。加强对会计信息质量的监督，依法严厉打击伪造会计账簿、虚构经济业务、滥用会计准则等会计违法违规行为，持续提升会计信息质量。加强对会计师事务所、资产评估机构、代理记账机构等中介机构执业质量监督，聚焦行业突出问题，加大对无证经营、挂名执业、违规提供报告、超出胜任能力执业等违法违规行为的整治力度，强化行业日常监管和信用管理，坚决清除害群之马。

上述政策性文件，为宏观调控的会计信息监督提供了最新的政策依据。

二、审计监督法

审计是指，由国家授权或接受委托的审计机关、机构和审计人员，依照国家法规、审计准则和会计理论，运用专门的方法，对被审计单位的财政、财务收支、经营管理活动及其相关资料的真实性、正确性、合规性、合法性、效益性进行审查和监督，评价经济责任，鉴证经济业务，用以维护财经法纪、改善经营管理、提高经济效益的一项独立性的经济监督活动。审计作为一项经济监督活动，包括国家审计、单位组织内部审计和社会审计。其中，与宏观调控有关的审计主要体现在国家审计领域，其主要职责在于通过对国家财政资金运用情况的审查，保障国家财政资金使用的合规、合法、合理。与此同时，企业、事业单位、社会团体、国家机关的单位内部审计，以及经企业委托开展的社会审计，亦可以起到进一步保证会计财务信息的准确性，从而为保障国家宏观调控决策的正确性奠定基础。

为适应社会主义市场经济发展的法治需求，1994年8月31日第八届全国人大常委会第九次会议通过《中华人民共和国审计法》（以下简称《审计法》）。该法先后于2006年2月、2021年10月两次修正。领导干部经济责任审计和自然资源资产离任审计，依照《审计法》和国家有关规定执行。

根据现行《审计法》规定，《审计法》的立法目的是，加强国家的审计监督，维护国家财政经济秩序，提高财政资金使用效益，促进廉政建设，保障国民经济和社会健康发展。国家实行审计监督制度。坚持中国共产党对审计工作的领导，构建集中统一、全面覆盖、权威高效的审计监督体系。国务院和县级以上地方人民政府设立审计机关。国务院各部门和地方各级人民政府及其各部门的财政收支，国有的金融机构和企业事业组织的财务收支，以及其他依照本法规定应当接受审计的财政收支、财务收支，依照本法规定接受审计监督。审计机关对财政收支或者财务收支的真实、合法和效益，依法进行审计监督。审计机关依照法律规定的职权和程序，进行审计监督。审计机关依据有关财政收支、财务收支的法律、法规和国家其他有关规定进行审计评价，在法定职权范围内作出审计决定。国务院和县级以上地方人民政府应当每年向本级人大常委会提出审计工作报告。审计工作报告应当报告审计机关对预算执行、决算草案以及其他财政收支的审计情况，重点报告对预算执行及其绩效的审计情况，按照有关法律、行政法规的规定报告对国有资源、国有资产的审计情况。必要时，人大常委会可以对审计工作报告作出决议。国务院和县级以上地方人民政府应当将审计工作报告中指出的问题的整改情况和处理结果向本级人大常委会报告。审计机关依照法律规定独立行使审计监督权，不受其他行政机关、社会团体和个人的干涉。审计机关和审计人员办理审计事项，应当客观公正，实事求是，廉洁奉公，保守秘密。①

根据《审计法》规定，国家审计机关主要履行以下职责：

一是审计机关对本级各部门（含直属单位）和下级政府预算的执行情况和决算以及其他财政收支情况，进行审计监督。

二是审计署在国务院总理领导下，对中央预算执行情况、决算草案以及其他财政收支情况进行审计监督，向国务院总理提出审计结果报告。地方各级审计机关分别在省长、自治区主席、市长、州长、县长、区长和上一级审计机关的领导下，对本级预算执行情况、决算草案以及其他财政收支情况进行审计监督，向本级人民政府和上一级审计机关提出审计结果报告。

三是审计署对中央银行的财务收支，进行审计监督。

四是审计机关对国家的事业组织和使用财政资金的其他事业组织的财务收支，进行审计监督。

五是审计机关对国有企业、国有金融机构和国有资本占控股地位或者主导地位的企业、金融机构的资产、负债、损益以及其他财务收支情况，进行审计监督。遇有涉及国家财政金融重大利益情形，为维护国家经济安全，经国务院批准，审计署可以对前款规定以外的金融机构进行专项审计调查或者审计。

六是审计机关对政府投资和以政府投资为主的建设项目的预算执行情况和决算，对其他关系国家利益和公共利益的重大公共工程项目的资金管理使用和建设运营情况，进行审计监督。

七是审计机关对国有资源、国有资产，进行审计监督。审计机关对

①《审计法》（2021年修正）第一章总则。

政府部门管理的和其他单位受政府委托管理的社会保险基金、全国社会保障基金、社会捐赠资金以及其他公共资金的财务收支，进行审计监督。

八是审计机关对国际组织和外国政府援助、贷款项目的财务收支，进行审计监督。

九是根据经批准的审计项目计划安排，审计机关可以对被审计单位贯彻落实国家重大经济社会政策措施情况进行审计监督。

十是除本法规定的审计事项外，审计机关对其他法律、行政法规规定应当由审计机关进行审计的事项，依照本法和有关法律、行政法规的规定进行审计监督。

十一是被审计单位应当加强对内部审计工作的领导，按照国家有关规定建立健全内部审计制度。审计机关应当对被审计单位的内部审计工作进行业务指导和监督。

十二是社会审计机构审计的单位依法属于被审计单位的，审计机关按照国务院的规定，有权对该社会审计机构出具的相关审计报告进行核查。①

2014年《国务院关于加强审计工作的意见》（国发〔2014〕48号）提出，发挥审计促进国家重大决策部署落实的保障作用。

一是推动政策措施贯彻落实。持续组织对国家重大政策措施和宏观调控部署落实情况的跟踪审计，着力监督检查各地区、各部门落实稳增长、促改革、调结构、惠民生、防风险等政策措施的具体部署、执行进度、实际效果等情况，特别是重大项目落地、重点资金保障，以及简政放权推进情况，及时发现和纠正有令不行、有禁不止行为，反映好的做法、经验和新情况、新问题，促进政策落地生根和不断完善。

---

① 《审计法》（2021年修正）第18条—第27条、第32条、第33条。

二是促进公共资金安全高效使用。要看好公共资金，严防贪污、浪费等违法违规行为，确保公共资金安全。把绩效理念贯穿审计工作始终，加强预算执行和其他财政收支审计，密切关注财政资金的存量和增量，促进减少财政资金沉淀，盘活存量资金，推动财政资金合理配置、高效使用，把钱用在刀刃上。围绕中央八项规定精神和国务院"约法三章"要求，加强"三公"经费、会议费使用和楼堂馆所建设等方面审计，促进厉行节约和规范管理，推动俭朴政府建设。

三是维护国家经济安全。要加大对经济运行中风险隐患的审计力度，密切关注财政、金融、民生、国有资产、能源、资源和环境保护等方面存在的薄弱环节和风险隐患，以及可能引发的社会不稳定因素，特别是地方政府性债务、区域性金融稳定等情况，注意发现和反映苗头性、倾向性问题，积极提出解决问题和化解风险的建议。

四是促进改善民生和生态文明建设。加强对"三农"、社会保障、教育、文化、医疗、扶贫、救灾、保障性安居工程等重点民生资金和项目的审计，加强对土地、矿产等自然资源，以及大气、水、固体废物等污染治理和环境保护情况的审计，探索实行自然资源资产离任审计，深入分析财政投入与项目进展、事业发展等情况，推动惠民和资源、环保政策落实到位。

五是推动深化改革。密切关注各项改革措施的协调配合情况，促进增强改革的系统性、整体性和协调性。正确把握改革和发展中出现的新情况，对不合时宜、制约发展、阻碍改革的制度规定，及时予以反映，推动改进和完善。

以上分析，充分说明审计在保障国家宏观调控及其法治目标实现中的重要的和基础性的地位。

三、统计监督法

统计是指，由专门的统计机关、机构，通过统计调查，在搜集整理经济和社会信息基础上，应用科学方法对统计资料进行分析，并对公权力部门提供统计资料及对社会提供相关信息服务的活动的总称。通说认为，统计工作具有三大职能。一是信息职能。它是统计部门根据科学的统计指标体系和统计调查方法，灵敏、系统的采集、处理、传输、贮存和提供大量的以数据描述为基本特征的社会经济信息，是国家宏观调控的主要信息来源。二是咨询职能。其是指利用已经掌握的丰富的统计信息资源，运用科学的分析方法和先进的技术手段，深入开展综合分析和专题研究，为科学决策和管理提供各种可供选择的咨询建议与对策方案。三是监督职能。其是指根据统计调查和分析，及时、准确地从总体上反映经济、社会和科技的运行状态，并对其实行全面、系统的定量检查、监测和预警，以促使国民经济和社会发展按照客观规律的要求，持续、稳定、协调地发展。这三种职能是相互联系、相辅相成的。统计信息职能是保证咨询和监督职能有效发挥的基础；统计咨询职能是统计信息职能的延续和深化；而统计监督职能则是信息、咨询职能基础上进一步拓展并促进统计信息和咨询职能的优化。因此，在现代社会，统计成为国家宏观调控及其法治的基础性手段。

1983年12月8日第六届全国人大常委会第三次会议通过《中华人民共和国统计法》（以下简称《统计法》）。该法先后于1996年5月修正，于2009年6月修订。

现行《统计法》的立法目的是：科学、有效地组织统计工作，保障统计资料的真实性、准确性、完整性和及时性，发挥统计在了解国情国力、服务经济社会发展中的重要作用，促进社会主义现代化建设事业发展。《统计法》适用于各级人民政府、县级以上人民政府统计机构和有关部门组织实施的统计活动。统计的基本任务是对经济社会发展情况进行统计调查、统计分析，提供统计资料和统计咨询意见，实行统计监督。国家建立集中统一的统计系统，实行统一领导、分级负责的统计管理体制。国务院和地方各级人民政府、各有关部门应当加强对统计工作的组织领导，为统计工作提供必要的保障。国家加强统计科学研究，健全科学的统计指标体系，不断改进统计调查方法，提高统计的科学性。国家有计划地加强统计信息化建设，推进统计信息搜集、处理、传输、共享、存储技术和统计数据库体系的现代化。统计机构和统计人员依照本法规定独立行使统计调查、统计报告、统计监督的职权，不受侵犯。地方各级人民政府、政府统计机构和有关部门以及各单位的负责人，不得自行修改统计机构和统计人员依法搜集、整理的统计资料，不得以任何方式要求统计机构、统计人员及其他机构、人员伪造、篡改统计资料，不得对依法履行职责或者拒绝、抵制统计违法行为的统计人员打击报复。国家机关、企业事业单位和其他组织以及个体工商户和个人等统计调查对象，必须依照本法和国家有关规定，真实、准确、完整、及时地提供统计调查所需的资料，不得提供不真实或者不完整的统计资料，不得迟报、拒报统计资料。统计工作应当接受社会公众的监督。任何单位和个人有权检举统计中弄虚作假等违法行为。对检举有功的单位和个人应当给予表彰和奖励。统计机构和统计人员对在统计工作中知悉的国家秘密、商业秘密和个人信息，应当予以保密。任何单位和个人不得利用虚假统计资料骗取荣誉称号、物质利益或者职务晋升。①

为了保障统计工作的有效性，《统计法》专设一章统计监督检查。一是县级以上人民政府及其监察机关对下级人民政府、本级人民政府统

---

① 《统计法》（2009年修订）第一章总则。

计机构和有关部门执行本法的情况，实施监督。二是国家统计局组织管理全国统计工作的监督检查，查处重大统计违法行为。县级以上地方人民政府统计机构依法查处本行政区域内发生的统计违法行为。但是，国家统计局派出的调查机构组织实施的统计调查活动中发生的统计违法行为，由组织实施该项统计调查的调查机构负责查处。法律、行政法规对有关部门查处统计违法行为另有规定的，从其规定。三是县级以上人民政府有关部门应当积极协助本级人民政府统计机构查处统计违法行为，及时向本级人民政府统计机构移送有关统计违法案件材料。四是县级以上人民政府统计机构在调查统计违法行为或者核查统计数据时，有权采取下列措施：①发出统计检查查询书，向检查对象查询有关事项；②要求检查对象提供有关原始记录和凭证、统计台账、统计调查表、会计资料及其他相关证明和资料；③就与检查有关的事项询问有关人员；④进入检查对象的业务场所和统计数据处理信息系统进行检查、核对；⑤经本机构负责人批准，登记保存检查对象的有关原始记录和凭证、统计台账、统计调查表、会计资料及其他相关证明和资料；⑥对与检查事项有关的情况和资料进行记录、录音、录像、照相和复制。县级以上人民政府统计机构进行监督检查时，监督检查人员不得少于2人，并应当出示执法证件；未出示的，有关单位和个人有权拒绝检查。四是县级以上人民政府统计机构履行监督检查职责时，有关单位和个人应当如实反映情况，提供相关证明和资料，不得拒绝、阻碍检查，不得转移、隐匿、篡改、毁弃原始记录和凭证、统计台账、统计调查表、会计资料及其他相关证明和资料。①

为了构建防范和惩治统计造假、弄虚作假督察机制，推动各地区各部门严格执行统计法律法规，确保统计数据真实准确，根据《关于深

---

① 《统计法》（2009年修订）第五章监督检查。

化统计管理体制改革提高统计数据真实性的意见》《统计违纪违法责任人处分处理建议办法》等有关规定和《统计法》《统计法实施条例》等法律法规，经中共中央批准，中共中央办公厅、国务院办公厅于2018年8月24日印发《防范和惩治统计造假、弄虚作假督察工作规定》。根据该规定，国家建立专门的统计督察制度。根据党中央、国务院授权，国家统计局组织开展统计督察，监督检查各地区各部门贯彻执行党中央、国务院关于统计工作的决策部署和要求、统计法律法规、国家统计政令等情况。由国家统计局统计执法监督局承担统计督察日常工作。国家统计局通过组建统计督察组开展统计督察工作，统计督察组设组长、副组长，实行组长负责制，副组长协助组长开展工作。统计督察对象是与统计工作相关的各地区、各有关部门。重点是各省、自治区、直辖市党委和政府主要负责同志和与统计工作相关的领导班子成员，必要时可以延伸至市级党委和政府主要负责同志和与统计工作相关的领导班子成员；国务院有关部门主要负责同志和与统计工作相关的领导班子成员；省级统计机构和省级政府有关部门领导班子成员。

根据规定，对省级党委和政府、国务院有关部门开展统计督察的内容包括：①贯彻落实党中央、国务院关于统计改革发展各项决策部署，加强对统计工作组织领导，指导重大国情国力调查，推动统计改革发展，研究解决统计建设重大问题等情况；②履行统计法定职责，遵守执行统计法律法规，严守领导干部统计法律底线，依法设立统计机构，维护统计机构和人员依法行使统计职权，保障统计工作条件，支持统计活动依法开展等情况；③建立防范和惩治统计造假、弄虚作假责任制，问责统计违纪违法行为，建立统计违纪违法案件移送机制，追究统计违纪违法责任人责任，发挥统计典型违纪违法案件警示教育作用等情况；④应当督察的其他情况。对市级及以下党委和政府、地方政府有关部门，可以参照上述规定开展统计督察。

对各级统计机构、国务院有关部门行使统计职能的内设机构开展统计督察的内容包括：①贯彻落实党中央、国务院关于统计改革发展各项决策部署，完成国家统计调查任务，执行国家统计标准和统计调查制度，组织实施重大国情国力调查等情况；②履行统计法定职责，遵守执行统计法律法规，严守统计机构、统计人员法律底线，依法独立行使统计职权，依法组织开展统计工作，依法实施和监管统计调查，依法报请审批或者备案统计调查项目及其统计调查制度，落实统计普法责任制等情况；③执行国家统计规则，遵守国家统计政令，遵守统计职业道德，执行统计部门规章和规范性文件，落实各项统计工作部署，组织实施统计改革，加强统计基层基础建设，参与构建新时代现代化统计调查体系，建立统计数据质量控制体系等情况；④落实防范和惩治统计造假、弄虚作假责任制，监督检查统计工作，开展统计执法检查，依法查处统计违法行为，依照有关规定移送统计违纪违法责任人处分处理建议或者违纪违法问题线索，落实统计领域诚信建设制度等情况；⑤应当督察的其他情况。对国务院有关部门行使统计职能的内设机构开展统计督察的内容还包括：依法提供统计资料、行政记录，建立统计信息共享机制，贯彻落实统计信息共享要求等情况。对地方政府有关部门行使统计职能的内设机构，可以参照上述规定开展统计督察。

2021年12月，中共中央办公厅、国务院办公厅印发《关于更加有效发挥统计监督职能作用的意见》。该意见指出，统计监督是党和国家监督体系的重要组成部分，是政府统计工作的一项基本职能。党的十八大以来，统计现代化改革深入推进，统计监督在服务保障经济社会发展方面发挥了积极作用。但统计监督体制机制和政策体系不够完善，统计监督有效性有待提高，统计监督成效与新形势新任务的要求相比还存在一定差距。为进一步提升统计监督效能，更加有效发挥统计监督职能作用，提出指导意见。一是在总体要求方面，坚持以习近平新时代中国特色社会主义思想为指导，深入贯彻党的十九大和十九届二中、三中、四中、五中、六中全会精神，切实提高统计数据质量，更好发挥统计数据的综合性、基础性、客观性特点，为贯彻落实党中央、国务院关于经济社会发展的重大决策部署当好参谋助手，加快构建系统完整、协同高效、约束有力的统计监督体系。坚持方法科学、遵循规律、及时准确、真实可靠、防止虚假，坚决遏制"数字上的腐败"，提升统计监督有效性，使监督结果经得起实践和历史检验，为全面建设社会主义现代化国家提供统计保障。二是在主要任务方面，①着力提升统计督察效能。原则上每5年对各省、自治区、直辖市和国务院有关部门开展常规统计督察，并根据需要对督察整改情况实施"回头看"；针对统计造假、弄虚作假问题突出的地区和部门，视情组织开展专项督察。②持续加大统计执法力度。依规依纪依法严肃查处各类统计违纪违法行为。建立统计违纪违法责任倒查机制，严查利用职权实施统计造假、弄虚作假的责任人，对已经离任的同样要追究责任。③依法独立履行监测评价职能。将各地区各部门对党中央、国务院关于经济社会发展重大决策部署贯彻落实情况作为统计监督的重要内容，重点监测评价国家重大发展战略实施情况、重大风险挑战应对成效、人民群众反映突出问题解决情况等。④加强对推动高质量发展情况的统计监督。统计部门会同有关部门开展高质量发展综合绩效评价，加强对相关部门统计工作的组织协调和业务指导，构建更加科学高效的体制机制，不断夯实高质量发展综合绩效评价的数据质量和工作基础，实现对各地区高质量发展情况的定量评价。重点评价各地区推动高质量发展工作的总体情况，有效反映高质量发展进程中的优势、成效和短板，以高效能统计监督服务高质量发展。重点监督各地区各部门是否存在贯彻新发展理念、推动高质量发展不力，只追求速度规模、不注重质量效益，只求短期利益、不顾长远发展等问题。积极推动改进政绩考核办法，引导领导干部树立正确政绩观。⑤建立健全统计监督协同配合机制。推动统计监督与纪律监督、监察监督、派驻监督、巡视监督、审计监督等各类监督方式统筹衔接、有机贯通、相互协调，加强统计机构与纪检监察机关和组织人事等部门的工作协调，把统计监督与党管干部、纪检监察、追责问责结合起来。将统计监督结果及整改情况作为考核、评价、任免、奖惩领导干部的重要参考。

第二节　人大宏观调控监督法

为了强化对宏观调控的监督，全国人大常委会在制定实施《中华人民共和国各级人民代表大会常务委员会监督法》①的同时，就强化全国人大对宏观调控的监督作出专门的决定。

一、对国民经济和社会发展规划及计划的监督

2000年3月1日第九届全国人大常委会第十四次会议通过《全国人民代表大会常务委员会关于加强经济工作监督的决定》。该决定于2021年12月24日第十三届全国人大常委会第三十二次会议修订。该决定明确：

一是根据全国人大议事规则的有关规定，全国人大财政经济委员会应当在全国人大会议举行的45日前，会同有关专门委员会，对国民经济和社会发展年度计划进行初步审查，形成初步审查意见，送国务院有关

---

① 2006年8月27日第十届全国人大常委会第二十三次会议通过的《各级人民代表大会常务委员会监督法》，专门就听取和审议人民政府、人民法院和人民检察院的专项工作报告；审查和批准决算，听取和审议国民经济和社会发展计划、预算的执行情况报告，听取和审议审计工作报告；法律法规实施情况的检查；规范性文件的备案审查；询问和质询；特定问题调查；撤职案的审议和决定等问题作出专门规定。

主管部门。国务院有关主管部门应当将处理情况及时反馈财政经济委员会。全国人大财政经济委员会开展初步审查阶段，有关专门委员会可以开展专项审查，提出专项审查意见，送财政经济委员会研究处理。

二是对国民经济和社会发展年度计划初步审查时，国务院有关主管部门应当提交以下材料：①关于上一年度国民经济和社会发展计划执行情况与本年度国民经济和社会发展计划草案的报告，其中应当报告上一年度国民经济和社会发展计划主要目标和任务完成情况、全国人大决议贯彻落实情况，对本年度国民经济和社会发展计划主要目标、工作任务及相应的主要政策、措施的编制依据和考虑作出说明和解释；②本年度国民经济和社会发展计划草案的初步方案；③关于上一年度中央预算内投资计划执行情况的说明和本年度中央预算内投资计划的安排；④初步审查所需要的其他材料。

三是对国民经济和社会发展年度计划初步审查的重点是：上一年度国民经济和社会发展计划完成情况，特别是主要目标和任务的完成情况；本年度国民经济和社会发展计划编制的指导思想应当符合党中央决策部署和中央经济工作会议精神，符合国民经济和社会发展五年规划纲要和中长期规划纲要；主要目标、重点任务和重大工程项目应当符合经济社会发展条件特别是资源、财力、环境实际支撑能力，符合五年规划纲要实施的基本要求，有利于经济社会长期健康发展；主要政策取向和措施安排应当符合完善体制机制和依法行政的要求，坚持目标导向和问题导向，针对性强且切实可行，财政政策、货币政策应当与主要目标相匹配。

四是全国人大财政经济委员会向全国人大主席团提出关于上一年度国民经济和社会发展计划执行情况和本年度国民经济和社会发展计划草案的审查结果报告。审查结果报告应当包括下列内容：①关于上一年度国民经济和社会发展计划执行情况的总体评价，需要关注的主要问题；

②对本年度国民经济和社会发展计划报告和计划草案的可行性作出评价，对本年度国民经济和社会发展计划执行工作提出意见和建议；③对全国人大会议批准国民经济和社会发展年度计划报告和计划草案提出建议。

五是全国人大常委会应当加强对全国人大会议批准的国民经济和社会发展年度计划执行的监督。全国人大常委会应当在每年8月听取和审议国务院关于本年度上一阶段国民经济和社会发展计划执行情况的报告。常委会组成人员的审议意见交由国务院研究处理，国务院应当将研究处理情况向常务委员会提出书面报告。国民经济和社会发展年度计划执行情况的报告、常委会组成人员的审议意见和国务院对审议意见的研究处理情况，向全国人大代表通报并向社会公布。全国人大财政经济委员会结合上半年经济形势分析做好相关准备工作，向常委会提出分析报告。

六是对国民经济和社会发展年度计划执行监督的重点是：国民经济和社会发展年度计划执行应当贯彻党中央决策部署和中央经济工作会议精神，落实全国人大决议要求，符合政府工作报告中提出的各项目标和任务要求；主要目标特别是约束性指标完成情况、重点任务和重大工程项目进展情况应当符合国民经济和社会发展年度计划进度安排；国民经济和社会发展计划执行情况的报告应当深入分析存在的主要困难和问题及其原因，对未达到预期进度的指标和任务应当作出说明和解释，提出具有针对性且切实可行的政策措施，推动国民经济和社会发展年度计划顺利完成。

七是全国人大财政经济委员会在每年4月、7月和10月中旬分别召开季度经济形势分析会议，听取国务院有关部门关于一季度、上半年、前三季度国民经济运行情况的汇报，进行分析研究，将会议对国民经济运行情况的分析和提出的意见建议向委员长会议报告，并以会议纪要和简报形式发送国务院办公厅及有关部门，各省、自治区、直辖市人大常委会办公厅。

八是国民经济和社会发展五年规划纲要和中长期规划纲要草案的初步审查和审查，参照本决定的规定执行。五年规划纲要和中长期规划纲要草案提请全国人大审查批准的前一年，全国人大常委会围绕五年规划纲要和中长期规划纲要编制工作开展专题调研，听取调研工作情况的报告，并将调研报告送有关方面研究参考，为全国人大审查批准做好准备工作。全国人大常委会办公厅和财政经济委员会承担具体组织工作，拟定调研工作方案，协调有关专门委员会和常务委员会工作机构开展专题调研，汇总集成调研成果。

九是对五年规划纲要和中长期规划纲要草案初步审查时，国务院有关主管部门应当提交以下材料：①五年规划纲要和中长期规划纲要草案；②关于五年规划纲要和中长期规划纲要草案及其编制情况的说明，其中应当对上一个五年规划纲要主要目标和任务完成情况、全国人大决议贯彻落实情况、本五年规划纲要主要目标和重点任务的编制依据和考虑等作出说明和解释；③关于重大工程项目的安排；④初步审查所需要的其他材料。

十是对五年规划纲要和中长期规划纲要草案初步审查的重点是：上一个五年规划纲要实施情况；本五年规划纲要编制的指导思想应当符合党中央关于五年规划的建议精神，能够发挥未来五年发展蓝图和行动纲领的作用；主要目标、重点任务和重大工程项目应当符合我国国情和发展阶段，符合经济社会发展的客观规律，符合国家中长期发展战略目标，兼顾必要性与可行性；主要政策取向应当符合党的基本理论、基本路线、基本方略，针对性强且切实可行。

十一是国务院应当加强对五年规划纲要实施情况的动态监测、中期评估和总结评估。全国人大常委会应当加强对五年规划纲要实施的监督。全国人大财政经济委员会和有关专门委员会在全国人大及其常委会领导下，有针对性地做好五年规划纲要实施的监督工作，推动五年规划纲要顺利实施。国务院有关主管部门应当将五年规划纲要实施情况的动态监测材料送全国人大财政经济委员会。

十二是五年规划纲要实施的中期阶段，国务院应当将五年规划纲要实施情况的中期评估报告提请全国人大常委会审议。常委会组成人员的审议意见交由国务院研究处理，国务院应当将研究处理情况向常委会提出书面报告。五年规划纲要实施情况的中期评估报告、常委会组成人员的审议意见和国务院对审议意见的研究处理情况，向全国人大代表通报并向社会公布。财政经济委员会会同有关专门委员会开展专题调研，向常委会提出调研报告。对五年规划纲要实施情况中期评估的监督重点是：五年规划纲要实施应当符合党中央的建议精神，贯彻落实全国人大决议要求；主要目标特别是约束性指标完成情况、重点任务和重大工程项目进展情况应当符合五年规划纲要进度安排；五年规划纲要实施情况的中期评估报告应当深入分析存在的主要困难和问题及其原因，对未达到预期进度的指标和任务应当作出解释和说明，提出有针对性且切实可行的政策措施，推动五年规划纲要顺利完成。

十三是国务院应当对上一个五年规划纲要实施情况进行总结评估，形成总结评估报告，与提请全国人大审查批准的五年规划纲要草案一并印发全国人大会议。五年规划纲要的总结评估报告应当包括下列内容：①主要指标完成情况；②重点任务落实情况；③重大工程项目实施情况；④存在的主要困难和问题；⑤相关意见建议。

十四是经全国人大批准的国民经济和社会发展年度计划、五年规划纲要在执行过程中，出现下列情况之一的，可以进行调整：①因国内外经济形势发生重大变化导致宏观调控政策取向和主要目标、重点任务等必须作出重大调整的；②国家发生特别重大自然灾害、全局性的重大公共安全事件或者进入紧急状态等导致国民经济和社会发展年度计划、五年规划纲要无法正常执行或者完成的；③其他特殊情况导致国民经济和社会发展年度计划、五年规划纲要无法正常执行或者完成的。

十五是国民经济和社会发展年度计划、五年规划纲要经全国人大批准后，在执行过程中需要作部分调整的，国务院应当将调整方案提请全国人大常委会审查和批准。国民经济和社会发展年度计划调整方案的提出一般不迟于当年第3季度末；五年规划纲要调整方案的提出一般不迟于其实施的第四年第2季度末。除特殊情况外，国务院应当在全国人大常委会会议举行的30日前，将调整方案报送常务委员会。除特殊情况外，国务院有关主管部门应当在全国人大常委会会议举行的45日前，将国务院的调整方案送交全国人大财政经济委员会，由财政经济委员会进行初步审查，并向常委会提出审查结果报告。经全国人大常委会批准的国民经济和社会发展年度计划、五年规划纲要调整方案，应当向全国人大下次会议报告。

上述决定，为全国人大及其常委会规范和监督国家发展规划和计划的制定和实施提供了基本依据。

二、对财政预算的监督

为了规范政府收支行为，强化预算约束，加强对预算的管理和监督，建立健全全面规范、公开透明的预算制度，保障经济社会的健康发展，根据宪法，1994年3月22日第八届全国人大第二次会议通过《中华人民共和国预算法》。该法经过2014年8月、2018年12月两次修正。现行的《预算法》专设监督一章，对预算监督作出基本规定：

一是全国人大及其常委会对中央和地方预算、决算进行监督。县级以上地方各级人大及其常委会对本级和下级预算、决算进行监督。乡、民族乡、镇人民代表大会对本级预算、决算进行监督。

二是各级人大和县级以上各级人大常委会有权就预算、决算中的重大事项或者特定问题组织调查，有关的政府、部门、单位和个人应当如实反映情况和提供必要的材料。

三是各级人大和县级以上各级人大常委会举行会议时，人大代表或者常委会组成人员，依照法律规定程序就预算、决算中的有关问题提出询问或者质询，受询问或者受质询的有关的政府或者财政部门必须及时给予答复。

四是国务院和县级以上地方各级政府应当在每年6月至9月期间向本级人大常委会报告预算执行情况。

五是各级政府监督下级政府的预算执行；下级政府应当定期向上一级政府报告预算执行情况。

六是各级政府财政部门负责监督本级各部门及其所属各单位预算管理有关工作，并向本级政府和上一级政府财政部门报告预算执行情况。

七是县级以上政府审计部门依法对预算执行、决算实行审计监督。对预算执行和其他财政收支的审计工作报告应当向社会公开。

八是政府各部门负责监督检查所属各单位的预算执行，及时向本级政府财政部门反映本部门预算执行情况，依法纠正违反预算的行为。

九是公民、法人或者其他组织发现有违反本法的行为，可以依法向有关国家机关进行检举、控告。接受检举、控告的国家机关应当依法进行处理，并为检举人、控告人保密。任何单位或者个人不得压制和打击报复检举人、控告人。[①]

为履行宪法法律赋予全国人大及其常委会的预算审查监督职责，贯彻落实党中央关于加强人大预算决算审查监督职能的部署要求，推进全面依法治国，健全完善中国特色社会主义预算审查监督制度，规范预算行为，提高预算绩效，厉行节约，更好地发挥中央预算在推进国家治理体系和治理能力现代化、推动高质量发展、促进社会进步、改善人民

---

① 《预算法》（2018年修正）第九章监督。

生活和全面深化改革开放中的重要作用，必须进一步加强对中央预算的审查监督。为此，1999年12月25日第九届全国人大常委会第十三次会议通过《全国人民代表大会常务委员会关于加强中央预算审查监督的决定》，该决定于2021年4月29日第十三届全国人大常委会第二十八次会议修订。该决定体现了全国人大常委会通过对中央预算的审查监督，实现对宏观调控的治理。其基本要点如下：

一是在加强全口径审查和全过程监管方面。全国人大及其常委会对政府预算决算开展全口径审查和全过程监管，坚持党中央集中统一领导，坚持围绕服务党和国家工作大局，坚持以人民为中心，坚持依法审查监督，聚焦重点，注重实效，保障宪法和法律贯彻实施，保障国家方针政策和决策部署贯彻落实。①加强财政政策审查监督。审查监督重点包括：财政政策贯彻落实国家方针政策和决策部署的情况；与经济社会发展目标和宏观调控总体要求相衔接的情况；加强中期财政规划管理工作，对国家重大战略任务保障的情况；财政政策制定过程中充分听取人大代表与社会各界意见建议的情况；财政政策的合理性、可行性、可持续性等情况。②加强一般公共预算审查监督。审查监督一般公共预算支出总量和结构的重点包括：支出总量和结构贯彻落实国家方针政策和决策部署的情况；支出总量及其增减的情况，财政赤字规模及其占年度预计国内生产总值比重的情况；调整优化支出结构，严格控制一般性支出，提高财政资金配置效率和使用绩效等情况。其中，审查监督重点支出与重大投资项目的重点包括：重点支出预算和支出政策相衔接的情况；重点支出规模变化和结构优化的情况；重点支出决策论证、政策目标和绩效的情况。重大投资项目与国民经济和社会发展规划相衔接的情况；重大投资项目决策论证、投资安排和实施效果的情况。审查监督部门预算的重点包括：部门各项收支全部纳入预算的情况；部门预算与支出政策、部门职责衔接匹配的情况；项目库建设情况；部门重点项目预算安排和绩效的情况；新增资产配置情况；结转资金使用情况；审计查出问题整改落实等情况。审查监督中央对地方转移支付的重点包括：各类转移支付保障中央财政承担的财政事权和支出责任的情况；促进地区间财力均衡及增强基层公共服务保障能力的情况；健全规范转移支付制度、优化转移支付结构的情况；专项转移支付定期评估和退出的情况；转移支付预算下达和使用的情况；转移支付绩效的情况。审查监督一般公共预算收入的重点包括：预算收入安排与经济社会发展目标、国家宏观调控总体要求相适应的情况；各项税收收入与对应税基相协调的情况；预算收入依法依规征收、真实完整的情况；预算收入结构优化、质量提高的情况；依法规范非税收入管理等情况。③加强政府债务审查监督。审查监督中央政府债务重点包括：根据中央财政赤字规模和上年末国债余额限额，科学确定当年国债余额限额，合理控制国债余额与限额之间的差额；评估政府债务风险水平情况，推进实现稳增长和防风险的长期均衡。审查监督地方政府债务重点包括：地方政府债务纳入预算管理的情况；根据债务率、利息支出率等指标评估地方政府债务风险水平，审查地方政府新增一般债务限额和专项债务限额的合理性情况；地方政府专项债务偿还的情况；积极稳妥化解地方政府债务风险等情况。④加强政府性基金预算审查监督。审查监督重点包括：基金项目设立、征收、使用和期限符合法律法规规定的情况；收支政策和预算安排的合理性、可行性、可持续性的情况；政府性基金支出使用情况；政府性基金项目绩效和评估调整等情况。⑤加强国有资本经营预算审查监督。审查监督重点包括：预算范围完整、制度规范的情况；国有资本足额上缴收益和产权转让等收入的情况；支出使用方向和项目符合法律法规规定和政策的情况；国有资本经营预算调入一般公共预算的情况；政府投资基金管理的情况；发挥优化国有资本布局、与国资国企改革相衔接等情况。⑥加强社会保险基金预算审查监督。审查监督重点包括：各项基金收支安排、财政补助和预算平衡的情况；预算安排贯彻落实社会保障政策的情况；推进基本养老保险全国统筹的情况；基金绩效和运营投资的情况；中长期收支预测及可持续运行等情况。⑦进一步推进预算决算公开，提高预算决算透明度。以公开为常态、不公开为例外，监督中央政府及其部门依法及时公开预算决算信息，主动回应社会普遍关注的问题，接受社会监督。

在加强中央预算编制的监督工作方面，坚持先有预算、后有支出、严格按预算支出的原则，细化预算和提前编制预算。按预算法规定的时间将中央预算草案全部编制完毕。中央预算应当按照宪法和法律规定，贯彻落实国家方针政策和决策部署，做到政策明确、标准科学、安排合理，增强可读性和可审性。

在加强和改善中央预算的初步审查工作方面，国务院财政部门应当及时向全国人大财政经济委员会和全国人大常委会预算工作委员会通报有关中央预算编制的情况。预算工作委员会应当结合听取全国人大代表和社会各界意见建议情况，与国务院财政等部门密切沟通，研究提出关于年度预算的分析报告。在全国人大会议举行的45日前，国务院财政部门应当将中央预算草案初步方案提交财政经济委员会，由财政经济委员会对中央预算草案初步方案进行初步审查，并就有关重点问题开展专题审议，提出初步审查意见。

财政经济委员会开展初步审查阶段，全国人大有关专门委员会围绕国家方针政策和决策部署，对相关领域部门预算初步方案、转移支付资金和政策开展专项审查，提出专项审查意见。专项审查意见中增加相关支出预算的建议，应当与减少其他支出预算的建议同时提出，以保持预算的平衡性、完整性和统一性。有关专门委员会的专项审查意见，送财政经济委员会、预算工作委员会研究处理，必要时作为初步审查意见的附件印发全国人大会议。

在加强中央预算执行情况的监督工作方面，在全国人大及其常委会领导下，财政经济委员会和预算工作委员会应当做好有关工作。国务院有关部门应当及时向财政经济委员会、预算工作委员会提交落实全国人大关于预算决议的情况。国务院财政部门应当定期提供全国、中央和地方的预算执行报表，反映预算收支、政府债务等相关情况。国务院有关部门应当通过国家电子政务网等平台，定期提供部门预算执行、宏观经济、金融、审计、税务、海关、社会保障、国有资产等方面政策制度和数据信息。全国人大常委会通过听取和审议专项工作报告、执法检查、专题调研等监督方式，加强对重点收支政策贯彻实施、重点领域财政资金分配和使用、重大财税改革和政策调整、重大投资项目落实情况的监督。国务院在每年8月向全国人大常委会报告当年预算执行情况。国务院财政部门及相关主管部门每季度提供预算执行、有关政策实施和重点项目进展情况。全国人大常委会利用现代信息技术开展预算联网监督，提高预算审查监督效能，实现预算审查监督的网络化、智能化。对预算联网监督发现的问题，适时向国务院有关部门通报，有关部门应当核实处理并反馈处理情况。

在加强中央预算调整方案的审查工作方面，中央预算执行中，农业、教育、科技、社会保障等重点领域支出的调减，新增发行特别国债，增加地方政府举借债务规模，须经全国人大常委会审查和批准。中央预算执行中必须作出预算调整的，国务院应当编制中央预算调整方案，一般于当年6月至10月期间提交全国人大常委会。严格控制预算调剂，各部门、各单位的预算支出应当按照预算执行，因重大事项确需调剂的，严格按照规定程序办理。中央预算执行中出台重要的增加财政收入或者支出的政策措施，调入全国社会保障基金，或者预算收支结构发生重要变化的情况，国务院财政部门应当及时向预算工作委员会通报。预算工作委员会及时将有关情况向财政经济委员会通报，必要时向全国人大常委会报告。

在加强中央决算的审查工作方面，中央决算草案应当按照全国人大批准的预算所列科目编制，按预算数、调整预算数以及决算数分别列出，对重要变化应当作出说明。一般公共预算支出应当按功能分类编列到项，按经济性质分类编列到款。政府性基金预算支出、国有资本经营预算支出、社会保险基金预算支出，应当按功能分类编列到项。按照国务院规定实行权责发生制的特定事项，在审查中央决算草案前向全国人大会常委会报告。中央决算草案应当在全国人大常委会举行会议审查和批准的30日前，提交财政经济委员会，由财政经济委员会结合审计工作报告进行初步审查。

在加强中央决算的审查工作方面，中央决算草案应当按照全国人大批准的预算所列科目编制，按预算数、调整预算数以及决算数分别列出，对重要变化应当作出说明。一般公共预算支出应当按功能分类编列到项，按经济性质分类编列到款。政府性基金预算支出、国有资本经营预算支出、社会保险基金预算支出，应当按功能分类编列到项。按照国务院规定实行权责发生制[①]的特定事项，在审查中央决算草案前向全国人大会常委会报告。中央决算草案应当在全国人大常委会举行会议审查和批准的30日前，提交财政经济委员会，由财政经济委员会结合审计工作报告进行初步审查。

在加强预算绩效的审查监督工作方面，各部门、各单位应当实施全面预算绩效管理，强化事前绩效评估，严格绩效目标管理，完善预算绩效指标体系，提升绩效评价质量。加强绩效评价结果运用，促进绩效评价结果与完善政策、安排预算和改进管理相结合，推进预算绩效信息公开，将重要绩效评价结果与决算草案同步报送全国人大常委会审查。全

---

① 权责发生制是以权利和责任的发生来决定收入和费用归属期的一项会计核算原则。指凡是在本期内由已履行责任所得到的收入和由已形成权利所应当负担的费用，不论其款项是否收到或支出，都作为本期的收入和费用处理；反之，凡是责任未履行或权利未形成，即使款项在本期收到或付出，也不应作为本期的收入和费用处理。

国人大常委会加强对重点支出和重大项目绩效目标、绩效评价结果的审查监督。必要时，召开预算绩效听证会。

在加强对中央预算执行和决算的审计监督方面，审计机关应当按照真实、合法和效益的要求，对中央预算执行和其他财政收支情况以及决算草案进行审计监督，为全国人大常委会开展预算执行、决算审查监督提供支持服务。国务院应当在每年6月向全国人大常委会提出对上一年度中央预算执行和其他财政收支的审计工作报告。审计工作报告应当重点报告上一年度中央预算执行和决算草案、重要政策实施、财政资金绩效的审计情况，全面客观反映审计查出的问题，揭示问题产生的原因，提出改进工作的建议。审计查出的问题要依法纠正、处理，加强审计结果运用，强化责任追究，完善审计查出问题整改工作机制，健全整改情况公开机制。必要时，全国大会常委会可以对审计工作报告作出决议。

在加强审计查出问题整改情况的监督工作方面，全国人大常委会对审计查出突出问题整改情况开展跟踪监督。综合运用听取和审议专项工作报告、专题询问等方式开展跟踪监督，加大监督力度，增强监督效果，推动建立健全整改长效机制，完善预算管理制度。健全人大预算审查监督与纪检监察监督、审计监督的贯通协调机制，加强信息共享，形成监督合力。全国人大常委会在每年12月听取和审议国务院关于审计查出问题整改情况的报告，根据需要可以听取审计查出突出问题相关责任部门单位的单项整改情况报告。有关责任部门单位负责人应当到会听取意见，回答询问。国务院提交的整改情况报告，应当与审计工作报告揭示的问题和提出的建议相对应，重点反映审计查出突出问题的整改情况，并提供审计查出突出问题的单项整改结果和中央部门预算执行审计查出问题整改情况清单。必要时，全国人大常委会可以对审计查出问题整改情况报告作出决议。

以上决定，对于完善全国人大及其常委会对财政预算的监督提供了基本的依据。

三、金融货币政策监督

在中国，对金融货币政策制定和实施进行监督的专门机构是中国人民银行，即中央银行。为了规范中国人民银行的监督行为，1995年3月全国人大制定，全国人大常委会于2003年12月修正的《中国人民银行法》第五章金融监督管理专门就金融货币政策监督作出如下基本规定①：

一是中国人民银行依法监测金融市场的运行情况，对金融市场实施宏观调控，促进其协调发展。

二是中国人民银行有权对金融机构以及其他单位和个人的下列行为进行检查监督：①执行有关存款准备金管理规定的行为；②与中国人民银行特种贷款有关的行为；③执行有关人民币管理规定的行为；④执行有关银行间同业拆借市场、银行间债券市场管理规定的行为；⑤执行有关外汇管理规定的行为；⑥执行有关黄金管理规定的行为；⑦代理中国人民银行经理国库的行为；⑧执行有关清算管理规定的行为；⑨执行有关反洗钱规定的行为。前款所称中国人民银行特种贷款，是指国务院决定的由中国人民银行向金融机构发放的用于特定目的的贷款。

三是中国人民银行根据执行货币政策和维护金融稳定的需要，可以建议国务院银行业监督管理机构对银行业金融机构进行检查监督。国务院银行业监督管理机构应当自收到建议之日起30日内予以回复。

四是当银行业金融机构出现支付困难，可能引发金融风险时，为了维护金融稳定，中国人民银行经国务院批准，有权对银行业金融机构进行检查监督。

五是中国人民银行根据履行职责的需要，有权要求银行业金融机构

①《中国人民银行法》（2003年修正）第31条—第37条。

报送必要的资产负债表、利润表以及其他财务会计、统计报表和资料。中国人民银行应当和国务院银行业监督管理机构、国务院其他金融监督管理机构建立监督管理信息共享机制。

六是中国人民银行负责统一编制全国金融统计数据、报表，并按照国家有关规定予以公布。

七是中国人民银行应当建立、健全本系统的稽核、检查制度，加强内部的监督管理。

在人大监督方面，根据上述《全国人民代表大会常务委员会关于加强经济工作监督的决定》，全国人大常委会应当加强对金融工作的监督。国务院应当在每年10月向全国人大常委会报告下列情况：①货币政策执行情况；②金融业运行情况和监督管理工作情况；③金融支持实体经济情况；④金融体系改革和对外开放情况；⑤防范化解金融风险隐患情况。国务院有关主管部门应当及时向全国人大财政经济委员会提供月度、季度和年度金融运行数据和相关材料，配合支持跟踪监督工作。

值得强调的是，为了加强对银行业的监督管理，规范监督管理行为，防范和化解银行业风险，保护存款人和其他客户的合法权益，促进银行业健康发展，2003年12月27日第十届全国人大常委会第六次会议通过《中华人民共和国银行业监督管理法》，该法于2006年10月修正。该法的监督对象是各类商业银行机构。其不属于对宏观金融调控规范和监督的范畴，但通过对各类商业银行的监督，可以保障国家宏观调控政策法律的贯彻执行。类似的监督法还包括《证券法》《保险法》中有关监督方面的规定。①此外，中国人民银行、中国银行保险监督管理委员会、中国证券监督管理委员会针对金融监督有着相关的规定。

---

①《证券法》于1998年12月制定，先后于2004年8月、2013年6月、2014年8月三次修正，2005年10月、2019年12月两次修订，该法第十二章专门就证券监督管理机构及其职责作出规定。《保险法》于1995年6月制定，2002年10月修正，2009年2月修订。该法第六章专门就保险业监督管理作出规定。

第三节　国有资产调控监督的特别规定

在中国的宏观调控体系中，国有企业与国有资产调控具有特殊的地位。改革开放以来，国有企业改革"抓大放小"，在保持宪法规定的国有经济是国民经济中的主导力量①的同时，立足"做强做大"。国家对国有企业的管理，实现了由管企业生产经营到管资本的历史性转变。这种改革，使国有企业成为独立的民商事主体，也使国有企业和国有资产调控成为宏观调控的重要手段。

首先，除以上相关政策法律规定外，通过《预算法》的制定和实施，国有资产预算成为财政的独立预算范畴。根据《预算法》规定，财政预算包括一般公共预算、政府性基金预算、国有资本经营预算、社会保险基金预算。一般公共预算、政府性基金预算、国有资本经营预算、社会保险基金预算应当保持完整、独立。政府性基金预算、国有资本经营预算、社会保险基金预算应当与一般公共预算相衔接。国有资本经营预算是对国有资本收益作出支出安排的收支预算。国有资本经营预算应当按照收支平衡的原则编制，不列赤字，并安排资金调入一般公共预算。国有资本经营预算的收支范围，按照法律、行政法规和国务院的规定执行。②《预算法》的这一规定说明，国家将国有资本经营的收益以预算（财政计划）方式，纳入财政监督范畴，意味着国有企业的生产经营不仅履行税收责任，还要履行资本经营收益上缴财政的责任，以便为

---

① 《宪法》（2018年修正）第7条规定，国有经济，即社会主义全民所有制经济，是国民经济中的主导力量。国家保障国有经济的巩固和发展。
② 《预算法》（2018年修正）第5条、第10条、第28条。

整个经济社会发展作出贡献，从而区别于民营企业，使国有企业的生产经营具有了宏观调控的职能。

其次，2008年10月28日第十一届全国人大常委会第五次会议通过《中华人民共和国企业国有资产法》。该法在国有资本经营预算方面进行规定。一是国家建立健全国有资本经营预算制度，对取得的国有资本收入及其支出实行预算管理。二是国家取得的下列国有资本收入，以及下列收入的支出，应当编制国有资本经营预算：①从国家出资企业分得的利润；②国有资产转让收入；③从国家出资企业取得的清算收入；④其他国有资本收入。三是国有资本经营预算按年度单独编制，纳入本级人民政府预算，报本级人民代表大会批准。国有资本经营预算支出按照当年预算收入规模安排，不列赤字。四是国务院和有关地方人民政府财政部门负责国有资本经营预算草案的编制工作，履行出资人职责的机构向财政部门提出由其履行出资人职责的国有资本经营预算建议草案。五是国有资本经营预算管理的具体办法和实施步骤，由国务院规定，报全国人大常委会备案。

再次，在国有资产监督方面规定，一是各级人大常委会通过听取和审议本级人民政府履行出资人职责的情况和国有资产监督管理情况的专项工作报告，组织对本法实施情况的执法检查等，依法行使监督职权。二是国务院和地方人民政府应当对其授权履行出资人职责的机构履行职责的情况进行监督。三是国务院和地方人民政府审计机关依照《审计法》的规定，对国有资本经营预算的执行情况和属于审计监督对象的国家出资企业进行审计监督。四是国务院和地方人民政府应当依法向社会公布国有资产状况和国有资产监督管理工作情况，接受社会公众的监督。任何单位和个人有权对造成国有资产损失的行为进行检举和控告。

最后，在人大监督方面，为贯彻落实党中央关于建立国务院向全国人大常委会报告国有资产管理情况制度的决策部署，加强人大国有资产监督职能，促进国有资产治理体系和治理能力现代化，更好地发挥国有资产在服务经济社会发展、保障和改善民生、保护生态环境、保障国家机关和事业单位节约高效履职等方面的作用，根据宪法和有关法律，2020年12月26日第十三届全国人大常委会第二十四次会议通过《全国人民代表大会常务委员会关于加强国有资产管理情况监督的决定》。该决定作出如下决定：

在履行国有资产监督职责方面，全国人大常委会围绕党中央关于国有资产管理和治理决策部署，聚焦监督政府管理国有资产的情况，坚持依法监督、正确监督，坚持全口径、全覆盖，坚持问题导向，依法、全面、有效履行国有资产监督职责。

一是全国人大常委会以每年听取和审议国务院关于国有资产管理情况的报告作为履行人大国有资产监督职责的基本方式，并综合运用执法检查、询问、质询、特定问题调查等法定监督方式。全国人大常委会通过制定国有资产监督工作五年规划对届内国有资产监督工作作出统筹安排，通过制定年度监督工作计划具体实施。

二是国务院按照综合报告与专项报告相结合的方式，做好年度国有资产管理情况报告工作。国有资产管理情况综合报告要全面、准确反映各类国有资产和管理的基本情况，重点报告国有经济布局和结构、深化国有企业改革、行政事业性国有资产的配置和分布、国有自然资源资产禀赋和保护利用，国有资产安全和使用效率，国有资产管理中的突出问题，加强国有资产管理、防止国有资产流失等情况；专项报告要根据各类国有资产性质和管理目标，结合全国人大常委会审议的重点内容突出报告重点，分别反映企业国有资产（不含金融企业）、金融企业国有资产、行政事业性国有资产、国有自然资源资产等国有资产管理情况、管理成效、相关问题和改进工作安排。

三是完善各类国有资产报表体系，作为报告的重要组成部分。根据国有资产性质和特点，从价值和实物等方面，反映国有资产存量情况和变动情况。企业国有资产（不含金融企业）、金融企业国有资产和行政事业性国有资产报表应当细化到行业，中央国有资产相关报表应当分企业、部门和单位编列。建立健全反映不同类别国有资产管理特点的评价指标体系，全面、客观、精准反映管理情况和管理成效。

四是适应国有资产管理改革需要，按照国家统一的会计制度规范国有资产会计处理，制定完善相关统计调查制度。加快编制政府资产负债表等会计报表和自然资源资产负债表。加强以权责发生制为基础的政府综合财务报告备案工作，与国有资产管理情况报告有机衔接。

五是国务院审计部门按照党中央要求，深入推进审计全覆盖，按照真实、合法、效益原则，依据法定职责，加大对国有资产的审计力度，形成审计情况专项报告，作为国务院向全国人大常委会提交的年度中央预算执行和其他财政收支的审计工作报告的子报告。

六是全国人大常委会围绕年度国有资产管理情况报告议题组织开展专题调查研究，可以邀请全国人大代表参与。专题调研情况向全国人大常委会报告。

七是围绕各类国有资产管理目标和全国人大常委会审议重点，建立健全人大国有资产监督评价指标体系，运用有关评价指标开展国有资产管理绩效评价，并探索建立第三方评估机制。

八是全国人大有关专门委员会承担对国务院国有资产管理情况报告的初步审议职责。在全国人大常委会会议举行30日前，由全国人大财政经济委员会或者会同其他有关专门委员会开展初步审议，提出初步审议意见。

九是全国人大常委会预算工作委员会承担人大国有资产监督的具体工作，协助财政经济委员会等有关专门委员会承担初步审议相关工作。在全国人大常委会会议举行45日前，预算工作委员会应当组织听取全国人大代表的意见建议，听取国务院有关部门介绍报告的主要内容并提出分析意见。

十是全国人大常委会审议国有资产管理情况报告，开展国有资产监督，应当重点关注下列内容：①贯彻落实党中央关于国有资产管理和国有企业改革发展方针政策和重大决策部署情况；②有关法律实施情况；③落实全国人大常委会有关审议意见和决议情况；④改革完善各类国有资产管理体制情况；⑤企业国有资产（不含金融企业）和金融企业国有资产服务国家战略，提升国有经济竞争力、创新力、控制力、影响力、抗风险能力等情况；⑥行政事业性国有资产保障国家机关和事业单位节约高效履职，增强基本公共服务的可及性和公平性等情况；⑦国有自然资源资产支持经济社会发展和改善生态环境质量，落实自然资源保护与有效利用、保护生态环境、节能减排等约束性指标等情况；⑧国有资本保值增值、防止国有资产流失和收益管理等情况；⑨审计查出问题整改情况；⑩其他与国有资产管理有关的重要情况。

十一是全国人大常委会在任期届满前一年内听取和审议国有资产管理情况综合报告时开展专题询问，其他年份在听取和审议专项报告时也可以根据需要开展专题询问。全国人大常委会针对国有资产管理存在的问题，可以依法进行质询和特定问题调查，可以根据审议和监督情况依法作出决议。

十二是国务院应当建立健全整改与问责机制。根据审议意见、专题调研报告、审计报告等提出整改与问责清单，分类推进问题整改，依法对违法违规行为追责问责。整改与问责情况同对全国人大常委会审议意见的研究处理情况一并向全国人大常委会报告。全国人大常委会可以听取报告并进行审议。对审计查出问题的整改和报告按照有关法律规定进行。

十三是按照稳步推进的原则，建立健全整改与问责情况跟踪监督机制。全国人大常委会对突出问题、典型案件建立督办清单制度，由有关专门委员会、预算工作委员会等开展跟踪监督具体工作，督促整改落实。建立人大国有资产监督与国家监察监督相衔接的有效机制，加强相关信息共享和工作联系，推动整改问责。

在健全国有资本经营预算管理制度方面，强化国有资本经营预算对国有资本的总体布局、投资运作、收益管理等的统筹约束和支撑保障作用。健全资产管理和预算管理相衔接的工作机制，全面反映预算资金形成基础设施、政府投资基金、政府和社会资本合作项目等相关国有资产情况。国有资产管理情况报告和监督中反映的问题及提出的意见，应当作为下一年度预算审查的重要依据和审查结果报告的重要参考。

在信息公开化方面，全国人大常委会办事机构按照《各级人民代表大会常务委员会监督法》等法律规定，及时将国有资产监督工作五年规划，国有资产管理情况报告及审议意见，专题调研报告和有关专门委员会初步审议意见，国务院研究处理审议意见及整改与问责情况、执行决议情况的报告，向全国人大代表通报并向社会公布。国务院及其部门按照规定及时公开国家、部门、单位的国有资产报表。依法不予公开的除外。

在信息共享和联动机制方面，国务院有关部门应当建立全口径国有资产信息共享平台，实现相关部门、单位互联互通，并通过人大预算与国资联网监督系统定期向预算工作委员会报送相关国有资产数据和信息。根据监督工作需要，及时提供联网数据信息之外的其他国有资产管理等信息资料。预算工作委员会应当健全与国务院有关部门之间的工作联系机制，加强督促协调，及时汇总相关信息向有关专门委员会通报、向全国人大常委会报告。

在专项调查方面，预算工作委员会根据全国人大常委会监督发现、社会普遍反映的典型问题和案例提出建议，经全国人大常委会委员长会议专项批准，可以对相关部门、单位国有资产管理情况进行调查，各级政府和有关部门、单位应当积极协助、配合。

在地方监督方面，县级以上地方人大常委会结合本地实际，参照本决定建立健全国有资产管理情况监督制度，加强监督力量，依法履行人大国有资产监督职责。

除以上宏观调控监督事项外，全国人大常委会应当围绕党和国家经济工作中心和全局依法加强监督，重点关注深化经济体制改革、优化营商环境、加强科技创新、推动区域协调发展、坚持绿色低碳发展、保障和改善民生、促进共同富裕、推进高水平对外开放、维护国家经济安全等方面工作落实情况，必要时可以听取和审议国务院专项工作报告、开展专题询问或者作出决议。全国人大财政经济委员会、有关专门委员会和常委会有关工作机构在常委会领导下做好相关工作，督促国务院有关部门更好地推进落实工作。

国务院对事关国民经济和社会发展全局、涉及人民群众切身利益的重大决策，依法在出台前向全国人大常委会报告。出现下列情况之一的，国务院或者国务院有关部门应当向全国人大常委会或者财政经济委员会和有关专门委员会报告，作出说明：①因国际经济形势或者国内经济运行发生重大变化需要对宏观调控政策取向作出重大调整；②涉及国计民生、国家经济安全、人民群众切身利益的重大经济体制改革或者对外开放方案出台前；③重大自然灾害或者给国家财产、集体财产、人民群众生命财产造成严重损失的重大事件发生后；④其他有必要向全国人大常委会或者财政经济委员会和有关专门委员会报告的重大经济事项。全国人大常委会认为必要时，可以依法作出决定决议，也可以将讨论中的意见建议转送国务院及其有关部门研究处理。与此同时，根据《全国人民代表大会常务委员会关于加强经济工作监督的决定》，对涉及面广、影响深远、投资巨大的国家特别重大建设项目，国务院可以向全国人大或者常委会提出议案，由全国人大或者常委会审议并作出决定。根据全国人大或者常委会安排，财政经济委员会会同有关专门委员会对前款所述议案进行初步审查，并向全国人大或者常委会提出审查报告。经人大审查，在必要时，可以作出决定。

对不执行决定决议或者执行决定决议不力造成严重后果的，全国人大及其常委会可以通过专题询问、质询、特定问题调查等方式加强监督。

第七章

宏观调控法的奖励与激励

DI-QI
ZHANG

奖惩结合是经济法的一项基本原则和调整方法，对此，宏观调控法亦然。其中，在奖励方面，主要涉及对从事宏观调控管理、协调公务活动的公务人员的奖励。而在激励方面，则主要体现在对被直接调控主体以及被间接调控的市场主体行为的激励。以下分别予以阐述。

第一节　宏观调控法的奖励

鉴于宏观调控中具体承担公务活动的主要为国家机关和相关事业单位，对于宏观调控公务活动对象的奖励，主要体现为对公务人员和事业单位人员及其被委托人员等从事宏观调控活动行为优秀者的奖励。鉴于科技创新在国家宏观调控战略实施中的重要地位，为促进科技进步，国家专门设立了科学技术奖励制度。另外，宏观调控法的奖励还体现在举报奖励方面等。以下分别予以归纳分析。

一、对公务人员的奖励

为了加强和规范公务员奖励工作，建设信念坚定、为民服务、勤政务实、敢于担当、清正廉洁的高素质专业化公务员队伍，根据《中华人民共和国公务员法》等有关法律法规，2007年12月25日中共中央组织部部务会议审议批准，2008年1月4日中共中央组织部、人事部发布，并于2020年12月8日中共中央组织部修订，2020年12月28日发布的《公务员奖励规定》，是奖励从事宏观调控管理、协调工作公务员以及从事公务活动的其他工作人员的基本法律依据。

按照《公务员奖励规定》，公务员奖励，是指对政治素质过硬，工作表现突出，有显著成绩和贡献，或者有其他突出事迹的公务员、公务员集体，依据本规定给予的奖励。其中，公务员集体的奖励适用于按照编制序列设置的机构或者为完成专项任务组成的工作集体。

公务员奖励工作坚持以马克思列宁主义、毛泽东思想、邓小平理论、"三个代表"重要思想、科学发展观、习近平新时代中国特色社会主义思想为指导，贯彻新时代党的组织路线和干部工作方针政策，适应推进国家治理体系和治理能力现代化需要，服务党和国家工作大局，把政治标准放在首位，强化正向激励，弘扬奋斗精神，发挥先进典型引领作用，坚持下列原则：①以德为先，突出功绩导向；②依法依规，做到公开、公平、公正；③发扬民主，注重群众公认；④定期奖励与及时奖励相结合，精神奖励与物质奖励相结合、以精神奖励为主。

中央公务员主管部门负责全国公务员奖励的综合管理工作。县级以上地方各级公务员主管部门负责本辖区内公务员奖励的综合管理工作。上级公务员主管部门指导下级公务员主管部门的公务员奖励工作。各级公务员主管部门指导同级各机关的公务员奖励工作。

在奖励的条件和种类方面，公务员、公务员集体有下列情形之一的，给予奖励：①忠于职守，积极工作，勇于担当，工作实绩显著的；②遵纪守法，廉洁奉公，作风正派，办事公道，模范作用突出的；③在工作中有发明创造或者提出合理化建议，取得显著经济效益或者社会效益的；④为增进民族团结，维护社会稳定作出突出贡献的；⑤爱护公共财产，节约国家资财有突出成绩的；⑥防止或者消除事故有功，使国家和人民群众利益免受或者减少损失的；⑦在抢险、救灾等特定环境中作出突出贡献的；⑧同违纪违法行为作斗争有功绩的；⑨在对外交往中为国家争得荣誉和利益的；⑩有其他突出功绩的。

在奖励方面，对公务员、公务员集体的奖励分为：嘉奖、记三等功、记二等功、记一等功、授予称号。①对表现突出的，给予嘉奖；②对作出较大贡献的，记三等功；③对作出重大贡献的，记二等功；④对作出杰出贡献的，记一等功；⑤对功绩卓著的，授予"人民满意的公务员""人民满意的公务员集体"等称号。

在奖励的实施方面，对在本职工作中表现突出、有显著成绩的，应当定期给予奖励。其中，对年度考核被确定为优秀等次的公务员，予以嘉奖；连续3年被确定为优秀等次的，记三等功。授予称号，一般每3—5年开展一次。对在处理突发事件和承担专项重要工作中作出显著成绩的，应当及时给予奖励。奖励种类和数量根据相关工作重要程度和成效、参与工作人员贡献和数量等因素确定。对符合奖励条件的已故人员，可以追授奖励。对获得奖励的公务员、公务员集体，由审批机关颁布奖励决定，颁发奖励证书。同时对获得记三等功以上奖励的公务员颁发奖章、公务员集体颁发奖牌。公务员、公务员集体的奖励证书、奖章和奖牌，按照规定的式样、规格、质地，由省级以上公务员主管部门统一制作或者监制。对获得奖励的公务员，按照规定标准给予一次性奖金。中央公务员主管部门会同国务院财政部门，根据国家经济社会发展水平，适时调整公务员奖金标准。公务员奖励所需经费，应当列入各部门预算，予以保障。公务员奖励作为公务员考核和晋升职务职级的重要参考。对在处理突发事件和承担专项重要工作中作出显著成绩、获得记三等功以上奖励的公务员，当年年度考核确定优秀等次时予以倾斜。获得记三等功以上奖励的公务员集体，按照有关规定可以适当提高当年年度考核优秀等次比例。对获得记二等功以上奖励的公务员、公务员集体所属工作人员，可以由公务员主管部门或者所在机关组织开展休假疗养、学习培训、参观考察等活动。获得"人民满意的公务员"称号的公务员，按照有关规定享受省部级以上表彰奖励获得者待遇。采取多种形式，广泛宣传获得奖励的公务员、公务员集体先进事迹。重大典型事迹编入公务员培训教材，列入公务员培训内容。公务员奖励应当严格标准、控制数量，注重向基层和工作一线倾斜。对获得奖励的公务员、公务员集体，可以采取适当形式予以表彰。授予公务员、公务员集体称号，一般应当召开表彰大会。表彰形式应当庄重、节俭。按照国家规定，可以向参与特定时期、特定领域重大工作的公务员颁发纪念证书或者纪念章。

在奖励监督方面，各地区各部门不得自行设立本规定之外的其他种类的公务员奖励，不得违反规定标准发放奖金，不得重复发放奖金。公务员、公务员集体因涉嫌违纪违法正在接受组织调查的，暂停实施奖励。具有下列情形之一的，应当撤销奖励：①弄虚作假，骗取奖励的；②申报奖励时隐瞒严重错误或者严重违反规定程序的；③有严重违纪违法等行为，影响称号声誉的；④有法律、法规规定应当撤销奖励的其他情形的。撤销奖励，由原申报机关按程序报审批机关批准，由审批机关作出撤销决定，并在一定范围内通报。必要时，审批机关可以直接撤销奖励。公务员、公务员集体获得的奖励被撤销后，审批机关应当收回并注销奖励证书、奖章或者奖牌，停止其享受的有关待遇。撤销奖励的决定存入公务员本人干部人事档案或者公务员集体所在机关文书档案。公务员主管部门和有关机关应当及时受理对公务员奖励工作的举报，并按照有关规定处理。

对在公务员奖励工作中徇私舞弊、弄虚作假或者有其他违纪违法行为的，依规依纪依法追究负有责任的领导人员和直接责任人员责任。市（地）级以上机关应当将上一年度实施公务员奖励工作情况，报送同级公务员主管部门备案。县级以上公务员主管部门将本地区上一年度实施公务员奖励工作情况，报送上级公务员主管部门备案。[①]此外，该奖励规定还对奖励的权限和程序作出规定。

二、对事业单位公务人员的奖励

2018年12月，为深入贯彻习近平新时代中国特色社会主义思想和

---

① 《公务员奖励规定》（2020年）第一章总则、第二章奖励的条件和种类、第四章奖励的实施、第五章奖励的监督。

党的十九大精神，贯彻落实新时代党的组织路线，建立导向鲜明、科学规范、有效管用的事业单位工作人员奖励制度，激励广大事业单位工作人员担当作为、干事创业，根据《事业单位人事管理条例》等法律法规，中央组织部、人力资源社会保障部共同研究制定了《事业单位工作人员奖励规定》（人社部规〔2018〕4号）。根据该奖励规定，事业单位工作人员、事业单位工作人员集体（以下简称"事业单位工作人员和集体"）在完成本职工作和履行社会责任中表现突出、有显著成绩和贡献的，依据该规定给予奖励。依据有关法律法规和政策对事业单位工作人员和集体开展的其他奖励按照有关规定执行。事业单位工作人员集体是指事业单位法人组织、内设机构、派出机构或者为完成专项任务组成的工作团队。机关工勤人员、机关工勤人员集体的奖励，参照该规定执行。省、自治区、直辖市事业单位人事综合管理部门可以依据本规定，结合实际制定实施细则。①

事业单位工作人员奖励工作，应当服务经济社会发展，符合事业单位特点，体现时代性、导向性、实效性，丰富奖励形式，发挥奖励的正向激励作用。主要遵循以下原则：①坚持党管干部、党管人才；②坚持德才兼备、以德为先；③坚持事业为上、突出业绩贡献；④坚持公开公平公正、严格标准程序；⑤坚持精神奖励与物质奖励相结合、以精神奖励为主；⑥坚持定期奖励与及时奖励相结合、以定期奖励为主。

在奖励的条件方面，事业单位工作人员和集体必须坚持和加强党的全面领导，坚决维护习近平总书记的核心地位，坚决维护党中央权威和集中统一领导。有下列情形之一的，可以给予奖励：①在贯彻执行党的理论和路线方针政策，加强事业单位党建工作，履行公共服务的政治责任等方面，表现突出、成绩显著的；②在执行党和国家重大战略部署、

---

① 《事业单位工作人员奖励规定》（2018年）第1条、第2条、第23条、第24条。

重要任务、承担重要专项工作、维护公共利益、防止或者消除重大事故、抢险救灾减灾等方面，表现突出、成绩显著的；③热爱公共服务事业，在推进教育、科技、文化、医疗卫生、体育、农业等领域改革发展方面，表现突出、成绩显著的；④长期服务基层，在为民服务、爱岗敬业、担当奉献等方面，表现突出、成绩显著的；⑤工作中有发明创造、技术创新、成果转化等，经济效益或者社会效益显著的；⑥在维护国家安全和社会稳定、增进民族团结、同违纪违法行为作斗争等方面，有突出事迹和功绩的；⑦在对外交流与合作、重大赛事和活动中为国家争得荣誉和利益，表现突出、成绩显著的；⑧有其他突出成绩和贡献需要给予奖励的。

在奖励的种类方面，对事业单位工作人员和集体可以嘉奖、记功、记大功、授予称号。①对表现突出、作出较大贡献，在本单位发挥模范带头作用的，给予嘉奖；②对取得突破性成就、作出重大贡献，在本地区本行业本领域产生较大影响的，记功；③对取得重大突破性成就、作出杰出贡献，在本地区本行业本领域产生重大影响的，记大功；④对功绩卓著的，授予称号。授予称号以及荣誉称号，按照《中国共产党党内功勋荣誉表彰条例》①《国家功勋荣誉表彰条例》②等有关规定执行。

---

① 2017年8月8日中共中央发布《中国共产党党内功勋荣誉表彰条例》。根据该条例规定，本条例所称党内功勋荣誉表彰，是指通过授予勋章、荣誉称号、表彰以及颁发纪念章等形式，对党员、党组织等进行褒奖。党中央设立"七一勋章"。"七一勋章"是党内最高荣誉。"七一勋章"授予在中国特色社会主义伟大事业和党的建设新的伟大工程中作出杰出贡献、创造宝贵精神财富的党员。授予对象应当在全党全社会具有重大影响、受到高度赞誉。"七一勋章"可以追授，一般追授给本条例施行后去世的党员。与此同时，党中央设立荣誉称号，授予在中国特色社会主义伟大事业和党的建设新的伟大工程中作出突出贡献、具有崇高精神风范，以及在抢险救灾、处置突发事件或者完成重大专项任务等工作中表现特别突出、事迹特别感人的党员和党组织。荣誉称号名称根据被授予对象的事迹特点确定，或者冠以专项工作称谓。荣誉称号可以追授，一般追授给本条例施行后去世的党员。

② 2017年6月27日中共中央政治局常委会会议审议批准，2017年8月8日中共中央、国务院发布《国家功勋荣誉表彰条例》。根据该条例规定，国家勋章和国家荣誉称号为国

在定期奖励方面，根据工作需要和队伍建设实际开展定期奖励，一般以年度或者聘（任）期为周期，以年度考核、聘（任）期考核结果为主要依据。奖励具体时间由奖励决定单位根据行业实际、工作特点等确定，可以结合年度考核、聘（任）期考核等工作进行。定期奖励的比例（名额），由奖励决定单位结合事业单位数量、人员规模、职责任务、工作绩效等因素统筹确定。给予工作人员嘉奖、记功，一般分别不超过工作人员总数的20%、2%，事业单位整体表现突出的，其工作人员嘉奖比例一般不超过25%。定期奖励的比例（名额）应当向基层和艰苦边远地区事业单位倾斜，向一线工作人员倾斜。县（市、区、旗）级以下事业单位的奖励比例（名额）可以根据实际在本县（市、区、旗）范围内统筹使用。

在及时奖励方面，对在应对重大突发事件、完成重大专项工作等方面，作出显著成绩和贡献的事业单位工作人员和集体，应当及时给予奖励。加大及时奖励力度，及时奖励的比例（名额）由奖励决定单位依据奖励权限，结合实际确定。及时奖励一般由主管机关（部门）或者事业单位制定奖励方案，提出拟奖励名单，参照该规定相关程序，依据奖励权限作出奖励决定。及时奖励情况可以作为定期奖励的重要参考。

家最高荣誉。国家勋章包括"共和国勋章"和"友谊勋章"。"共和国勋章"授予在中国特色社会主义建设和保卫国家中作出巨大贡献、建立卓越功勋，道德品质高尚，群众公认的杰出人士。"友谊勋章"授予在中国社会主义现代化建设和促进中外交流合作、维护世界和平中作出杰出贡献的外国人。国家荣誉称号授予在经济、社会、国防、外交、教育、科技、文化、卫生、体育等各领域各行业作出重大贡献、享有崇高声誉，道德品质高尚，群众公认的杰出人士。国家荣誉称号的名称一般冠以"人民"，如"人民英雄""人民卫士""人民科学家""人民艺术家""人民教育家"等，也可以使用其他名称。具体名称由全国人民代表大会常务委员会在决定授予时确定。党中央设立"七一勋章"和荣誉称号，中央军委设立"八一勋章"和荣誉称号，分别按照《中国共产党党内功勋荣誉表彰条例》《军队功勋荣誉表彰条例》有关规定执行。国务院设立荣誉称号，授予在建设和捍卫中国特色社会主义伟大事业中作出突出贡献、具有崇高精神风范，以及在抢险救灾、处置突发事件或者完成重大专项任务等工作中表现特别突出、事迹特别感人，群众公认的个人和集体。

在奖励的实施方面，对获得嘉奖、记功、记大功的事业单位工作人员和集体，由奖励决定单位颁发奖励证书；获得记功、记大功的，同时对个人颁发奖章，对集体颁发奖牌。奖励证书、奖章和奖牌，按照中央事业单位人事综合管理部门规定的式样、规格、质地，由省（自治区、直辖市）级以上事业单位人事综合管理部门统一制作或者监制。奖励相关审批材料分别存入本人干部人事档案、单位文书档案。对获得嘉奖、记功、记大功的事业单位工作人员给予一次性奖金。获奖人员所在地区或者单位经批准可以追加其他物质奖励。经批准的奖励所需经费，通过相关单位现有经费渠道解决，不计入工作人员所在单位绩效工资总额。对事业单位工作人员集体进行奖励的，可以同时对该集体中作出突出贡献的个人进行奖励。对符合奖励条件的已故人员，可以追授奖励。对获得奖励的事业单位工作人员和集体，可以结合实际以内部通报表扬、评优评先等形式进行褒奖，并在工作上、生活上给予关心关怀，激励其珍惜和保持荣誉，发挥先进典型示范引领作用。

此外，《事业单位工作人员奖励规定》还对奖励的权限、奖励的程序和监督进行了规定。其中规定，有下列情形之一的，不得给予奖励；已经作出奖励决定的，由奖励决定单位按程序撤销奖励，并注销和收回获奖个人或者集体的奖励证书、奖章、奖牌，撤销其获得的待遇，追缴所获奖金等物质奖励。①政治品质、廉洁自律存在问题，或者道德品行、遵规守纪等方面存在问题、造成严重不良影响的；②申报奖励时隐瞒严重错误或者弄虚作假骗取奖励的；③严重违反规定的奖励权限或者程序的；④法律法规规定应当撤销奖励的。撤销奖励的，应当予以公布。因涉及国家秘密不宜公开的，可以不向社会公布。相关材料分别存入本人干部人事档案、单位文书档案。①

---

① 《事业单位工作人员奖励规定》（2018年）第3条、第5条、第6条、第10条、第11条、第13条—第15条、第16条—第19条、第20条。

三、科学技术方面的奖励

为了奖励在科学技术进步活动中作出突出贡献的个人、组织，调动科学技术工作者的积极性和创造性，建设创新型国家和世界科技强国，根据《中华人民共和国科学技术进步法》，国家专门建立科学技术奖励制度，出台《国家科学技术奖励条例》。《国家科学技术奖励条例》于1999年5月23日国务院令第265号发布，根据2003年12月20日《国务院关于修改〈国家科学技术奖励条例〉的决定》第一次修订，根据2013年7月18日《国务院关于废止和修改部分行政法规的决定》第二次修订，2020年10月7日国务院令第731号第三次修订。

根据《国家科学技术奖励条例》规定，国务院设立下列国家科学技术奖：①国家最高科学技术奖；②国家自然科学奖；③国家技术发明奖；④国家科学技术进步奖；⑤中华人民共和国国际科学技术合作奖。

国家科学技术奖应当与国家重大战略需要和中长期科技发展规划紧密结合。国家加大对自然科学基础研究和应用基础研究的奖励。国家自然科学奖应当注重前瞻性、理论性，国家技术发明奖应当注重原创性、实用性，国家科学技术进步奖应当注重创新性、效益性。

国家科学技术奖励工作坚持中国共产党领导，实施创新驱动发展战略，贯彻尊重劳动、尊重知识、尊重人才、尊重创造的方针，培育和践行社会主义核心价值观。国家维护国家科学技术奖的公正性、严肃性、权威性和荣誉性，将国家科学技术奖授予追求真理、潜心研究、学有所长、研有所专、敢于超越、勇攀高峰的科技工作者。国家科学技术奖的提名、评审和授予，不受任何组织或者个人干涉。国务院科学技术行政部门负责国家科学技术奖的相关办法制定和评审活动的组织工作。对涉及国家安全的项目，应当采取严格的保密措施。国家科学技术奖励应当实施绩效管理。

国家设立国家科学技术奖励委员会。国家科学技术奖励委员会聘请有关方面的专家、学者等组成评审委员会和监督委员会，负责国家科学技术奖的评审和监督工作。国家科学技术奖励委员会的组成人员人选由国务院科学技术行政部门提出，报国务院批准。

在国家科学技术奖的设置方面，国家最高科学技术奖授予下列中国公民：①在当代科学技术前沿取得重大突破或者在科学技术发展中有卓越建树的；②在科学技术创新、科学技术成果转化和高技术产业化中，创造巨大经济效益、社会效益、生态环境效益或者对维护国家安全作出巨大贡献的。国家最高科学技术奖不分等级，每次授予人数不超过两名。

国家自然科学奖授予在基础研究和应用基础研究中阐明自然现象、特征和规律，作出重大科学发现的个人。重大科学发现，应当具备下列条件：①前人尚未发现或者尚未阐明；②具有重大科学价值；③得到国内外自然科学界公认。

国家技术发明奖授予运用科学技术知识作出产品、工艺、材料、器件及其系统等重大技术发明的个人。所称重大技术发明，应当具备下列条件：①前人尚未发明或者尚未公开；②具有先进性、创造性、实用性；③经实施，创造显著经济效益、社会效益、生态环境效益或者对维护国家安全作出显著贡献，且具有良好的应用前景。

国家科学技术进步奖授予完成和应用推广创新性科学技术成果，为推动科学技术进步和经济社会发展作出突出贡献的个人、组织。创新性科学技术成果，应当具备下列条件：①技术创新性突出，技术经济指标先进；②经应用推广，创造显著经济效益、社会效益、生态环境效益或者对维护国家安全作出显著贡献；③在推动行业科学技术进步等方面有重大贡献。

国家自然科学奖、国家技术发明奖、国家科学技术进步奖分为一等奖、二等奖两个等级；对作出特别重大的科学发现、技术发明或者创新性科学技术成果的，可以授予特等奖。

中华人民共和国国际科学技术合作奖授予对中国科学技术事业作出重要贡献的下列外国人或者外国组织：①同中国的公民或者组织合作研究、开发，取得重大科学技术成果的；②向中国的公民或者组织传授先进科学技术、培养人才，成效特别显著的；③为促进中国与外国的国际科学技术交流与合作，作出重要贡献的。中华人民共和国国际科学技术合作奖不分等级。

在科学技术活动中有下列情形之一的，相关个人、组织不得被提名或者授予国家科学技术奖：①危害国家安全、损害社会公共利益、危害人体健康、违反伦理道德的；②有科研不端行为，按照国家有关规定被禁止参与国家科学技术奖励活动的；③有国务院科学技术行政部门规定的其他情形的。

国家最高科学技术奖报请国家主席签署并颁发奖章、证书和奖金。国家自然科学奖、国家技术发明奖、国家科学技术进步奖由国务院颁发证书和奖金。中华人民共和国国际科学技术合作奖由国务院颁发奖章和证书。国家科学技术奖提名和评审的办法、奖励总数、奖励结果等信息应当向社会公布，接受社会监督。涉及国家安全的保密项目，应当严格遵守国家保密法律法规的有关规定，加强项目内容的保密管理，在适当范围内公布。国家科学技术奖励工作实行科研诚信审核制度。国务院科学技术行政部门负责建立提名专家、学者、组织机构和评审委员、评审专家、候选者的科研诚信严重失信行为数据库。禁止任何个人、组织进行可能影响国家科学技术奖提名和评审公平、公正的活动。国家最高科学技术奖的奖金数额由国务院规定。国家自然科学奖、国家技术发明奖、国家科学技术进步奖的奖金数额由国务院科学技术行政部门会同财政部门规定。国家科学技术奖的奖励经费列入中央预算。宣传国家科学技术奖获奖者的突出贡献和创新精神，应当遵守法律法规的规定，做到安全、保密、适度、严谨。禁止使用国家科学技术奖名义牟取不正当利益。

与此同时，《国家科学技术奖励条例》规定，有关部门根据国家安全领域的特殊情况，可以设立部级科学技术奖；省、自治区、直辖市、计划单列市人民政府可以设立一项省级科学技术奖。具体办法由设奖部门或者地方人民政府制定，并报国务院科学技术行政部门及有关单位备案。设立省部级科学技术奖，应当按照精简原则，严格控制奖励数量，提高奖励质量，优化奖励程序。其他国家机关、群众团体，以及参照公务员法管理的事业单位，不得设立科学技术奖。国家鼓励社会力量设立科学技术奖。社会力量设立科学技术奖的，在奖励活动中不得收取任何费用。国务院科学技术行政部门应当对社会力量设立科学技术奖的有关活动进行指导服务和监督管理，并制定具体办法。

此外，《国家科学技术奖励条例》对国家科学技术奖的提名、评审和授予的程序及法律责任进行了规定。

四、举报检举奖励

（一）关于公民举报危害国家安全行为的奖励

为了鼓励公民举报危害国家安全行为，规范危害国家安全行为举报奖励工作，动员全社会力量共同维护国家安全，根据《中华人民共和国国家安全法》《中华人民共和国反间谍法》《中华人民共和国反间谍法实施细则》等法律法规，国家安全部于2022年6月6日公布《公民举报危害国家安全行为奖励办法》。国家安全机关在法定职责范围内对公民举报危害国家安全行为实施奖励，适用该办法。对境外人员举报实施奖励，适用该办法的有关规定。

按照《公民举报危害国家安全行为奖励办法》规定，对举报危害国家安全行为的公民实施奖励，应当贯彻总体国家安全观，坚持国家安全一切为了人民、一切依靠人民，坚持专门工作与群众路线相结合，坚持客观公正、依法依规。公民可以通过下列方式向国家安全机关举报：一是拨打国家安全机关12339举报受理电话；二是登录国家安全机关互联网举报受理平台网站www.12339.gov.cn；三是向国家安全机关投递信函；四是到国家安全机关当面举报；五是通过其他国家机关或者举报人所在单位向国家安全机关报告；六是其他举报方式。

公民可以实名或者匿名进行举报。实名举报应当提供真实身份信息和有效联系方式。匿名举报人有奖励诉求的，应当提供能够辨识其举报身份的信息。提倡和鼓励实名举报。国家安全机关以及依法知情的其他组织和个人应当严格为举报人保密，未经举报人同意，不得以任何方式泄露举报人身份相关信息。因举报危害国家安全行为，举报人本人或者其近亲属的人身安全面临危险的，可以向国家安全机关请求予以保护。国家安全机关应当会同有关部门依法采取有效保护措施。国家安全机关认为有必要的，应当依职权及时、主动采取保护措施。国家安全机关会同宣传主管部门，协调和指导广播、电视、报刊、互联网等媒体对举报危害国家安全行为的渠道方式、典型案例、先进事迹等进行宣传，制作、刊登、播放有关公益广告、宣传教育节目或者其他宣传品，增强公民维护国家安全意识，提高公民举报危害国家安全行为的积极性、主动性。

在奖励条件、方式和标准方面，获得举报奖励应当同时符合下列条件：一是有明确的举报对象，或者具体的危害国家安全行为线索或者情况；二是举报事项事先未被国家安全机关掌握，或者虽被国家安全机关有所掌握，但举报人提供的情况更为具体翔实；三是举报内容经国家安全机关查证属实，为防范、制止和惩治危害国家安全行为发挥了作用、作出了贡献。

有下列情形之一的，不予奖励或者不予重复奖励：一是国家安全机关工作人员或者其他具有法定职责的人员举报的，不予奖励；二是无法验证举报人身份，或者无法与举报人取得联系的，不予奖励；三是最终认定的违法事实与举报事项不一致的，不予奖励；四是对同一举报人的同一举报事项，不予重复奖励；对同一举报人提起的两个或者两个以上有包含关系的举报事项，相同内容部分不予重复奖励；五是经由举报线索调查发现新的危害国家安全行为或者违法主体的，不予重复奖励；六是其他不符合法律法规规章规定的奖励情形。

在奖励方式上，国家安全机关根据违法线索查证结果、违法行为危害程度、举报发挥作用情况等，综合评估确定奖励等级，给予精神奖励或者物质奖励。给予精神奖励的，颁发奖励证书；给予物质奖励的，发放奖金。征得举报人及其所在单位同意后，可以由举报人所在单位对举报人实施奖励。以发放奖金方式进行奖励的，具体标准如下：一是对防范、制止和惩治危害国家安全行为发挥一定作用、作出一定贡献的，给予人民币1万元以下奖励；二是对防范、制止和惩治危害国家安全行为发挥重要作用、作出重要贡献的，给予人民币1万元至3万元奖励；三是对防范、制止和惩治严重危害国家安全行为发挥重大作用、作出重大贡献的，给予人民币3万元至10万元奖励；四是对防范、制止和惩治严重危害国家安全行为发挥特别重大作用、作出特别重大贡献的，给予人民币10万元以上奖励。

（二）关于对违反海关法行为举报的奖励

根据《中华人民共和国海关法》第13条的规定①，1989年8月22日，

---

① 《海关法》第13条规定，海关建立对违反本法规定逃避海关监管行为的举报制度。任何单位和个人均有权对违反本法规定逃避海关监管的行为进行举报。海关对举报或者协助查获违反本法案件的有功单位和个人，应当给予精神的或者物质的奖励。海关应当为举报人保密。

海关总署发布《中华人民共和国海关对检举或协助查获违反海关法案件有功人员的奖励办法》，并于2010年11月26日予以修正。根据该办法规定，对检举以及协助海关查获走私案件或违反海关监管规定案件的单位或个人，依照本办法，由海关发给奖励金。其奖励对象不包括负有经济监督、检查、管理职能和协助海关查缉、处理违反海关法案件任务的机关及其工作人员。对走私案件的检举人，海关按实际查获私货变价收入的10%以内掌握发给奖励金，最高不超过人民币10万元。对按规定应将没收物品销毁或无偿移交政府专管机关的走私案件，海关视案情和检举人贡献大小，发给检举人人民币300元以上、5万元以下的奖励金。对由于检举而查获的违反海关监管规定的案件，属于补征税款挽回国家经济损失的，按补税和罚款总额的3%以内发给检举人奖励金；对仅给予罚款处罚的违规案件，按罚款额的3%以内发给检举人奖励金。对有特殊贡献的案件检举人，经海关总署批准，奖励金不受上述数额的限制。对向海关提供案件线索或协助海关查获案件的有关单位和个人，按照贡献大小，酌情给予奖励。对居住在境外的检举走私及违反海关监管规定案件的检举人，奖励金之部分或全部可以发给外币。海关为检举和协助查获走私及违反海关监管规定案件的个人和单位严格保密。

（三）关于对税收违法行为举报的奖励

为了鼓励检举税收违法行为，根据《中华人民共和国税收征收管理法》及其实施细则有关规定，国家税务总局、财政部于2007年1月13日公布《检举纳税人税收违法行为奖励暂行办法》。该暂行办法规定，本办法所称税收违法行为，是指纳税人、扣缴义务人的税收违法行为以及本办法列举的其他税收违法行为。检举税收违法行为是单位和个人的自愿行为。

对单位和个人实名向税务机关检举税收违法行为并经查实的，税务机关根据其贡献大小依照本办法给予奖励。但有下列情形之一的，不予奖励：一是匿名检举税收违法行为，或者检举人无法证实其真实身份的；二是检举人不能提供税收违法行为线索，或者采取盗窃、欺诈或者法律、行政法规禁止的其他手段获取税收违法行为证据的；三是检举内容含糊不清、缺乏事实根据的；四是检举人提供的线索与税务机关查处的税收违法行为无关的；五是检举的税收违法行为税务机关已经发现或者正在查处的；六是有税收违法行为的单位和个人在被检举前已经向税务机关报告其税收违法行为的；七是国家机关工作人员利用工作便利获取信息用以检举税收违法行为的；八是检举人从国家机关或者国家机关工作人员处获取税收违法行为信息检举的；九是国家税务总局规定不予奖励的其他情形。

检举的税收违法行为经税务机关立案查实处理并依法将税款收缴入库后，根据本案检举时效、检举材料中提供的线索和证据翔实程度、检举内容与查实内容相符程度以及收缴入库的税款数额，按照以下标准对本案检举人计发奖金：一是收缴入库税款数额在1亿元以上的，给予10万元以下的奖金；二是收缴入库税款数额在5000万元以上不足1亿元的，给予6万元以下的奖金；三是收缴入库税款数额在1000万元以上不足5000万元的，给予4万元以下的奖金；四是收缴入库税款数额在500万元以上不足1000万元的，给予2万元以下的奖金；五是收缴入库税款数额在100万元以上不足500万元的，给予1万元以下的奖金；六是收缴入库税款数额在100万元以下的，给予5000元以下的奖金。[①]

被检举人以增值税留抵税额或者多缴、应退的其他税款抵缴被查处的应纳税款，视同税款已经收缴入库。检举的税收违法行为经查实处理后没有应纳税款的，按照收缴入库罚款数额依照本办法第6条规定的标准计发奖金。因被检举人破产或者存有符合法律、行政法规规定终止执

---

① 《检举纳税人税收违法行为奖励暂行办法》（2007年）第6条。

行的条件，致使无法将税款或者罚款全额收缴入库的，按已经收缴入库税款或者罚款数额依照本办法规定的标准计发奖金。

检举虚开增值税专用发票以及其他可用于骗取出口退税、抵扣税款发票行为的，根据立案查实虚开发票填开的税额按照本办法第6条规定的标准计发奖金。

检举伪造、变造、倒卖、盗窃、骗取增值税专用发票以及可用于骗取出口退税、抵扣税款的其他发票行为的，按照以下标准对检举人计发奖金：一是查获伪造、变造、倒卖、盗窃、骗取上述发票10000份以上的，给予10万元以下的奖金；二是查获伪造、变造、倒卖、盗窃、骗取上述发票6000份以上不足10000份的，给予6万元以下的奖金；三是查获伪造、变造、倒卖、盗窃、骗取上述发票3000份以上不足6000份的，给予4万元以下的奖金；四是查获伪造、变造、倒卖、盗窃、骗取上述发票1000份以上不足3000份的，给予2万元以下的奖金；五是查获伪造、变造、倒卖、盗窃、骗取上述发票100份以上不足1000份的，给予1万元以下的奖金；六是查获伪造、变造、倒卖、盗窃、骗取上述发票不足100份的，给予5000元以下的奖金；查获伪造、变造、倒卖、盗窃、骗取前款所述以外其他发票的，最高给予5万元以下的奖金；检举奖金具体数额标准及批准权限，由各省、自治区、直辖市和计划单列市税务局根据本办法规定并结合本地实际情况确定。

检举非法印制、转借、倒卖、变造或者伪造完税凭证行为的，按照以下标准对检举人计发奖金：一是查获非法印制、转借、倒卖、变造或者伪造完税凭证100份以上或者票面填开税款金额50万元以上的，给予1万元以下的奖金；二是查获非法印制、转借、倒卖、变造或者伪造完税凭证50份以上不足100份或者票面填开税款金额20万元以上不足50万元的，给予5000元以下的奖金；三是查获非法印制、转借、倒卖、变造或者伪造完税凭证不足50份或者票面填开税款金额20万元以下的，给予

2000元以下的奖金。

对有特别突出贡献的检举人，税务机关除给予物质奖励外，可以给予相应的精神奖励，但公开表彰宣传应当事先征得检举人的书面同意。

（四）关于对支付结算违法违规行为的奖励

为鼓励举报支付结算违法违规行为，维护支付结算市场秩序，根据《中国人民银行法》、《商业银行法》、《支付结算办法》（银发〔1997〕393号文印发）、《非金融机构支付服务管理办法》（中国人民银行令〔2010〕第2号发布）等法律制度，中国人民银行制定了《支付结算违法违规行为举报奖励办法》（〔2016〕第7号）。该办法所称支付结算违法违规行为是指违反支付结算有关法律制度和行业自律规范，违法违规开展有关银行账户、支付账户、支付工具、支付系统等领域支付结算业务的行为。违法违规主体为银行业金融机构、非银行支付机构、清算机构或者非法从事支付结算业务的单位和个人。任何单位和个人均有权举报支付结算违法违规行为。举报应当采用实名举报方式。中国支付清算协会负责支付结算违法违规行为举报奖励的具体实施，包括举报的受理、调查、处理、奖励等。

在奖励的条件和标准方面，举报人实名向协会举报支付结算违法违规行为，并同时符合以下条件的，依照本办法给予奖励：一是有明确的举报对象、具体的举报事实及证据；二是举报内容事先未被监管部门和协会掌握；三是举报内容经查证属实且经协会认定对规范市场有积极作用。

有下列情形之一的，不予奖励：一是举报人采取盗窃、欺诈或者法律、法规禁止的其他手段获取支付结算违法违规行为证据；二是国家机关工作人员利用工作便利获取信息用以举报支付结算违法违规行为；三是协会规定不予奖励的其他情形。

同一行为由两个以上举报人分别举报的，奖励第一时间举报人。其他举报人提供的举报内容对举报事项查处有帮助的，可以酌情给予奖励。两人以上联名举报同一事项的，按同一举报奖励，奖金由举报人协商分配，由实名举报的第一署名人领取奖金。举报奖励标准根据举报事项的违法违规性质及程度、举报人所提供线索和证据对举报事项查处所起的作用等因素综合评定，具体举报奖励标准由协会制定并对外公布。

协会依照本办法组织获准从事支付结算业务的各银行业金融机构、非银行支付机构、清算机构设立专项奖励基金，并建立对支付结算违法违规行为的行业自律惩戒机制。举报奖励的实施应当遵循为举报人保密原则。未经举报人同意，不得以任何方式将举报人姓名、身份及举报材料公开或泄漏给被举报单位和其他无关人员。为进一步规范和完善举报奖励工作制度，加强支付结算领域的社会监督，中国支付清算协会对《支付结算违法违规行为举报奖励办法实施细则》和《支付结算违法违规行为举报奖励基金管理办法》进行了修订，经协会第三届理事会第二次会议审议通过，予以公布，自2020年8月1日起施行。

2023年，协会进一步明确支付结算违法违规行为重点举报事项包括九个方面。分别为：一是为跨境赌博等非法交易提供支付服务行为；二是为电信网络诈骗非法交易提供支付服务行为；三是无证经营支付业务行为；四是违反收单业务外包管理规定行为；五是未按规定降低小微企业和个体工商户支付手续费行为；六是扰乱支付市场秩序、侵害消费者合法权益的行为；七是违反支付受理终端相关管理规定，非法改装、恶意篡改终端信息等行为；八是涉及杭州第19届亚运会相关场馆地区的支付结算违法违规行为；九是涉及成都第31届世界大学生夏季运动会相关场馆地区的支付结算违法违规行为。由此说明，相关重点举报的违法违规行为具有阶段性特征。

（五）关于对市场违法行为举报的奖励

为了鼓励社会公众积极举报市场监管领域重大违法行为，推动社会共治，根据市场监管领域相关法律法规和国家有关规定，市场监管总局、财政部于2021年8月印发《市场监管领域重大违法行为举报奖励暂行办法》（国市监稽规〔2021〕4号）。《财政部 工商总局 质检总局关于印发〈举报制售假冒伪劣产品违法犯罪活动有功人员奖励办法〉的通知》（财行〔2001〕175号）《食品药品监管总局 财政部关于印发〈食品药品违法行为举报奖励办法〉的通知》（食药监稽〔2017〕67号）同时废止。国务院药品监督管理部门和省级药品监督管理部门实施举报奖励，适用本办法。各省、自治区、直辖市和计划单列市、新疆生产建设兵团市场监督管理部门可以会同本级政府财政部门依据本办法制定本行政区域的实施细则，并报国家市场监督管理总局和财政部备案。

该暂行办法规定，各级市场监督管理部门受理社会公众（以下统称举报人，应当为自然人）举报属于其职责范围内的重大违法行为，经查证属实结案后给予相应奖励，适用本办法。本办法所称重大违法行为是指涉嫌犯罪或者依法被处以责令停产停业、责令关闭、吊销（撤销）许可证件、较大数额罚没款等行政处罚的违法行为。地方性法规或者地方政府规章对重大违法行为有具体规定的，可以从其规定。较大数额罚没款由省级以上市场监督管理部门商本级政府财政部门结合实际确定。

举报下列重大违法行为，经查证属实结案后，给予相应奖励：一是违反食品、药品、特种设备、工业产品质量安全相关法律法规规定的重大违法行为；二是具有区域性、系统性风险的重大违法行为；三是市场监管领域具有较大社会影响，严重危害人民群众人身、财产安全的重大违法行为；四是涉嫌犯罪移送司法机关被追究刑事责任的违法行为。经市场监督管理部门依法认定，需要给予举报奖励的，按照本办法规定执行。

举报人可以通过市场监督管理部门公布的接收投诉举报的互联网、电话、传真、邮寄地址、窗口等渠道，向各级市场监督管理部门举报市场监管领域重大违法行为。举报人可以实名或者匿名举报。实名举报应当提供真实身份证明和有效联系方式，匿名举报人有举报奖励诉求的，应当承诺不属于第10条规定的情形①，提供能够辨别其举报身份的信息作为身份代码，并与市场监督管理部门专人约定举报密码、举报处理结果和奖励权利的告知方式。匿名举报人接到奖励领取告知，并决定领取奖励的，应当主动提供身份代码、举报密码等信息，便于市场监督管理部门验明身份。省级市场监督管理部门可以结合实际制定匿名举报奖励发放的特别程序规定。

在奖励条件方面，获得举报奖励应当同时符合下列条件：一是有明确的被举报对象和具体违法事实或者违法犯罪线索，并提供了关键证据；二是举报内容事先未被市场监督管理部门掌握；三是举报内容经市场监督管理部门查处结案并被行政处罚，或者依法移送司法机关被追究刑事责任。

在奖励标准方面，举报奖励分为三个等级。一是一级举报奖励。该等级认定标准是提供被举报方的详细违法事实及直接证据，举报内容与违法事实完全相符，举报事项经查证属于特别重大违法行为或者涉嫌犯罪。二是二级举报奖励。该等级认定标准是提供被举报方的违法事实及直接证据，举报内容与违法事实完全相符。三是三级举报奖励。该等级认定标准是提供被举报方的基本违法事实及相关证据，举报内容与违法事实基本相符。

对于有罚没款的案件，市场监督管理部门按照下列标准计算奖励金额，并综合考虑涉案货值、社会影响程度等因素，确定最终奖励金额。

---

① 第10条规定有下列情形之一的，不予奖励：（一）市场监督管理部门工作人员或者具有法定监督、报告义务人员的举报；（二）侵权行为的被侵权方及其委托代理人或者利害关系人的举报；（三）实施违法行为人的举报（内部举报人除外）；（四）有任何证据证明举报人因举报行为获得其他市场主体给予的任何形式的报酬、奖励的；（五）其他不符合法律、法规规定的奖励情形。

一是属于一级举报奖励的，按罚没款的5%给予奖励。按此计算不足5000元的，给予5000元奖励。二是属于二级举报奖励的，按罚没款的3%给予奖励。按此计算不足3000元的，给予3000元奖励。三是属于三级举报奖励的，按罚没款的1%给予奖励。按此计算不足1000元的，给予1000元奖励。无罚没款的案件，一级举报奖励至三级举报奖励的奖励金额应当分别不低于5000元、3000元、1000元。违法主体内部人员举报的，在征得本级政府财政部门同意的情况下，适当提高前款规定的奖励标准。每起案件的举报奖励金额上限为100万元，单笔奖励金额达到50万元以上（含50万元）的，由发放举报奖励资金的市场监督管理部门商本级政府财政部门确定。市场监督管理部门已经实施行政处罚或者未实施行政处罚移送司法机关追究刑事责任的，分别不同情况依据本办法的规定给予奖励。

（六）关于对矿山安全生产的举报奖励

为进一步加强对矿山安全生产工作的社会监督，鼓励举报矿山重大隐患和安全生产违法行为，及时发现并消除矿山重大隐患，制止和惩处矿山违法行为，依据《中华人民共和国安全生产法》《安全生产领域举报奖励办法》等法律法规和文件要求，国家矿山安全监察局于2021年5月12日印发《矿山安全生产举报奖励实施细则（试行）》。该实施细则适用于矿山重大隐患和安全生产违法行为的举报奖励。

任何单位、组织和个人（以下统称"举报人"）有权向县级以上地方人民政府负有矿山安全生产监管职责的部门或者各级矿山安全监察机构（以下统称"矿山安全监管监察部门"）举报矿山重大隐患和安全生产违法行为。

省级及以下矿山安全监管监察部门开展举报奖励工作，应当遵循"合法举报、属地管理、分级负责""谁受理、谁奖励"和"谁举报、奖励谁"的原则。举报人可以实名举报，也可以匿名举报。实名举报的，举报人应同时提供真实姓名和真实有效的联系方式；匿名举报的，举报人应同时提供通讯畅通的手机号码。匿名举报的受理、核查和奖励实行密码约定、"三专联锁"管理。

实施细则所称的矿山安全生产违法行为，主要包括以下情形和行为：

一是未依法获得矿山安全生产许可证或者证照不全、证照过期、证照未变更组织生产、建设的。二是未依法取得批准或者验收合格，擅自组织生产、建设的；违反矿山建设项目安全设施"三同时"规定的。三是停产整顿、整合技改、长期停产停建的矿山未按规定验收合格，擅自恢复或者组织生产建设的。四是非煤矿山外包工程队伍和管理不符合有关规定的。五是瞒报、谎报矿山生产安全事故，以及重大隐患隐瞒不报的。六是不按矿山安全监管监察部门下达的指令予以整改的。七是矿山主要负责人和安全生产管理人员未依法经安全生产知识和管理能力考核合格的。八是矿山特种作业人员未依法取得特种作业操作资格证书而上岗作业的。九是承担矿山安全评价、认证、检测、检验工作的机构出具虚假证明文件的。十是法律、行政法规、规章和矿山安全标准规定的其他矿山安全生产违法行为。

举报人举报的矿山重大隐患和安全生产违法行为，属于矿山企业未上报、媒体未曝光、矿山安全监管监察部门没有发现，或者矿山安全监管监察部门虽然发现但未按有关规定依法处理，经核查属实的，给予举报人奖励。具有矿山安全监管监察职责的工作人员及其近亲属或者其授意他人举报的不在奖励之列。

对举报实行等级管理。举报等级的高低按照举报的矿山重大隐患和安全生产违法行为（瞒报、谎报生产安全事故除外）精准程度、举报时间的早晚来确定。

一级：查实与举报的矿山重大隐患、安全生产违法行为的事实和地点基本相符，且矿山重大隐患、安全生产违法行为发生之日起3日内举报的。

二级：查实与举报的矿山重大隐患、安全生产违法行为的事实和地点基本相符，且矿山重大隐患、安全生产违法行为发生之日起3日（不含）后举报的。

实施细则规定的矿山重大隐患和安全生产违法行为经核查属实的，受理举报的矿山安全监管监察部门应当按照下列规定向举报人发放奖金，并报上一级矿山安全监管监察部门备案。一是查实矿山重大隐患和安全生产违法行为（瞒报、谎报生产安全事故除外）的奖励。属于一级举报的，奖励金额按照行政处罚金额的15%计算；属于二级举报的，奖励金额按照行政处罚金额的12%计算。最低奖励3000元，最高奖励不超过30万元。二是查实矿山瞒报、谎报生产安全事故的奖励，按照《安全生产领域举报奖励办法》（安监总财〔2018〕19号）有关规定执行。

（七）关于对环境违法行为的举报奖励

为强化社会监督，鼓励公众参与，依法惩处生态环境违法行为，保障群众环境权益，切实改善环境质量，根据《中华人民共和国环境保护法》等法律法规，生态环境部办公厅于2020年4月21日出台《关于实施生态环境违法行为举报奖励制度的指导意见》（环办执法〔2020〕8号）。意见要求，坚持正确导向，聚焦助力打赢污染防治攻坚战，解决人民群众身边的突出生态环境问题，建立并组织实施好生态环境违法行为举报奖励（以下简称"举报奖励"）制度，充分发挥举报奖励的带动和示范作用。鼓励各地在现有工作基础上，因地制宜，注重物质奖励与精神奖励相结合。严格财务纪律。依法保护举报人合法权益。

在完善举报奖励制度设计方面，一是实施奖励的部门一般是作出行政处罚决定的生态环境部门，原则上以设区的市级生态环境部门为主。二是鼓励举报人依法实名举报，鼓励企业内部知情人员举报。举报人举报的事项应当客观真实，一般应有明确的举报对象和环境违法行为。经查证属实，对符合条件的实名举报人，除本人明确拒绝接受外，均应给予奖励。三是各地可结合本地实际和生态环境重点问题，明确规定实施奖励的环境违法行为类型，并根据所举报违法行为被发现的难易程度、违法行为对生态环境的危害程度、违法行为的社会影响范围等因素，设定不同档次的奖励标准。对通过举报避免重大生态环境违法行为发生、消除重大生态环境安全隐患，或协助查处重大生态环境违法犯罪案件等情形，可对举报人实施重奖。除物质奖励外，鼓励各地对举报人实施通报表扬、发放荣誉证书、授予荣誉称号等精神奖励。四是各地要健全举报奖励工作内部管理制度，安排具备较强责任心和业务能力的专人负责，提高举报线索的分析研判能力，及时识别发现重大环境违法线索。对于疑难、复杂的举报线索可依托案件审查委员会、执法专家等，提高研判的准确性和时效性。原则上，重大环境违法线索由设区的市级及以上生态环境部门审核、查办。五是各地要规范奖励发放程序，在严格依法的前提下，提高举报奖励工作效率，优化、简化审核发放流程，减少获取不必要的个人信息，确保奖金足额发放。对实施重奖的，举报人就发放方式有特殊要求的，在合法基础上可以酌情考虑。鼓励探索使用电子支付等便捷方式发放奖金，方便举报人领取。六是各地在实施举报奖励工作中，应进一步增强责任意识和保密意识，对举报人的个人信息要严格保密。对生态环境部门工作人员在举报受理和查处过程中推诿拖延、通风报信、玩忽职守、徇私舞弊，违规泄露举报人信息，以及违规透露线索给他人举报以获取奖励，挪用、侵吞举报奖励经费等违法违纪行为，依法追究责任。对举报人捏造、歪曲事实，恶意谎报或向被举报单位索要财物，严重扰乱举报奖励工作的，依法追究责任。

在强化组织保障和贯彻实施方面，一是加强制度保障。各地要高度重视举报奖励工作，将其作为构建现代环境治理体系的重要环节，认真组织实施。进一步畅通举报渠道，积极整合优化"12369"环保举报热线、微信、网络、来信、来访等平台或途径，做好举报受理、案件查处、实施奖励等相关工作衔接。二是加强资金保障和监督管理。省级生态环境部门应积极协调推动设区的市级人民政府加强奖励资金保障，实施奖励的部门要将举报奖励经费纳入部门预算，依法使用举报奖励经费，接受监督。三是强化宣传培训。各地应向社会公开当地举报奖励的有关规定、举报的途径和渠道。将举报奖励制度作为宣传工作重点，开展持续性宣传工作。针对普通公众，要通过新闻发布、网络新媒体传播、专题访谈等方式，组织通俗易懂、覆盖面广的宣传活动。对企业员工，可通过张贴海报、发放宣传册、集中培训等形式，开展有针对性地宣传解读。加大受理举报工作人员培训力度，进一步深化认识，提高政策运用能力，提升举报奖励制度实施效果。

第二节　宏观调控法的激励

"激励"一词，作为动词有激发鼓励之意。[1]一般而言，奖励的目的就是要对被奖励者及其他人起到激励的作用。但在经济法及其宏观调控法领域，将奖励与激励分开理解有着重要的法治意义。这是因为，对于从事宏观调控公务工作的职能部门和单位及其工作人员，对其工作予以奖励，具有激励作用。但无论怎样的奖励，其均应认真履行其职责。但是，对于实际推进工作的被直接调控者及其市场主体而言，将奖励与激励相结合，并侧重于激励机制，将有助于更好地贯彻国家宏观调控的政策和

---

[1] 中国社会科学语言研究所词典编辑室编：《现代汉语词典（第5版）》，商务印书馆，2007，第634页。

法律，尽可能达到预期的效果。从立法角度来看，经济法律规范中大量的促进型立法，有助于经济和社会发展朝着宏观调控目标设定向前推进。

一、宏观调控法的产业激励

宏观调控法的产业激励，集中体现在对被间接调控的市场主体行为的引导。在政策与立法形式上，一种形式为整个政策和立法的宗旨即是促进某一产业、行业或事业的发展。另一种形式是将相关促进型条款体现于某些立法之中。

截至目前，以促进名义予以立法，并与宏观调控相关的法主要包括：《乡村振兴促进法》（2021年）、《基本医疗卫生与健康促进法》（2019年）、《民办教育促进法》（2018年修正）、《循环经济促进法》（2018年修正）、《农业机械化促进法》（2018年修正）、《中小企业促进法》（2017年修正）、《电影产业促进法》（2016年）、《促进科技成果转化法》（2015年）、《就业促进法》（2015年修正）、《清洁生产促进法》（2012年修正）等。

在国务院行政法规方面，主要包括：《民办教育促进实施条例》（2021年）、《促进产业结构调整暂行规定》（2005年），以及大量的为促进行业、事业和地区经济发展的指导意见。

在政策指引上，以中共中央和国务院名义，联合颁发了一些重要的政策文件。其主要包括：《中共中央、国务院关于促进小城镇健康发展的若干意见》（2000年）、《中共中央、国务院关于促进农民增加收入若干政策的意见》（2003年）、《中共中央、国务院关于切实加强农业基础建设进一步促进农业发展农民增收的若干意见》（2007年）、《中共中央、国务院关于促进残疾人事业发展的意见》（2008年）、《中共中央、国务院关于2009年促进农业稳定发展农民持续增收的若干意见》

（2008年）、《中共中央、国务院关于完善促进消费体制机制 进一步激发居民消费潜力的意见》（2018年）、《中共中央、国务院关于促进中医药传承创新发展的意见》（2019年）、《中共中央、国务院关于优化生育政策促进人口长期均衡发展的决定》（2021年）等。

在部门规章方面，则出台了大量的以促进名义的部门规章与政策性指导文件。特别强调的是，在税收各税种立法中，按照税收立法结构，多数税收立法中均有有关税收优惠方面的规定。

与此同时，在相关的经济法及宏观调控立法中，拥有大量的促进性条款。典型的如，在《中小企业促进法》中规定：国家将促进中小企业发展作为长期发展战略，坚持各类企业权利平等、机会平等、规则平等，对中小企业特别是其中的小型微型企业实行积极扶持、加强引导、完善服务、依法规范、保障权益的方针，为中小企业创立和发展创造有利的环境。国务院制定促进中小企业发展政策，建立中小企业促进工作协调机制，统筹全国中小企业促进工作。国务院负责中小企业促进工作综合管理的部门组织实施促进中小企业发展政策，对中小企业促进工作进行宏观指导、综合协调和监督检查。国务院有关部门根据国家促进中小企业发展政策，在各自职责范围内负责中小企业促进工作。县级以上地方各级人民政府根据实际情况建立中小企业促进工作协调机制，明确相应的负责中小企业促进工作综合管理的部门，负责本行政区域内的中小企业促进工作。

在财税支持方面，中央财政应当在本级预算中设立中小企业科目，安排中小企业发展专项资金。县级以上地方各级人民政府应当根据实际情况，在本级财政预算中安排中小企业发展专项资金。中小企业发展专项资金通过资助、购买服务、奖励等方式，重点用于支持中小企业公共服务体系和融资服务体系建设。中小企业发展专项资金向小型微型企业倾斜，资金管理使用坚持公开、透明的原则，实行预算绩效管理。国家设立中小企业发展基金。国家中小企业发展基金应当遵循政策性导向和市场化运作原则，主要用于引导和带动社会资金支持初创期中小企业，促进创业创新。县级以上地方各级人民政府可以设立中小企业发展基金。中小企业发展基金的设立和使用管理办法由国务院规定。国家实行有利于小型微型企业发展的税收政策，对符合条件的小型微型企业按照规定实行缓征、减征、免征企业所得税、增值税等措施，简化税收征管程序，减轻小型微型企业税收负担。

国家对小型微型企业行政事业性收费实行减免等优惠政策，减轻小型微型企业负担。

在融资促进方面，金融机构应当发挥服务实体经济的功能，高效、公平地服务中小企业。中国人民银行应当综合运用货币政策工具，鼓励和引导金融机构加大对小型微型企业的信贷支持，改善小型微型企业融资环境。国务院银行业监督管理机构对金融机构开展小型微型企业金融服务应当制定差异化监管政策，采取合理提高小型微型企业不良贷款容忍度等措施，引导金融机构增加小型微型企业融资规模和比重，提高金融服务水平。国家鼓励各类金融机构开发和提供适合中小企业特点的金融产品和服务。国家政策性金融机构应当在其业务经营范围内，采取多种形式，为中小企业提供金融服务。国家推进和支持普惠金融体系建设，推动中小银行、非存款类放贷机构和互联网金融有序健康发展，引导银行业金融机构向县域和乡镇等小型微型企业金融服务薄弱地区延伸网点和业务。国有大型商业银行应当设立普惠金融机构，为小型微型企业提供金融服务。国家推动其他银行业金融机构设立小型微型企业金融服务专营机构。地区性中小银行应当积极为其所在地的小型微型企业提供金融服务，促进实体经济发展。国家健全多层次资本市场体系，多渠道推动股权融资，发展并规范债券市场，促进中小企业利用多种方式直接融资。国家完善担保融资制度，支持金融机构为中小企业提供以应收账款、知识产权、存货、机器设备等为担保品的担保融资。中小企业以应收账款申请担保融资时，其应收账款的付款方，应当及时确认债权债务关系，支持中小企业融资。国家鼓励中小企业及付款方通过应收账款融资服务平台确认债权债务关系，提高融资效率，降低融资成本。县级以上人民政府应当建立中小企业政策性信用担保体系，鼓励各类担保机构为中小企业融资提供信用担保。国家推动保险机构开展中小企业贷款保证保险和信用保险业务，开发适应中小企业分散风险、补偿损失需求的保险产品。国家支持征信机构发展针对中小企业融资的征信产品和服务，依法向政府有关部门、公用事业单位和商业机构采集信息。国家鼓励第三方评级机构开展中小企业评级服务。

在创业扶持方面，县级以上人民政府及其有关部门应当通过政府网站、宣传资料等形式，为创业人员免费提供工商、财税、金融、环境保护、安全生产、劳动用工、社会保障等方面的法律政策咨询和公共信息服务。高等学校毕业生、退役军人和失业人员、残疾人员等创办小型微型企业，按照国家规定享受税收优惠和收费减免。国家采取措施支持社会资金参与投资中小企业。创业投资企业和个人投资者投资初创期科技创新企业的，按照国家规定享受税收优惠。国家改善企业创业环境，优化审批流程，实现中小企业行政许可便捷，降低中小企业设立成本。国家鼓励建设和创办小型微型企业创业基地、孵化基地，为小型微型企业提供生产经营场地和服务。地方各级人民政府应当根据中小企业发展的需要，在城乡规划中安排必要的用地和设施，为中小企业获得生产经营场所提供便利。国家支持利用闲置的商业用房、工业厂房、企业库房和物流设施等，为创业者提供低成本生产经营场所。国家鼓励互联网平台向中小企业开放技术、开发、营销、推广等资源，加强资源共享与合作，为中小企业创业提供服务。国家简化中小企业注销登记程序，实现中小企业市场退出便利化。

在创新支持方面，国家鼓励中小企业按照市场需求，推进技术、产品、管理模式、商业模式等创新。中小企业的固定资产由于技术进步等原因，确需加速折旧的，可以依法缩短折旧年限或者采取加速折旧方法。国家完善中小企业研究开发费用加计扣除政策，支持中小企业技术创新。国家支持中小企业在研发设计、生产制造、运营管理等环节应用互联网、云计算、大数据、人工智能等现代技术手段，创新生产方式，提高生产经营效率。国家鼓励中小企业参与产业关键共性技术研究开发和利用财政资金设立的科研项目实施。国家推动军民融合深度发展，支持中小企业参与国防科研和生产活动。国家支持中小企业及中小企业的有关行业组织参与标准的制定。国家鼓励中小企业研究开发拥有自主知识产权的技术和产品，规范内部知识产权管理，提升保护和运用知识产权的能力；鼓励中小企业投保知识产权保险；减轻中小企业申请和维持知识产权的费用等负担。县级以上人民政府有关部门应当在规划、用地、财政等方面提供支持，推动建立和发展各类创新服务机构。国家鼓励各类创新服务机构为中小企业提供技术信息、研发设计与应用、质量标准、实验试验、检验检测、技术转让、技术培训等服务，促进科技成果转化，推动企业技术、产品升级。县级以上人民政府有关部门应当拓宽渠道，采取补贴、培训等措施，引导高等学校毕业生到中小企业就业，帮助中小企业引进创新人才。国家鼓励科研机构、高等学校和大型企业等创造条件向中小企业开放试验设施，开展技术研发与合作，帮助中小企业开发新产品，培养专业人才。国家鼓励科研机构、高等学校支持本单位的科技人员以兼职、挂职、参与项目合作等形式到中小企业从事产学研合作和科技成果转化活动，并按照国家有关规定取得相应报酬。国家完善市场体系，实行统一的市场准入和市场监管制度，反对垄断和不正当竞争，营造中小企业公平参与竞争的市场环境。国家支持大型企业与中小企业建立以市场配置资源为基础的、稳定的原材料供应、生产、销售、服务外包、技术开发和技术改造等方面的协作关系，带动和促进中小企业发展。国务院有关部门应当制定中小企业政府采购的相关优惠政策，通过制定采购需求标准、预留采购份额、价格评审优惠、优先采购等措施，提高中小企业在政府采购中的份额。向中小企业预留的采购份额应当占本部门年度政府采购项目预算总额的30%以上；其中，预留给小型微型企业的比例不低于60%。中小企业无法提供的商品和服务除外。政府采购不得在企业股权结构、经营年限、经营规模和财务指标等方面对中小企业实行差别待遇或者歧视待遇。政府采购部门应当在政府采购监督管理部门指定的媒体上及时向社会公开发布采购信息，为中小企业获得政府采购合同提供指导和服务。县级以上人民政府有关部门应当在法律咨询、知识产权保护、技术性贸易措施、产品认证等方面为中小企业产品和服务出口提供指导和帮助，推动对外经济技术合作与交流。国家有关政策性金融机构应当通过开展进出口信贷、出口信用保险等业务，支持中小企业开拓境外市场。县级以上人民政府有关部门应当为中小企业提供用汇、人员出入境等方面的便利，支持中小企业到境外投资，开拓国际市场。

在服务措施方面，国家建立健全社会化的中小企业公共服务体系，为中小企业提供服务。县级以上地方各级人民政府应当根据实际需要建立和完善中小企业公共服务机构，为中小企业提供公益性服务。县级以上人民政府负责中小企业促进工作综合管理的部门应当建立跨部门的政策信息互联网发布平台，及时汇集涉及中小企业的法律法规、创业、创新、金融、市场、权益保护等各类政府服务信息，为中小企业提供便捷无偿服务。国家鼓励各类服务机构为中小企业提供创业培训与辅导、知识产权保护、管理咨询、信息咨询、信用服务、市场营销、项目开发、投资融资、财会税务、产权交易、技术支持、人才引进、对外合作、展览展销、法律咨询等服务。县级以上人民政府负责中小企业促进工作综合管理的部门应当安排资金，有计划地组织实施中小企业经营管理人员培训。国家支持有关机构、高等学校开展针对中小企业经营管理及生产技术等方面的人员培训，提高企业营销、管理和技术水平。国家支持高等学校、职业教育院校和各类职业技能培训机构与中小企业合作共建实习实践基地，支持职业教育院校教师和中小企业技术人才双向交流，创新中小企业人才培养模式。中小企业的有关行业组织应当依法维护会员的合法权益，反映会员诉求，加强自律管理，为中小企业创业创新、开拓市场等提供服务。

在权益保护方面，国家保护中小企业及其出资人的财产权和其他合法权益。任何单位和个人不得侵犯中小企业财产及其合法收益。县级以上人民政府负责中小企业促进工作综合管理的部门应当建立专门渠道，听取中小企业对政府相关管理工作的意见和建议，并及时向有关部门反馈，督促改进。县级以上地方各级人民政府有关部门和有关行业组织应当公布联系方式，受理中小企业的投诉、举报，并在规定的时间内予以调查、处理。地方各级人民政府应当依法实施行政许可，依法开展管理工作，不得实施没有法律、法规依据的检查，不得强制或者变相强制中小企业参加考核、评比、表彰、培训等活动。国家机关、事业单位和大型企业不得违约拖欠中小企业的货物、工程、服务款项。中小企业有权要求拖欠方支付拖欠款并要求对拖欠造成的损失进行赔偿。任何单位不得违反法律、法规向中小企业收取费用，不得实施没有法律、法规依据的罚款，不得向中小企业摊派财物。中小企业对违反上述规定的行为有权拒绝和举报、控告。国家建立和实施涉企行政事业性收费目录清单制度，收费目录清单及其实施情况向社会公开，接受社会监督。任何单位不得对中小企业执行目录清单之外的行政事业性收费，不得对中小企业擅自提高收费标准、扩大收费范围；严禁以各种方式强制中小企业赞助捐赠、订购报刊、加入社团、接受指定服务；严禁行业组织依靠代行政府职能或者利用行政资源擅自设立收费项目、提高收费标准。县级以上地方各级人民政府有关部门对中小企业实施监督检查应当依法进行，建立随机抽查机制。同一部门对中小企业实施的多项监督检查能够合并进行的，应当合并进行；不同部门对中小企业实施的多项监督检查能够合并完成的，由本级人民政府组织有关部门实施合并或者联合检查。

在监督检查方面，县级以上人民政府定期组织对中小企业促进工作情况的监督检查；对违反本法的行为及时予以纠正，并对直接负责的主管人员和其他直接责任人员依法给予处分。国务院负责中小企业促进工作综合管理的部门应当委托第三方机构定期开展中小企业发展环境评估，并向社会公布。地方各级人民政府可以根据实际情况委托第三方机构开展中小企业发展环境评估。县级以上人民政府应当定期组织开展对中小企业发展专项资金、中小企业发展基金使用效果的企业评价、社会评价和资金使用动态评估，并将评价和评估情况及时向社会公布，接受社会监督。县级以上人民政府有关部门在各自职责范围内，对中小企业发展专项资金、中小企业发展基金的管理和使用情况进行监督，对截留、挤占、挪用、侵占、贪污中小企业发展专项资金、中小企业发展基金等行为依法进行查处，并对直接负责的主管人员和其他直接责任人员依法给予处分；构成犯罪的，依法追究刑事责任。县级以上地方各级人民政府有关部门在各自职责范围内，对强制或者变相强制中小企业参加考核、评比、表彰、培训等活动的行为，违法向中小企业收费、罚款、摊派财物的行为，以及其他侵犯中小企业合法权益的行为进行查处，并对直接负责的主管人员和其他直接责任人员依法给予处分。①

《外商投资法》专设一章投资促进，明确规定：外商投资企业依法平等适用国家支持企业发展的各项政策。制定与外商投资有关的法律、

---

① 《中小企业促进法》（2017年），第3条、第5条、第8条—第60条。

法规、规章，应当采取适当方式征求外商投资企业的意见和建议。与外商投资有关的规范性文件、裁判文书等，应当依法及时公布。国家建立健全外商投资服务体系，为外国投资者和外商投资企业提供法律法规、政策措施、投资项目信息等方面的咨询和服务。

国家与其他国家和地区、国际组织建立多边、双边投资促进合作机制，加强投资领域的国际交流与合作。国家根据需要，设立特殊经济区域，或者在部分地区实行外商投资试验性政策措施，促进外商投资，扩大对外开放。国家根据国民经济和社会发展需要，鼓励和引导外国投资者在特定行业、领域、地区投资。外国投资者、外商投资企业可以依照法律、行政法规或者国务院的规定享受优惠待遇。国家保障外商投资企业依法平等参与标准制定工作，强化标准制定的信息公开和社会监督。国家制定的强制性标准平等适用于外商投资企业。国家保障外商投资企业依法通过公平竞争参与政府采购活动。政府采购依法对外商投资企业在中国境内生产的产品、提供的服务平等对待。外商投资企业可以依法通过公开发行股票、公司债券等证券和其他方式进行融资。县级以上地方人民政府可以根据法律、行政法规、地方性法规的规定，在法定权限内制定外商投资促进和便利化政策措施。各级人民政府及其有关部门应当按照便利、高效、透明的原则，简化办事程序，提高办事效率，优化政务服务，进一步提高外商投资服务水平。有关主管部门应当编制和公布外商投资指引，为外国投资者和外商投资企业提供服务和便利。[1]

二、对宏观调控被直接调控者的激励

宏观调控被直接调控者主要指各级地方党政机关以及负有直接完成

---

[1]《外商投资法》（2019年）第二章投资促进。

宏观调控任务的有关机构，典型的如，商业银行、政策性银行等。从奖励激励情况看，主要涉及财政方面的各项激励措施。奖励激励的基本条件是对于通过考核，完成任务较好的单位予以奖励激励。

为贯彻落实《国务院关于实施支持农业转移人口市民化若干财政政策的通知》（国发〔2016〕44号）精神，加强中央财政农业转移人口市民化奖励资金（以下简称"奖励资金"）管理，根据《预算法》及其实施条例，财政部于2016年出台《中央财政农业转移人口市民化奖励资金管理办法》（财预〔2016〕162号）。该办法于2022年予以修订重新发布（财预〔2022〕60号）。

根据该办法，奖励资金为一般性转移支付资金，列均衡性转移支付项下，用于增强各地区落实农业转移人口市民化政策的财政保障能力，推动各地区为农业转移人口提供与当地户籍人口同等的基本公共服务，促进基本公共服务均等化。奖励资金不规定具体用途，中央财政分配下达到省级财政部门，由相关省、自治区、直辖市、计划单列市（以下统称省）根据本地区实际情况统筹安排使用。

奖励资金按照以下原则分配：①突出重点，以各省农业转移人口实际进城落户数为核心因素，对农业转移人口落户规模大、新增落户多、基本公共服务成本高的地区加大支持，对以前年度落户人口的奖励资金逐步退坡。②促进均等，对财政困难地区给予倾斜，缩小地区间在提供基本公共服务能力上的差距，推进地区间基本公共服务均等化和进城落户农业转移人口与当地户籍居民享受同等基本公共服务"两个均等化"。③体现差异，考虑吸纳农业转移人口的成本差异，对跨省落户、省内落户和本市落户实行差异化的奖励标准，兼顾中央政府对跨省流动的支持和强化省级政府均衡省内流动的职责。

奖励资金包括落户人口奖励资金和随迁子女义务教育奖励资金。奖励资金采取因素法分配，选取如下客观因素测算。①农业转移人口实际进城落户人数。主要以公安部门提供的数据，区分跨省落户人数、省内跨地市落户人数和市内落户人数，采取不同权重，体现各地吸纳不同流入地农业转移人口的成本差异。以前年度落户人口奖励资金退坡腾退出的资金，按新增落户人口分配。②地方基本公共服务成本。主要是参照各地人均财政支出水平，人均财政支出水平越高的地区，奖励越多，加大对公共服务成本较高落户地的支持。③各地财政困难程度。参考各省财政困难程度系数，对财政困难地区奖励力度更大，有利于推进基本公共服务均等化。④随迁子女义务教育。考虑各地接收随迁子女入学人数和工作努力程度等因素予以奖补，引导地方重视解决随迁子女就学问题，加大教育资源供给力度，提高随迁子女义务教育保障水平。

奖励资金按照以下公式测算：

（1）奖励资金＝落户人口奖励资金＋随迁子女义务教育奖励资金。

（2）某地区落户人口奖励资金＝落户人口奖励资金总额×某地区落户人口奖励资金分配系数÷∑各地区落户人口奖励资金分配系数。

某地区落户人口奖励资金分配系数＝（跨省落户人口×权重＋省内跨市落户人口×权重＋市内落户人口×权重）×财政困难程度系数×人均财政支出系数。

跨省、省内跨市、市内落户人口权重为5：3：1。

（3）某地随迁子女义务教育奖励资金＝随迁子女义务教育奖励资金总额×某地区随迁子女义务教育奖励资金分配系数÷∑各地区随迁子女义务教育奖励资金分配系数。

某地区随迁子女义务教育奖励资金分配系数＝随迁子女在校生数×地方工作努力程度系数。

地方工作努力程度系数根据随迁子女在校生数变化情况及其占比变化情况确定。

省级财政部门要结合中央财政资金安排情况，结合自身财力，建立健全省对下农业转移人口市民化奖励机制。省级财政部门分配奖励资金，应向农业转移人口落户规模大、新增落户多、基本公共服务成本高的地区倾斜。

基层财政部门要统筹上级奖励资金和自有财力，安排用于农业转移人口基本公共服务、增强社区保障能力以及支持城市基础设施运行维护等方面。各级财政部门要加强资金监管，提高资金使用效益，确保中央财政农业转移人口市民化支持政策落实到位。财政部各地监管局根据工作职责和财政部要求，对转移支付资金进行监管。各级财政部门及其工作人员在资金分配、下达和管理工作中存在违反本办法行为，以及其他滥用职权、玩忽职守、徇私舞弊等违法违规行为的，依法追究相应责任。资金使用部门和个人存在弄虚作假或挤占、挪用、滞留资金等行为的，依照《中华人民共和国预算法》及其实施条例、《财政违法行为处罚处分条例》等国家有关规定追究相应责任。

党的十八大以来，秉承"真抓实干"精神，为了充分调动地方发展的积极性，国务院从2017年起，对于"真抓实干"取得明显成效的地区，采取了一系列的宏观调控激励措施，主要包括以下24个方面的措施。2021年12月13日，国务院办公厅下发《关于新形势下进一步加强督查激励的通知》，将24个方面的措施调整为30个方面的措施。具体情况如下：

第一，对实施创新驱动发展战略、营造良好创新生态、提升自主创新能力、强化企业创新主体地位、加速推进科技成果转化应用等方面成效明显的省（自治区、直辖市），在分配中央引导地方科技发展资金时给予一定奖励，优先支持其行政区域内1家符合条件且发展基础较好的省级高新技术产业开发区升级为国家高新技术产业开发区。（科技部、财政部负责）

第二，对推动"双创"政策落地、促进创业带动就业、加强融通创新、扶持"双创"支撑平台、构建"双创"发展生态、打造"双创"升级版等方面成效明显的区域"双创"示范基地，优先支持创新创业支撑平台建设，在中央预算内投资安排等方面予以重点倾斜；对区域内符合条件的创新创业项目，优先推介与国家新兴产业创业投资引导基金、国家级战略性新兴产业发展基金、国家中小企业发展基金等对接。（国家发展改革委负责）

第三，对知识产权创造、运用、保护、管理和服务工作成效突出的省（自治区、直辖市），优先支持开展地理标志专用标志使用核准改革试点，优先支持建设知识产权保护中心、知识产权快速维权中心、知识产权专题数据库，在专利转化专项计划实施中予以倾斜支持。（国家知识产权局负责）

第四，对促进工业稳增长、推动先进制造业集群发展、实施产业基础再造工程、保持制造业比重基本稳定等方面成效明显的市（地、州、盟），在传统产业改造提升、智能制造示范工厂等试点示范工作中给予优先支持。（工业和信息化部负责）

第五，对推进质量强国建设工作成效突出的市（地、州、盟）、县（市、区、旗），在质量工作改革创新试点示范、国家质量基础设施布局建设、质量提升行动重点帮扶、参与国际标准和国家标准制定等方面给予倾斜支持。（市场监管总局负责）

第六，对大力培育发展战略性新兴产业、产业特色优势明显、技术创新能力强的市（地、州、盟），优先支持将产业集群内重点项目纳入重大建设项目库，在国家认定企业技术中心等创新平台申报中给予名额倾斜。对其中通用航空发展成效显著并符合相关条件的产业集群所在地方，在运输机场建设等方面予以优先支持。（国家发展改革委、中国民航局负责）

第七，对建设信息基础设施、推进产业数字化、加快工业互联网创新发展、促进网络与数据安全能力建设等工作成效明显的市（地、州、盟），在创建国家产融合作试点城市、国家新型工业化产业示范基地等方面给予优先支持。（工业和信息化部负责）

第八，对公路水路交通建设年度投资保持稳定增长、通过车辆购置税收入补助地方资金投资项目完成情况好的省（自治区、直辖市），在安排车辆购置税收入补助地方资金时给予适当奖励。（交通运输部、财政部负责）

第九，对地方水利建设投资落实情况好、中央水利建设投资计划完成率高的省（自治区、直辖市），适当增加安排部分中央预算内投资，相应减少所安排项目的地方建设投资。（水利部、国家发展改革委负责）

第十，对推动外贸稳定和创新发展成效明显的市（地、州、盟），在安排年度中央外经贸发展专项资金、推动地方外贸创新发展先行先试、外贸领域相关平台建设、中国进出口商品交易会等重要展会开展宣传推介等方面给予倾斜支持。（商务部负责）

第十一，对年度固定资产投资保持稳定增长，中央预算内投资项目开工、投资完成等情况好的省（自治区、直辖市），在中央预算内投资既有专项中统筹安排部分投资，用于奖励支持其符合条件的项目。（国家发展改革委负责）

第十二，对直达资金下达使用、落实财政支出责任、国库库款管理、预决算公开等财政工作绩效突出的省（自治区、直辖市），中央财政通过年度预算安排资金予以奖励，由省级财政统筹使用。（财政部负责）

第十三，对金融服务实体经济、防范化解金融风险、维护良好金融秩序成效好的省（自治区、直辖市），支持开展金融改革创新先行先试，在同等条件下对其申报金融改革试验区等方面给予重点考虑和支持，鼓励符合条件的全国性股份制银行、保险公司在上述地区开设分支

机构，支持符合条件的企业发行"双创"、绿色公司信用类债券等金融创新产品。（人民银行、银保监会、证监会负责）

第十四，对推进企业登记注册便利化、深化"双随机、一公开"①监管和信用监管、落实公平竞争审查制度等深化商事制度改革成效明显的市（地、州、盟）、县（市、区、旗），优先选择为企业登记注册便利化改革、企业年度报告制度改革、企业信用监管、智慧监管、重点领域监管等试点地区，优先授予外商投资企业登记注册权限。（市场监管总局负责）

第十五，对耕地保护工作突出、土地节约集约利用成效好、闲置土地比例低且用地需求量大的市（地、州、盟）、县（市、区、旗），在全国新增建设用地计划中安排一定指标予以奖励。（自然资源部负责）

第十六，对高标准农田建设投入力度大、任务完成质量高、建后管护效果好的省（自治区、直辖市），在分配年度中央财政资金时予以激励支持。（农业农村部、财政部负责）

第十七，对促进乡村产业振兴、改善农村人居环境等乡村振兴重点工作成效明显的市（地、州、盟）、县（市、区、旗），在分配中央财政相关资金时给予一定激励支持。（农业农村部、国家乡村振兴局、财政部负责）

第十八，对易地扶贫搬迁后续扶持工作成效明显的市（地、州、盟），进一步加大后续扶持政策支持力度，在安排以工代赈资金时予以倾斜支持。（国家发展改革委负责）

第十九，对城镇老旧小区改造、棚户区改造、发展保障性租赁住

---

① "双随机、一公开"，即在监管过程中随机抽取检查对象，随机选派执法检查人员，抽查情况及查处结果及时向社会公开。"双随机、一公开"是国务院办公厅于2015年8月发布的《国务院办公厅关于推广随机抽查规范事中事后监管的通知》中要求在全国全面推行的一种监管模式。"双随机、一公开"的全面推开将为科学高效监管提供新思路，为落实党中央、国务院简政放权、放管结合、优化服务改革的战略部署提供重要支撑。

房成效明显的市（地、州、盟），在安排保障性安居工程中央预算内投资、中央财政城镇保障性安居工程补助资金时予以奖励支持。（住房城乡建设部、国家发展改革委、财政部负责）

第二十，对老工业基地调整改造力度大，支持传统产业改造、推进产业转型升级等工作成效突出的市（地、州、盟），安排中央预算内投资给予奖励，优先支持建设国家创新型产业集群，优先推介签署开发性金融合作协议，在推进产业转型升级示范区建设和资源枯竭城市转型中给予倾斜支持。（国家发展改革委负责）

第二十一，对文化产业和旅游产业发展势头良好、文化和旅游企业服务体系建设完善、消费质量水平高的市（地、州、盟），在建设国家文化与金融合作示范区、国家文化和旅游消费示范城市、国家级文化产业示范园区（基地）、国家级夜间文化和旅游消费集聚区等方面予以优先支持。（文化和旅游部负责）

第二十二，对生态文明体制改革、制度创新、模式探索等方面成效显著的市（地、州、盟），在国家层面宣传推广改革经验做法；对其在既有资金渠道范围内的相关项目，中央预算内投资予以适当支持。（国家发展改革委负责）

第二十三，对环境治理工程项目推进快，重点区域大气、重点流域水环境质量改善明显的市（地、州、盟），在安排中央财政大气、水污染防治资金时予以适当奖励。（生态环境部、财政部负责）

第二十四，对河长制湖长制工作推进力度大、成效明显的市（地、州、盟）、县（市、区、旗），在安排中央财政水利发展资金时予以适当奖励。对全面推行林长制工作成效明显的市（地、州、盟）、县（市、区、旗），在安排中央财政林业改革发展资金时予以适当奖励。（水利部、财政部、国家林草局负责）

第二十五，对改善职业教育办学条件、创新校企合作办学机制、推进职业教育改革等方面成效明显的省（自治区、直辖市），在职业教育改革试点、中国特色高水平高职学校和专业建设、现代职业教育质量提升计划资金等方面予以倾斜支持。（教育部负责）

第二十六，对深化医药卫生体制改革成效明显的市（地、州、盟），在安排中央财政医疗服务与保障能力提升补助资金时给予奖励支持。（国家卫生健康委、财政部负责）

第二十七，对优化医保领域便民服务、推进医保经办管理服务体系建设、提升医保规范化管理水平等方面成效明显的省（自治区、直辖市），在安排中央财政医疗服务与保障能力提升补助资金时给予奖励支持。（国家医保局、财政部负责）

第二十八，对养老兜底保障、发展普惠型养老服务、完善社区居家养老服务网络等工作成效明显的市（地、州、盟），在安排年度养老服务体系建设中央预算内投资计划和中央财政相关资金时给予奖励支持。（国家发展改革委、财政部、民政部负责）

第二十九，对落实就业优先政策、推动就业扩容提质、促进重点群体就业创业等任务完成好的省（自治区、直辖市），在分配中央财政就业补助资金时予以适当奖励。（财政部、人力资源社会保障部负责）

第三十，对高度重视重大决策部署督查落实工作，在创新优化督查落实方式方法、推动地区经济社会发展等方面成效明显的市（地、州、盟）、县（市、区、旗），在下一年度国务院组织的有关实地督查中实行"免督查"。（国务院办公厅负责）

国务院要求：各有关部门要充分认识做好新形势下督查激励工作的重要意义，将强化正向激励促进实干担当作为狠抓党中央、国务院重大决策部署贯彻落实的有效手段，压实工作责任，精心组织实施，确保取得实效。要及时制定或调整完善实施办法，科学设置标准，全面规范程序，公平公正公开、科学精准客观评价地方工作，充分发挥激励导向作用；严格落实党中央关于整治形式主义为基层减负要求，加强统筹整合，优化工作方式，简化操作流程，避免给地方增加负担；认真落实全面从严治党要求，坚决防范廉政风险。要抓好典型引路和政策解读，加大地方经验做法推广力度，指导和帮助用好用足激励政策，进一步营造互学互鉴、比学赶超的良好氛围。各省（自治区、直辖市）政府要健全工作机制、明确职责分工，统筹做好本地区督查激励措施组织实施工作。国务院办公厅加强统筹指导和督促检查，适时对激励措施实施效果组织评估。各有关部门制定或调整完善后的激励措施实施办法，于2022年1月15日前报送国务院办公厅。从2022年起，各有关部门于每年2月底前，根据上一年度工作成效，结合国务院大督查、有关专项督查情况，研究提出拟予督查激励的地方名单，报送国务院办公厅。国务院办公厅将会同有关方面统筹组织开展相关督查激励工作。

上述宏观调控措施涉及新形势下国家宏观调控的主要方面，体现了政策导向，有利于提高宏观调控及其法治的质量。

在实际落实情况方面，以2021年为例，结合国务院大督查、专项督查、"互联网+督查"和部门日常督查情况，经国务院同意，对2021年落实打好三大攻坚战、深化"放管服"改革优化营商环境、推动创新驱动发展、扩大内需、实施乡村振兴战略、保障和改善民生等有关重大政策措施真抓实干、取得明显成效的199个地方予以督查激励，相应采取30项激励支持措施。例如，实施创新驱动发展战略、营造良好创新生态、提升自主创新能力、强化企业创新主体地位、加速推进科技成果转化应用等方面成效明显的地方有江苏省、浙江省、安徽省、山东省、湖北省，2022年对这些地方在分配中央引导地方科技发展资金时给予一定激励，优先支持其行政区域内1家符合条件且发展基础较好的省级高新技术产业开发区升级为国家高新技术产业开发区。该措施由科技部、财政部组织实施。又如，对于推动"双创"政策落地、促进创业带动就业、加强融通创新、扶持"双创"支撑平台、构建"双创"发展生态、打造"双创"升级版等方面成效明显的北京市海淀区、天津滨海高新技术产业开发区、辽宁省沈阳市浑南区、江苏省常州市武进区、安徽省合肥高新技术产业开发区、福建省厦门火炬高技术产业开发区、山东省淄博市张店区、河南省鹿邑县、湖北省武汉东湖新技术开发区、四川省成都高新技术产业开发区的"双创"示范基地，2022年优先支持创新创业支撑平台建设，在中央预算内投资安排等方面予以重点倾斜；对区域内符合条件的创新创业项目，优先推介与国家新兴产业创业投资引导基金、国家级战略性新兴产业发展基金、国家中小企业发展基金等对接。该项措施由国家发展改革委组织实施。①

为深入贯彻习近平新时代中国特色社会主义思想和党的十九大精神，紧紧围绕统筹推进"五位一体"总体布局和协调推进"四个全面"战略布局，教育引导广大干部为决胜全面建成小康社会、夺取新时代中国特色社会主义伟大胜利、实现中华民族伟大复兴的中国梦不懈奋斗，中共中央办公厅于2018年印发《关于进一步激励广大干部新时代新担当新作为的意见》。该意见对建立激励机制和容错纠错机制，进一步激励广大干部新时代新担当新作为提出明确要求。该意见的制定实施，对充分调动和激发干部队伍的积极性、主动性、创造性，教育引导广大干部为决胜全面建成小康社会、夺取新时代中国特色社会主义伟大胜利、实现中华民族伟大复兴的中国梦不懈奋斗，具有十分重要的意义。该意见的通知强调，各级党委（党组）要大力加强干部思想教育，引导和促进广大干部强化"四个意识"，坚定"四个自信"，切实增强政治担当、

---

① 国务院办公厅关于对2021年落实有关重大政策措施真抓实干成效明显地方予以督查激励的通报（国办发〔2022〕21号）。

历史担当、责任担当，努力创造属于新时代的光辉业绩。要落实好干部标准，大力选拔敢于负责、勇于担当、善于作为、实绩突出的干部，鲜明树立重实干、重实绩的用人导向。要完善干部考核评价机制，改进考核方式方法，充分发挥考核对干部的激励鞭策作用。要全面落实习近平总书记关于"三个区分开来"的重要要求，宽容干部在工作中特别是改革创新中的失误错误，旗帜鲜明为敢于担当的干部撑腰鼓劲。要围绕建设高素质专业化干部队伍，强化能力培训和实践锻炼，同时把关心关爱干部的各项措施落到实处。要大力宣传改革创新、干事创业的先进典型，激励广大干部见贤思齐、奋发有为，撸起袖子加油干，凝聚形成创新创业的强大合力。

此外，根据文献检索，激励方面涉及的领域和内容，还包括对上市公司与科技型企业推行股权和分红分配的激励、对农牧渔业丰收的奖励激励、对农业县及生猪（牛羊）调出大县的奖励激励、对节能减排补助资金的激励、对反洗钱工作的奖励激励、对举报和查处侵权盗版行为的奖励激励、对市场主体守信行为的激励、对养老服务体系建设中央补助激励支持、对地方财政管理工作考核与激励、积极发展农村电子商务，拓宽农产品销售渠道工作督查激励、对职业教育改革成效明显的省（区、市）的激励、对农村危房改造的激励、对慈善捐赠领域相关主体实施守信联合激励、中央预算内投资建设项目监督管理的激励等。

第八章

宏观调控法的处罚

DI-BA
ZHANG

就宏观调控法的处罚而言，通常情况下，应贯彻奖惩结合的基本原则，即按照目标责任制的要求，通过工作考核有奖有惩。涉及相关经济、行政、民事及刑事法律责任的，在相关法律法规中予以明确规定。其中，按照《立法法》及立法规范规定，涉及民事责任和刑事责任时可进行概括性规定，具体实施与民法典、刑法典的规定相衔接。与此同时，涉及中共党员及领导干部的，应首先依据党内纪律予以处分，构成其他法律责任的，按照相关法律法规之规定，予以处罚。在此方面，与《公务员奖励规定》《事业单位工作人员奖励规定》相对应，设置了相应的处分、处罚制度，国务院及相关职能部门颁发了《行政机关公务员处分条例》①《事业单位工作人员处分暂行规定》②。与此同时，2020年6月20日，第十三届全国人大常委会第十九次会议通过《中华人民共和国公职人员政务处分法》，自2020年7月1日起施行。新法颁布后，该法成为对从事宏观调控公务活动的人员具有约束力的主要法律依据。此外，针对财政、税务、统计等宏观调控专业领域的违法行为的处罚，相关职能部门作出了专门的规定。

---

① 2007年4月4日，国务院第173次常务会议通过《行政机关公务员处分条例》。
② 2012年8月22日，人力资源和社会保障部、监察部颁发《事业单位工作人员处分暂行规定》。

第一节　中国共产党的纪律处分

　　为了维护党章和其他党内法规，严肃党的纪律，纯洁党的组织，保障党员民主权利，教育党员遵纪守法，维护党的团结统一，保证党的路线、方针、政策、决议和国家法律法规的贯彻执行，根据《党章》，经2015年10月12日中共中央政治局会议审议批准，2015年10月18日中共中央发布；2018年7月31日中共中央政治局会议修订，2018年8月18日中共中央发布《中国共产党纪律处分条例》（以下简称《条例》），包括总则、分则、附则编、11章142条内容，自2018年10月1日起施行。条例适用于违犯党纪应当受到党纪责任追究的党组织和党员。

　　各省、自治区、直辖市党委可以根据本条例，结合各自工作的实际情况，制定单项实施规定。中央军事委员会可以根据本条例，结合中国人民解放军和中国人民武装警察部队的实际情况，制定补充规定或者单项规定。

一、党的纪律处分的总则规定

　　《条例》规定，党的纪律建设必须坚持以马克思列宁主义、毛泽东思想、邓小平理论、"三个代表"重要思想、科学发展观、习近平新时代中国特色社会主义思想为指导，坚持和加强党的全面领导，坚决维护习近平总书记党中央的核心、全党的核心地位，坚决维护党中央权威和集中统一领导，落实新时代党的建设总要求和全面从严治党战略部署，全面加强党的纪律建设。党章是最根本的党内法规，是管党治党的总规矩。党的纪律是党的各级组织和全体党员必须遵守的行为规则。党组织和党员必须牢固树立政治意识、大局意识、核心意识、看齐意识，自觉遵守党章，严格执行和维护党的纪律，自觉接受党的纪律约束，模范遵守国家法律法规。党的纪律处分工作应当坚持以下原则：

（1）坚持党要管党、全面从严治党。加强对党的各级组织和全体党员的教育、管理和监督，把纪律挺在前面，注重抓早抓小、防微杜渐。

（2）党纪面前一律平等。对违犯党纪的党组织和党员必须严肃、公正执行纪律，党内不允许有任何不受纪律约束的党组织和党员。

（3）实事求是。对党组织和党员违犯党纪的行为，应当以事实为依据，以党章、其他党内法规和国家法律法规为准绳，准确认定违纪性质，区别不同情况，恰当予以处理。

（4）民主集中制。实施党纪处分，应当按照规定程序经党组织集体讨论决定，不允许任何个人或者少数人擅自决定和批准。上级党组织对违犯党纪的党组织和党员作出的处理决定，下级党组织必须执行。

（5）惩前毖后、治病救人。处理违犯党纪的党组织和党员，应当实行惩戒与教育相结合，做到宽严相济。

运用监督执纪"四种形态"，经常开展批评和自我批评、约谈函询，让"红红脸、出出汗"成为常态；党纪轻处分、组织调整成为违纪处理的大多数；党纪重处分、重大职务调整的成为少数；严重违纪涉嫌违法立案审查的成为极少数。

在违纪与纪律处分方面，党组织和党员违反党章和其他党内法规，违反国家法律法规，违反党和国家政策，违反社会主义道德，危害党、国家和人民利益的行为，依照规定应当给予纪律处理或者处分的，都必须受到追究。重点查处党的十八大以来不收敛、不收手，问题线索反映集中、群众反映强烈，政治问题和经济问题交织的腐败案件，违反中央八项规定精神的问题。对党员的纪律处分种类：①警告；②严重警告；

③撤销党内职务；④留党察看；⑤开除党籍。对于违犯党的纪律的党组织，上级党组织应当责令其作出检查或者进行通报批评。对于严重违犯党的纪律、本身又不能纠正的党组织，上一级党的委员会在查明核实后，根据情节严重的程度，可以予以：改组；解散。党员受到警告处分1年内、受到严重警告处分1年半内，不得在党内提升职务和向党外组织推荐担任高于其原任职务的党外职务。撤销党内职务处分，是指撤销受处分党员由党内选举或者组织任命的党内职务。对于在党内担任两个以上职务的，党组织在作处分决定时，应当明确是撤销其一切职务还是一个或者几个职务。如果决定撤销其一个职务，必须撤销其担任的最高职务。如果决定撤销其两个以上职务，则必须从其担任的最高职务开始依次撤销。对于在党外组织担任职务的，应当建议党外组织依照规定作出相应处理。对于应当受到撤销党内职务处分，但是本人没有担任党内职务的，应当给予其严重警告处分。同时，在党外组织担任职务的，应当建议党外组织撤销其党外职务。党员受到撤销党内职务处分，或者依照前款规定受到严重警告处分的，2年内不得在党内担任和向党外组织推荐担任与其原任职务相当或者高于其原任职务的职务。

留党察看处分，分为留党察看1年、留党察看2年。对于受到留党察看处分1年的党员，期满后仍不符合恢复党员权利条件的，应当延长1年留党察看期限。留党察看期限最长不得超过2年。党员受留党察看处分期间，没有表决权、选举权和被选举权。留党察看期间，确有悔改表现的，期满后恢复其党员权利；坚持不改或者又发现其他应当受到党纪处分的违纪行为的，应当开除党籍。党员受到留党察看处分，其党内职务自然撤销。对于担任党外职务的，应当建议党外组织撤销其党外职务。受到留党察看处分的党员，恢复党员权利后2年内，不得在党内担任和向党外组织推荐担任与其原任职务相当或者高于其原任职务的职务。

党员受到开除党籍处分，5年内不得重新入党，也不得推荐担任与其原任职务相当或者高于其原任职务的党外职务。另有规定不准重新入党的，依照规定。

党的各级代表大会的代表受到留党察看以上（含留党察看）处分的，党组织应当终止其代表资格。对于受到改组处理的党组织领导机构成员，除应当受到撤销党内职务以上（含撤销党内职务）处分的外，均自然免职。对于受到解散处理的党组织中的党员，应当逐个审查。其中，符合党员条件的，应当重新登记，并参加新的组织过党的生活；不符合党员条件的，应当对其进行教育、限期改正，经教育仍无转变的，予以劝退或者除名；有违纪行为的，依照规定予以追究。

二、党的纪律处分的运用规则

在纪律处分运用规则方面，有下列情形之一的，可以从轻或者减轻处分：

①主动交代本人应当受到党纪处分的问题的。②在组织核实、立案审查过程中，能够配合核实审查工作，如实说明本人违纪违法事实的。③检举同案人或者其他人应当受到党纪处分或者法律追究的问题，经查证属实的。④主动挽回损失、消除不良影响或者有效阻止危害结果发生的。⑤主动上交违纪所得的。⑥有其他立功表现的。

根据案件的特殊情况，由中央纪委决定或者经省（部）级纪委（不含副省级市纪委）决定并呈报中央纪委批准，对违纪党员也可以在本条例规定的处分幅度以外减轻处分。对于党员违犯党纪应当给予警告或者严重警告处分，但是具有本条例上述规定的情形之一或者本条例分则中另有规定的，可以给予批评教育、责令检查、诫勉或者组织处理，免予党纪处分。对违纪党员免予处分，应当作出书面结论。

有下列情形之一的，应当从重或者加重处分：

①强迫、唆使他人违纪的。②拒不上交或者退赔违纪所得的。③违纪受处分后又因故意违纪应当受到党纪处分的。④违纪受到党纪处分后，又被发现其受处分前的违纪行为应当受到党纪处分的。⑤本条例另有规定的。

从轻处分，是指在本条例规定的违纪行为应当受到的处分幅度以内，给予较轻的处分。从重处分，是指在本条例规定的违纪行为应当受到的处分幅度以内，给予较重的处分。减轻处分，是指在本条例规定的违纪行为应当受到的处分幅度以外，减轻一档给予处分。加重处分，是指在本条例规定的违纪行为应当受到的处分幅度以外，加重一档给予处分。本条例规定的只有开除党籍处分一个档次的违纪行为，不适用第1款减轻处分的规定。一人有本条例规定的两种以上（含两种）应当受到党纪处分的违纪行为，应当合并处理，按其数种违纪行为中应当受到的最高处分加重一档给予处分；其中一种违纪行为应当受到开除党籍处分的，应当给予开除党籍处分。一个违纪行为同时触犯本条例两个以上（含两个）条款的，依照处分较重的条款定性处理。一个条款规定的违纪构成要件全部包含在另一个条款规定的违纪构成要件中，特别规定与一般规定不一致的，适用特别规定。两人以上（含两人）共同故意违纪的，对为首者，从重处分，本条例另有规定的除外；对其他成员，按照其在共同违纪中所起的作用和应负的责任，分别给予处分。对于经济方面共同违纪的，按照个人所得数额及其所起作用，分别给予处分。对违纪集团的首要分子，按照集团违纪的总数额处分；对其他共同违纪的为首者，情节严重的，按照共同违纪的总数额处分。教唆他人违纪的，应当按照其在共同违纪中所起的作用追究党纪责任。党组织领导机构集体作出违犯党纪的决定或者实施其他违犯党纪的行为，对具有共同故意的成员，按共同违纪处理；对过失违纪的成员，按照各自在集体违纪中所起的作用和应负的责任分别给予处分。

对违法犯罪党员的纪律处分。党组织在纪律审查中发现党员有贪污贿赂、滥用职权、玩忽职守、权力寻租、利益输送、徇私舞弊、浪费国家资财等违反法律涉嫌犯罪行为的，应当给予撤销党内职务、留党察看或者开除党籍处分。党组织在纪律审查中发现党员有刑法规定的行为，虽不构成犯罪但须追究党纪责任的，或者有其他违法行为，损害党、国家和人民利益的，应当视具体情节给予警告直至开除党籍处分。党组织在纪律审查中发现党员严重违纪涉嫌违法犯罪的，原则上先作出党纪处分决定，并按照规定给予政务处分后，再移送有关国家机关依法处理。党员被依法留置、逮捕的，党组织应当按照管理权限中止其表决权、选举权和被选举权等党员权利。根据监察机关、司法机关处理结果，可以恢复其党员权利的，应当及时予以恢复。党员犯罪情节轻微，人民检察院依法作出不起诉决定的，或者人民法院依法作出有罪判决并免予刑事处罚的，应当给予撤销党内职务、留党察看或者开除党籍处分。党员犯罪，被单处罚金的，依照前款规定处理。

党员犯罪，有下列情形之一的，应当给予开除党籍处分：①因故意犯罪被依法判处刑法规定的主刑（含宣告缓刑）的；②被单处或者附加剥夺政治权利的；③因过失犯罪，被依法判处3年以上（不含3年）有期徒刑的。

因过失犯罪被判处3年以下（含3年）有期徒刑或者被判处管制、拘役的，一般应当开除党籍。对于个别可以不开除党籍的，应当对照处分党员批准权限的规定，报请再上一级党组织批准。

党员依法受到刑事责任追究的，党组织应当根据司法机关的生效判决、裁定、决定及其认定的事实、性质和情节，依照本条例规定给予党纪处分，是公职人员的由监察机关给予相应政务处分。党员依法受到政务处分、行政处罚，应当追究党纪责任的，党组织可以根据生效的政务处分、行政处罚决定认定的事实、性质和情节，经核实后依照规定给予党纪处分或者组织处理。党员违反国家法律法规，违反企事业单位或者其他社会组织的规章制度受到其他纪律处分，应当追究党纪责任的，党组织在对有关方面认定的事实、性质和情节进行核实后，依照规定给予党纪处分或者组织处理。党组织作出党纪处分或者组织处理决定后，司法机关、行政机关等依法改变原生效判决、裁定、决定等，对原党纪处分或者组织处理决定产生影响的，党组织应当根据改变后的生效判决、裁定、决定等重新作出相应处理。

其他规定。预备党员违犯党纪，情节较轻，可以保留预备党员资格的，党组织应当对其批评教育或者延长预备期；情节较重的，应当取消其预备党员资格。对违纪后下落不明的党员，应当区别情况作出处理：①对有严重违纪行为，应当给予开除党籍处分的，党组织应当作出决定，开除其党籍；②除前项规定的情况外，下落不明时间超过6个月的，党组织应当按照党章规定对其予以除名。

违纪党员在党组织作出处分决定前死亡，或者在死亡之后发现其曾有严重违纪行为，对于应当给予开除党籍处分的，开除其党籍；对于应当给予留党察看以下（含留党察看）处分的，作出违犯党纪的书面结论和相应处理。

违纪行为有关责任人员的区分：①直接责任者，是指在其职责范围内，不履行或者不正确履行自己的职责，对造成的损失或者后果起决定性作用的党员或者党员领导干部；②主要领导责任者，是指在其职责范围内，对直接主管的工作不履行或者不正确履行职责，对造成的损失或者后果负直接领导责任的党员领导干部；③重要领导责任者，是指在其职责范围内，对应管的工作或者参与决定的工作不履行或者不正确履行职责，对造成的损失或者后果负次要领导责任的党员领导干部。

《条例》所称领导责任者，包括主要领导责任者和重要领导责任者。《条例》所称主动交代，是指涉嫌违纪的党员在组织初核前向有关组织交代自己的问题，或者在初核和立案审查其问题期间交代组织未掌握的问题。计算经济损失主要计算直接经济损失。直接经济损失，是指与违纪行为有直接因果关系而造成财产损失的实际价值。对于违纪行为所获得的经济利益，应当收缴或者责令退赔。对于违纪行为所获得的职务、职称、学历、学位、奖励、资格等其他利益，应当由承办案件的纪检机关或者由其上级纪检机关建议有关组织、部门、单位按照规定予以纠正。

对于依照《条例》规定处理的党员，经调查确属其实施违纪行为获得的利益，依照本条规定处理。党纪处分决定作出后，应当在1个月内向受处分党员所在党的基层组织中的全体党员及其本人宣布，是领导班子成员的还应当向所在党组织领导班子宣布，并按照干部管理权限和组织关系将处分决定材料归入受处分者档案；对于受到撤销党内职务以上（含撤销党内职务）处分的，还应当在1个月内办理职务、工资、工作及其他有关待遇等相应变更手续；涉及撤销或者调整其党外职务的，应当建议党外组织及时撤销或者调整其党外职务。特殊情况下，经作出或者批准作出处分决定的组织批准，可以适当延长办理期限。办理期限最长不得超过6个月。执行党纪处分决定的机关或者受处分党员所在单位，应当在6个月内将处分决定的执行情况向作出或者批准处分决定的机关报告。党员对所受党纪处分不服的，可以依照党章及有关规定提出申诉。条例总则适用于有党纪处分规定的其他党内法规，但是中共中央发布或者批准发布的其他党内法规有特别规定的除外。

三、对违纪行为的认定

在上述总则规定基础上，分则部分对违反纪律的行为及其各自的处分予以了具体的规定。

1.违反政治纪律的行为

（1）在重大原则问题上不同党中央保持一致且有实际言论、行为或者造成不良后果。

（2）通过网络、广播、电视、报刊、传单、书籍等，或者利用讲座、论坛、报告会、座谈会等方式，公开发表坚持资产阶级自由化立场、反对四项基本原则，反对党的改革开放决策的文章、演说、宣言、声明等。

（3）发布、播出、刊登、出版前款所列文章、演说、宣言、声明等或者为上述行为提供方便条件。

（4）通过网络、广播、电视、报刊、传单、书籍等，或者利用讲座、论坛、报告会、座谈会等方式，公开发表违背四项基本原则，违背、歪曲党的改革开放决策，或者其他有严重政治问题的文章、演说、宣言、声明等；妄议党中央大政方针，破坏党的集中统一；丑化党和国家形象，或者诋毁、诬蔑党和国家领导人、英雄模范，或者歪曲党的历史、中华人民共和国历史、人民军队历史。

（5）发布、播出、刊登、出版前款所列内容或者为上述行为提供方便条件。

（6）制作、贩卖、传播上述所列内容之一的书刊、音像制品、电子读物、网络音视频资料等。

（7）私自携带、寄递上述所列内容之一的书刊、音像制品、电子读物等入出境。

（8）在党内组织秘密集团或者组织其他分裂党的活动以及参加秘密集团或者参加其他分裂党的活动。

（9）在党内搞团团伙伙、结党营私、拉帮结派、培植个人势力等非组织活动，或者通过搞利益交换、为自己营造声势等活动捞取政治资本的，给予严重警告或者撤销党内职务处分；导致本地区、本部门、本单位政治生态恶化。

（10）党员领导干部在本人主政的地方或者分管的部门自行其是，搞山头主义，拒不执行党中央确定的大政方针，甚至背着党中央另搞一套。

（11）落实党中央决策部署不坚决，打折扣、搞变通，在政治上造成不良影响或者严重后果。

（12）对党不忠诚不老实，表里不一，阳奉阴违，欺上瞒下，搞两面派，做两面人。

（13）制造、散布、传播政治谣言，破坏党的团结统一。

（14）政治品行恶劣，匿名诬告，有意陷害或者制造其他谣言，造成损害或者不良影响。

（15）擅自对应当由党中央决定的重大政策问题作出决定、对外发表主张。

（16）不按照有关规定向组织请示、报告重大事项。

（17）干扰巡视巡察工作或者不落实巡视巡察整改要求。

（18）对抗组织审查的行为：一是串供或者伪造、销毁、转移、隐匿证据；二是阻止他人揭发检举、提供证据材料；三是包庇同案人员；四是向组织提供虚假情况，掩盖事实；五是有其他对抗组织审查行为。

（19）组织、参加反对党的基本理论、基本路线、基本方略或者重大方针政策的集会、游行、示威等活动，或者以组织讲座、论坛、报告会、座谈会等方式，反对党的基本理论、基本路线、基本方略或者重大方针政策，造成严重不良影响。

（20）未经组织批准参加其他集会、游行、示威等活动。

（21）组织、参加旨在反对党的领导、反对社会主义制度或者敌视政府等组织。

（22）组织、参加会道门或者邪教组织。

（23）从事、参与挑拨破坏民族关系制造事端或者参加民族分裂活动。

（24）有其他违反党和国家民族政策的行为。

（25）组织、利用宗教活动反对党的路线、方针、政策和决议，破坏民族团结。

（26）有其他违反党和国家宗教政策的行为。

（27）对信仰宗教的党员，应当加强思想教育，经党组织帮助教育仍没有转变。

（28）组织迷信活动。

（29）组织、利用宗族势力对抗党和政府，妨碍党和国家的方针政策以及决策部署的实施，或者破坏党的基层组织建设。

（30）在国（境）外、外国驻华使（领）馆申请政治避难，或者违纪后逃往国（境）外、外国驻华使（领）馆。

（31）在国（境）外公开发表反对党和政府的文章、演说、宣言、声明等。

（32）在涉外活动中，其言行在政治上造成恶劣影响，损害党和国家尊严、利益。

（33）不履行全面从严治党主体责任、监督责任或者履行全面从严治党主体责任、监督责任不力，给党组织造成严重损害或者严重不良影响。

（34）党员领导干部对违反政治纪律和政治规矩等错误思想和行为不报告、不抵制、不斗争，放任不管，搞无原则一团和气，造成不良影响。

（35）违反党的优良传统和工作惯例等党的规矩，在政治上造成不良影响。

2.违反组织纪律的行为

（1）违反民主集中制原则的行为：一是拒不执行或者擅自改变党组织作出的重大决定；二是违反议事规则，个人或者少数人决定重大问题；三是故意规避集体决策，决定重大事项、重要干部任免、重要项目安排和大额资金使用的；四是借集体决策名义集体违规。

（2）下级党组织拒不执行或者擅自改变上级党组织决定。

（3）拒不执行党组织的分配、调动、交流等决定。

（4）在特殊时期或者紧急状况下，拒不执行党组织决定。

（5）一是违反个人有关事项报告规定，隐瞒不报；二是在组织进行谈话、函询时，不如实向组织说明问题；三是不按要求报告或者不如实报告个人去向；四是不如实填报个人档案资料。

（6）党员领导干部违反有关规定组织、参加自发成立的老乡会、校友会、战友会等。

（7）一是在民主推荐、民主测评、组织考察和党内选举中搞拉票、助选等非组织活动；二是在法律规定的投票、选举活动中违背组织原则搞非组织活动，组织、怂恿、诱使他人投票、表决；三是在选举中进行其他违反党章、其他党内法规和有关章程活动。搞有组织的拉票贿选，或者用公款拉票贿选。

（8）在干部选拔任用工作中，有任人唯亲、排斥异己、封官许愿、说情干预、跑官要官、突击提拔或者调整干部等违反干部选拔任用规定的行为。

（9）用人失察失误造成严重后果。

（10）在干部、职工的录用、考核、职务晋升、职称评定和征兵、安置复转军人等工作中，隐瞒、歪曲事实真相，或者利用职权或者职务上的影响违反有关规定为本人或者其他人谋取利益。

（11）弄虚作假，骗取职务、职级、职称、待遇、资格、学历、学位、荣誉或者其他利益。

（12）以强迫、威胁、欺骗、拉拢等手段，妨害党员自主行使表决权、选举权和被选举权。

（13）一是对批评、检举、控告进行阻挠、压制，或者将批评、检举、控告材料私自扣压、销毁，或者故意将其泄露给他人；二是对党员的申辩、辩护、作证等进行压制，造成不良后果；三是压制党员申诉，造成不良后果的，或者不按照有关规定处理党员申诉；四是有其他侵犯党员权利行为，造成不良后果。对批评人、检举人、控告人、证人及其他人员打击报复。

（14）违反党章和其他党内法规的规定，采取弄虚作假或者其他手段把不符合党员条件的人发展为党员，或者为非党员出具党员身份证明的。

（15）违反有关规定程序发展党员。

（16）违反有关规定取得外国国籍或者获取国（境）外永久居留资格、长期居留许可。

（17）违反有关规定办理因私出国（境）证件、前往港澳通行证，或者未经批准出入国（边）境。

（18）驻外机构或者临时出国（境）团（组）中的党员擅自脱离组织，或者从事外事、机要、军事等工作的党员违反有关规定同国（境）外机构、人员联系和交往。

（19）驻外机构或者临时出国（境）团（组）中的党员，脱离组织出走时间不满6个月又自动回归。

（20）故意为他人脱离组织出走提供方便条件。

3.违反廉洁纪律的行为

（1）利用职权或者职务上的影响为他人谋取利益，本人的配偶、子女及其配偶等亲属和其他特定关系人收受对方财物。

（2）相互利用职权或者职务上的影响为对方及其配偶、子女及其配偶等亲属、身边工作人员和其他特定关系人谋取利益搞权权交易。

（3）纵容、默许配偶、子女及其配偶等亲属、身边工作人员和其他特定关系人利用党员干部本人职权或者职务上的影响谋取私利。

（4）党员干部的配偶、子女及其配偶等亲属和其他特定关系人不实际工作而获取薪酬或者虽实际工作但领取明显超出同职级标准薪酬，党员干部知情未予纠正。

（5）收受可能影响公正执行公务的礼品、礼金、消费卡和有价证券、股权、其他金融产品等财物。

（6）收受其他明显超出正常礼尚往来的财物。

（7）向从事公务的人员及其配偶、子女及其配偶等亲属和其他特定关系人赠送明显超出正常礼尚往来的礼品、礼金、消费卡和有价证券、股权、其他金融产品等财物。

（8）借用管理和服务对象的钱款、住房、车辆等，影响公正执行公务。

（9）通过民间借贷等金融活动获取大额回报，影响公正执行公务。

（10）利用职权或者职务上的影响操办婚丧喜庆事宜，在社会上造成不良影响。借机敛财或者有其他侵犯国家、集体和人民利益的行为。

（11）接受、提供可能影响公正执行公务的宴请或者旅游、健身、娱乐等活动安排。

（12）违反有关规定取得、持有、实际使用运动健身卡、会所和俱乐部会员卡、高尔夫球卡等各种消费卡，或者违反有关规定出入私人会所。

（13）违反有关规定从事营利活动的行为：一是经商办企业；二是拥有非上市公司（企业）的股份或者证券；三是买卖股票或者进行其他证券投资；四是从事有偿中介活动；五是在国（境）外注册公司或者投资入股；六是有其他违反有关规定从事营利活动。

（14）利用参与企业重组改制、定向增发、兼并投资、土地使用权出让等决策、审批过程中掌握的信息买卖股票，利用职权或者职务上的影响通过购买信托产品、基金等方式非正常获利。

（15）违反有关规定在经济组织、社会组织等单位中兼职，或者经批准兼职获取薪酬、奖金、津贴等额外利益。

（16）利用职权或者职务上的影响，为配偶、子女及其配偶等亲属和其他特定关系人在审批监管、资源开发、金融信贷、大宗采购、土地使用权出让、房地产开发、工程招投标以及公共财政支出等方面谋取利益。

（17）利用职权或者职务上的影响，为配偶、子女及其配偶等亲属和其他特定关系人吸收存款、推销金融产品等提供帮助谋取利益。

（18）党员领导干部离职或者退（离）休后违反有关规定接受原任职务管辖的地区和业务范围内的企业和中介机构的聘任，或者个人从事与原任职务管辖业务相关的营利活动。

（19）党员领导干部离职或者退（离）休后违反有关规定担任上市公司、基金管理公司独立董事、独立监事等职务。

（20）党员领导干部的配偶、子女及其配偶，违反有关规定在该党员领导干部管辖的地区和业务范围内从事可能影响其公正执行公务的经营活动，或者在该党员领导干部管辖的地区和业务范围内的外商独资企业、中外合资企业中担任由外方委派、聘任的高级职务或者违规任职、兼职取酬的。

（21）党和国家机关违反有关规定经商办企业。

（22）党员领导干部违反工作、生活保障制度，在交通、医疗、警卫等方面为本人、配偶、子女及其配偶等亲属和其他特定关系人谋求特殊待遇。

（23）在分配、购买住房中侵犯国家、集体利益。

（24）利用职权或者职务上的影响，侵占非本人经管的公私财物，或者以象征性地支付钱款等方式侵占公私财物，或者无偿、象征性地支付报酬接受服务、使用劳务。

（25）利用职权或者职务上的影响，将本人、配偶、子女及其配偶等亲属应当由个人支付的费用，由下属单位、其他单位或者他人支付、报销。

（26）利用职权或者职务上的影响，违反有关规定占用公物归个人使用，时间超过6个月。

（27）占用公物进行营利活动或将公物借给他人进行营利活动。

（28）违反有关规定组织、参加用公款支付的宴请、高消费娱乐、健身活动，或者用公款购买赠送或者发放礼品、消费卡（券）等。

（29）违反有关规定自定薪酬或者滥发津贴、补贴、奖金等。

（30）一是公款旅游或者以学习培训、考察调研、职工疗养等为名变相公款旅游；二是改变公务行程，借机旅游；三是参加所管理企业、下属单位组织的考察活动，借机旅游。以考察、学习、培训、研讨、招商、参展等名义变相用公款出国（境）旅游。

（31）违反公务接待管理规定，超标准、超范围接待或者借机大吃大喝。

（32）违反有关规定配备、购买、更换、装饰、使用公务交通工具或者有其他违反公务交通工具管理规定的行为。

（33）违反会议活动管理规定的行为：一是到禁止召开会议的风景名胜区开会；二是决定或者批准举办各类节会、庆典活动。三是擅自举办评比达标表彰活动或者借评比达标表彰活动收取费用。

（34）违反办公用房管理等规定的行为：一是决定或者批准兴建、装修办公楼、培训中心等楼堂馆所；二是超标准配备、使用办公用房；三是用公款包租、占用客房或者其他场所供个人使用。

（35）搞权色交易或者给予财物搞钱色交易。

4.违反群众纪律的行为

（1）有下列行为之一：一是超标准、超范围向群众筹资筹劳、摊派费用，加重群众负担；二是违反有关规定扣留、收缴群众款物或者处罚群众；三是克扣群众财物，或者违反有关规定拖欠群众钱款；四是在管理、服务活动中违反有关规定收取费用；五是在办理涉及群众事务时刁难群众、吃拿卡要；六是其他侵害群众利益行为。

（2）干涉生产经营自主权，致使群众财产遭受较大损失。

（3）在社会保障、政策扶持、扶贫脱贫、救灾救济款物分配等事项中优亲厚友、明显有失公平。

（4）利用宗族或者黑恶势力等欺压群众，或者纵容涉黑涉恶活动、为黑恶势力充当"保护伞"。

（5）一是对涉及群众生产、生活等切身利益的问题依照政策或者有关规定能解决而不及时解决，慵懒无为、效率低下，造成不良影响；二是对符合政策的群众诉求消极应付、推诿扯皮，损害党群、干群关系；三是对待群众态度恶劣、简单粗暴，造成不良影响；四是弄虚作假，欺上瞒下，损害群众利益；五是有其他不作为、乱作为等损害群众利益行为。

（6）盲目举债、铺摊子、上项目，搞劳民伤财的"形象工程""政绩工程"，致使国家、集体或者群众财产和利益遭受较大损失。

（7）遇到国家财产和群众生命财产受到严重威胁时，能救而不救。

（8）不按照规定公开党务、政务、厂务、村（居）务等，侵犯群众知情权。

5.违反工作纪律的行为

（1）工作中不负责任或者疏于管理，贯彻执行、检查督促落实上级决策部署不力，给党、国家和人民利益以及公共财产造成较大损失。

（2）贯彻创新、协调、绿色、开放、共享的发展理念不力，对职责范围内的问题失察失责，造成较大损失或者重大损失。

（3）一是贯彻党中央决策部署只表态不落实；二是热衷于搞舆论造势、浮在表面；三是单纯以会议贯彻会议、以文件落实文件，在实际工作中不见诸行动；四是工作中有其他形式主义、官僚主义行为。

（4）一是党员被依法判处刑罚后，不按照规定给予党纪处分，或者对违反国家法律法规的行为，应当给予党纪处分而不处分；二是党纪处分决定或者申诉复查决定作出后，不按照规定落实决定中关于被处分人党籍、职务、职级、待遇等事项；三是党员受到党纪处分后，不按照干部管理权限和组织关系对受处分党员开展日常教育、管理和监督工作。

（5）因工作不负责任致使所管理的人员叛逃。

（6）因工作不负责任致使所管理的人员出走。

（7）在上级检查、视察工作或者向上级汇报、报告工作时对应当报告的事项不报告或者不如实报告，造成严重损害或者严重不良影响。

（8）在上级检查、视察工作或者向上级汇报、报告工作时纵容、唆使、暗示、强迫下级说假话、报假情。

（9）党员领导干部违反有关规定干预和插手市场经济活动的行为：一是干预和插手建设工程项目承发包、土地使用权出让、政府采购、房地产开发与经营、矿产资源开发利用、中介机构服务等活动；二是干预和插手国有企业重组改制、兼并、破产、产权交易、清产核资、资产评估、资产转让、重大项目投资以及其他重大经营活动等事项；三是干预和插手批办各类行政许可和资金借贷等事项；四是干预和插手经济纠纷；五是干预和插手集体资金、资产和资源的使用、分配、承包、租赁等事项。

（10）党员领导干部违反有关规定干预和插手司法活动、执纪执法活动，向有关地方或者部门打听案情、打招呼、说情，或者以其他方式对司法活动、执纪执法活动施加影响。

（11）党员领导干部违反有关规定干预和插手公共财政资金分配、项目立项评审、政府奖励表彰等活动，造成重大损失或者不良影响。

（12）泄露、扩散或者打探、窃取党组织关于干部选拔任用、纪律审查、巡视巡察等尚未公开事项或者其他应当保密的内容。

（13）私自留存涉及党组织关于干部选拔任用、纪律审查、巡视巡察等方面资料。

（14）在考试、录取工作中，有泄露试题、考场舞弊、涂改考卷、违规录取等违反有关规定的行为。

（15）以不正当方式谋求本人或者其他人用公款出国（境）。

（16）临时出国（境）团（组）或者人员中的党员，擅自延长在国（境）外期限，或者擅自变更路线。

（17）驻外机构或者临时出国（境）团（组）中的党员，触犯驻在国家、地区的法律、法令或者不尊重驻在国家、地区的宗教习俗。

（18）在党的纪律检查、组织、宣传、统一战线工作以及机关工作等其他工作中，不履行或者不正确履行职责，造成损失或者不良影响。

6.违反生活纪律的行为

（1）生活奢靡、贪图享乐、追求低级趣味，造成不良影响。

（2）与他人发生不正当性关系，造成不良影响。

（3）利用职权、教养关系、从属关系或者其他相类似关系与他人发生性关系。

（4）党员领导干部不重视家风建设，对配偶、子女及其配偶失管失教，造成不良影响或者严重后果。

（5）违背社会公序良俗，在公共场所有不当行为，造成不良影响。

（6）有其他严重违反社会公德、家庭美德的行为。

第二节　公职人员处分处罚

为了规范政务处分，加强对所有行使公权力的公职人员的监督，促进公职人员依法履职、秉公用权、廉洁从政从业、坚持道德操守，根据《中华人民共和国监察法》，第十三届全国人大常委会第十九次会议于2020年6月20日通过《公职人员政务处分法》，自2020年7月1日起施行。该法适用于监察机关对违法的公职人员给予政务处分的活动。国务院及其相关主管部门根据本法的原则和精神，结合事业单位、国有企业等的实际情况，对事业单位、国有企业等的违法的公职人员处分事宜作出具体规定。

中央军事委员会可以根据本法制定相关具体规定。该法第二章、第三章适用于公职人员任免机关、单位对违法的公职人员给予处分。处分的程序、申诉等适用其他法律、行政法规、国务院部门规章和国家有关规定。该法所称公职人员，是指《监察法》第15条规定的人员。①

一、公职人员处分处罚总则规定

监察机关应当按照管理权限，加强对公职人员的监督，依法给予违法的公职人员政务处分。公职人员任免机关、单位应当按照管理权限，加强对公职人员的教育、管理、监督，依法给予违法的公职人员处分。监察机关发现公职人员任免机关、单位应当给予处分而未给予，或者给予的处分违法、不当的，应当及时提出监察建议。给予公职人员政务处分，坚持党管干部原则，集体讨论决定；坚持法律面前一律平等，以事实为根据，以法律为准绳，给予的政务处分与违法行为的性质、情节、

---

① 《监察法》第15条规定，监察机关对下列公职人员和有关人员进行监察：（一）中国共产党机关、人民代表大会及其常委会机关、人民政府、监察委员会、人民法院、人民检察院、中国人民政治协商会议各级委员会机关、民主党派机关和工商业联合会机关的公务员，以及参照《中华人民共和国公务员法》管理的人员；（二）法律、法规授权或者受国家机关依法委托管理公共事务的组织中从事公务的人员；（三）国有企业管理人员；（四）公办的教育、科研、文化、医疗卫生、体育等单位中从事管理的人员；（五）基层群众性自治组织中从事管理的人员；（六）其他依法履行公职的人员。

危害程度相当；坚持惩戒与教育相结合，宽严相济。给予公职人员政务处分，应当事实清楚、证据确凿、定性准确、处理恰当、程序合法、手续完备。公职人员依法履行职责受法律保护，非因法定事由、非经法定程序，不受政务处分。

在政务处分的种类和适用方面，政务处分的种类为：警告、记过、记大过、降级、撤职、开除。政务处分的期间为：警告，6个月；记过，12个月；记大过，18个月；降级、撤职，24个月。政务处分决定自作出之日起生效，政务处分期自政务处分决定生效之日起计算。公职人员两人以上共同违法，根据各自在违法行为中所起的作用和应当承担的法律责任，分别给予政务处分。有关机关、单位、组织集体作出的决定违法或者实施违法行为的，对负有责任的领导人员和直接责任人员中的公职人员依法给予政务处分。

公职人员有下列情形之一的，可以从轻或者减轻给予政务处分：

（1）主动交代本人应当受到政务处分的违法行为的。

（2）配合调查，如实说明本人违法事实的。

（3）检举他人违纪违法行为，经查证属实的。

（4）主动采取措施，有效避免、挽回损失或者消除不良影响的。

（5）在共同违法行为中起次要或者辅助作用的。

（6）主动上交或者退赔违法所得的。

（7）法律、法规规定的其他从轻或者减轻情节。

公职人员违法行为情节轻微，且具有上述规定的情形之一的，可以对其进行谈话提醒、批评教育、责令检查或者予以诫勉，免予或者不予政务处分。公职人员因不明真相被裹挟或者被胁迫参与违法活动，经批评教育后确有悔改表现的，可以减轻、免予或者不予政务处分。

公职人员有下列情形之一的，应当从重给予政务处分：

（1）在政务处分期内再次故意违法，应当受到政务处分的。

（2）阻止他人检举、提供证据的。

（3）串供或者伪造、隐匿、毁灭证据的。

（4）包庇同案人员的。

（5）胁迫、唆使他人实施违法行为的。

（6）拒不上交或者退赔违法所得的。

（7）法律、法规规定的其他从重情节。

公职人员犯罪，有下列情形之一的，予以开除：

（1）因故意犯罪被判处管制、拘役或者有期徒刑以上刑罚（含宣告缓刑）的。

（2）因过失犯罪被判处有期徒刑，刑期超过3年的。

（3）因犯罪被单处或者并处剥夺政治权利的。

因过失犯罪被判处管制、拘役或者3年以下有期徒刑的，一般应当予以开除；案件情况特殊，予以撤职更为适当的，可以不予开除，但是应当报请上一级机关批准。公职人员因犯罪被单处罚金，或者犯罪情节轻微，人民检察院依法作出不起诉决定或者人民法院依法免予刑事处罚的，予以撤职；造成不良影响的，予以开除。

公职人员有两个以上违法行为的，应当分别确定政务处分。应当给予两种以上政务处分的，执行其中最重的政务处分；应当给予撤职以下多个相同政务处分的，可以在一个政务处分期以上、多个政务处分期之和以下确定政务处分期，但是最长不得超过48个月。对公职人员的同一违法行为，监察机关和公职人员任免机关、单位不得重复给予政务处分和处分。公职人员有违法行为，有关机关依照规定给予组织处理的，监察机关可以同时给予政务处分。担任领导职务的公职人员有违法行为，被罢免、撤销、免去或者辞去领导职务的，监察机关可以同时给予政务处分。公务员以及参照《中华人民共和国公务员法》（以下简称《公务员法》）管理的人员在政务处分期内，不得晋升职务、职级、衔级和级别；

其中，被记过、记大过、降级、撤职的，不得晋升工资档次。被撤职的，按照规定降低职务、职级、衔级和级别，同时降低工资和待遇。法律、法规授权或者受国家机关依法委托管理公共事务的组织中从事公务的人员，以及公办的教育、科研、文化、医疗卫生、体育等单位中从事管理的人员，在政务处分期内，不得晋升职务、岗位和职员等级、职称；其中，被记过、记大过、降级、撤职的，不得晋升薪酬待遇等级。被撤职的，降低职务、岗位或者职员等级，同时降低薪酬待遇。国有企业管理人员在政务处分期内，不得晋升职务、岗位等级和职称；其中，被记过、记大过、降级、撤职的，不得晋升薪酬待遇等级。被撤职的，降低职务或者岗位等级，同时降低薪酬待遇。

基层群众性自治组织中从事管理的人员有违法行为的，监察机关可以予以警告、记过、记大过。基层群众性自治组织中从事管理的人员受到政务处分的，应当由县级或者乡镇人民政府根据具体情况减发或者扣发补贴、奖金。《监察法》第15条第6项规定的人员[1]有违法行为的，监察机关可以予以警告、记过、记大过。情节严重的，由所在单位直接给予或者监察机关建议有关机关、单位给予降低薪酬待遇、调离岗位、解除人事关系或者劳动关系等处理。《监察法》第15条第2项规定的人员[2]，未担任公务员、参照《公务员法》管理的人员、事业单位工作人员或者国有企业人员职务的，对其违法行为依照前款规定处理。公职人员被开除，或者依照本法规定，受到解除人事关系或者劳动关系处理的，不得录用为公务员以及参照《公务员法》管理的人员。公职人员违法取得的财物和用于违法行为的本人财物，除依法应当由其他机关没收、追缴或者责令退赔的，由监察机关没收、追缴或者责令退赔；应当退还原所有

---

① 指其他依法履行公职的人员。
② 指法律、法规授权或者受国家机关依法委托管理公共事务的组织中从事公务的人员。

人或者原持有人的，依法予以退还；属于国家财产或者不应当退还以及无法退还的，上缴国库。公职人员因违法行为获得的职务、职级、衔级、级别、岗位和职员等级、职称、待遇、资格、学历、学位、荣誉、奖励等其他利益，监察机关应当建议有关机关、单位、组织按规定予以纠正。公职人员被开除的，自政务处分决定生效之日起，应当解除其与所在机关、单位的人事关系或者劳动关系。公职人员受到开除以外的政务处分，在政务处分期内有悔改表现，并且没有再发生应当给予政务处分的违法行为的，政务处分期满后自动解除，晋升职务、职级、衔级、级别、岗位和职员等级、职称、薪酬待遇不再受原政务处分影响。但是，解除降级、撤职的，不恢复原职务、职级、衔级、级别、岗位和职员等级、职称、薪酬待遇。已经退休的公职人员退休前或者退休后有违法行为的，不再给予政务处分，但是可以对其立案调查；依法应当予以降级、撤职、开除的，应当按照规定相应调整其享受的待遇，对其违法取得的财物和用于违法行为的本人财物依照本法规定处理。已经离职或者死亡的公职人员在履职期间有违法行为的，依照前款规定处理。

二、违法行为及其适用的政务处分

有下列行为之一的，予以记过或者记大过；情节较重的，予以降级或者撤职；情节严重的，予以开除：

（1）散布有损宪法权威、中国共产党领导和国家声誉的言论的。

（2）参加旨在反对宪法、中国共产党领导和国家的集会、游行、示威等活动的。

（3）拒不执行或者变相不执行中国共产党和国家的路线方针政策、重大决策部署的。

（4）参加非法组织、非法活动的。

（5）挑拨、破坏民族关系，或者参加民族分裂活动的。

（6）利用宗教活动破坏民族团结和社会稳定的。

（7）在对外交往中损害国家荣誉和利益的。

有前款第2项、第4项、第5项和第6项行为之一的，对策划者、组织者和骨干分子，予以开除。公开发表反对宪法确立的国家指导思想，反对中国共产党领导，反对社会主义制度，反对改革开放的文章、演说、宣言、声明等的，予以开除。

不按照规定请示、报告重大事项，情节较重的，予以警告、记过或者记大过；情节严重的，予以降级或者撤职。违反个人有关事项报告规定，隐瞒不报，情节较重的，予以警告、记过或者记大过。篡改、伪造本人档案资料的，予以记过或者记大过；情节严重的，予以降级或者撤职。

有下列行为之一的，予以警告、记过或者记大过；情节严重的，予以降级或者撤职：

（1）违反民主集中制原则，个人或者少数人决定重大事项，或者拒不执行、擅自改变集体作出的重大决定的。

（2）拒不执行或者变相不执行、拖延执行上级依法作出的决定、命令的。

违反规定出境或者办理因私出境证件的，予以记过或者记大过；情节严重的，予以降级或者撤职。违反规定取得外国国籍或者获取境外永久居留资格、长期居留许可的，予以撤职或者开除。

有下列行为之一的，予以警告、记过或者记大过；情节较重的，予以降级或者撤职；情节严重的，予以开除：

（1）在选拔任用、录用、聘用、考核、晋升、评选等干部人事工作中违反有关规定的。

（2）弄虚作假，骗取职务、职级、衔级、级别、岗位和职员等级、职称、待遇、资格、学历、学位、荣誉、奖励或者其他利益的。

（3）对依法行使批评、申诉、控告、检举等权利的行为进行压制或者打击报复的。

（4）诬告陷害，意图使他人受到名誉损害或者责任追究等不良影响的。

（5）以暴力、威胁、贿赂、欺骗等手段破坏选举的。

有下列行为之一的，予以警告、记过或者记大过；情节较重的，予以降级或者撤职；情节严重的，予以开除：

（1）贪污贿赂的。

（2）利用职权或者职务上的影响为本人或者他人谋取私利的。

（3）纵容、默许特定关系人利用本人职权或者职务上的影响谋取私利的。

拒不按照规定纠正特定关系人违规任职、兼职或者从事经营活动，且不服从职务调整的，予以撤职。

收受可能影响公正行使公权力的礼品、礼金、有价证券等财物的，予以警告、记过或者记大过；情节较重的，予以降级或者撤职；情节严重的，予以开除。

向公职人员及其特定关系人赠送可能影响公正行使公权力的礼品、礼金、有价证券等财物，或者接受、提供可能影响公正行使公权力的宴请、旅游、健身、娱乐等活动安排，情节较重的，予以警告、记过或者记大过；情节严重的，予以降级或者撤职。

有下列行为之一，情节较重的，予以警告、记过或者记大过；情节严重的，予以降级或者撤职：

（1）违反规定设定、发放薪酬或者津贴、补贴、奖金的。

（2）违反规定，在公务接待、公务交通、会议活动、办公用房以及其他工作生活保障等方面超标准、超范围的。

（3）违反规定公款消费的。

违反规定从事或者参与营利性活动，或者违反规定兼任职务、领取报酬的，予以警告、记过或者记大过；情节较重的，予以降级或者撤职；情节严重的，予以开除。

利用宗族或者黑恶势力等欺压群众，或者纵容、包庇黑恶势力活动的，予以撤职；情节严重的，予以开除。

有下列行为之一，情节较重的，予以警告、记过或者记大过；情节严重的，予以降级或者撤职：

（1）违反规定向管理服务对象收取、摊派财物的。

（2）在管理服务活动中故意刁难、吃拿卡要的。

（3）在管理服务活动中态度恶劣粗暴，造成不良后果或者影响的。

（4）不按照规定公开工作信息，侵犯管理服务对象知情权，造成不良后果或者影响的。

（5）其他侵犯管理服务对象利益的行为，造成不良后果或者影响的。

有前款第1项、第2项和第5项行为，情节特别严重的，予以开除。

有下列行为之一，造成不良后果或者影响的，予以警告、记过或者记大过；情节较重的，予以降级或者撤职；情节严重的，予以开除：

（1）滥用职权，危害国家利益、社会公共利益或者侵害公民、法人、其他组织合法权益的。

（2）不履行或者不正确履行职责，玩忽职守，贻误工作的。

（3）工作中有形式主义、官僚主义行为的。

（4）工作中有弄虚作假，误导、欺骗行为的。

（5）泄露国家秘密、工作秘密，或者泄露因履行职责掌握的商业秘密、个人隐私的。

有下列行为之一的，予以警告、记过或者记大过；情节较重的，予以降级或者撤职；情节严重的，予以开除：

（1）违背社会公序良俗，在公共场所有不当行为，造成不良影响的。

（2）参与或者支持迷信活动，造成不良影响的。

（3）参与赌博的。

（4）拒不承担赡养、抚养、扶养义务的。

（5）实施家庭暴力，虐待、遗弃家庭成员的。

（6）其他严重违反家庭美德、社会公德的行为。

吸食、注射毒品，组织赌博，组织、支持、参与卖淫、嫖娼、色情淫乱活动的，予以撤职或者开除。

公职人员有其他违法行为，影响公职人员形象，损害国家和人民利益的，可以根据情节轻重给予相应政务处分。

此外，《公职人员政务处分法》对政务处分的程序、复审、复核及法律责任作出规定。

第三节　财政、税务及统计违法处罚

一、财政违法行为的处罚

为了纠正财政违法行为，维护国家财政经济秩序，1987年6月16日国务院发布的《国务院关于违反财政法规处罚的暂行规定》。2004年11月30日国务院公布《财政违法行为处罚处分条例》并废除了1987年的暂行规定。该条例根据2011年1月8日国务院令第588号《国务院关于废止和修改部分行政法规的决定》修订。对法律、法规授权的具有管理公共事务职能的组织以及国家行政机关依法委托的组织及其工勤人员以外的工作人员，企业、事业单位、社会团体中由国家行政机关以委任、派遣等形式任命的人员以及其他人员有本条例规定的财政违法行为，需要给予处分的，参照本条例有关规定执行。条例自2005年2月1日起施行。

根据《财政违法行为处罚处分条例》，县级以上人民政府财政部门及审计机关在各自职权范围内，依法对财政违法行为作出处理、处罚决定。省级以上人民政府财政部门的派出机构，应当在规定职权范围内，依法对财政违法行为作出处理、处罚决定；审计机关的派出机构，应当根据审计机关的授权，依法对财政违法行为作出处理、处罚决定。根据需要，国务院可以依法调整财政部门及其派出机构（以下统称"财政部门"）、审计机关及其派出机构（以下统称"审计机关"）的职权范围。有财政违法行为的单位，其直接负责的主管人员和其他直接责任人员，以及有财政违法行为的个人，属于国家公务员的，由监察机关及其派出机构（以下统称"监察机关"）[1]或者任免机关依照人事管理权限，依法给予行政处分。

在违法行为认定上，财政收入执收单位及其工作人员[2]有下列违反国家财政收入管理规定的行为之一的，责令改正，补收应当收取的财政收入，限期退还违法所得。对单位给予警告或者通报批评。对直接负责的主管人员和其他直接责任人员给予警告、记过或者记大过处分；情节严重的，给予降级或者撤职处分：

（1）违反规定设立财政收入项目。

（2）违反规定擅自改变财政收入项目的范围、标准、对象和期限。

（3）对已明令取消、暂停执行或者降低标准的财政收入项目，仍然依照原定项目、标准征收或者变换名称征收。

（4）缓收、不收财政收入。

---

① 2018年机构改革，根据《宪法》修正案，隶属于国务院的监察部，改为监察委员会，成为与国务院平行的机构。此处提到的监察机构的职责，由新的监察委员会接续履行。下同。

② 本条例所称"财政收入执收单位"，是指负责收取税收收入和各种非税收入的单位。

（5）擅自将预算收入转为预算外收入。

（6）其他违反国家财政收入管理规定的行为。

《中华人民共和国税收征收管理法》等法律、行政法规另有规定的，依照其规定给予行政处分。

财政收入执收单位及其工作人员有下列违反国家财政收入上缴规定的行为之一的，责令改正，调整有关会计账目，收缴应当上缴的财政收入，限期退还违法所得。对单位给予警告或者通报批评。对直接负责的主管人员和其他直接责任人员给予记大过处分；情节较重的，给予降级或者撤职处分；情节严重的，给予开除处分：

（1）隐瞒应当上缴的财政收入。

（2）滞留、截留、挪用应当上缴的财政收入。

（3）坐支应当上缴的财政收入。

（4）不依照规定的财政收入预算级次、预算科目入库。

（5）违反规定退付国库库款或者财政专户资金。

（6）其他违反国家财政收入上缴规定的行为。

《税收征收管理法》《预算法》等法律、行政法规另有规定的，依照其规定给予行政处分。

财政部门、国库机构及其工作人员有下列违反国家有关上解、下拨财政资金规定的行为之一的，责令改正，限期退还违法所得。对单位给予警告或者通报批评。对直接负责的主管人员和其他直接责任人员给予记过或者记大过处分；情节较重的，给予降级或者撤职处分；情节严重的，给予开除处分：

（1）延解、占压应当上解的财政收入。

（2）不依照预算或者用款计划核拨财政资金。

（3）违反规定收纳、划分、留解、退付国库库款或者财政专户资金。

（4）将应当纳入国库核算的财政收入放在财政专户核算。

（5）擅自动用国库库款或者财政专户资金。

（6）其他违反国家有关上解、下拨财政资金规定的行为。

国家机关及其工作人员有下列违反规定使用、骗取财政资金的行为之一的，责令改正，调整有关会计账目，追回有关财政资金，限期退还违法所得。对单位给予警告或者通报批评。对直接负责的主管人员和其他直接责任人员给予记大过处分；情节较重的，给予降级或者撤职处分；情节严重的，给予开除处分：

（1）以虚报、冒领等手段骗取财政资金。

（2）截留、挪用财政资金。

（3）滞留应当下拨的财政资金。

（4）违反规定扩大开支范围，提高开支标准。

（5）其他违反规定使用、骗取财政资金的行为。

财政预决算的编制部门和预算执行部门及其工作人员有下列违反国家有关预算管理规定的行为之一的，责令改正，追回有关款项，限期调整有关预算科目和预算级次。对单位给予警告或者通报批评。对直接负责的主管人员和其他直接责任人员给予警告、记过或者记大过处分；情节较重的，给予降级处分；情节严重的，给予撤职处分：

（1）虚增、虚减财政收入或者财政支出。

（2）违反规定编制、批复预算或者决算。

（3）违反规定调整预算。

（4）违反规定调整预算级次或者预算收支种类。

（5）违反规定动用预算预备费或者挪用预算周转金。

（6）违反国家关于转移支付管理规定的行为。

（7）其他违反国家有关预算管理规定的行为。

国家机关及其工作人员违反国有资产管理的规定，擅自占有、使用、处置国有资产的，责令改正，调整有关会计账目，限期退还违法所得和被侵占的国有资产。对单位给予警告或者通报批评。对直接负责的主管人员和其他直接责任人员给予记大过处分；情节较重的，给予降级或者撤职处分；情节严重的，给予开除处分。

单位和个人有下列违反国家有关投资建设项目规定的行为之一的，责令改正，调整有关会计账目，追回被截留、挪用、骗取的国家建设资金，没收违法所得，核减或者停止拨付工程投资。对单位给予警告或者通报批评，其直接负责的主管人员和其他直接责任人员属于国家公务员的，给予记大过处分；情节较重的，给予降级或者撤职处分；情节严重的，给予开除处分：

（1）截留、挪用国家建设资金。

（2）以虚报、冒领、关联交易等手段骗取国家建设资金。

（3）违反规定超概算投资。

（4）虚列投资完成额。

（5）其他违反国家投资建设项目有关规定的行为。

《中华人民共和国政府采购法》《中华人民共和国招标投标法》《国家重点建设项目管理办法》等法律、行政法规另有规定的，依照其规定处理、处罚。

国家机关及其工作人员违反《中华人民共和国担保法》①及国家有关规定，擅自提供担保的，责令改正，没收违法所得。对单位给予警告或者通报批评。对直接负责的主管人员和其他直接责任人员给予警告、记过或者记大过处分；造成损失的，给予降级或者撤职处分；造成重大损失的，给予开除处分。

国家机关及其工作人员违反国家有关账户管理规定，擅自在金融机构开立、使用账户的，责令改正，调整有关会计账目，追回有关财政资

---

① 2021年1月1日起施行新的《民法典》，与此同时，原有的《担保法》废除。有关担保方面的法律规定执行《民法典》第四分编担保物权。

金，没收违法所得，依法撤销擅自开立的账户。对单位给予警告或者通报批评。对直接负责的主管人员和其他直接责任人员给予降级处分；情节严重的，给予撤职或者开除处分。

国家机关及其工作人员有下列行为之一的，责令改正，调整有关会计账目，追回被挪用、骗取的有关资金，没收违法所得。对单位给予警告或者通报批评。对直接负责的主管人员和其他直接责任人员给予降级处分；情节较重的，给予撤职处分；情节严重的，给予开除处分：

（1）以虚报、冒领等手段骗取政府承贷或者担保的外国政府贷款、国际金融组织贷款。

（2）滞留政府承贷或者担保的外国政府贷款、国际金融组织贷款。

（3）截留、挪用政府承贷或者担保的外国政府贷款、国际金融组织贷款。

（4）其他违反规定使用、骗取政府承贷或者担保的外国政府贷款、国际金融组织贷款的行为。

企业和个人有下列不缴或者少缴财政收入行为之一的，责令改正，调整有关会计账目，收缴应当上缴的财政收入，给予警告，没收违法所得，并处不缴或者少缴财政收入10%以上30%以下的罚款；对直接负责的主管人员和其他直接责任人员处3000元以上5万元以下的罚款：

（1）隐瞒应当上缴的财政收入。

（2）截留代收的财政收入。

（3）其他不缴或者少缴财政收入的行为。

属于税收方面的违法行为，依照有关税收法律、行政法规的规定处理、处罚。

企业和个人有下列行为之一的，责令改正，调整有关会计账目，追回违反规定使用、骗取的有关资金，给予警告，没收违法所得，并处被骗取有关资金10%以上50%以下的罚款或者被违规使用有关资金10%以上30%以下的罚款；对直接负责的主管人员和其他直接责任人员处3000元以上5万元以下的罚款：

（1）以虚报、冒领等手段骗取财政资金以及政府承贷或者担保的外国政府贷款、国际金融组织贷款。

（2）挪用财政资金以及政府承贷或者担保的外国政府贷款、国际金融组织贷款。

（3）从无偿使用的财政资金以及政府承贷或者担保的外国政府贷款、国际金融组织贷款中非法获益。

（4）其他违反规定使用、骗取财政资金以及政府承贷或者担保的外国政府贷款、国际金融组织贷款的行为。

属于政府采购方面的违法行为，依照《中华人民共和国政府采购法》及有关法律、行政法规的规定处理、处罚。

事业单位、社会团体、其他社会组织及其工作人员有财政违法行为的，依照本条例有关国家机关的规定执行；但其在经营活动中的财政违法行为，依照企业和个人违法行为的规定执行。

单位和个人有下列违反财政收入票据管理规定的行为之一的，销毁非法印制的票据，没收违法所得和作案工具。对单位处5000元以上10万元以下的罚款；对直接负责的主管人员和其他直接责任人员处3000元以上5万元以下的罚款。属于国家公务员的，还应当给予降级或者撤职处分；情节严重的，给予开除处分：

（1）违反规定印制财政收入票据。

（2）转借、串用、代开财政收入票据。

（3）伪造、变造、买卖、擅自销毁财政收入票据。

（4）伪造、使用伪造的财政收入票据监（印）制章。

（5）其他违反财政收入票据管理规定的行为。

属于税收收入票据管理方面的违法行为，依照有关税收法律、行政法规的规定处理、处罚。

单位和个人违反财务管理的规定，私存私放财政资金或者其他公款的，责令改正，调整有关会计账目，追回私存私放的资金，没收违法所得。对单位处3000元以上5万元以下的罚款；对直接负责的主管人员和其他直接责任人员处2000元以上2万元以下的罚款。属于国家公务员的，还应当给予记大过处分；情节严重的，给予降级或者撤职处分。

属于会计方面的违法行为，依照会计方面的法律、行政法规的规定处理、处罚。对其直接负责的主管人员和其他直接责任人员，属于国家公务员的，还应当给予警告、记过或者记大过处分；情节较重的，给予降级或者撤职处分；情节严重的，给予开除处分。属于行政性收费方面的违法行为，《中华人民共和国行政许可法》《违反行政事业性收费和罚没收入收支两条线管理规定行政处分暂行规定》等法律、行政法规及国务院另有规定的，有关部门依照其规定处理、处罚、处分。

单位和个人有本条例规定的财政违法行为，构成犯罪的，依法追究刑事责任。

财政部门、审计机关、监察机关依法进行调查或者检查时，被调查、检查的单位和个人应当予以配合，如实反映情况，不得拒绝、阻挠、拖延。

违反前款规定的，责令限期改正。逾期不改正的，对属于国家公务员的直接负责的主管人员和其他直接责任人员，给予警告、记过或者记大过处分；情节严重的，给予降级或者撤职处分。

财政部门、审计机关、监察机关依法进行调查或者检查时，经县级以上人民政府财政部门、审计机关、监察机关的负责人批准，可以向与被调查、检查单位有经济业务往来的单位查询有关情况，可以向金融机构查询被调查、检查单位的存款，有关单位和金融机构应当配合。财政部门、审计机关、监察机关在依法进行调查或者检查时，执法人员不得少于两人，并应当向当事人或者有关人员出示证件；查询存款时，还应当持有县级以上人民政府财政部门、审计机关、监察机关签发的查询存款通知书，并负有保密义务。财政部门、审计机关、监察机关依法进行调查或者检查时，在有关证据可能灭失或者以后难以取得的情况下，经县级以上人民政府财政部门、审计机关、监察机关的负责人批准，可以先行登记保存，并应当在7日内及时作出处理决定。在此期间，当事人或者有关人员不得销毁或者转移证据。对被调查、检查单位或者个人正在进行的财政违法行为，财政部门、审计机关应当责令停止。拒不执行的，财政部门可以暂停财政拨款或者停止拨付与财政违法行为直接有关的款项，已经拨付的，责令其暂停使用；审计机关可以通知财政部门或者其他有关主管部门暂停财政拨款或者停止拨付与财政违法行为直接有关的款项，已经拨付的，责令其暂停使用，财政部门和其他有关主管部门应当将结果书面告知审计机关。

条例规定限期退还的违法所得，到期无法退还的，应当收缴国库。

单位和个人有本条例所列财政违法行为，财政部门、审计机关、监察机关可以公告其财政违法行为及处理、处罚、处分决定。有本条例所列财政违法行为，弄虚作假骗取荣誉称号及其他有关奖励的，应当撤销其荣誉称号并收回有关奖励。

财政部门、审计机关、监察机关的工作人员滥用职权、玩忽职守、徇私舞弊的，给予警告、记过或者记大过处分；情节较重的，给予降级或者撤职处分；情节严重的，给予开除处分。构成犯罪的，依法追究刑事责任。

财政部门、审计机关、监察机关及其他有关监督检查机关对有关单位或者个人依法进行调查、检查后，应当出具调查、检查结论。有关监督检查机关已经作出的调查、检查结论能够满足其他监督检查机关履行本机关职责需要的，其他监督检查机关应当加以利用。

财政部门、审计机关、监察机关及其他有关机关应当加强配合，对不属于其职权范围的事项，应当依法移送。受移送机关应当及时处理，并将结果书面告知移送机关。对财政违法行为作出处理、处罚和处分决定的程序，依照本条例和《行政处罚法》《行政监察法》^①等有关法律、行政法规的规定执行。

单位和个人对处理、处罚不服的，依照《行政复议法》《行政诉讼法》的规定申请复议或者提起诉讼。国家公务员对行政处分不服的，依照《行政监察法》《公务员法》等法律、行政法规的规定提出申诉。

二、税收违法违纪行为的处分

为了加强税收征收管理，惩处税收违法违纪行为，促进税收法律法规的贯彻实施，根据《税收征收管理法》《行政监察法》《公务员法》《行政机关公务员处分条例》及其他有关法律、行政法规，监察部、人力资源和社会保障部、国家税务总局于2012年6月6日颁发《税收违法违纪行为处分规定》。

根据《税收违法违纪行为处分规定》规定，有税收违法违纪行为的单位，其负有责任的领导人员和直接责任人员，以及有税收违法违纪行为的个人，应当承担纪律责任。属于下列人员的（以下统称"有关责任人员"），由任免机关或者监察机关按照管理权限依法给予处分：

（1）行政机关公务员。

（2）法律、法规授权的具有公共事务管理职能的组织中从事公务的人员。

---

① 2018年设立中华人民共和国监察委员会。2018年3月20日第十三届全国人民代表大会第一次会议通过《中华人民共和国监察法》，该法自公布之日起施行。《中华人民共和国行政监察法》同时废止。涉及监察职能行使的，依照《监察法》执行，下同。

（3）行政机关依法委托从事公共事务管理活动的组织中从事公务的人员。

（4）企业、事业单位、社会团体中由行政机关任命的人员。

法律、行政法规、国务院决定和国务院监察机关、国务院人力资源社会保障部门制定的处分规章对税收违法违纪行为的处分另有规定的，从其规定。

在违法行为处分方面，税务机关及税务人员有下列行为之一的，对有关责任人员，给予警告或者记过处分；情节较重的，给予记大过或者降级处分；情节严重的，给予撤职处分：

（1）违反法定权限、条件和程序办理开业税务登记、变更税务登记或者注销税务登记的。

（2）违反规定发放、收缴税控专用设备的。

（3）违反规定开具完税凭证、罚没凭证的。

（4）违反法定程序为纳税人办理减税、免税、退税手续的。

税务机关及税务人员有下列行为之一的，对有关责任人员，给予记过或者记大过处分；情节较重的，给予降级或者撤职处分；情节严重的，给予开除处分：

（1）违反规定发售、保管、代开增值税专用发票以及其他发票，致使国家税收遭受损失或者造成其他不良影响的。

（2）违反规定核定应纳税额、调整税收定额，导致纳税人税负水平明显不合理的。

税务机关及税务人员有下列行为之一的，对有关责任人员，给予警告或者记过处分；情节较重的，给予记大过或者降级处分；情节严重的，给予撤职处分：

（1）违反规定采取税收保全、强制执行措施的。

（2）查封、扣押纳税人个人及其所扶养家属维持生活必需的住房和用品的。

税务机关及税务人员有下列行为之一的，对有关责任人员，给予记过或者记大过处分；情节较重的，给予降级或者撤职处分；情节严重的，给予开除处分：

（1）对管辖范围内的税收违法行为，发现后不予处理或者故意拖延查处，致使国家税收遭受损失的。

（2）徇私舞弊或者玩忽职守，不征或者少征应征税款，致使国家税收遭受损失的。

税务机关及税务人员违反规定要求纳税人、扣缴义务人委托税务代理，或者为其指定税务代理机构的，对有关责任人员，给予记过或者记大过处分；情节较重的，给予降级或者撤职处分；情节严重的，给予开除处分。

税务机关领导干部的近亲属在本人管辖的业务范围内从事与税收业务相关的中介活动，经劝阻其近亲属拒不退出或者本人不服从工作调整的，给予记过或者记大过处分；情节较重的，给予降级或者撤职处分；情节严重的，给予开除处分。

税务人员有下列行为之一的，对有关责任人员，给予记过或者记大过处分；情节较重的，给予降级或者撤职处分；情节严重的，给予开除处分：

（1）在履行职务过程中侵害公民、法人或者其他组织合法权益的。

（2）滥用职权，故意刁难纳税人、扣缴义务人的。

（3）对控告、检举税收违法违纪行为的纳税人、扣缴义务人以及其他检举人进行打击报复的。

税务机关及税务人员有下列行为之一的，对有关责任人员，给予记过或者记大过处分；情节较重的，给予降级或者撤职处分；情节严重的，给予开除处分：

（1）索取、接受或者以借为名占用纳税人、扣缴义务人财物的。

（2）以明显低于市场的价格向管辖范围内纳税人购买物品的。

（3）以明显高于市场的价格向管辖范围内纳税人出售物品的。

（4）利用职权向纳税人介绍经营业务，谋取不正当利益的。

（5）违反规定要求纳税人购买、使用指定的税控装置的。

税务机关私分、挪用、截留、非法占有税款、滞纳金、罚款或者查封、扣押的财物以及纳税担保财物的，对有关责任人员，给予记大过处分；情节较重的，给予降级或者撤职处分；情节严重的，给予开除处分。

税务机关及税务人员有下列行为之一的，对有关责任人员，给予记过或者记大过处分；情节较重的，给予降级或者撤职处分；情节严重的，给予开除处分：

（1）隐匿、毁损、伪造、变造税收违法案件证据的。

（2）提供虚假税务协查函件的。

（3）出具虚假涉税证明的。

有下列行为之一的，对有关责任人员，给予警告或者记过处分；情节较重的，给予记大过或者降级处分；情节严重的，给予撤职处分：

（1）违反规定作出涉及税收优惠的资格认定、审批的。

（2）未按规定要求当事人出示税收完税凭证或者免税凭证而为其办理行政登记、许可、审批等事项的。

（3）违反规定办理纳税担保的。

（4）违反规定提前征收、延缓征收税款的。

有下列行为之一的，对有关责任人员，给予记过或者记大过处分；情节较重的，给予降级或者撤职处分；情节严重的，给予开除处分：

（1）违反法律、行政法规的规定，摊派税款的。

（2）违反法律、行政法规的规定，擅自作出税收的开征、停征或者减税、免税、退税、补税以及其他同税收法律、行政法规相抵触的决定的。

不依法履行代扣代缴、代收代缴税款义务，致使国家税款遭受损失的，对有关责任人员，给予记过或者记大过处分；情节较重的，给予降级或者撤职处分；情节严重的，给予开除处分。

未经税务机关依法委托征收税款，或者虽经税务机关依法委托但未按照有关法律、行政法规的规定征收税款的，对有关责任人员，给予警告或者记过处分；情节较重的，给予记大过或者降级处分；情节严重的，给予撤职处分。

有下列行为之一的，对有关责任人员，给予记大过处分；情节较重的，给予降级或者撤职处分；情节严重的，给予开除处分：

（1）违反规定为纳税人、扣缴义务人提供银行账户、发票、证明或者便利条件，导致未缴、少缴税款或者骗取国家出口退税款的。

（2）向纳税人、扣缴义务人通风报信、提供便利或者以其他形式帮助其逃避税务行政处罚的。

（3）逃避缴纳税款、抗税、逃避追缴欠税、骗取出口退税的。

（4）伪造、变造、非法买卖发票的。

（5）故意使用伪造、变造、非法买卖的发票，造成不良后果的。

税务人员有前款第（2）项所列行为的，从重处分。

受到处分的人员对处分决定不服的，可以依照《行政监察法》《公务员法》《行政机关公务员处分条例》等有关规定申请复核或者申诉。任免机关、监察机关和税务行政主管部门建立案件移送制度。

任免机关、监察机关查处税收违法违纪案件，认为应当由税务行政主管部门予以处理的，应当及时将有关案件材料移送税务行政主管部门。税务行政主管部门应当依法及时查处，并将处理结果书面告知任免机关、监察机关。

税务行政主管部门查处税收管理违法案件，认为应当由任免机关或者监察机关给予处分的，应当及时将有关案件材料移送任免机关或者监察机关。任免机关或者监察机关应当依法及时查处，并将处理结果书面告知税务行政主管部门。

有税收违法违纪行为，应当给予党纪处分的，移送党的纪律检查机关处理。涉嫌犯罪的，移送司法机关依法追究刑事责任。

三、统计违法违纪行为的处分

为了加强统计工作，提高统计数据的准确性和及时性，惩处和预防统计违法违纪行为，促进统计法律法规的贯彻实施，根据《统计法》《行政监察法》《公务员法》《行政机关公务员处分条例》及其他有关法律、行政法规，监察部[①]、人力资源和社会保障部、国家统计局于2008年11月至2009年2月先后审议通过《统计违法违纪行为处分规定》，自2009年5月1日起施行。

根据《统计违法违纪行为处分规定》，有统计违法违纪行为的单位中负有责任的领导人员和直接责任人员，以及有统计违法违纪行为的个人，应当承担纪律责任。属于下列人员的（以下统称"有关责任人员"），由任免机关或者监察机关按照管理权限依法给予处分：

（1）行政机关公务员。

（2）法律、法规授权的具有公共事务管理职能的事业单位中经批准参照《公务员法》管理的工作人员。

（3）行政机关依法委托的组织中除工勤人员以外的工作人员。

---

① 中华人民共和国监察部是主管全国监察工作的国务院原有组成部门之一，于1954年9月设立，前身为政务院人民监察委员会。2018年3月，第十三届全国人民代表大会第一次会议审议通过了宪法修正案，设立中华人民共和国国家监察委员会，不再保留监察部，并入国家监察委员会。

（4）企业、事业单位、社会团体中由行政机关任命的人员。

法律、行政法规、国务院决定和国务院监察机关、国务院人力资源社会保障部门制定的处分规章对统计违法违纪行为的处分另有规定的，从其规定。

地方、部门以及企业、事业单位、社会团体的领导人员有下列行为之一的，给予记过或者记大过处分；情节较重的，给予降级或者撤职处分；情节严重的，给予开除处分：

（1）自行修改统计资料、编造虚假数据的。

（2）强令、授意本地区、本部门、本单位统计机构、统计人员或者其他有关机构、人员拒报、虚报、瞒报或者篡改统计资料、编造虚假数据的。

（3）对拒绝、抵制篡改统计资料或者对拒绝、抵制编造虚假数据的人员进行打击报复的。

（4）对揭发、检举统计违法违纪行为的人员进行打击报复的。

有前款第（3）项、第（4）项规定行为的，应当从重处分。

地方、部门以及企业、事业单位、社会团体的领导人员，对本地区、本部门、本单位严重失实的统计数据，应当发现而未发现或者发现后不予纠正，造成不良后果的，给予警告或者记过处分；造成严重后果的，给予记大过或者降级处分；造成特别严重后果的，给予撤职或者开除处分。

各级人民政府统计机构、有关部门及其工作人员在实施统计调查活动中，有下列行为之一的，对有关责任人员，给予记过或者记大过处分；情节较重的，给予降级或者撤职处分；情节严重的，给予开除处分：

（1）强令、授意统计调查对象虚报、瞒报或者伪造、篡改统计资料的。

（2）参与篡改统计资料、编造虚假数据的。

各级人民政府统计机构、有关部门及其工作人员在实施统计调查活动中，有下列行为之一的，对有关责任人员，给予警告、记过或者记大过处分；情节较重的，给予降级处分；情节严重的，给予撤职处分：

（1）故意拖延或者拒报统计资料的。

（2）明知统计数据不实，不履行职责调查核实，造成不良后果的。

统计调查对象中的单位有下列行为之一，情节较重的，对有关责任人员，给予警告、记过或者记大过处分；情节严重的，给予降级或者撤职处分；情节特别严重的，给予开除处分：

（1）虚报、瞒报统计资料的。

（2）伪造、篡改统计资料的。

（3）拒报或者屡次迟报统计资料的。

（4）拒绝提供情况、提供虚假情况或者转移、隐匿、毁弃原始统计记录、统计台账、统计报表以及与统计有关的其他资料的。

违反国家规定的权限和程序公布统计资料，造成不良后果的，对有关责任人员，给予警告或者记过处分；情节较重的，给予记大过或者降级处分；情节严重的，给予撤职处分。

有下列行为之一，造成不良后果的，对有关责任人员，给予警告、记过或者记大过处分；情节较重的，给予降级或者撤职处分；情节严重的，给予开除处分：

（1）泄露属于国家秘密的统计资料的。

（2）未经本人同意，泄露统计调查对象个人、家庭资料的。

（3）泄露统计调查中知悉的统计调查对象商业秘密的。

包庇、纵容统计违法违纪行为的，对有关责任人员，给予记过或者记大过处分；情节较重的，给予降级或者撤职处分；情节严重的，给予开除处分。

受到处分的人员对处分决定不服的，依照《行政监察法》《公务员法》《行政机关公务员处分条例》等有关规定，可以申请复核或者申诉。

任免机关、监察机关和人民政府统计机构建立案件移送制度。

任免机关、监察机关查处统计违法违纪案件，认为应当由人民政府统计机构给予行政处罚的，应当将有关案件材料移送人民政府统计机构。人民政府统计机构应当依法及时查处，并将处理结果书面告知任免机关、监察机关。

人民政府统计机构查处统计行政违法案件，认为应当由任免机关或者监察机关给予处分的，应当及时将有关案件材料移送任免机关或者监察机关。任免机关或者监察机关应当依法及时查处，并将处理结果书面告知人民政府统计机构。

有统计违法违纪行为，应当给予党纪处分的，移送党的纪律检查机关处理。涉嫌犯罪的，移送司法机关依法追究刑事责任。

参考文献

一、著作类

[1] 马克思恩格斯全集：第4卷［M］.北京：人民出版社，1958.

[2] 马克思恩格斯文集：第2卷［M］.北京：人民出版社，2009.

[3] 马克思恩格斯文集：第3卷［M］.北京：人民出版社，2009.

[4] 马克思恩格斯文集：第5卷［M］.北京：人民出版社，2009.

[5] 毛泽东：论十大关系［M］//毛泽东文集：第7卷.北京：人民出版社，1999.

[6] 邓小平.邓小平文选：第2卷［M］.北京：人民出版社，1993.

[7] 邓小平.邓小平文选：第3卷［M］.北京：人民出版社，1993.

[8] 陈云.陈云文选：第3卷［M］.北京：人民出版社，1995.

[9] 江泽民.江泽民文选：第2卷［M］.北京：人民出版社，2006.

[10] 胡锦涛.胡锦涛文选：第2卷［M］.北京：人民出版社，2016.

[11] 胡锦涛.胡锦涛文选：第3卷［M］.北京：人民出版社，2016.

[12] 习近平.习近平著作选读：第1卷［M］.北京：人民出版社，2023.

[13] 习近平.习近平著作选读：第2卷［M］.北京：人民出版社，2023.

[14] 朱镕基.朱镕基讲话实录：第1卷［M］.北京：人民出版社，2011.

[15] 朱镕基.朱镕基讲话实录：第2卷［M］.北京：人民出版社，2011.

[16] 朱镕基.朱镕基讲话实录：第3卷［M］.北京：人民出版社，2011.

[17] 朱镕基.朱镕基讲话实录：第4卷［M］.北京：人民出版社，2011.

[18] 李鹏.李鹏回忆录（1928—1983）［M］.北京：中央文献出版社，中国电力出版社，2014.

[19] 张朝尊，陈益寿，黎惠民.社会主义中观经济学［M］.成都：成都出版社，1992.

[20] 魏杰.经济学：上［M］.北京：高等教育出版社，1995.

［21］王惠忠，庄卫民.宏观经济调控［M］.上海：立信会计出版社，1995.

［22］王守渝，弓孟谦.宏观经济调控法律制度［M］.北京：中国经济出版社，1995.

［23］汪同三，齐建国.产业政策与经济增长［M］.北京：社会科学文献出版社，1996.

［24］席酉民.经济管理基础［M］.北京：高等教育出版社，1998.

［25］李力.宏观调控法律制度研究［M］.南京：南京师范大学出版社，1998.

［26］潘静成，刘文华.经济法［M］.北京：中国人民大学出版社，1999.

［27］杨紫烜.经济法［M］.北京：北京大学出版社，高等教育出版社，1999.

［28］漆多俊.经济法基础理论［M］.武汉：武汉大学出版社，2000.

［29］董玉明.市场经济条件下计划法研究［M］.太原：书海出版社，2001.

［30］李兴山.宏观经济运行与调控［M］.北京：中共中央党校出版社，2002.

［31］漆多俊.宏观调控法研究［M］.北京：中国方正出版社，2002.

［32］江世银.区域经济发展宏观调控论［M］.成都：四川人民出版社，2003.

［33］刘振彪.国家宏观调控演变［M］.长沙：湖南人民出版社，2004.

［34］邢会强.宏观调控运行的法律问题［M］.北京：北京大学出版社，2004.

［35］梁琦.产业集聚论［M］.北京：商务印书馆，2004.

［36］卢炯星.宏观经济法［M］.厦门：厦门大学出版社，2005.

［37］邓子基.财政学［M］.第2版.北京：高等教育出版社，2005.

［38］罗玉中.科技法学［M］.武汉：华中科技大学出版社，2005.

［39］吴亚卓，吴英杰.宏观经济调控研究［M］.北京邮电大学出版社，2005.

［40］袁永新.宏观经济运行与调控［M］.北京：经济科学出版社，2005.

［41］李一鸣，罗永明.宏观经济调控研究［M］.成都：西南财经大学出版社，2006.

［42］巍琼.西方经济法发达史［M］.北京：北京大学出版社，2006.

［43］董玉明.与改革同行——经济法理论与实践问题研究［M］.北京：知识产权出版社，2007.

［44］姜昕，杨临宏.产业政策法［M］.北京：中国社会科学出版社，2008.

［45］岳文婷.金融调控法律制度研究［M］.太原：山西人民出版社，2008.

［46］杨伟民.发展规划的理论和实践［M］.北京：清华大学出版社，2010.

［47］董玉明.中国经济法学导论［M］.北京：光明日报出版社，2011.

［48］董玉明，李冰强，等.宏观调控视野下的体育政策法规理论与实践问题研究［M］.北京：法律出版社，2012.

［49］徐丽红.价格宏观调控法律问题研究［M］.北京：中国社会科学出版社，2013.

［50］赵宏中，董玉明.产业法的经济学分析［M］.武汉：武汉理工

大学出版社，2015.

［51］吴弘.宏观调控法学［M］.北京：北京大学出版社，2018.

［52］刘子华.大众体育宏观调控法律问题研究［M］.北京：知识产权出版社，2018.

［53］董玉明.中国宏观调控法基本问题研究：以改革开放40年政策法律分析为视角［M］.北京：法律出版社，2019.

［54］董玉明.经济形成新常态下中国经济法回应研究（2015—2020）［M］.北京：知识产权出版社，2022.

［55］《经济法学》编写组.经济法学［M］.第3版.北京：高等教育出版社，2022.

［56］徐孟洲.再论宏观经济调控法——制定《中华人民共和国宏观调控法》的意义与框架设计［M］//杨紫烜.经济法研究.北京：北京大学出版社，2001.

［57］杨紫烜.关于制定《中华人民共和国宏观调控法》的议案［M］//杨紫烜.经济法研究.北京：北京大学出版社，2001.

［58］杨紫烜.关于《宏观调控法》法律案命运的法学思考［M］//杨紫烜.经济法研究.北京：北京大学出版社，2003.

［59］刘大洪，夏航.宏观调控法的经济学透视［M］//漆多俊.经济法论丛.北京：中国方正出版社，2003.

［60］董玉明.和谐社会构建与社会调控法论纲［C］//包桂荣.和谐社会视野下的经济法治研究：上册.呼和浩特：远方出版社，2007.

［61］董玉明.宏观调控法若干基本理论研究［M］//董玉明.与改革同行——经济法理论与实践问题研究.北京：知识产权出版社，2007.

［62］董玉明.社会保障调控法论纲［M］//董玉明.与改革同行——经济法理论与实践问题研究.北京：知识产权出版社，2007.

［63］董玉明.论宏观调控政策的程序法保障［M］//吴志攀.经济法

学家（2007）.北京：北京大学出版社，2008.

　　［64］徐澜波，张辉.论宏观调控法体系的构成——兼论宏观调控法与财政税收法、金融法的关系［M］//漆多俊.经济法论丛.北京：法律出版社，2013.

　　［65］董玉明.中国宏观调控法四十年要论［M］//陈云良.经济法论丛.北京：社会科学文献出版社，2018.

　　［66］董玉明.论宏观调控的目标定位［M］//吴志攀.经济法学家：第11卷［M］.北京：北京大学出版社，2015.

二、外国译著类

　　［1］〔英〕亚当·斯密.国民财富的性质和原因的研究［M］.郭大力，王亚南，译.北京：商务印书馆，1974.

　　［2］〔英〕约翰·梅纳德·凯恩斯.就业、利息和货币通论［M］.高鸿业，译.北京：商务印书馆，1999.

　　［3］〔美〕R.M.昂格尔.现代社会中的法律［M］.吴玉章，周汉华，译.南京：译林出版社，2001.

　　［4］〔法〕泰·德萨米.公有法典［M］.黄建华，等译.北京：商务印书馆，2001.

　　［5］〔美〕詹姆斯·M.布坎南.民主财政论［M］.穆怀朋，译.北京：商务印书馆，2002.

　　［6］〔美〕E.博登海默.法理学：法律哲学与法律方法［M］.邓正来，译.北京：中国政法大学出版社，2004.

　　［7］〔日〕金泽良雄.经济法概论［M］.满达人，译.北京：中国法制出版社，2005.

　　［8］〔美〕保罗·萨缪尔森，威廉·诺德豪斯.经济学［M］.第18

版.萧琛，译.北京：人民邮电出版社，2008.

［9］〔德〕罗尔夫·施托贝尔.经济宪法与经济行政法［M］.谢立斌，译.北京：商务印书馆，2008.

［10］〔美〕理查德·A.波斯纳.法律的经济分析［M］.第7版.中文第2版.蒋兆康，译.北京：法律出版社，2012.

［11］〔美〕德内拉·梅多斯，乔根·兰德斯、丹尼斯·梅多斯.增长的极限［M］.李涛，王智勇，译.北京：机械工业出版社，2015.

［12］〔美〕蕾切尔·卡森.寂静的春天［M］.韩正，译.北京：商务印书馆，2017.

［13］〔美〕詹姆斯·M.布坎南，戈登·图洛克.同意的计算——立宪民主的逻辑基础［M］.陈金光，译.上海：上海人民出版社，2017.

三、期刊论文类

［1］刘伟.宏观调控目标［J］.宏观经济管理，1994（9）：40—43.

［2］杨心明.论宏观调控基本法［J］.政治与法律，1995（2）：45—48.

［3］周永坤.宏观调控法治化论纲［J］.法学，1995（10）：5—6.

［4］王健.宏观调控法律体系构造论［J］.法律科学，1998（2）：41—47.

［5］董玉明.试论中观经济法治化的几个基本问题［J］.山西大学学报，1998（3）：27—32.

［6］徐孟洲.对制定《宏观经济调控法》的构思［J］.法学杂志，2001（3）：15—17.

［7］张守文.宏观调控权的法律解析［J］.北京大学学报，2001（5）：123—131.

［8］卢炯星.论创立和完善我国宏观经济法的法律体系［J］.政法论坛，2001（2）：93—102.

［9］洪治纲，汪鑫.论宏观调控法的概念和特征［J］.法学杂志，2002（1）：37—40.

［10］董玉明，冀惠珍.环境调控法论纲［J］.山西大学学报，2002（2）：34—37.

［11］谢增益.宏观调控法基本原则新论［J］.厦门大学学报（哲学社会科学版），2003（5）：62—69.

［12］李德水.完善宏观调控体系——学习十六届三中全会决定的体会［N］.中国信息报，2003—11—3.

［13］王曦.略论我国宏观调控基本法的定位［J］.江苏教育学院学报（社会科学版），2004（2）：55—59.

［14］肖海军.宏观调控法的调整原则［J］.福建政法管理干部学院学报，2004（1）：8—10.

［15］董玉明，孙磊.试论我国行业管理法的地位和体系［J］.法商研究，2004（1）：88—95.

［16］董玉明，段浩.论宏观调控法对区域经济发展的科学调整［J］.山西大学学报，2005（3）：31—36.

［17］王瑞生.国土资源是宏观调控的重要手段［J］.国土资源通讯，2004（4）：42—44.

［18］解安，吴练达.我国宏观调控内容的政治学分析［J］.学术界，2005（3）：100—105.

［19］彭尧，何平.宏观调控法基本原则之我见［J］.台声·新视角，2005（12）：128—129.

［20］史际春，肖竹.论分权、法治的宏观调控［J］.中国法学，2006（4）：158—168.

［21］袁旺金.浅谈宏观调控法［J］.新学术，2007（1）：79—82.

［22］段葳，曹胜亮.宏观调控法的概念及特征分析［J］.重庆科技学院学报（社会科学版），2007（2）：41—42.

［23］朱佳木.江泽民宏观调控思想的历史渊源、基本内涵和现实意义［J］.马克思主义研究，2007（5）：5—16.

［24］江登英，康灿华.多目标决策视角下的宏观调控［J］.企业经济，2008（2）：12—14.

［25］张守文.论促进型经济法［J］.重庆大学学报（社会科学版），2008（5）：97—100.

［26］胡双发，高武.当今中国宏观调控目标设定的不足［J］.湖南城市学院学报，2010（5）：73—76.

［27］赵莉.经济宪法——宏观调控的基本法律框架［J］.经济经纬，2010（5）：148—152.

［28］石吉金.矿产资源政策参与宏观调控的研究述评［J］.中国矿业，2010（10）：43—45.

［29］胡志光，田杨.宏观调控法基本原则新探——从金融危机中"救市"需要法治化谈起［J］.重庆大学学报（社会科学版），2011（1）：102—109.

［30］刘瑞.中国宏观调控目标再认识［J］.企业经济，2011（12）：5—10.

［31］张家骥.宏观调控语境下的公民权益保护研究［J］.政法论坛，2012（3）：187—191.

［32］国家发展改革委专题报告.宏观调控的目标体系研究［J］.经济研究参考，2014（7）：3—37.

［33］陈云良.从授权到控权：经济法的中国化路径［J］.政法论坛，2015（2）：158—166.

〔34〕陈忠海.中国古代的宏观经济调控〔J〕.中国发展观察，2015（7）：94—96.

〔35〕王静峰.中国古代宏观调控思想起源探析〔J〕.商业经济研究，2015（27）：143—145.

〔36〕徐绍史.创新和完善宏观调控方式〔J〕.中国经贸导刊，2015（12上）：4—6.

〔37〕王新红.论宏观调控法之信赖保护原则〔J〕.南京社会科学，2016（9）：94—100.

〔38〕史际春.地方法治与地方宏观调控〔J〕.广东社会科学，2016（5）：221—229.

〔39〕张勇.广义论、狭义论与特色论：中国宏观调控认知分歧的方法论反思〔J〕.新视野，2016（4）：105—111.

〔40〕单飞跃.中国经济法的文化解释——一个现代法命题与传统文化间的沟通〔J〕.法治现代化研究，2017（2）：155—168.

〔41〕席月民.宏观调控新常态中的法治考量〔J〕.上海财经大学学报，2017（2）：86—99.

〔42〕董佳男.陈云的计划与市场经济理论及其当代启示〔J〕.濮阳职业技术学院学报，2017（2）：90—93.

〔43〕陈涛.多目标约束下中国宏观调控政策的协调性研究〔J〕.改革与开放，2018（23）：31—33.

〔44〕宋晓梧.促进就业应作为宏观调控的首要目标〔J〕.中国就业，2018（12）：14—15.

〔45〕程信和.经济法通则原论〔J〕.地方立法研究，2019（1）：54—129.

〔46〕董昀.中国宏观调控思想七十年演变脉络初探——基于官方文献的研究〔J〕.金融评论，2019（5）：14—116.

［47］庞明川.习近平宏观调控重要论述的科学体系及原创性贡献［J］.财经问题研究，2020（8）：12—23.

［48］刘博涵.完善宏观调控监督制度的政治逻辑、实施路径与目标实现［J］.大庆社会科学，2020（4）：64—70.

［49］黄烜予，周人杰.论宏观经济治理的法理基础［J］.政治经济学评论，2022（7）：156—172.

四、博士论文类

［1］吴志鸿.政府宏观调控行为研究［D］.北京：北京大学，1997.

［2］王云川.消费需求的宏观调控［D］.成都：四川大学，2002.

［3］刘振彪.国家宏观调控演变［D］.厦门：厦门大学，2002.

［4］宋凯利.西方宏观调控法的历史研究［D］.北京：中国人民大学，2004.

［5］陈俊宏.江泽民社会主义市场经济思想研究［D］.武汉：武汉大学，2004.

［6］孟庆瑜.分配关系的法律调整——基于经济法的研究视角［D］.重庆：西南政法大学，2004.

［7］谭志武.国家宏观调控的法律手段研究［D］.北京：中国人民大学，2006.

［8］杨正三.宏观调控权论［D］.重庆：西南政法大学，2006.

［9］赵雪莲.可持续发展宏观经济调控政策体系比较研究——发达国家可持续发展宏观经济调控政策借鉴［D］.乌鲁木齐：新疆大学，2006.

［10］张德峰.宏观调控法律责任研究［D］.长沙：中南大学，2007.

［11］王学人.政策性金融论［D］.成都：四川大学，2007.

［12］郭哲.政府干预经济机制研究［D］.长沙：湖南大学，2007.

［13］张秋华.我国政府经济管理权的历史梳理与法理分析［D］.长春：吉林大学，2008.

［14］周志杨.经济转轨时期的宏观调控法研究［D］.北京：中国政法大学，2008.

［15］吴元元.宏观调控中的信赖利益保护研究［D］.北京：北京大学，2008.

［16］于大力.我国财政政策合理性研究［D］.长春：吉林大学，2009.

［17］吴晓辉.论宏观调控决策的法律调整［D］.上海：华东政法大学，2010.

［18］张辉.宏观调控权法律控制研究［D］.长沙：中南大学，2010.

［19］王东辉.预算法的经济学分析［D］.长春：吉林大学，2010.

［20］杨丙红.我国区域规划法律制度研究［D］.合肥：安徽大学，2013.

［21］徐澜波.宏观调控法治化问题研究［D］.长沙：中南大学，2013.

［22］韩灵丽.中国财政预算"软约束"法律问题研究［D］.长沙：中南大学，2013.

［23］董玉明.中国产业法的经济学分析［D］.武汉：武汉理工大学，2013.

［24］单新国.市场监管权法律规制研究［D］.重庆：西南政法大学，2018.

［25］吴泓.我国国有资本投资体制的历史变迁与深化改革研究（1949—2018）［D］.福州：福州师范大学，2019.

［26］华清君.陈云财经治理思想研究［D］.扬州：扬州大学，2020.

［27］张宁昕.现阶段我国经济增长率适度区间研究［D］.广州：华南理工大学，2020.

［28］信瑶瑶.新中国银行制度建设思想研究（1949—2019）［D］.上海：上海财经大学，2020.

［29］王晓君.政府补助对企业创新活动的影响研究［D］.上海：上海财经大学，2020.

［30］申晓蓉.马克思主义中国化视野下中国经济现代化基本经验研究（1978—2018）［D］.南京：南京师范大学，2020.

［31］刘滨.约束性放权：地方政府剩余权激励与问责调适［D］.长春：吉林大学，2021.

［32］李如南.国土空间规划法治化研究［D］.合肥：安徽大学，2022.

［33］周志军.习近平经济思想研究［D］.大连：大连海事大学，2022.

五、硕士论文类

［1］周卫军.宏观调控基本范畴——宏观调控权研究［D］.湘潭：湘潭大学，2002.

［2］王显勇.中小企业法论［D］.湘潭：湘潭大学，2002.

［3］王旭.中国计划法基本问题研究［D］.郑州：郑州大学，2003.

［4］汪永龙.论我国宏观调控法律体系［D］.武汉：华中师范大学，2003.

［5］孙磊.区域经济宏观调控法律制度研究［D］.太原：山西大学，2004.

［6］鲍金玲.国债投资调控法基本制度研究［D］.太原：山西大学，2004.

［7］冉鲲鹏.中国证券市场宏观调控法律问题研究［D］.太原：山

西大学，2004.

［8］赵红梅.我国外商直接投资宏观调控法律问题研究［D］.太原：山西大学，2004.

［9］吕宏伟.宏观调控法律责任研究［D］.太原：山西大学，2004.

［10］吴博.论货币政策法律制度的构建［D］.湘潭：湘潭大学，2004.

［11］胡小明.论宏观调控法的价值［D］.重庆：西南政法大学，2005.

［12］陈威.论国有资产宏观调控的若干法律问题研究［D］.哈尔滨：哈尔滨工程大学，2005.

［13］王力.宏观调控协调性法律程序控制研究［D］.湘潭：湘潭大学，2006.

［14］邹杰.宏观调控法主体理论研究［D］.湘潭：湘潭大学，2006.

［15］张亚.科学发展观与宏观调控法理念［D］.合肥：安徽大学，2006.

［16］陈艳丽.促进妇女就业调控法律问题研究［D］.太原：山西大学，2007.

［17］齐蕾蕾.中小企业调控法律问题研究［D］.太原：山西大学，2007.

［18］王晋林.论宏观调控法对发展权的保障［D］.湘潭：湘潭大学，2007.

［19］段霖瑶.教育事业发展调控法律问题研究［D］.太原：山西大学，2007.

［20］张鹤群.农村公共财政法律问题研究［D］.太原：山西大学，2007.

［21］刘法宪.运用土地参与宏观调控研究［D］.北京：北京大学，2007.

［22］李玉刚.中国宏观调控中的财政风险［D］.北京：首都经济贸易大学，2007.

［23］刘建.中日教育调控法律问题比较研究［D］.太原：山西大学，2008.

［24］毛永红.科技发展宏观调控立法问题研究［D］.太原：山西大学，2008.

［25］农剑勋.宪政维度下的宏观调控合法性问题研究［D］.天津：天津财经大学，2008.

［26］李亚丹.市场竞争调控法律制度研究［D］.太原：山西大学，2009.

［27］柴喆.体育宏观调控政策法律范畴研究［D］.太原：山西大学，2009.

［28］赵静波.宏观调控视野下医疗卫生事业法律问题研究［D］.太原：山西大学，2009.

［29］刘莉.体育事业宏观调控政策与法律问题研究［D］.太原：山西大学，2009.

［30］梁桂平.论宏观调控中的私权保护——经济法研究中一个未引起充分重视的问题［D］.重庆：西南政法大学，2009.

［31］孟祥秋.论宏观调控权及其制度构建［D］.哈尔滨：黑龙江大学，2010.

［32］吴斌.论税法体系在宏观调控法中的作用与完善［D］.北京：中国政法大学，2010.

［33］李玉婵.论我国宏观调控法律手段综合协调制度的完善［D］.济南：山东大学，2011.

［34］郭云丽.宏观调控视野下的人口问题研究［D］.太原：山西大学，2011.

［35］张军娇.产业振兴法律问题研究［D］.太原：山西大学，2011.

［36］王野秋.公共产品价格调控法律问题研究［D］.太原：山西大学，2011.

［37］傅丽.文化产业发展促进法立法研究［D］.太原：山西大学，2011.

［38］范永娴.参政党促进政府宏观调控研究［D］.昆明：云南大学，2011.

［39］陈晓.论宏观调控法的社会契约精神［D］.重庆：重庆大学，2012.

［40］张昊.宏观经济调控中的制度歧视问题研究［D］.重庆：西南政法大学，2012.

［41］宋芬.论低碳经济视角下宏观调控法的完善［D］.南京：南京航空航天大学，2012.

［42］樊雪茫.文化事业发展调控法律问题研究［D］.太原：山西大学，2013.

［43］王曦.我国宏观调控基本法立法研究［D］.福州：福州大学，2013.

［44］黄威.宏观调控受控主体正当权利保护研究［D］.福州：福州大学，2013.

［45］赵烁.旅游业调控法律问题研究［D］.太原：山西大学，2015.

［46］高尚瑛.宏观调控行为的可诉性研究［D］.太原：山西财经大学，2015.

［47］赵琦.我国利率市场化的法律调控研究［D］.太原：山西财经大学，2015.

［48］闫雪.自然资源调控法律问题研究［D］.太原：山西大学，2016.

［49］张颖.宏观调控视野下中央和地方关系法律问题研究［D］.福州：福建师范大学，2016.

［50］潘燕杰.宏观调控权的行政法规制研究［D］.合肥：安徽大学，2017.

［51］王邦彦.宏观调控受控主体合法预期保护研究［D］.杭州：浙江财经大学，2017.

［52］申发升.朱镕基宏观调控思想研究［D］.济宁：曲阜师范学院，2018.

［53］张哲.我国税权调控法律问题研究［D］.长沙：湖南大学，2018.

［54］张娟.中国房地产宏观调控政策变迁研究（1998—2018）［D］.秦皇岛：燕山大学，2019.

［55］王金艳.我国宪法宏观调控条款研究——以第15条第2款为中心［D］.上海：上海师范大学，2019.

［56］高晨晓.新时代中国共产党宏观经济思想及实现路径研究［D］.济南：山东大学，2019.

［57］黄诚华.房地产市场宏观调控法律问题研究［D］.南昌：江西财经大学，2020.

［58］石健.粮食调控法律问题研究［D］.太原：山西大学，2021.

［59］刘浩.水资源调控法律问题研究［D］.太原：山西大学，2021.

附 录

中华人民共和国宏观调控法纲要
（学者建议稿）

第一章　总则

第一条【立法目的】

为了规范宏观调控秩序，实现宏观调控目标，促进国民经济和社会稳定持续健康发展，依据《中国共产党章程》《中华人民共和国宪法》等法律法规规定，制定本纲要。

第二条【适用范围】

宏观调控党政领导机关和职能部门从事宏观调控管理活动，相关主体参与宏观调控民主协商和监督，遵守本纲要。

第三条【宏观调控定位与指导思想】

宏观调控是具有中国特色的社会主义市场经济的组成部分。宏观调控坚持中国共产党的统一领导，以马克思列宁主义、毛泽东思想、邓小平理论、"三个代表"重要思想、科学发展观、习近平新时代中国特色社会主义思想为指导。

宏观调控坚持社会主义发展道路，借鉴国外市场经济发展的先进经验，吸取国外市场经济发展的教训，结合中国国情，完善宏观调控。

第四条【宏观调控在解决新时代社会主要矛盾中的地位】

新时代中国社会主要矛盾是人民日益增长的美好生活需要和不平衡不充分发展之间的矛盾。宏观调控对于解决社会矛盾，具有重要的作用。

第五条【宏观调控的主要任务】

社会主义市场经济条件下宏观调控的主要任务是：保持经济总量平

衡，促进重大经济结构和生产力布局优化，减缓经济周期波动影响，防范区域性、系统性风险，稳定市场预期，实现经济持续健康发展。健全以国家发展战略和规划为导向，以财政政策和货币金融政策为主要手段的宏观调控体系，推进宏观调控目标制定和政策手段运用机制化，加强财政政策、货币金融政策与产业、价格等政策手段相协调，提高相机抉择水平，增强宏观调控前瞻性、针对性、协同性，形成参与国际宏观经济政策协调机制，推动国际经济治理结构的完善。

第六条【基本原则】

宏观调控管理机关从事宏观调控遵守以下基本原则：

（一）坚持中国共产党党中央（以下简称"中共中央"）的统一领导；

（二）坚持社会主义方向，维护中国基本经济制度和社会制度；

（三）坚持市场决定和满足公共需求；

（四）坚持国家适度干预；

（五）坚持维护社会整体利益和国家利益。

第七条【宏观调控体系构建】

国家建立以价格调控、自然资源和生态环境调控为基础，以国民经济和社会发展规划及年度计划为导向，以财税调控和金融调控为两翼，以其他调控为配合的综合性宏观调控体制。

国家建立与社会主义市场经济相适应的会计、审计、统计、计量、标准化及对国民经济和社会发展的预测、预警等基础制度，保障宏观调控经济信息的科学性和准确性。

国家逐步完善宏观调控体系，加强宏观调控治理。

第八条【宏观调控管理体制】

国家建立中共中央统一领导下的，各中央党政宏观调控职能部门或机构分工负责的管理体制。

宏观调控权专属于中央。

在法律与中央授权下，地方党政机关可以行使部分宏观调控权。

第九条【宏观调控权配置】

中共中央依据《中国共产党章程》《中华人民共和国宪法》的规定，对宏观调控统一行使领导权。宏观调控重大政策和法律经中共中央批准后执行。属于全国人民代表大会及其常务委员会立法或审议的事项，经中共中央提出立法或相关建议，由全国人民代表大会及其常务委员会审议批准后执行。

全国人民代表大会及其常务委员会依法行使宏观调控立法权、对国务院政府工作报告、国民经济和社会发展五年及远景规划与年度计划以及预决算的审议批准权和法定监督权。

国务院及其宏观调控职能部门，依法行使宏观调控管理权。国家宏观调控职能部门主要包括国家发展改革委、财政部、中国人民银行、商务部、工业和信息化部、农业农村部、国家统计局、国家税务总局等综合经济和社会管理部门。其他各职能部门根据法律规定和国务院授权履行宏观调控管理职责。

属于中共中央和国务院合署办公的机构，根据中共中央和国务院授权履行宏观调控权。

国家货币政策委员会、关税税则委员会等特定宏观调控机构，依法行使宏观调控权。

中华全国总工会、中国共产主义青年团中央委员会、中华全国妇女联合会等群团组织及相关全国性协会、行业协会、学会，依照法律规定、各自章程及中共中央、全国人民代表大会及其常务委员会和国务院授权，行使宏观调控权。

省、自治区、直辖市人民代表大会及其常务委员会和人民政府，在中共中央、全国人民代表大会及其常务委员会和国务院授权范围内行使宏观调控权。

第十条【民主协商】

中国人民政治协商会议、各民主党派中央依据《中华人民共和国宪法》、《中国人民政治协商会议章程》、各党派章程规定，参与宏观调控重大决策的民主协商，提出意见和建议。中共中央制定宏观调控重大政策，应征求中国人民政治协商会议和各民主党派中央的意见。

中共中央、国务院及其职能部门，制定实施宏观调控重大决策除依法应当保密的外，应征求相关职能部门、地方政府及职能部门、专家、相关企业、事业单位和社会团体的意见。

全国人民代表大会及其常务委员会、国务院及其职能部门制定宏观调控法律、行政法规、部门规章，行使宏观调控监督权，依照《中华人民共和国立法法》规定的程序执行。

中共中央及中央有关机关出台与宏观调控有关的党内法规及规范性文件，依照《中国共产党党内法规制定条例》规定的程序执行。

第十一条【民主监督】

任何组织和个人，均享有对宏观调控政策法律及措施提出批评、建议的权利。

依法享有民主监督权的有关机关和组织，履行民主监督职责。

第十二条【奖励、惩罚与激励】

国家对宏观调控作出突出贡献的单位和个人予以奖励。对宏观调控工作中工作不力的单位和个人予以问责。构成违纪违法的，依照《中国共产党纪律处分条例》《中华人民共和国公职人员政务处分法》及有关法律、行政法规规定处罚，构成犯罪的，依法追究刑事责任。

国家根据不同时期国民经济和社会发展规划及计划安排，通过产业指导、财政支持、税收优惠、金融政策优惠等措施，激励各项公共事业和市场主体的发展。

第二章　宏观调控目标

第十三条【宏观调控总目标】

宏观调控的年度总目标是：通过发展规划和年度计划的执行实现国民经济总需求和总供给的基本平衡。

宏观调控的中长期目标是：通过宏观调控政策与工具的应用，实现国民经济和社会发展规划确定的中长期发展战略目标。

第十四条【经济增长目标】

国家根据不同时期国民经济和社会发展的情况，以"创新、协调、绿色、开放、共享"新发展理念为指导，确定合理的经济增长率，采取有效的宏观调控措施，保持经济增长的合理区间。

第十五条【充分就业目标】

国家采取有效的宏观调控措施控制失业率，为劳动者提供充分的就业机会。对失业者提供社会保险，履行再就业培训职责，促进失业者再就业。再就业困难时，提供公益岗位就业。

第十六条【物价稳定目标】

国家对市场价格实施动态监测，采取有效的宏观调控措施，保持价格总水平合理性，使价格总水平上涨幅度控制在合理区间，避免过度通货膨胀。

第十七条【国际收支平衡目标】

国家采取有效的宏观调控措施，保持国际收支平衡，避免对外贸易的过度顺差或逆差。

第十八条【国家经济安全目标】

国家采取有效宏观调控措施，依法保障自然资源、生态环境、金融、粮食食品、生产、网络、涉外经济等领域的经济安全。

第十九条【社会发展调控目标】

国家应用宏观调控政策和工具，支持科技、教育、文化、健康卫生、体育、社会保障、民政等社会事业的发展。

第二十条【特别调控目标】

为解决国民经济和社会发展的突出问题和矛盾，国家可以发起攻坚战，采取特别调控措施，对特定对象或区域实施精准调控。

第二十一条【国际调控的参与】

在坚持对外开放原则基础上，国家根据国际经济发展形势变化，相机抉择地确定对外经济发展的方针、政策及发展战略，积极参与国际经济新秩序调控规则的制定。

积极组织由中国主导的上海合作组织、博鳌论坛、"一带一路"等的建设，促进国际经济组织成员的合作和发展。

第三章　宏观调控政策

第二十二条【社会主义市场经济发展政策】

在社会主义初级阶段，国家推行社会主义市场经济体制。中共中央、国务院根据市场经济发展的需求，深化政治、经济和社会体制改革，制定有利于社会主义市场经济发展的政策，推进社会主义市场经济的健康发展。凡是由市场能够解决的问题，交由市场调节。

宏观调控职能部门根据中共中央、国务院制定的市场发展政策，制定和实施市场经济发展的规划及计划、产业指导政策、投资政策和实施方案。

第二十三条【社会公共服务与管理政策】

中共中央、国务院根据社会事业发展需求，制定社会发展政策，推进各项社会事业的繁荣和发展。凡是能够社会自治的，交由社会自治。

宏观调控和社会事业管理职能部门，根据中共中央、国务院制定的社会发展政策，制定和实施各项社会事业发展的规划及计划、政策指导意见和实施方案。

属于产业与事业发展交叉的领域，实施"事企分开""政事分开"的宏观调控措施。公共服务产品的生产和服务，可以根据实际情况适度引入社会资本，实施市场机制。

第二十四条【产业指导政策】

国家建立与国际通行相一致的一、二、三产业及行业标准体系。

中共中央、国务院根据农业农村发展的需求，每年制定和实施旨在解决"三农"问题的产业发展政策，或者根据需要制定和实施相关产业政策。

国务院及宏观调控职能部门，根据国内国际经济形势的变化，制定和实施产业标准、产业规划和产业指导意见，合理布局一、二、三产业和低端、中端、高端产业，预防产业空心化，通过颁发产业指导目录和市场负面清单、政府与社会资本合作项目库（PPP项目），设立国家级高新技术产业开发区、经济开发区、综合改革试验区等，指导各行业、各类企业的发展。

为提高经济发展质量，在保持适度经济规模基础上，国家根据经济形势的变化，可采取供给侧结构性改革或促进消费需求增长政策，保持经济结构的合理化。

第二十五条【投资政策】

国家实行多元化的投资体制机制政策。属于市场竞争领域的投资，主要以社会资本投资为主。

涉及国家核心利益和公益性事业，由政府投资经营。

涉及公益性产品生产经营的投资，以政府投资为主，社会资本参与为辅；完全许可社会资本投资经营的，自主经营，自负盈亏。因经营不善或遭遇不可抗力导致公共利益受损时，实施政府财政兜底措施。

第二十六条【涉外经济贸易投资政策】

国家实施对外开放基本国策。

在保障国家经济安全的前提下，设立自由贸易区，积极引进外商投资，保护外商的合法权益，对外商投资的规模和结构进行宏观调控。

积极推进中国企业和个人对境外投资。制定境外投资产业政策，提出境外投资的禁止和限制项目，预防境外投资的经济和社会风险。

涉外经济贸易投资，遵循国家间的平等、对等原则，妥善处理经济和贸易争端。

坚持国内国际双循环发展格局，适度控制国民经济发展的外贸依存度，预防国际经济危机对国内经济发展的消极影响。

第二十七条【收入分配政策】

国家通过有效的宏观调控措施，克服收入分配中的贫富差距，逐步提高第一次分配中劳动者的收入，并通过二次、三次分配的有效调节，促进收入分配的合理化，逐步实现共同富裕。

针对特定时期普遍消费不足，政府可以通过发放消费券、实施国民收入倍增计划等方式，促进消费的增长。

第二十八条【财政与金融政策】

为实现宏观调控目标，国家根据一定时期供需变化，可以相机抉择地采取扩张性财政政策，或紧缩性财政政策，或稳定的财政政策。

为实现宏观调控目标，国家根据一定时期供需变化，在稳定货币币值基础上，相机抉择地采取扩张性金融政策或紧缩银根的金融政策等。

前款规定的财政政策与金融政策应当相协调。

第二十九条【税收政策】

为实现宏观调控目标，在遵循税收法定原则基础上，授权国务院及税收职能部门制定和实施税收政策，在保障税收收入基础上适度调控经济和社会，保护纳税人的合法权益。但关税政策的制定和实施，依照《中华人民共和国海关法》《中华人民共和国进出口关税条例》及进出口税则等执行。

第三十条【自然资源保护政策】

国家根据自然资源的稀缺程度和自然资源在实现国家发展战略实施的重要性程度，依法对自然资源实施分类调控管理的政策。对稀缺程度较高和重要的自然资源实施严格保护政策。对于稀缺程度较低和非重要的自然资源实施市场调节政策。

第三十一条【能源生产和消费政策】

国家依法推行节能、清洁生产和循环经济政策。

对不可再生能源的生产和消费实施保护控制性生产和消费政策；对可再生产能源依法实施减量化、再利用和资源化政策。

国家实施支持水能、太阳能、风能等非煤清洁能源的技术研发、生产和消费政策。

国家谨慎开发用于民用的核能。

为实现碳达峰、碳中和目标，在量化碳排放指标基础上，推行碳排放权交易市场政策。

国家推行反食品浪费的各项消费政策。

第三十二条【生态环境保护政策】

国家依法实施生态环境保护政策。

国家根据国土生态环境的现状划定生态（自然）保护区域，严禁或限制对生态（自然）保护区域资源的开发利用。对城市和乡村的生态保护实施"三废"排放的重点和总量控制政策。

国家制定有利于环保产业发展的政策。

第三十三条【人口和社会发展政策】

国务院及其社会管理职能部门，根据社会发展情况，制定和实施人口合理增长、劳动力与人才流动、科技、教育、文化、卫生、体育、民政等社会发展与保障调控政策。

第三十四条【宏观调控政策的效力】

相关职能部门依法制定和实施的宏观调控政策中涉及行为规范的部分具有法律效力。但与宪法、法律和行政法规相抵触的除外。

国务院及其职能部门制定和实施的政策不得与中共中央制定的政策相抵触。

第四章　宏观调控手段与工具

第一节　经济手段

第三十五条【经济手段的含义】

本纲要所称宏观调控的经济手段，是指为实现宏观调控目的，宏观调控职能部门对国民经济和社会发展经济变量的调节。

第三十六条【发展规划及计划调控】

依照宪法规定，运用发展规划及计划手段，组织国民经济和社会发展是我国的一项基本经济制度。

宏观调控的发展规划，包括国民经济和社会发展五年及远景规划纲要、区域发展规划和专项规划。国家根据需要可制定五年以上二十年以下（含二十年）的长期远景发展规划。

发展规划主要是国家发展政策的阐述，并根据宏观调控需求，设置必要的经济和社会发展调控量化指标。经济和社会发展调控指标分为预期性指标和约束性指标。预期性指标和约束性指标的具体设置，由国务院及其宏观调控职能部门提出，经全国人民代表大会审议、批准后执行。

发展规划及计划文本由国家发展改革委负责组织有关部门起草编

制，具体办法由国务院规定。发展规划及计划的审议、审批，属于国务院职权的由国务院按规定审批。属于全国人民代表大会及其常委会审议、审批的，按照全国人民代表大会及其常委会相关组织法和监督法执行。属于中长期五年及五年以上远景目标发展纲要的，由中共中央提出建议后，经全国人民代表大会审议、审批后执行。

发展规划及年度计划的执行，实行目标责任制。发展规划及计划政策及指标，应分解于国务院及其各职能部门，相关国家级机构和各省、自治区、直辖市人民政府执行，并实行绩效考核。

发展规划及计划执行中期，依法进行中期评估与调整。

中共中央、国务院，根据实际需求，可以直接制定实施相关规划与计划。

第三十七条【财政税收调控】

中央预算按照《中华人民共和国预算法》规定执行。中央预算的财政增减数额，按照中央事权与国民经济和社会发展需求的合理性、适度性原则确定。

财政收入调控，主要包括税收调控、非税收入调控和国债调控。税收调控、非税收入调控和国债调控，由国务院及财政部、国家税务总局负责，重大调控事项，依法报告全国人民代表大会常务委员会审议、批准后执行。按政策规定，由中共中央负责审批的事项，根据国务院或全国人民代表大会常务委员会审议情况报告予以审批。

财政支出调控，主要包括常规性的中央国家机关、机构运行支出调控、国防支出调控、外交支出调控、教育及其他事业发展支出调控、国家重大经济建设项目支出调控、社会保障支出调控。财政支出的分配数额，执行国家预算。需要调整的，应由国务院报告全国人民代表大会常务委员会审批后执行。政府采购执行《中华人民共和国政府采购法》。财政转移支付和专项转移支付执行相关规定，具体执行办法，由国务院制定。

一般性公共财政预算，可以依法设置财政赤字调控措施，但财政赤字不得超过全国人民代表大会常务委员会批准的控制数额。

政府基金预算、国有资本经营预算、社会保险基金预算调控，依相关规定执行。

第三十八条【货币金融调控】

人民币货币发行及回笼数额、银行存贷利率、贷款规模与结构和外汇汇率等调控，由货币政策委员会根据市场和社会发展需求以及宏观调控目标确定，报国务院审批后执行。重大事项报中共中央审批后执行。

政策性银行、商业银行应当执行银行存贷利率、贷款规模与结构的规定。外汇汇率调节实施市场调节，必要时，由国家外汇管理部门予以调控。

中国人民银行依照《中华人民共和国中国人民银行法》规定，根据货币市场发展的需要，可以实施存款准备金、中央银行基准利率、再贴现、向商业银行提供贷款、公开市场业务等货币政策工具，调控金融市场。

政策性银行按照无息或低息原则，为公共产品和事业的生产、经营与发展提供金融服务。财政部门可依照宏观调控政策，对相关贷款企业、事业单位和个人提供贷款贴息。

人民币汇率实行以市场供求为基础的、有管理的浮动汇率制度。

国家支持商业保险业、证券业、资本投资业的发展，并实施相应的监管措施，预防金融风险。

第三十九条【价格调控】

国家对个人与家庭所需消费品、生产消费品及私人服务消费实施市场价格调控及监测政策。发生区域或总体价格剧烈波动时，由物价主管部门依照《中华人民共和国价格法》规定，采取有效的宏观调控措施，对市场价格予以干预，直至市场价格恢复正常。国家通过商品流转税税率的调节，稳定市场价格。

为实现宏观调控目标，保证公共消费的均等化，国家对公共产品消费价格实行指导价或指令价措施。

公共产品的生产和消费可以引进市场机制的部分，由政府公共管理机构与企业根据政府指导价和市场发展需求协商确定。

价格主管部门依照《中华人民共和国价格法》规定，对价格总水平进行调控，避免过度通货膨胀的发生。

第四十条【产业、行业调控】

国家制定产业、行业标准和产业发展指导目录，并予以适时调整，规范企业规模与结构，引导市场和企业发展。

国家实施有利于市场发展的产业政策。相关政策的实施应当充分运用发展规划及计划、财税、金融、价格等宏观调控政策工具。

国家对农业采取特殊调控政策，实施严格的耕地保护调控措施，保持粮食食品市场基本需求，保证粮食安全和农产品质量的安全，保护农产品生产者、经营者的合法权益。

国家对产业政策执行受损的企业、事业单位和个人予以合理的补偿。补偿标准由具体执行产业政策的地方政府或企业根据受损情况合理确定。受损企业、事业单位和个人有争议的，可以和产业政策执行的地方政府或企业协商，协商不成的，可以通过仲裁或诉讼途径解决。严禁任何组织和个人阻挠产业政策的实施。

第四十一条【自然资源调控】

国家根据自然资源的市场供给稀缺和资源再生情况，实施分类调控的宏观调控措施。对市场供给稀缺和不可再生资源，实施严格限制生产规模与结构的宏观调控安全措施。对于市场供给充足和可再生资源，实施市场调节。对于自然资源出口予以适度控制。

第四十二条【能源利用调控】

大力推行水能资源、风能资源、太阳能资源等清洁能源的开发和合理利用。谨慎对待核能源的利用和开发。利用先进技术改造煤炭资源的开采和利用。能源宏观调控政策应对能源利用的规模和结构数量进行调控，保障能源安全。

第四十三条【生态环境调控】

国家根据全国生态环境状况，实施分类调控和区间调控措施。对于生态环境保护的重点区域，实施严格的生态环境保护措施，严禁任何组织和个人开发利用。对于生态环境保护的限制利用区域，实施开发利用的规模和结构调控措施。对于生态环境可利用区域，实施市场调控政策。

国家通过宏观调控措施，支持旨在保护生态环境的科学研究、技术推广和环保产业发展。

第四十四条【社会保障调控】

国家建立社会保障制度。社会保险基金由政府、企业和个人三方投入构成。国家根据经济发展情况，采取宏观调控措施，逐步增加政府的投入，减轻企业和个人的负担。在灵活就业情况下，个人按规定缴纳社会保险金的，可享受相应的社会保险待遇。

国家建立社会救济制度。推行城乡最低生活保障措施，鼓励社会慈善事业发展，对困难群体予以救助。

第二节　行政手段

第四十五条【行政手段的含义】

本纲要所称宏观调控的行政手段，是指为实现宏观调控目的，政府利用行政公权力对国民经济和社会活动进行的强制性干预和控制。

宏观调控行政手段的运用，按照《中华人民共和国行政许可法》《中华人民共和国行政强制法》《中华人民共和国行政处罚法》等法律和行政法规的规定执行。

第四十六条【行政手段运用的必要条件】

宏观调控行政手段的运用，应当强调其必要性条件。在下列情形下，宏观调控职能部门可采取行政手段：

（一）建立经济和社会发展秩序。

（二）保护国家核心利益和社会公共利益。

（三）维护国家经济安全。

（四）出现严重的市场及社会危机。

（五）出现重大自然与社会突发事件。

（六）对违法者的行政处罚。

（七）法律和行政法规规定的其他情形。

前款第（四）（五）项情形下行政手段的运用应有时效性。在市场恢复正常、危机及突发事件消除后，行政手段依法解除。

第四十七条【市场行政调控】

国家对市场生产、经营和服务主体实施工商、税务和组织机构代码登记制度，统一颁发生产、经营和服务证照，以确认市场主体的法律主体资格。

国家实施负面清单制度，引导企业和其他经济组织及个体经营者的经营范围和投资方向。

国家对关系国计民生和经济安全的生产、经营与服务项目，依法实施行政许可审批制度。

国家对市场运行实施风险监测、监管与控制制度。当市场出现危机时，宏观调控职能部门可依法采取禁止或限制市场行为、价格冻结、强制兑换货币、强行关闭市场、强行救市等行政干预措施。

当市场恢复正常时，前款规定的行政干预措施应当及时撤销。

第四十八条【重大突发事件的控制】

国家建立重大突发事件的预防、预警及应急制度。相关责任主体依法制定重大突发事件的应对方案。

发生重大自然灾害和影响市场发展及社会稳定的突发事件，宏观调控应急职能部门，可依法采取行政干预措施，组织全国力量减少重大自然灾害造成的损失，及时协调处理突发事件，维护社会稳定发展。

第三节　法律手段

第四十九条【法律手段的含义】

本纲要所称宏观调控的法律手段，是指为实现宏观调控目的，规范和引导宏观调控行为，宏观调控职能部门依照《中华人民共和国立法法》规定，通过立法确认宏观调控主体的法律地位、管理体制、职责权限、管理制度和法律责任的法律调整方式。

第五十条【宏观调控法的形式】

除宪法基本规定外，宏观调控法的立法形式包括：

（一）全国人民代表大会及其常务委员会制定和实施的宏观调控法律。

（二）国务院制定和实施的宏观调控行政法规。

（三）国务院相关宏观调控机关或机构制定和实施的部门规章。

（四）宏观调控职能部门制定和实施的规范性文件。

前款规定的法律、行政法规和部门规章经过立法程序后，报中共中央审批后发布执行。

中共中央依照《中华人民共和国宪法》《中国共产党章程》及党内法规规定，制定和实施与宏观调控有关的党内法规，重点规范党政关键领导干部宏观调控行为。对党政干部执行宏观调控政策法律行为实施问责制，并根据考核情况予以奖惩。

第五十一条【宏观调控法的授权立法、修改和废除】

针对改革开放试验，中共中央和全国人民代表大会及其常务委员会，可以根据实际情况授权国务院及其宏观调控职能部门、省级地方人民代表大会及其常务委员会和省级人民政府制定实施相应的政策与法律规定。改革经验成熟时，应及时制定和实施相应的宏观调控法律。

根据宏观调控形势与政策变化，宏观调控立法机关对宏观调控法应当及时修正、修订或予以废除。

第五十二条【宏观调控法治治理】

宏观调控法治治理的目标是，不断完善宏观调控体系，明确宏观调控法执法的责任主体，强化政策法律的执行力，保证宏观调控目标的实现。

对于法治治理中发现的政策和法律问题，应及时通过宏观调控政策与法律的废除、修改或制定新的政策或法律予以完善。

第五十三条【宏观调控政策法律的宣传解释】

按照谁制定政策和法律谁负责宣传解释的原则，由宏观调控政策和法律制定机关，在公开有关宏观调控政策法律信息的基础上，履行宏观调控政策法律的培训、释义和宣传职责，但属于国家机密的除外。

公共新闻媒体应及时报道宏观调控政策法律信息，普及宏观调控及其法治知识。

第五十四条【宏观调控特殊手段的应用】

宏观调控职能部门在制定和实施宏观调控政策法律时，应充分应用宏观调控的经济、行政和法律手段。根据宏观调控涉及对象和事项或行业与专业领域的不同，配置特殊的宏观调控制度和手段。

第五章　宏观调控主体的职责和权利

第五十五条【中共中央领导职责】

根据《中华人民共和国宪法》《中国共产党章程》及相关党内法规和

法律规定，中共中央对宏观调控行使统一协调领导权，并履行下列职责：

（一）结合新形势、新任务，把握宏观调控的政治方向、路线，对宏观调控进行顶层设计，出台政策性指导文件，预防出现颠覆性错误。

（二）对国民经济和社会发展五年规划及远景规划纲要提出建议。

（三）对宏观调控法的立法，按规定予以审批。

（四）监督宏观调控政策法律执行情况，按照党管干部的原则及党内法规和法律规定，对党政干部进行考核及奖惩。

（五）听取全国人民代表大会常务委员会、国务院、国家监察委员会、中央政法委及其职能部门的工作汇报，进行工作指导。

（六）就宏观调控重大决策与全国政治协商会议、各民主党派中央及无党派代表人士进行协商，听取各民主党派和各方面的意见和建议。

（七）根据宏观调控及其法治需要，独立或与国务院联合发布有关专项规划及其实施方案，并监督实施。

（八）党内法规和法律规定的其他职责。

中共中央履行前款职责，实行职能部门负责和民主集中制原则，中共中央宏观调控的指导性意见，以中共中央及其职能部门发布的正式文件为准。涉及全国性的指导性文件，可由中共中央、国务院联合发布。

第五十六条【全国人民代表大会及其常务委员会的职责】

全国人民代表大会及其常务委员会是国家权力机关。依照宪法及相关组织法、人大监督法及有关法律规定，履行下列职责：

（一）根据中共中央建议，对国民经济和社会发展五年及远景规划纲要履行审议、批准和执行监督权。

（二）对国务院年度政府工作报告，履行审议、批准和执行监督权。

（三）根据国务院及国家发展改革委提出的年度国民经济和社会发展计划草案，履行审议、批准和执行监督权。

（四）根据国务院及财政部提出的预算草案，对国民经济和社会发展年度预算、决算履行审议、批准和执行监督权。

（五）按照《中华人民共和国立法法》和立法规划，履行有关宏观调控的立法职责，履行执法监督职责。

（六）根据中共中央、国务院的建议，通过有关宏观调控重大事项的决定、决议。

（七）依照法律规定，听取宏观调控职能部门有关财政税收、金融、国有资产、自然资源与生态环境保护、审计等工作报告，提出完善建议。

（八）法律规定的其他职责。

全国人民代表大会及其常务委员会履行上述职责，涉及重大事项的立法、决定、决议，应当报告中共中央审议批准。

第五十七条【国务院的职责】

国务院是国家宏观调控的管理机关。依照《中华人民共和国宪法》和相关组织法的规定，依法进行宏观调控管理，履行下列职责：

（一）结合新形势、新任务，研究宏观调控政策，向中共中央提出宏观调控政策建议，涉及全国性的指导性文件，可与中共中央联合发布。

（二）中共中央发布宏观调控政策后，制定落实性政策文件，依照法律规定的职权，也可独立发布有关宏观调控的指导意见。

（三）组织国务院相关职能部门，起草年度政府工作报告、国民经济和社会发展五年及远景规划纲要、区域发展规划、专项规划、年度计划和财政预算草案，提交全国人民代表大会审议、批准后组织实施。但国民经济和社会发展五年及远景发展规划纲要草案应经过中共中央组织讨论、审议后，由中共中央向全国人民代表大会提交建议案，由全国人民代表大会审议、批准后，国务院组织实施。有关区域发展规划、专项规划，可由国务院依法独立发布，并组织实施。

（四）按照《中华人民共和国立法法》和相关法律规定，履行宏观调控立法职责。属于全国人民代表大会及其常务委员会立法的，依法履行起草法律草案的职责；属于国务院立法的，按照立法规划及时制定和实施相关宏观调控行政法规及规范性文件；对于法律授权国务院出台实施条例的，应及时履行立法职责；对于国务院相关部委拟出台的部门规章及规范性文件履行审查职责。

（五）对于宏观调控职能部门履行宏观调控职责出现的问题进行协调处理。

（六）监督宏观调控政策法律的执行情况，履行问责、考核和奖惩职责。

（七）听取国务院宏观调控职能部门的工作汇报，进行工作指导，对宏观调控重大事项作出决定、决议和行政命令。

（八）依法履行宏观调控信息公开职责，接受社会各方监督。

（九）宪法、法律规定的其他职责。

国务院履行前款职责，应贯彻民主集中制原则。国务院有关宏观调控的指导性意见，以正式发布的行政法规和规范性文件为准。重大事项应报中共中央审批。

第五十八条【国务院综合宏观调控职能部门的职责】

国家发展改革委、财政部、中国人民银行、商务部、工业和信息化部、农业农村部、国家统计局、国家税务总局等是国务院综合宏观调控职能部门。国务院综合宏观调控职能部门尽职尽责，对完善宏观调控意义重大。根据有关政策法律，国务院综合宏观调控职能部门履行下列职责：

（一）收集整理宏观调控信息，提出宏观调控政策建议，供中共中央、国务院决策参考。

（二）贯彻中共中央、国务院政策，出台具体实施意见。

（三）根据《中华人民共和国立法法》规定及法律、行政法规授权，制定和实施宏观调控方面的部门规章和规范性文件。

（四）按照国务院立法规划，负责起草有关宏观调控法律或行政法规草案。

（五）依法对市场运行情况进行检测、评估与监督，并相机抉择地配置宏观调控政策工具，以避免市场和社会风险。

（六）依法对财政资金使用情况、项目实施情况进行监督和资金项目绩效评估，完善财政资金使用机制。

（七）依法公开宏观调控信息，接受社会监督。

（八）法律、行政法规规定的其他职责。

国务院综合宏观调控职能部门履行前款职责，应当与其他相关职能部门和地方政府进行协商，关系社会公共利益的决策，应当广泛听取社会各方意见。重大事项报告中共中央审批。

第五十九条【国务院其他职能部门的职责】

国务院其他职能部门是指对某一行业或专业领域进行管理的部门。依照法律、行政法规及国务院授权，在宏观调控中履行下列职责：

（一）收集整理部门、行业专业宏观调控信息，提出宏观调控政策建议，供中共中央、国务院及综合宏观调控职能部门决策参考。

（二）贯彻落实中共中央、国务院政策，出台行业与专业领域的具体实施意见。

（三）根据《中华人民共和国立法法》规定及法律、行政法规授权，制定和实施宏观调控政府部门规章，发布规范性文件。

（四）按照国务院立法规划，负责起草涉及本行业、本专业的法律、行政法规草案。

（五）依法对行业、专业领域法定事项进行检测、评估、监督与考核，并相机抉择地配置宏观调控政策工具，保证国民经济和社会事业的健康发展，必要时，可以采取行政强制措施，以避免市场和社会风险。

（六）维护经济和社会发展秩序，履行行政执法职责，及时查处行业、专业领域的违法行为，按规定实施综合执法或联合执法措施，提高执法效率。

（七）依法公开宏观调控信息，接受社会监督。

（八）法律、行政法规规定的其他职责。

国务院其他职能部门履行前款职责时，应当与其他相关职能部门和地方政府进行协商，关系社会公共利益的决策，应当广泛听取社会各方意见。涉及重大事项时，报告中共中央审批。

第六十条【中国人民政治协商会议的职责】

中国人民政治协商会议是我国社会各界参与政治协商的政治组织机构。按照宪法、相关法律、行政法规及《中国人民政治协商会议章程》的规定，全国政治协商会议及其职能机构在宏观调控中履行参政议政、民主监督职责。具体履行下列职责：

（一）对中共中央、国务院宏观调控重大决策提出建议意见。

（二）对全国人民代表大会及其常务委员会和国务院拟立法的草案，组织政协委员论证后，提出修改意见。

（三）与全国人民代表大会同步参与对年度政府工作报告、国民经济和社会发展五年及远景规划纲要、年度国民经济和社会发展计划和财政预决算报告的讨论，提出完善建议。

（四）通过提案、社情民意反映等方式，对国务院及其宏观调控职能部门的工作提出完善建议。

（五）组织不同界别的全国政协委员，对重点提案和重要事项进行调查研究，提出完善建议。

（六）加强对全国政协委员宏观调控法知识的培训，提高建言献策的质量。

（七）法律、行政法规规定的其他职责。

中国人民政治协商会议履行前款职责时，应充分发挥各界别全国政协委员参政议政、民主监督的积极性，通过建立考评机制，提高提案和社情民意反映的质量。

第六十一条【各民主党派中央的职责】

中国各民主党派是中国的参政党。在中国共产党领导下，履行政治协商、参政议政、民主监督的基本职责。与此同时，各民主党派也是中国人民政治协商会议的重要界别，通过中国人民政治协商会议发挥政治协商、参政议政、民主监督的作用。按照宪法和中共中央统战部的政策文件规定以及各民主党派章程，各民主党派中央围绕宏观调控履行下列职责：

（一）应中共中央邀请，参与宏观调控重大决策的论证，提出建议意见。

（二）在全国政协会议期间，参与年度政府工作报告、国民经济和社会发展五年及远景规划纲要、年度国民经济和社会发展计划和财政预决算报告的讨论，提出完善建议。

（三）对全国人民代表大会及其常务委员会和国务院的立法草案，组织本党派专家论证后，提出修改意见。

（四）通过提案、社情民意反映等方式，对国务院及其宏观调控职能部门的工作提出完善建议。

（五）组织本党派力量对宏观调控相关事项展开调查研究，向有关职能部门提出完善建议。

（六）加强本党派党员宏观调控政策法律知识的培训，提高建言献策质量。

（七）法律、行政法规规定的其他职责。

各民主党派在履行前款规定的职责时，应充分发挥本党派党员全国人大代表和政协委员的作用，加强对全国人大代表、政协委员的培训、培养，提高参政议政水平。

第六十二条【其他监督主体的职责】

依照法律、行政法规规定，拥有法定职责的组织，依法履行对宏观调控的监督职责，参与有关监督活动，提出完善建议。

新闻媒体依法对宏观调控履行及时报道，履行宣传和监督的职责。

第六十三条【被直接调控者的职责】

本纲要所称被直接调控者，是指在宏观调控过程中负有完成宏观调控任务的单位和个人。

国务院及其职能部门以及地方人民政府是完成宏观调控任务的主要责任主体。

金融机构、国有资产管理机构、社会保障机构、行业协会、大型国营或民营公司企业等，对宏观调控任务完成负有直接责任的，为宏观调控的被直接调控者。

被直接调控的个人，是指负有完成宏观调控任务的单位的党政领导、直接责任人以及负有强制性义务的个人。

宏观调控的被直接调控者按照宪法、法律、行政法规及政府部门规章的规定，在职权范围内履行宏观调控职责。

第六十四条【被间接调控者的义务和权利】

企业生产者、经营者、服务者和消费者是宏观调控的被间接调控者，是宏观调控政策法律措施的最终落实主体。

按照法律和行政法规规定，被间接调控者有向宏观调控职能部门如实提供经济信息的义务。

在宏观调控目标实现中，按照宏观调控政策和法律的引导，选择自己的市场行为，并享有下列权利：

（一）获得宏观调控及其法治知识的权利。

（二）获得宏观调控公开信息的权利。

（三）获得各种优惠激励政策的权利。

（四）获得良好公共服务的权利。

（五）由于产业政策实施，在遭遇产业损失时，有获得损失补偿的权利。

（六）在受到行政处罚时，有依法申请行政复议及诉讼救济的权利。

（七）法律、行政法规规定的其他权利。

第六章　宏观调控运行、考核与奖惩

第六十五条【宏观调控目标任务的确定】

宏观调控目标与任务由实施主体、政策含义、目标和任务及期限、预期性或约束性指标、项目类型、资金支持等要素构成。

按照宪法和法律规定，静态宏观调控目标与任务的形成，由国民经济和社会发展五年及远景规划纲要、区域发展规划和专项规划确定。中共中央根据国内国际形势发展要求，可以在政策文件中提出五年及五年以上的长期发展战略目标。其展期一般为十年或十年以上，但最多不超过二十年。依法制定的国民经济和社会发展年度计划或实施方案是发展规划的落实性计划。

根据国民经济和社会发展情况，各项目标和任务应依法进行中期评估，动态调整。任何组织和个人无权擅自调整。

中共中央、国务院根据国内外经济社会发展形势的要求，可根据国民经济和社会发展中的突出短板问题，组织实施专项攻坚规划及计划。

第六十六条【目标任务的分解】

宏观调控目标任务确定后，实施"中央统筹、省负总责、市县落实"以及"党政同责"的执行管理体制。目标任务应依法进行分解，按照"责权利效"相一致原则，将目标和任务分解到具体部门、单位和责任人，实行责任制。对于约束性指标和任务，由宏观调控职能部门与责任单位与党政领导签订责任书，实施"一票否决"制。

第六十七条【约谈、巡视、督查与问责】

为完成宏观调控目标和任务，宏观调控管理部门针对目标和任务完成中存在的突出问题，对责任主体进行约谈，促使责任主体纠正偏差。

国家实施巡视、督查制度。巡视、督查工作由宏观调控职能部门组织。巡视、督查工作的重点是宏观调控目标和任务完成情况，主要包括责任主体尽责、项目和资金落实、工作进度、经验与工作创新等情况。对于巡视、督查工作中发现的问题应及时研究。对工作不力的按照有关规定予以问责。发现违纪、违法行为的依照中共党内法规和相关法律处理并予以通报。构成犯罪的，移交司法部门追究刑事责任。

第六十八条【考核、奖励与处罚】

目标与任务完成期结束，宏观调控管理部门应组织考核。对照目标和任务完成情况进行评比，评出优、良、中、差。按照《中华人民共和国公务员法》、《中华人民共和国公职人员政务处分法》和中共党内法规规定及有关法律、行政法规规定予以奖惩。

在完成宏观调控目标和任务中，有突出贡献的单位和个人，予以表彰，在下一轮宏观调控中予以激励政策倾斜。

第六十九条【免责】

鼓励各地按照中央宏观调控政策精神，结合本地实际进行改革试验。改革试验出现失误时，在下列情形下免除责任人单位及责任人的责任：

（一）未违反宪法、法律和行政法规的基本规定的。

（二）有证据表明，责任单位和责任人履行了勤勉尽责的义务的。

（三）未导致国家利益和社会公共利益遭受重大损失的。

（四）责任单位和责任人未以权谋私获取不正当利益的。

（五）按照相关政策、法律及党内法规，可以免除责任的其他情形。

根据中央授权各地进行的综合改革区试验、自由贸易区试验、高新技术开发区试验等试验区工作中出现的失误及责任追究及免责，适用前款规定。

对责任单位和责任者免除责任后，责任单位和责任者应及时采取补救措施，纠正失误，弥补改革失误造成的损失。

第七章　附则

第七十条【宏观调控职能部门的法律适用】

本纲要所称宏观调控职能部门包括中共中央、国务院合署办公机构和负有宏观调控职责的直属机构。

第七十一条【香港、澳门特别行政区的法律适用】

按照特别行政区法律规定，香港、澳门特别行政区高度自治。但宏观调控政策法律、行政法规涉及港澳地区的，由香港、澳门特别行政区特首落实，对中央人民政府负责。香港、澳门地区企业和个人在内陆地区投资的，遵守本纲要的规定。

第七十二条【解释】

本纲要适用中出现的相关问题，由　　负责解释。

第七十三条【施行日期】

本纲要自　　年　　月　　日起施行。

后 记

　　本教材最初是山西省研究生教学改革项目的研究成果。研究之中，又刚好承担了国家社科基金项目："宏观调控法视野下促进共同富裕的经济法研究"。要研究好这一课题，就必然要对中国的宏观调控法有一个基本的认识。为此，本教材也可作为国家社科基金项目的基础研究的阶段性成果。本教材体现了笔者鲜明的政治立场以及向实践学习的学术态度。本书内容力图在波澜壮阔的改革实践中，阐述清楚中国共产党领导中国人民进行宏观调控及其法治实践的基本理论和实践。有理论阐述，也有政策法律的梳理总结，可以大致反映出中国宏观调控及其法治的基本问题和法治运行机制。其中，尽可能地反映最新的立法和政策规范与导向。建议应用本教材的教师、研究生和其他读者，可参照本教材参考文献，从中发现我国学界和实务部门基本研究动态，发现本教材观点与之前研究之不同。从而，坚定对中国宏观调控及其法治的"四个自信"，更深入地研究好中国宏观调控法，为完善中国宏观调控法治建言献策。与此同时，向本教材中引用的相关研究成果的作者一并致谢。

　　最后，感谢山西大学研究生教材建设项目对本教材出版的大力支持。感谢课题研究成员王中庆副教授及研究生姚尧、王盟博，他们为本教材的完成做了资料搜集、观点论证、初稿校对等工作。感谢山西经济出版社及编辑为本教材出版付出的辛勤努力。

董玉明

2023年9月于山西大学东山校区